일본어 잡지로 본 조선영화 1

일제강점기 영화자료총서 04

일본어 잡지로 본 조선영화 1

한국영상자료원 영화사연구소 엮음

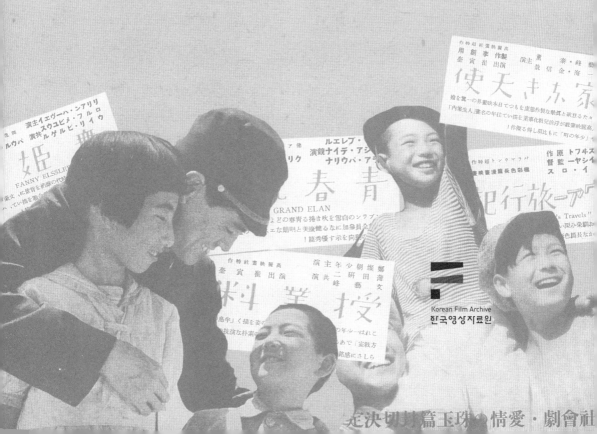

Korean Film Archive
한국영상자료원

발간사

저희 한국영상자료원은 지난 수년간 일제강점기 영화사의 사료들을 발굴하여
공개하는 사업에 상당한 노력을 기울여왔습니다. 이 연구성과들은 최근 일제
식민지기 연구가 활성화되면서 관련 연구자들로부터 상당한 호평을 받고 있습니다.

이제 또 하나의 새로운 성과를 공개하고자 합니다. 조선과 일본에서 간행된 일본어
잡지에 실린 조선영화 관련 기사를 모은 『일본어 잡지로 본 조선영화』 1권입니다.
1차로 『국제영화신문』 『영화평론』 『신흥영화』 『키네마주보』 등 6개의 매체에 게재된
조선영화 관련 기사를 망라한 이 첫 번째 자료집은 그간 언어상의 장벽으로 접근하기
어려웠던 조선영화에 대한 일본 현지의 담론과 반응을 살펴볼 수 있는 중요한 자료가
될 것으로 믿어 의심치 않습니다. 나아가 이 자료집을 통해 한국영화사에 대한
학제 간, 국가 간 비교연구를 시작할 수 있는 계기가 마련될 수 있으리라 기대합니다.

한국영상자료원은 이후에도 우리 영화사의 사료들을 발굴하고 공개하는 임무를
게을리하지 않을 것입니다. 기대와 격려로 지켜봐주시기 바랍니다.

이병훈
한국영상자료원장

서문

이 책의 출발은 한국영상자료원이 조선영화 관련 일본문헌 수집 작업에 착수한
2006년으로 거슬러 올라간다. 일본 현지의 객원연구원들을 활용해 조사 작업을
진행했고, 그 목록을 기반으로 복간본 등은 구입하고, 중고서적으로도 입수가
힘들거나 예산을 벗어나는 고가의 서적들은 원본을 복사하는 방법으로 수집했다.
『키네마순보』『영화순보』『일본영화』등 일부 일본어 잡지의 조선영화 관련 기사들도
이때 입수되었다. 이후 자료의 중요성을 알면서도 영상자료원의 필수 사업들과
견주면 항상 우선순위에서 밀리는 바람에 본격적인 번역 작업에는 착수하지 못했고,
또 일본의 대학도서관 곳곳에 산재한 일본어 잡지, 특히 영화잡지의 소재들을
파악하면서도 역시 예산 문제로 본격적인 수집 작업에는 들어가지 못하는 형편이었다.

본격적으로 다시 작업에 착수한 것은 2009년부터다. 일본 현지의 객원연구원들을
통해 일본어 영화잡지와 『조선공론』『조선급만주』등의 일본어 잡지에서
조선영화 관련 기사를 수집하는 작업을 재개했고, 동시에 원본의 번역 작업에도
들어갔다. 번역은 2006년부터 함께 작업한 오사카(大阪)시립대학교 닥터연구원인
사회학박사 양인실이 맡았다. 양인실이 먼저 수집한 자료들의 초벌 번역을,
작업을 기획한 정종화와 양인실이 기존 한국영화사 문헌과의 비교 작업을 포함해
원문을 다시 읽고 의견을 교환하며 교정하는 방식으로 작업을 진행해 갔다.

그 첫 번째 결과물로 『국제영화신문』(부록인 『도쿄영화신문』포함) 『신흥영화』
『프롤레타리아영화』『키네마주보』『영화평론』(영화평론사 발행)
『영화평론』(영화일본사 발행)에서 찾은 조선영화 관련 기사를 묶었다.
그간 '일제강점기 한국영화사 연구'는 이영일의 『한국영화전사』로 대표되는
친일과 저항의 이분법적 시각으로 서술된 문헌들과 한국어로 된 신문,

잡지 자료를 중심으로 진행되어왔다. 그리고 일본의 학제에서 공부한 연구자가 아닌 이상, 일본어 잡지 자료를 참고하더라도 『키네마순보』, 『영화순보』, 『일본영화』 정도로 참고문헌이 한정되었다. 그런 의미에서 이번에 수록된 일본어 잡지들, 특히 『국제영화신문』 등은 식민지기 영화사 연구 및 기술에 있어 새로운 패러다임을 제공할 수 있는 사료라고 자부한다.

이 책에는 연구진이 쓴 두 개의 해제원고를 실었다.
먼저 양인실은 「일본의 영화저널리즘과 그 특징」이라는 제목으로
일본어 영화잡지의 출판 배경 및 영화계 변인에 따른 변천사를 정리했고,
대표적인 기사들을 통해 각 잡지의 성격에 대해 자세히 분석했다.
영화사 연구자들에게 사료 수집 및 비판적 분석이라는 측면에서
자극과 의욕을 일으키기 충분한 흥미로운 글이라 생각한다.
정종화는 『국제영화신문』에서 발굴된 사료를 중심으로
「한국영화사의 탈경계적 고찰 − 1930년대 경성 영화흥행계 분석을 중심으로」를 썼다.
'내지영화와 조선영화시장의 연동'이라는 관점에서 그간의 한국영화사 기술에서
경계 밖으로 내몰릴 수밖에 없었던 부분들에 대한 역사적 복원을 염두에 둔 글이다.

이 책은 앞으로 『신문기사로 본 조선영화』와 함께 '일제강점기 영화자료총서' 시리즈로
함께 출판될 것이다. 2권은 『일본영화』, 『신영화』, 『영화순보』 등에서 찾은
조선영화 관련 기사를 출판할 예정이고, 이후에는 『조선공론』과 『조선급만주』의
조선영화 관련 기사를 번역해 차근차근 소개할 예정이다.

마지막으로 감사의 인사를 전하고 싶다. 와세다(早稲田)대학교 GCOE특별연구원
영화학박사 최성욱, 고베(神戶)대학교 인문학연구과 학술추진연구원 문학박사 김현 등
그간 수집 작업에 함께한 객원연구원들께 감사의 인사를 전한다. 특히 교토, 오사카,
도쿄를 오가며 각 대학 도서관에서 자료를 수집하고, 복사한 자료의 글씨가 보이지
않을 경우 일일이 원본과 대조하며 번역을 진행한 양인실 선생에게
고맙다는 말을 전한다. 그가 없었다면 이 정도의 단기간에 작업의
첫 번째 결실을 맺지 못했을 것이다.

또한 흔쾌히 자료의 열람 및 복사를 지원해준 기관들에게 감사의 뜻을 전하고 싶다.
영화잡지들이 곳곳에 산재해 있던 도시샤(同志社)대학교 인문과학연구소,
리쓰메이칸(立命館)대학교 중앙도서관 및 슈가쿠칸(修学館) 자료실,
메이지가쿠인(明治學院)대학 도서관, 와세다대학교 쓰보우치박사기념연극
박물관(坪内演劇博物館) 자료실, 도쿄국립근대미술관 필름센터 자료실 등이다.
특히 복사를 할 수 없는 상태의 오래된 잡지들임에도 불구하고 수집 작업에
친절을 베풀어준 각 기관의 담당직원들에게도 감사드리고 싶다.

이제 그동안 알지 못했던, 기존의 연구 풍토에서 생각하지 못했던 새로운
발굴 자료들이 매년 공개될 것이다. 감히 말하자면, 이제 故 이영일 선생 등
1세대 연구자들의 작업과 마주해 더 끈질기게 질문하는 일이 가능해졌다.
이 시리즈를 통해 한국영화사 연구장에 새로운 활력이 생겨나길 기대한다.

연구진을 대표해서
정종화

일러두기

1. 이 책은 일제강점기 영화자료총서 시리즈에 새롭게 포함된 『일본어잡지로 본 조선영화』의 제1권입니다. 『국제영화신문(도쿄영화신문)』(국제영화신문사/국제영화통신사, 1927. 2~1940. 11), 『신흥영화』(신흥영화사, 1930. 1~3), 『프롤레타리아영화』(프로키노 출판부, 1930. 8), 『키네마주보』(키네마주보사, 1930. 3~4), 『영화평론』(영화평론사, 1937. 1~1940. 8), 『영화평론』(영화일본사, 1941. 3~1944. 1)에서 찾아낸 조선영화 관련 기사를 번역해 수록했습니다.

2. 이 책의 연구진은 오사카시립대학교 닥터연구원 사회학박사 양인실과 한국영상자료원 영화사 연구소의 정종화입니다. 양인실은 수록된 일본어 자료의 번역을 맡았고, 양인실과 정종화가 함께 교정을, 책임 편집은 정종화가 진행했습니다.

3. 이 책에 수록된 일본어 자료의 번역은 다음과 같은 원칙으로 진행했습니다. 1925년 발행된 『경성시가도』(미나카이기모노가게[三中井吳服店] 발행)에 따라 일본인 거주 지역의 지명과 극장명은 일본어 표기음으로, 조선인 거주 지역의 지명과 극장명은 한글 표기음을 채용했습니다. 경성 시내 161곳의 지명에 대한 표기법이 달려 있는 『경성시가도』는 일본인 거주 지역의 지명(모두 42곳)은 행정구역상의 명칭인 '마치(町)'로, 나머지 조선인 거주 지역의 지명은 '동(洞)'으로 구분하고 있습니다. 따라서 '황금정(黃金町)'은 '고가네마치'로 표기했습니다. 단, 구 만주지역의 지명과 중국인명은 한글 발음으로 표기했습니다. 일본어 번역의 표기는 1986년 1월 7일에 고시된 문교부고시 제85-11호 국립국어원외래어표기법 '일본어의 가나와 한글대조표'를 따랐음을 밝힙니다.

4. 영화명, 인명, 극장명, 영화사명, 지명 등 원문의 일본어나 한자는 각 잡지마다 맨 처음에 등장할 때 한 번씩만 괄호 속에 넣어 명기했습니다. 대신 원문에 있는 괄호는 혼동을 피하기 위해 [ ]로 표기했습니다. 또한 서양영화의 원제와 일본어 번역 제목이 크게 차이나는 경우, 각주에 원제를 표기했습니다.

5. 일본어 잡지의 원문은 세로쓰기이기 때문에 겹낫표(『 』)와 낫표(「 」)를 사용하고 있는데, 때때로 용법에 맞지 않게 사용하고 있습니다. 이 자료집에서는 대화의 직접 표시인 경우 큰따옴표(" ")로, 강조인 경우 작은따옴표(' ')로 고쳐 표기했습니다. 단, 영화 제목의 경우 꺾은 괄호(《 》)로 바꾸었고, 도서와 잡지의 경우는 겹낫표(『 』) 그대로 두었습니다. 검열의 흔적 등으로 추정되는 ×자 표시는 그대로, 인쇄 상태의 문제로 글자가 지워지거나 보이지 않는 곳은 ■로 표시했습니다.

6. 일본어 잡지 원본의 사진이나 이미지는 이번 자료집에 포함하지 않았습니다. 대신 사진이 있는 자리를 표시하고 사진의 설명을 달았습니다.

7. 서양영화 원제의 일본어 번역 제목, 일본영화계나 영화배우들에 대한 각주는 『세계영화대사전(世界映畵大辭典)』(이와모토 겐지[岩本憲児], 다카무라 구라타로[高村倉太郎] 감수, 2008년, 일본도서센터[日本図書センター])을 참조했습니다.

차례

국제영화신문(國際映畫新聞) / 도쿄영화신문)

국제영화신문사 / 국제영화통신사

東亞キネマ
本社移轉

東亞キネマ本社は
等持院より大阪市東
町二ノ一三への引越
社屋にて營業を開始

本社宣傳部は社
京都撮影所より轉任
が當ることとなつた

松竹キネマ直營線

支配人の大

松竹キネマにては
末を捻ると傳へら
動ある可しと傳へ
が、十五日に到り相
兩常務、山本營業部
結果、同社始めての
送を斷行し大いに
振りを示した。

△新宮座支配人扇
谷劇場）　△辰巳劇場同
（羽衣）　△澁谷劇場同
（辰巳）　△新宿松竹館同
郎（南座）　△南座支配
（横濱常設）　△横濱常設
△新宿松竹館　△新宿松
△城西館同　△新潟松竹
光夫（城西）　△新潟松竹
一郎（勸坂）　△神田松竹
員）　△本社營業部西
田松竹）の諸氏。

◇　消　息　◇

満夫妻

◇　人　事　◇

與鳥太郎氏（內務省映畫檢閱官）
同東京府北多摩郡三鷹村科學

◇　其　他　◇

うて旅上げ
と其の一齎は淺れてより
つて種々計劃を立て、宗
つたが、最近に至る甲果
日村幸彦氏（キネマ旬報社）七日

朝鮮の自然の風致を大い
て映畫の製作を行ふ事と
寫眞は金剛區撮影ロケー
出發の際京城驛にて
は從來日本にきへもあま
れなかつた世界に於ても
上京區等院附院一四番地に移轉
△薮重三郎氏（武藏野絃支配人）市
外大久保町東大久保二に移轉
△小泉夏夫氏（スタ—フヰルム社
宣傳部長）都合により退社
△木村一馬氏（松竹京都撮影所提
影部長）十五日より帝キネ太秦攝
影所企劃部に轉社
△中元俊一氏（帝キネ撮影所人事
部長）アシヤ映畫に入社
△鈴木筒人氏（キネマ新聞社重）
京市下谷區上野花園町一七番地に
轉居
△人見直義氏（東京每夕學藝部社
今度市外池上町徳持四〇九に移轉
△井村茂氏（東京演藝通信社）今回
麴町區土手三番町六ノ八に移轉
△平居部次氏（時事新報社）前任秋
元柳風氏退社を嗣いで演藝映畫部
着任
△武田晃氏（キネマ週報社に入社
稻田達雄氏（大每「映畫敎育」編
輯）今回東京日日詰となり十八日

◇ピクター神奈川新工場落成祝賀
會—昨秋以來新築中であつた横濱
市神奈川區小尾町のピクター新工
場は此程竣成し、來る十二月五日午
前十時より同新工場に於て落成祝
賀式を舉行。

△岡崎眞砂雄氏（メトロ東京本社
督業部）廿二日限り退社
△佐藤虎之助氏（同右都合で退社
△荏原郵矢口町道狸二三六に移轉
△廣瀨恆美氏（日活俳優）京都市上
京區北野白梅二六に移轉
△松本田三郎氏（アシヤ映畫）大阪
市外大阪松阪女學校前へ轉居
△齋藤達雄氏（蒲田俳優）東京府下
荏原郵矢口町道狸二三六に移轉
△青木鶴子孃（早川雪洲夫人）十
三日朝鮮橫濱港のエムプレス・オ
ブ・ジヤパン號にて米國より歸朝

三七九へ轉居
△T・D・コカリン氏（ハ社東洋支
社長）七日午後三時橫濱解纜
△長尾史錄氏（アシヤ映畫監督）大
阪市外小阪町朝日園へ轉居
同じく龍田丸にて渡米
△伊賀了氏（前フオツクス大阪支
店長）今回フオツクス本社詰とな
つて、去る十日より出勤
△松田定次氏（マキノ監督）『御浪
劇『金剛區』（八卷）の撮
京城に設け、旣に第一回
業株式會社を組織して、
△曾仲謀氏（新フオツクス社大阪
支社長）二日惠任
△米田治氏（帝キネ宣傳部）京都市
京區聖護院山王町一一（電上九六
九）に移轉
△川田芳子氏（松竹蒲田）東京府外
蒲田町御園三〇三に移轉
△山本嘉一氏（日活太秦）京都市上
京區聖護院山王町一一
△松田定次氏（マキノ監督）京都市
一五にト居す
子と結婚し京都洛西太薬井戶ケ尻
小井榮一氏（帝キネ監督）若水絹
下加茂穗務部長木村一馬氏の推薦

영화 이용 단체 소개(5) 만철회사

남만주철도주식회사는 선전과 사원 위안의 두 가지 방면에서 영화를 이용하고 있는데, 전자는 운송과에서 후자는 사회과에서 취급하고 있다.

그 선전을 위해 조선총독부와 손을 잡고 도쿄, 오사카 및 시모노세키(下關)에 선만안내소를 설치하였고, 선만의 풍경, 산업 기타 등등을 소개하고 선전하기 위해 영화, 영사기 및 영사기사를 구비하여 부현청, 교육회, 청년단, 재향군인회, 학교 등과 협력하에 강연 및 영화회를 열거나, 또는 각각의 단체에 영화영사기 등을 빌려주고 있다. 영화의 대부분은 〈최근의 만몽(最近の満蒙)〉 〈조선의 여행(朝鮮の旅)〉 〈금강산(金剛山)〉 같은 것들이며, 본사의 홍보계에서 제작하여 제공한 것을 사용하고 있으며, 여흥적인 것들은 수시로 빌려주고 있다.

사회과에서는 일반교화오락영화를 구입하여 노선 인근에서 사원의 위안영화회를 개최하는 외에도 상영영화 중 우수한 작품에는 회사가 보조해 사원에게 관람시키기도 하는데, 구입영화에 대해서는 도쿄 지사에서 선택하여 본사에 추천하고 있다고 한다.

도아(東亜)의 규슈 지사 : 만선으로 발전

도아키네마(東亜キネマ) 규슈 지사는 아카사카 준이치(赤坂順市) 씨가 지사장으로 취임한 이래 영화의 배급 범위를 확장시키기 위한 노력을 지속해왔는데, 이번에 조선 경성의 도쿠나가 활동사진상회(德永活動写真商会) 주인인 도쿠나가 구마이치로(德永熊一郎) 씨와 제휴하고, 규슈에서 양화를 배급하는 하세가와 고이치(長谷川幸一) 씨와 손을 잡는 삼각동맹으로 조선, 만주의 영화 배급 체결을 강화했다. 그런데 도쿠나가 씨는 만선 방면의 도아영화배급소를 이어받음과 동시에 경성부 고가네마치(黃金町) 4정목(丁目)의 상설관 고가네칸(黃金館)을 사들인 후 도아구락부(東亞俱樂部)로 이름을 고쳐 20일부터 화려하게 개관했다.

1929년 4월(26호) 44쪽   [지방통신]

경성 소식:총독부의 영화 이용

조선총독부에서는 최근 영화 이용에 주목하여 앞장서서 이를 실행해 왔는데, 이번에는 부정 어업 단속에 소형촬영기를 사용하기로 했다. 왜냐하면 최근에 조선 근처 바다에서 부정한 어업자들이 갑자기 그 세력을 넓히기 시작했는데, 숙달된 발동기선 같은 배들은 단속선을 보면 즉시 그물을 자르고 도망가 단속이 매우 곤란하기 때문이다. 그러나 단속선에 촬영기를 설치하면 부정현장의 실사를 즉시 영상으로 제작할 수 있고, 사후에도 증거물로서 보관이 가능하다는 편리함이 있어 유망시되고 있다.

그리고 이번 가을에 조선에서 개최되는 조선박람회를 선전하기 위해 총독부 식산국에서는 조선 내 29개, 내지 1,026개, 대만 20개, 만주 20개의 각 영화상설관에서 상영하는 필름과 병행하여 조선박람회의 개최일시, 장소 그 외 간단한 선전문자와 기생들이 춤추는 장면을 관객에게 상영하면서 선전할 계획인데 그 필름제작에 들어가는 경비는 1만 불이 될 것이라고 한다.

또 내지 문부성이 추천영화제를 실시하고 있는 것처럼 이번에 총독부 사회과 내 조선사업협회에서도 우량영화 추천제도를 만들어 적절한 소재를 찾고 그 책임을 맡게 하여, 종래 문부성이나 그 외 내지에서 추천했다는 이름이 달린 우수영화도 이제부터는 총독부의 추천으로 만선을 돌게 되었으니 관계자는 선전에서도 그리고 실제로도 많은 이익을 얻게 될 것이다.

−다카시たかし 生生

1929년 5월(27호) 26쪽   [지방통신]

조선 금강산영화의 완성

조선총독부의 영화정책이 기존의 어업이나 이번 가을에 개최되는 조선박람회 등에 이용되면서, 각 방면에서도 역시 영화에 대한 열기가 한창이다.

얼마 전에 창설된 금강산탐승안내사에서는 이번에 조선의 기승(奇勝) 금강산을 천하에 널리 선전한다는 의미로 이 산에 대한 영화제작을 계획했었는데, 이번에 완성되었다. 그리고 완성된 작품은 지난 4월 13일 밤 경성 종로에 있는 기독교육회관에서 개최된 금강산영화의 모임에서 상영되어 많은 호평을 얻었다.

1929년 6월(28호) 28쪽　　[지방통신]

전례 없는 위반사건으로 경성 기라쿠칸(喜樂館) 고발당하다
:미검열영화 〈파우스트〉 상영

5월 11일 조선 경성의 혼마치(本町)에 있는 닛카쓰(日活) 직영의 기라쿠칸은 영화취체규칙 위반으로 고발당했다. 이는 동 관 당사자가 팬들의 환심을 사기 위해 한 영화에 두 가지 버전을 주문하고, 고의로 관헌의 검열을 속여 검정을 전혀 받지 않은 것과 바꿔치기해 약 3미터의 '접문'¹ 장면을 현장에서 상영한 것이 그 이유이다. 영화는 야닝스²의 〈파우스트〉³의 한 장면이었다. 이 때문에 당사자들은 혼마치에 있는 경찰서에 구속되어 보안, 사법의 양쪽에서 취조당했는데, 이는 무엇보다도 검열의 권위를 실추시킨 것으로써 조선영화계에서도 처음 있는 사건이다. 필름검열규칙에 따르면 이 경우 석 달 이하의 징역, 1백 원 이하의 벌금이지만, 혼마치 경찰서에서는 위반 동기가 당국을 농락하기 위한 의지가 있었던 것으로 보고, 검열 위반에 대한 처분으로는 벌금 30원, 흥행취체규칙에 의한 행정처분으로는 일정기간의 영업정지를 언도하겠다고 한다. 아무튼 이런 종류의 위반사건은 전국에서도 처음이어서 당국도 새로운 전례를 남기게 되므로 신중하게 숙려하고 있다. 그리고 마쓰다(松田) 지배인은 경성관주조합에서 제명되었다.

1929년 6월(28호) 29쪽　　[지방통신]

조선박람회의 새로운 제안
:영화를 이용하는 비행키네마

근일 열리는 조선박람회를 기점으로 조선항공연구소에서는 항공사상을 보급하기 위해 비행키네마를 계획하고, 비행기의 좌석에 앉으면 폭발음이 들리는 등 마치 비행기 안에 있는 것 같은 기분을 갖게 하고 밑에서는 영화를 영사하는 장치를 설치하기 위해

1　　'접문(接吻)'은 한국어로 직역하면 키스, 입맞춤 정도의 의미인데, 일본어의 어감을 살리기 위해 '접문'으로 번역했다. 또한 '접문'은 천황과 더불어 전전 일본의 영화검열을 상징하는 단어 중 하나이다. 이에 대해서는 『천황과 접문(天皇と接吻)』(平野共余子, 草思社, 1995)을 참조할 것.

2　　Emil Jannings

3　　〈Faust〉(F. W. Murnau, 1926)

현재 이 연구소의 니시오 사부로(西尾三郎) 씨가 설계중이다.

1929년 7월(29호) 61쪽 　[교육영화란]

내선융화 교육영화 〈순수한 정신처럼(純精神の如し)〉

〈나라의 대성인 니치렌(国聖大日蓮)〉을 배급해서 호평을 얻고 있는 동 영화보국회에서는 이번에 조선의 도쿠나가(德永) 프로덕션이 제작한 〈순수한 정신처럼〉의 전국배급권을 획득했다. 이 영화는 『킹(キング)』에 게재되었던 내선융화의 교육실화에 대한 미담이 원작인데, 강경심상소학교(江景尋常小学校) 교장 무토 후지오(武藤不二夫) 씨가 원작자이며 도쿠나가 구마이치로 씨가 제작을 총지휘했다. 그리고 시흥군청 관리 이기선(李基善) 씨를 비롯하여 박순봉(朴順奉), 이경자(李瓊子), 쓰카모토 도스이(塚本桃水) 등의 많은 조선인이 같이 출연하는 적절한 교육영화다.

1930년 5월(39호) 28쪽 　[휘보(彙報)]

〈잔다르크〉: 조선에서 검열 수난

야마니(ヤマニ)양행이 수입·배급한 〈잔다르크〉[4]가 지난번 조선총독부의 검열에 걸려 이 지역의 흥행권은 수포로 돌아갔다.

1930년 6월(40호) 37쪽 　[휘보]

선만활동사진상회(鮮満活動写真商会)

경성부 와카쿠사조(若草町) 163번지에 농 상회가 설립되었는데, 미야카와 소노스케(宮川早之助) 씨가 대표이며, 야마니양행이 수입한 영화들을 조선에 배급하게 된다.

4　　원제는 〈The Passion of Joan of Arc〉(Carl Theodor Dreyer, 1928)

1930년 7월(41호) 34쪽　　[휘보]

조선총독부 토키 검열에 나서다

　　조선총독부 경보국 도서과 영화검열계에서는 최근에 토키의 제작열이 왕성해진 것을 보고 조선에서 토키시대의 실현이 멀지 않았다고 판단, 이번에 토키영화실을 설치할 필요가 있다고 인정하여 예산 10만 원을 계상했다.

1930년 7월(41호) 36쪽

경성에 상설관 신축

　　경성 고가네마치 2정목 148번지의 나다야 히사키치(港谷久吉) 씨는 이미 종로 4정목 1번지에 부지 350평을 구입하여 활동상설관을 건설할 계획이었는데, 지난 9일 도지사로부터 건축허가가 떨어져 공사비 약 1만5천 원을 들여 즉시 공사에 착수했다. 그리고 7월 10일까지는 근대적 설비를 갖추고 화려하게 개관할 예정이다.

1930년 7월(41호) 45쪽　　[교육영화란]

철도성의 금강산 촬영 완성하다

　　철도성에서는 대규모의 국립공원을 설치할 후보지인 조선 금강산의 만이천봉을 천하에 널리 소개하기 위한 목적으로 7월 초순부터 여행과의 가와가미 도시오(河上壽雄) 씨 및 가가미 요시유키(各務良幸) 씨를 지도자로 하는 촬영대를 조직하여 영화 촬영을 해 왔는데, 최근에 무사히 귀경하여 열심히 정리 중이므로 가까운 시일 내에 명승 금강산의 풍광에 접할 수 있을 것 같다.

경성 영화계 근황

▲닛카쓰 계열, [직영] 기라쿠칸, 지배인―오하타 고레야(大幡是也).

수개월 전까지 그랜드 축음기로 반주가 이루어졌는데, 최근에는 축음기로 반주하지 않고 음악(奏樂) 반주를 하게 되었고, 이후 인기가 점점 높아져 좋은 성적을 내고 있다.

선전을 위해서는 시 내 각 신문[경성일보, 경성일일신문, 조선신문 등]에 매일 연재광고를 싣고 있다.

외국영화의 계약은 폭스사 작품 〈행운의 별(幸運の星)〉을 상연했다. 그 성적도 대부분 양호. 이번 달 흥행조합협회 또는 당국의 단속은 없었다.

▲도아(東亜) 계열, [직영] 도아구락부

프로그램마다 외국영화 한 편을 재상영하고 있다. 요금이 매우 싸서 팬들은 도아클럽(東亜クラブ)에 대해 많은 예찬을 하고 있다.

이 15일 동안에 상영된 외국영화는 파라마운트사의 프래드 톰슨 주연 〈키드 카슨(キットカースン)〉, 스웨덴 전기편집사 작품 〈맹수횡단(猛戰獸橫斷)〉, 독일 바이타사 작품 빌마방키 양 주연의 〈탈선곡마왕(脱線曲馬王)〉, 소시에타 이탈리아나그란데 작품 빅터 바코에 주연의 〈폼페이 최후의 날〉이다.

요금은 1원이며, 각 프로그램은 3일 동안 상영한다.

▲마키노(マキノ), 데이코쿠키노(帝国キノ) 계열, 주오칸(中央館), 지배인―후지모토 쇼조(藤本省三).

설명자가 잘 구비된 영화관이다. 또한 관객석도 타관에 비해 넓다.

최근에 주목할 만한 선전방법은 캐러멜 회사와 특약을 맺어 입관자들에게 위층은 6개, 아래층은 4개씩 나눠 주고 있다는 것이다. 양쪽에게 좋은 선전방법이며, 관객들도 다시 오게 될 것이다.

외국영화 상영은 독일 우파사 작품 알렉산더 홀 주연의 〈동양의 비밀(東洋の秘密)〉을 비롯하여 메트로골드원사 작품인 재키 쿠간 주연의 〈나팔수 쿠간(喇叭手クーガン)〉 및 콜롬비아사 작품인 리처드 알렌 주연의 〈블러드 쉽 유혈선(ブラッドシツプ流血船)〉 등이다.

▲쇼치쿠(松竹) 계열, 다이쇼칸(大正館), 지배인―야마카와 미사오(山川繰).

이 관은 외국영화를 상영하지 않는 편이다. 다만 쇼치쿠 영화만으로 만족하고 있다. 그러나 관객은 매우 많다.

경성 시내에서 이 관만큼 포스터나 선전광고지를 많이 발행하는 곳은 아마 없을 것이다. 대형, 중형, 소형의 포스터를 붙이거나 시내의 신문지에 끼워 넣기를 하면서 각종 노력을 하고 있다.

특수한 발전 경로를 걸어온 조선영화계도 당분간은 개성적으로 발전해 나갈 것이다.

－경성 주재在京城 히가시東 생生

1930년 12월(47호) 32쪽

도야마 미치루(遠山滿) 부처(夫妻) 조선에서 깃발을 올리다

도야마 미치루와 그 일당은 예전부터 조선에서 각종 계획을 세우며 분주히 지내고 있었는데, 최근에는 와케지마 슈지로(分島周次郎) 씨를 사장으로 하여 일본영화흥업주식회사를 조직하고 경성에 촬영소를 세웠으며, 이미 제1회 작품 현대극 〈금강한〉(金剛恨)(8권)의 촬영에 착수했다.

동 사에서는 예전에 일본에도 별로 소개되지 않았던 조선 자연의 특징 있는 풍취를 많이 넣은 영화를 제작하게 되었다[사진은 〈금강한〉 촬영로케이션에 출발할 때 경성역에서].

1931년 1월(48호) 33~35쪽

조선영화의 사적 고찰(1)
: 최초의 수입 당시부터 최근 제작에 이르기까지

이 산문(散文)적인 소문(小文)은 조선에 영화가 처음으로 수입될 당시부터 최근에 조선인의 손으로 제작됨에 이르기까지의 사정을 기술하고, 아직 여명기인 조선영화가 지금까지 걸어온 길을 고찰하면서, 제3자의 입장에서 약간의 비판을 더해 앞으로 조선영화계가 발전하기 위해 도움이 되는 조그만 문헌을 지어보고자 한다.

처음 수입시대

조선에서는 1897년, 지금으로부터 37년 전에 경성의 진고개[남산정의 옛 이름]에서 영화를 처음 볼 수 있었다. 그 진고개의 거의 중앙에 '혼마치자(本町座)'라고 극장이라는 이름을 붙인 곳에서 상영을 시도한 것이다. 물론 이름만 '혼마치자'라는 극장이었는데,

판자로 만든 가건물에 관람석은 거적때기처럼 오래되고 빛바랜 다다미가 깔려 있었다.

당시 사람들의 이야기를 들어보면 그 다다미는 빈대의 온상이었고 영화를 보는 사람들의 피를 빨아먹어 통통해져 있었다고 한다.

상영영화에는 활극, 비극, 탐정극은 물론 인정극, 문예극 등은 말할 것도 없고 단편희극조차도 없었다. 가끔 알프스의 풍경이라든가 나이아가라 폭포라든가 구미의 도회 풍경 등을 촬영한 실사영화 수권을 상영했을 뿐이다. 그것도 영화라는 이름뿐이어서 광선이 렌즈를 통과하여 소위 말하는 스크린이라는 것 위에 비추어진 것뿐이었으니 영화라는 이름은 붙어 있어도 실로 빈약한 것이었다.

그 당시 '혼마치자'를 경영했던 이는 일본인이었고, 그 주목적은 조선에 주재하고 있던 일본인 거류민들을 위한 위안 또는 취미를 가지게 하기 위해서였다고 한다.

그러고 나서 그 이듬해, 즉 1898년 10월에 서대문 밖에서 회사를 경영하고 있던 영국인 '아스트 하우스'라는 사람이 남대문거리의 어떤 중국인 창고를 빌려 파테회사의 영화 몇 권을 가스등을 사용하여 영사를 했다. 당시의 입장료는 백동화 한 닢씩이었다고 한다. 그런데 이 입장료 말고도 당시 새로 발매된 잎담배의 빈 상자를 10개 주면 들어갈 수도 있었는데, 이 입장료에 대해 마치 돌로 물건을 샀다는 원시시대를 연상케 한다며 사람들은 재미있어 했다고 한다.

당시 이곳에서 영사된 영화는 대개 천연색영화였고 서양인들이 역에서 기차에 오르고 내리는 것, 가게에서 물건을 사는 것, 통나무배에 타고 강을 거슬러 오르는 것, 사람과 개가 싸움을 하는 것, 닭이 싸우는 것, 때로는 키스를 하는 장면도 있었다고 한다. 그러나 이것들은 100척도 되지 않는 단편들이었다.

관중은 당시의 조선인(상투를 틀어 올린 사람들이나 어린애들)들이었는데 서슴없이 소란을 피우며, 불가사의하게 움직이는 사진을, 때로는 재미있어 하고 때로는 감탄하고 때로는 호기심으로 대하며 매일 밤 대만원을 이루었고 크게 센세이션을 일으켰다.

그 다음에는 서대문 밖의 석유회사 창고 안에서 역시 앞에서 이야기한 영화들을 상영하기 시작했는데 이때도 대인기였다. 그 당시에는 물론 검열제도 등이 없던 요순시절이었기 때문에 나체영화나 성적 영화도 상영했고, 몰살시키는[5] 러일전쟁에 관한 모험실사 같은 지금 시대에서는 도저히 볼 수도 없고 볼 생각조차 할 수 없는 영화를 영사하

---

5   심훈이 쓴 1929년 1월 1일자 『조선일보』의 「조선영화총관(1)」에는 "몰살시키는" 바로 앞에 "아라사 병정이 일본군대를 포위하고 뭇질러 들어가"라는 내용이 포함되어 있다.

여 천진난만한 관중들을 다른 꿈의 세계로 끌었던 것이다.

그로부터 4, 5년이 지난 이후 지금의 동대문 안에 전기회사가 있었던 곳[원래 광무대]에서 영미담배회사의 출장원이며 조선에서 제일 처음 전차를 부설한 영국인 '콜무란'[6]과 '베스트 위크'[7]의 2명이 자기 회사의 잎담배 선전을 행하면서, 한편으로는 처음 생긴 전차에 승객을 끌기 위한 흡수책으로 영화를 이용했다.(33쪽)

그때는 이미 영화에 대해 흥미를 가진 이른바 팬들이 많이 생겨났고, 밤이 되면 무리를 이루어 영화를 보러 갔다고 한다. 이때도 돈을 내지 못하는 사람들은 잎담배의 빈 상자를 모아오면 들어갈 수 있었다고 한다. 영화의 내용은 짧은 희극이나 사람들이 달리는 것 같은 종류로 지금 보면 아무런 가치도 없는 필름이지만 매일 밤 관객을 끌어 모았던 것이다.

그러나 이는 상설이 아니라 간헐적으로 가끔 새로운 필름이 도착하면 상영을 하는 것에 지나지 않았다.

원각사시대

1905년경 조선에 처음으로 신소설, 통속소설이 생겨났다. 당시 소설 중에서 가장 좋은 평판을 얻었다고 하는 작품은 「치악산」 「귀의 성」 같은 것들이다.

이들 소설을 출판하고 나서 얼마 후에 당시 정변으로 인해 일본에서 10여 년간 망명 생활을 하다가 귀국한 故 이인직(李人稙)[호는 국초(菊初)] 씨가 조선에 극장이 하나도 없다는 것은 정말 부끄러운 일이라고 하여, 당시 조선의 궁내부 대신이며 궁내에서 큰 권력을 손에 쥐고 있던 故 이용익 씨의 양해를 얻고 동시에 훙공(薨公)[8]한 고종황제의 칙허를 받게 되었다. 궁중 비용으로 이인직 씨의 설계와 지도하에 건축된 것이 바로 조선에서 처음 건설된 대표적 국립극장이라고도 할 수 있는 궁내부 직영의 원각이었다.

그 유적지를 찾아가 보려면 현재 경성의 흥화문 앞의 구세군영을 뒤로 하여 동쪽으로 조금 가면 새문안교회당(新門內礼拝堂)이 보인다. 이것이 바로 예전 원각사의 흔적이다.

그 극장 내부구조는 로마의 원형극장을 모방한 것처럼 무대의 주위에 관객석이 둥글게 만들어져 있었고, 팔걸이가 달린 의자 하나에 한 사람이 앉을 수 있는 자리를 만들

6 　　콜부란을 가리킨다.
7 　　보스트 위크를 가리킨다.
8 　　'훙공'이란 귀한 분이 공을 위해 돌아가신 일을 가리킨다.

었으며, 2천 명에 가까운 정원을 수용할 수 있을 정도였으니 그 당시로서는 이상적 극장이라고 할 수 있을 것이다.

세월이 흘러 한일병합 시에 아이러니컬하게도 이상적 대극장이라고 불렸던 이 건축물을 허물어버리고 그 위에 일본인관사를 세웠다고 한다.

이런 극장은 훌륭한 건축물이었는데, 원래 조선은 연예가 빈약한 나라였으므로 무대를 무대답게 사용하지 못하고 관기 등을 양성하여 가무음곡을 가르침과 동시에 그 한편으로 '광대'를 불러들여 줄을 타게 하거나 했던 것인데 국경일이 되면 외국의 사절들을 초대하여 구경거리를 제공하는 한편 조선 고유의 예술(?)을 세계에 소개할 뿐이었다.

그 당시 재미있는 에피소드로 전해져 내려오는 것은 현재 계림영화협회의 주간인 조일제(趙一齊) 군과 백남프로덕션의 창립자인 윤교중(尹敎重) 군이 '문수성'이라는 신파극단을 만들어 약 1년이 지났을 때 이 원각사의 무대 위에서 공연을 했다는 것이다. 그 두 사람 다 모두 첫 출연인 만큼 조 군은 도쿠토미 로카(德冨蘆花) 원작 「불여귀」 중에서 '가타오카(片岡) 중장'의 역할을 하기 위해 키가 큰데도 군모와 군복에 장검을 차고 등장했고, 윤 군은 '다케오(武男)'의 역할로 분하여 미남자를 연기했다고 하니 재미있는 일이다. 이렇듯 현재 영화계의 거성들이 이 원각사의 첫 무대에서 나왔다는 것은 흥미 있는 일이 아닐 수 없다.

그리고 이 원각사는 다른 한편으로는 조선연예사를 장식하는 한쪽을 점령할 만한 사적이다. 비록 상설관은 아니었지만 대규모로 조선에서 처음으로 영화를 큰 무대 위에서 공개할 수 있었다.

그 당시에 일본에 유학하고 돌아온 신장균(申章均)이라는 사람이 경치가 좋기로 유명한 금강산의 실제 경치를 환등에 담아 와서 원각사의 무대 위에서 영화로 상영했다. 평생에 한 번은 반드시 보고 싶어 한다는 많은 민중들은 단지 의자 위에 앉아서 금강산을 전부 구경할 수 있었으므로, 경성의 한 구석이 무너질 정도로 많은 관중들이 모여들어 대만원의 상태가 되기에 이르렀다.

그리고 나서 이후에도 서양영화도 가끔 상영했는데 영화에 해설을 붙이기 시작한 것도 이 시기이다. 그런데 당시 해설이란 것이 필름을 돌리기 전에 변사가 무대 위에 나와서(34쪽) "에… 지금부터 나타나는 사진은 에… 미국에서 에…"라는 식의 연설(?)에 가까운 것이었고, 보여줄 영화의 내용에서 그 개요만을 조금 추려서 이야기하고 끝나는 식이었다고 한다. 그 해설을 제일 처음 창안한 이는 지금도 단성사에서 근무 중인 우정식(禹正植) 군이라고 한다.

생각해 보면 이 원각사에서 상영한 영화도 대개는 초창기 유럽, 또는 미국의 영화회사에서 시범적으로 상영한 이후의 잔재를 모아서 상영한 것에 지나지 않았던 것 같다.

순전히 조선인의 손에 의해 이루어진 이 극장이 한번 무너진 이후 오늘날에 이르기까지 이른바 대경성 안에서 온전히 조선인의 손으로 경영하고 있는 곳은 한 곳도 존재하지 않는다. 생각해 보면 이것이 조선인의 힘으로 생겨난 최초의 극장임과 동시에 그 마지막 극장이기도 했던 것이다. 안타깝구나! 역사상에 남을 만한 조선인의 손으로 만들어진 극장의 자태를 두 번 다시 볼 수 없다는 것은…[미완]

－경성 주재 훈薰[9]

1931년 1월(48호) 85쪽

영화흥행가와 본지의 시비
:특별히 보내온 국제영화신문 비평 촌언집

세카이칸(世界館)-조선 하야시타 요시미즈(林田芳水)

전국상설관 중에서 지방관의 불황으로 곤란에 처한 사람이 수적으로 많을 터인데 이 지방관이 구제될 길을 연구해서 발표해주었으면 한다.

단성사-경성 박정현(朴晶鉉)

영화흥행가치비평이 좀 더 공평했으면 한다. 이데올로기영화의 비평 소개도 같이 부탁드린다.

1931년 2월(49호) 7~8쪽

조선영화의 사적 고찰(2)

고등연예관시대

조선에서 처음으로 영화전문상설관이 생긴 것은 이후 얼마 되지 않은 1910년경이었다. 지금 경성 고가네마치의 동양척식회사에서 동부의 도아클럽에 이르는 사이에 건설

9　　　심훈(沈熏)의 글이다.

된 것이 이른바 고등연예관이다.

수십 년 전부터 타이에 건너가 사진업을 경영하고 있었던 와타나베 모(渡邉謀)라고 하는 일본인 밑에서 고용되어 일하던 가네하라 긴조(金原金蔵)라는 사람이 조선으로 건너와 와타나베가 보내주는 영화필름을 영사하여 영화에 굶주린 조선의 눈을 황홀하게 만들었던 것이다.

그때 와타나베는 일본 내지에서 유럽영화나 또는 일본국산영화필름을 받아보고 있었다. 더 자세히 설명하자면 유럽의 실사영화는 고베에 있는 요코다상회(横田商会)[10]라는 외국활동사진직수입상회의 손을 거쳐 건너온 것이었고, 일본국산영화라는 것은 이 상회에서 자본금을 지출하여 시험적으로 제작된 것들이었다[당시 일본에서 오가미 마쓰노스케(尾上松之助) 등의 구파 배우들이 '가발'을 쓰고 '칼부림'을 하는 무대검극을 촬영한 것이었다].

전기장치로 상영한 것은 이 당시 이 영화들이 처음이었다.

그리고 이 고등연예관이 생기고 나서 얼마 안 되어 원각사에 있던 우정식 군이 옮겨왔고, 조선해설자계에서 가장 큰 인기를 모으고 있던 서상호(徐相昊) 군을 비롯하여 이병조(李丙祚), 최종대(崔鐘大), 김덕경(金悳經), 최병룡(崔炳龍) 등 현재는 일류 해설자들인 제군들도 이 고등연예관 안에서 키운 이들이다. 그리고 영사되는 영화의 템포에 맞추어 자막을 번역하고 어려운 한문 문구를 인용하면서 마치 웅변을 하는 것처럼 유유히 해설을 시작한 것은 서상호 군이 처음이었다.

이때 관주는 변사나 악사들에게 월급 외에 사택료와 수당을 충분히 주어 비범한 우대를 했으니 해설자들에게는 이 시대가 그들에게 도래한, 이를테면 황금시대가 아니었나 싶다.

조선영화제작시대

1910년부터 1920년까지를 전후한 10년 동안 일본인이 경영, 또는 조선인과의 공동명의에 의한 영화상설관이 78곳이나 급속히 건축되었다.

여기에서는 조선영화를 중심으로 그 본편으로 빨리 들어가기 위해 그 각 극장의 흥망사는 생략하기로 하겠고, 조선영화의 제작에 대해 서술하기로 하겠다.

때는 1923년, 드디어 조선영화가 이 세상에 울음을 터뜨렸다. 즉, 이것이 유사 이래

---

10   요코다상회는 고베가 아니라 교토에 있었다.

최초인 조선영화 〈춘향전〉과 〈장화홍련전〉이다.

테마는 양쪽 다 예전부터 내려오는 조선의 고전이야기로부터 따온 것으로 당시 영화 팬들은 아직 신식보다 구식 시대극을 더 좋아하는 공통점을 가지고 있었다.

〈춘향전〉과 〈장화홍련전〉은 예전부터 내려오는 조선의 많은 옛날이야기 중에서도 스토리가 뛰어나고 소설책도 몇천, 몇만, 몇십만 부의 매출이 있었으며, 이들 소설들은 세상에 나오고 나서 몇백 년 동안 조선의 소설계에서 제일 윗자리를 차지하고 있는 것들이다.

아무리 시골구석이어도 〈춘향전〉이나 〈장화홍련전〉 같은 소설책 1편씩은 반드시 소지하고 있거나 또는 논밭일을 끝내고 휴식을 취할 때, 긴 곰방대를 입에 물고 이 소설들을 읽는 것을 즐기기도 했고, 또는 눈 내리는 밤에 어두운 등잔불 밑에서 바느질을 하는 아내들은 자신의 남편이 읽는 소리를 듣기도 했으며, 무더운 여름날 저녁에 돗자리를 깔고 마을노인들이 모인 자리에는 반드시 이들 〈춘향전〉이나 또는 〈장화홍련전〉이 있었다.

이렇게 널리 애독되는 소설을 영화한 것이니 글로도 이렇듯 환영받는데, 영화로도 반드시 성공할 것이라는(7쪽) 확신으로 이것들을 제작한 것이리라.

그러나 완성되었을 때에는 이전의 그런 예측은 완전히 뒤집어졌고, 주연배우들의 미숙한 연기 탓도 있어 완성 시에는 "조선영화가 나왔다더라, 보러 가자!"라는 호기심으로 모여든 사람들 이외에는 그다지 영화를 환영하는 사람들은 별로 없었다.

조선영화의 첫 작품이라는 이름 때문에 그 촬영비와 배우들의 급료만은 지불할 수 있었지만, 당시에는 크게 진보한 서양영화에 눈이 높아진 팬들은 불행히도 이 최초의 조선영화를 환영하지 않았던 것이다.

이후 계속해서 해마다 다음과 같은 작품들이 제작되어 나왔다.

1924년	〈해의 비곡〉 〈운영전〉
1925년	〈비련의 곡〉 〈암광〉 〈개척자〉 〈심청전〉 〈흥부전〉 〈쌍옥루〉
1926년	〈아리랑〉 〈풍운아〉 〈농중조〉 〈봉황의 면류관〉 〈멍텅구리〉
1927년	〈들쥐〉 〈금붕어〉 〈춘희〉 〈잘 있거라〉 〈먼동이 틀 때〉 〈흑과 백〉 〈낙원을 찾는 무리들〉 〈낙양의 길〉 〈운명〉 〈혈마〉 〈이리떼〉
1928년	〈사나이〉 〈옥녀〉 〈혼가〉 〈암로〉 〈세 동무〉 〈유랑〉 〈벙어리 삼룡〉 〈약혼〉 〈아리랑 그 후 이야기〉 〈사랑을 찾아서〉 그 외
1929년	〈젊은이의 노래〉 〈꽃장사〉 〈맹인의 노래〉 〈회심곡〉 〈지지 마라 순이야!〉

그 외	
1930년(현재)	〈철인도〉 〈도적놈〉 〈바다와 싸우는 사람들〉 〈노래하는 시절〉 〈정의는 이긴다〉
	현재

결론

세계의 예술무대상에 그로테스크한 한 산물이 있으니 일당백으로 연극과 소설을 정복해버린 정체불명의 것, 그것이 바로 영화이다.

그럴 정도로, 영화가 발달한 오늘날, 척박한 황무지인 이 조선에도 최근에 이르러서는 때 아닌 풍년을 보게 된 것이다.

그렇기 때문에 이 2~3년 전부터 현재까지 3~4명의 친구가 모이면 그 입구에 '○○키네마' '○○프로덕션'이라는 간판을 세우고 있다. 잡지나 교과서를 옆구리에 끼우고 강연회 등을 들으러 다니던 남녀청년학생제군들이 극장의 한구석에서 누구의 포즈가 좋다거나 누구의 스타일이 어떠하다고 속삭이는 것이 들려온다.

그건 왜일까?

강연회장 또는 잡지사 등에 드나드는 청년학생들은 여자들을 나체로 만들거나 혹은 그 위를 손가락 끝으로 형태를 만들거나, 혹은 기름을 칠하기도 하는 것을 고아한 예술이라고 명명하기보다도 1백 척, 또는 수십 척의 필름으로 수많은 대중 앞에서 같은 날 같은 시간에 호소할 수 있으며 선전할 수 있는 기능을 가진 영화를 가장 최선의 예술이라고 인식하기 시작했기 때문이다.

그리고 조선의 민중들도 이를 몰랐던 게 아니다. 그렇기 때문에 오늘날처럼 빠르게 발달할 수 있었던 것이다.

만천하의 사람들이여! 조선영화에 주목하자! [대미]

본론의 집필자 훈 씨는 조선의 신진 영화연구가 모 씨이며 그 열의는 비평뿐만 아니라 흥행 방면에도 쏟아지고 있고, 그 연구를 끊임없이 계속하고 있다.
또한 다른 기회를 빌려 씨의 조선영화관에 대한 고견을 들었으면 한다.
– 편집부

–경성 주재 훈

국제영화신문을 통해 지방관 경영자의 교신
:고오리야마(郡山) 후지칸(富士館)으로부터 신의주 세카이칸(世界館)에

하쿠스이(白水)시네마상회 주인 노다 하쿠스이(野田白水) 씨에게

오늘 귀하의 글을 접하고 몸 둘 바를 모르겠습니다. 『국제영화신문』의 졸고를 읽어 주시고, 말씀하신대로 활동사진계에는 지금까지 볼 수 없었던 불황에 대해 우리들은 어떻게 벗어날 것인가 부심하고 있는 바입니다. 참고가 되었으면 좋겠지만, 배움이 미천하고 재능이 없어 효과가 없을지도 모르겠으나, 제 생각을 다음에 적어 보았습니다.

지방에 따라 각 방법이 다르고, 특히 내지에서 먼 지역은 내지라는 기분이 별로 없어 성과가 없을 수도 있으나, 영화관은 어디나 항상 힘든 상황입니다. 현재 시도하고 있는 일부분을 이야기하자면

첫째, 관 종업원의 좋고 나쁨[성의의 유무]

둘째, 엄선된 영화

셋째, 충실한 영화

넷째, 영화관 안팎의 기분을 밝게

다섯째, 팬들에게 친절한 대응을

여섯째, 선전에 노력

외에 항상 각 지방의 풍습, 인정 등에 충분한 주의와 연구를 필요로 하며 신용 있는 영업을 견지할 것 등입니다. 저는 항상 각 지역을 전전하며 관 경영자와 공동영업을 직접 담당하는데 전임처의 경영자와 의견이 맞지 않는 일이 많아 발전방안을 제안해도 그 관의 전통적 악습으로 일축되어 버리거나 또는 연예부의 불충실한 감언에 비중을 두어 직접 이해관계가 있는 우리들의 쓴소리는 귀에 담지도 않으면서 불황이 계속되면 항상 그 죄를 배급회사에 맡기려고 하니 '닦지 않으면 빛나지도 않는다'는 박학, 재능, 그리고 시도하기가 힘들다는 것을 겪고 있습니다. 그러나 그렇다고 해서 평범하고 막연하게 시간만 보내서는 그 효과가 없으니 악전고투를 하고 나서야 또한 좋은 대안도 낼 수 있다고 생각하는 바입니다.

항상 좋은 경영자를 얻어 함께 힘을 합쳐 분발하여 서로 좋은 성적을 낼 수 있게 되기를 학수고대하는 바입니다.

'무사는 자신을 알아주는 자를 위해 죽는다'고 하는데, 실로 자신을 알아주는 무사

를 기다리는 바입니다. 경비 절약은 충분한 연구를 필요로 하며 선전비도 방법과 물건을 바꿔서 영화관의 지출을 줄이고, 인쇄비나 종이에 들어가는 비용 등은 광고비에서 보충한 실례도 있으니, 불황에 직면할수록 불합리한 점은 단연히 새로 고치고 합리적으로 나가려는 결단을 내리셨으면 합니다.

새로운 선전방법은 대동소이하여 별로 참고할 만한 사항은 없지만 트럭의 응용, 말의 응용, 전보방식의 응용 등 『국제영화신문』 1931년 3월(1호) 21쪽에 나가노 시(長野市)에 근무하던 중 시도했던 기쿠다극장(菊田劇場)의 선전방식을 보면 참고가 될지도 모르겠습니다. 제 졸고는 이상으로, 평범하고 아무런 효과도 없는 회답이 되었지만 시도의 한 예로서 지면을 빌어 답신에 대신하는 바입니다.

성의 있는 종업원을 얻고, 상영영화를 엄선하며, 직접적으로 이해관계가 있는 무리들의 쓴소리도 중시하면서 기분 좋게 원만히 그 업무를 충실하게 수행하며, 설날이 지나면 오봉[11] 작전을 먼저 생각하는 방침이야말로 불황타개의 한 방법이 아닐까라고 생각합니다. 졸문과 도움이 안 되는 방안에 질책을 주시길 바라며 이상으로 마칩니다.

－고오리야마시 후지칸 덴카|轉花 生生

＊그리고 위의 덴카 씨에게 보내진 노다 씨의 편지의 대략적 내용을 다음에 참고로 게재하기로 했다. 사신이긴 하지만 너무나도 업무에 열심인 점에 끌렸고 더욱이 경영연구를 위해서는 잘 모르는 사람에게라도 그 문을 두드리는 의기에 감동받아, 굳이 이를 공개하여 독자여러분과 함께 이를 즐기고 싶은 마음뿐이다. 그리고 이후에도 이런 취지로 본지를 활용하는 것에 크게 환영한다.

고오리야마 후지칸 덴카 생님께

폭염하의 여름 불경기로 불황시대를 체감하고 있습니다. 매우 갑작스럽긴 하지만 『국제영화신문』의 독자로서 지방특신으로 귀하의 이름을 알게 되었고, 염치없지만 아무런 소개도 없이 연락을 드리는 바입니다. 영화를 좋아하여 결국 영화관 경영에 뛰어들었고 이렇게 6년 동안 계속되는 불황에 할 말을 잃었습니다. 제 고장도 식민지이긴 하지만 내지인이 7천 명, 조선인 2만 명의 소도시이면서 내지인 상설관이 둘, 조선인 전용관 하나가 있어 악전고투 중입니다. 귀하께서 계신 곳은 4만 명이 조금 넘는 곳에 5개의 영화관

---

11   오봉(お盆)은 일본의 전통적인 연중행사 중 하나로, 매해 8월 15일을 전후한 3일간을 가리킨다. 지역에 따라 일정이 달라지는데, 첫날은 선조의 묘에 가서 성묘를 한 후 선조의 영혼을 집에 데리고 오고, 3일을 같이 지낸 후, 3일째 되는 날 다시 저세상으로 영혼을 보내는 의식을 치른다.

이 있다고 하니 그 고군분투 정도도 알 수 있을 것 같습니다. 모든 기관지를 읽고 조금이라도 참고가 될 만한 어떤 타개방법이 없을까 하여 부심하고 있었는데, 대도시의 경영법이나 선전법이 대부분이어서, 소도시에 응용할 수 있는 것이 적어 실망하고 있었습니다. 아무리 명안이어도 시골 관객의 수준에 응용할 수 있는 것이 아니면 활용할 수 없습니다. 다행히도 귀하의 원고에 의하면 같은 정도의 도시이기도 하고 많은 고군분투를 하여 성과를 거두고 있다는 점, 닛카쓰 상영관이라는 점 등 많은 공통점이 있어 현명하신 귀하의 고견을 듣고 싶다고 생각하여 위와 같은 점 이외에도 생각나는 점이나 성공한 방법 등 지도를 받고자 하여 정말 바쁜 와중에 죄송하지만 이렇게 부탁을 드리는 바입니다. 『국제영화신문』을 통해 사업상의 친구로 교류를 하고 싶어 다음과 같은 의뢰를 드립니다. 답신을 받을 수 있으면 감사하겠습니다. 당 관은 지금 〈나그네의 가을비(股旅しぐれ)〉〈연애경기장(恋愛競技場)〉 재상영의 〈쓰카하라 고타로 전편(塚原小太郎前編)〉.

본사로부터 5일에 한 번 프로그램이 와서 바뀌긴 하지만, 5일 동안 같은 프로그램으로는 유지가 안 돼, 도아(東亞)나 서양극을 넣어 3일에 한 번 바꾸고 있습니다.

요금은 10전이나 20전이 보통이고 30, 40전의 특별요금도 있지만 30, 40전보다 10전이나 20전 입장료 쪽이 성적도 좋고 최근에 관객이 많이 몰렸습니다. 〈해학적 세 낭인(諧謔的三士)〉〈일본 맑음(日本晴れ)〉, 재상영의 〈마검용약병(魔劍龍釣瓶)〉의 프로그램은 입장료 40, 50전이었고, 전매는 25, 35전, 어린이는 30, 40전인 것을 전매인 경우 20, 30전으로 하여 둘 다 5전의 전매 수수료를 주어 종업원들이 전부 나가 모든 입구에서 판매를 하게 했습니다. 불황시대, 용돈이 부족한 시대이어 한 장당 5전을 벌 수 있다고 하니 종업원들이 땀을 흘리며 팔아 다른 영화관의 관객까지 빼앗아 온 것도 사실입니다. 최근에는 대대적인 선전이 효과가 없는 경향이 있습니다. 내용이 좋은 것을 싸게 하여 실질적인 선전을 하는 것이 효과를 거두고 있습니다. 최근에는 관객 중에 조선인도 많아지고 있는데, 계급이 낮은 이가 많아 고민입니다. 좁은 곳이니 모든 계급을 망라해야 하는 게 대도시와의 차이입니다.

다른 새로운 방법은 사용하고 있지 않습니다만 가끔 연락을 드리겠습니다. 서로 연구하여 보다 좋은 성과를 거두게 되었으면 합니다. 지혜를 빌리는 데는 이자도 없으니 여러분에게서 지혜를 빌리고 있습니다.

－조선 신의주 세카이칸 노다 하쿠스이

1933년 5월 상순(101호), 도쿄영화신문[12] 쇼와(昭和) 8년 5월 1일(3호) 4쪽   [지방잡신]

다카라즈카(宝塚) 〈일장기 밑에서(日章旗の下に)〉 조선에서 상영불가

다카라즈카키네마(宝塚キネマ) 제작의 구보 후미노리(久保文憲) 감독, 쓰바키 산시로(椿三四郎) 주연의 현대극영화 〈일장기 밑에서〉는 이미 조선총독부활동사진검열국에서 검열 신청 중이었는데, 지난 22일 동국 검열관회의 결과 동 영화는 조선에서 상영불가가 되었다. 그리고 다카라즈카키네마 조선지사장 도쿠나가 구마이치로 씨에게 이런 내부의 지시가 있었으므로 신청자는 당일 동 영화의 신청을 취하했다.

그 이유는 '본 영화 중에 표현되어 있는 외지 영사관의 재류민 보호 상태가 너무 희박한 것을 보여주는 것은 만주국 이주민이 다수를 차지하는 조선에서는 일반 주민들에게 외지 영사관에 불만족스러운 관념을 품게 할 수 있다'고 하여 당국에서 여러 가지 영향과 그 외에 대해서 협의를 한 후에 동 영화의 신청 취하를 내부지시하기에 이른 것이다.

1933년 10월 하순(112호), 도쿄영화신문 쇼와 8년 10월 20일(14호) 2쪽

조선에도 국책

내지에서 영화국책이 구체화되어 가고 있는 요즘, 이를 조선에도 국책의 영향을 파급시키기 위해 대일본, 국산의 두 활동사진협회에서는 조선에서도

하나, 조선의 영화상설관에는 국산영화 즉, 내지 및 조선영화를 반드시 한 편 이상 상영할 것

하나, 내선융화에 관한 교화영화의 제작에 대해 총독부의 후원과 지지를 받을 것

그 외 여러 항목에 걸친 국책 실시를 제창하며 그 실행에 들어갔다.

업자와 당국의 간담

대일본활동사진협회에서는 10월 2일 오후 3시부터 내무성 마스다(増田) 검열사무관을 방문하여 여러 가지 영화국책 문제에 대해 간담회를 했다.

---

12   「국제영화신문」의 부록이다.

1933년 11월 상순(113호) 도쿄영화신문 쇼와 8년 11월 5일(15호) 2쪽

조선의 영화통제 가까운 시일 내에 구체화

[경성 발] 현재 내무성 경무국을 중심으로 영화국책 수립이 구체적 과정에 들어가기에 이르렀다. 조선에서는 아직 선인들이 일본영화를 관람할 기회가 거의 없고, 대부분 외국영화의 도량에 맡겨져 있는 것은 내선융화 상에서 득이 되지 않으니 영화보국의 입장에서 국산영화가 조선 내에서 활약할 수 있는 대책을 당국이 세워야 한다고 하여 지난번에 대일본활동사진협회, 국산활동사진협회의 두 단체가 조선총독에게 진정했는데, 드디어 당국의 이해를 얻어 많은 부분이 구체화되기에 이르렀다.

현재 조선의 영화 상황은 상설관수 79관으로 쇼와 7년도(1932년)의 상영필름은 1억 2천만 미터에 이르며 그중 일본영화는 1,900만 미터, 조선산 영화는 900미터, 외국영화는 7천■백7십 미터이고, 사회교육영화 100만 미터로 외국영화가 실로 6할 2부 6리를 차지하고 내지영화는 겨우 3할 2부 5리에 지나지 않는 미력한 상태이다.

영화관객수는 650만 명으로 2천만 명의 총인구에 비해 3명에 1명꼴로 빈약한 숫자이지만, 이후 조선에서 영화를 이용할 여지는 상당히 많을 것으로 볼 수 있어 당국도 이 점을 간파하여 진지하게 대책을 강구했다는 것은 크게 경하할 현상이라고 할 수 있다.

이에 대해 총독부의 시미즈(淸水) 도서과장은 이렇게 말한다.

"영화통제는 세계적 추세인데, 여기에는 국산을 장려한다는 의미를 포함하는 자국 고유문화의 발양과 보존 및 외국 고유문화의 배제라는 두 가지 취지가 있다. 조선에서는 내지와 반대로 국산이 3할밖에 차지하지 않고 있다는 점은 생각해봐야 할 문제인데, 내지의 통제방법에 준해서 통제를 행하겠지만 더 나아가 조선 내에서 독자적 방법으로 통제를 행할 필요도 있다. 영화의 올바른 발전을 위해 일본 동양문화 발양에 공헌하는 영화는 앞으로 대우할 것이다. 시행방법은 연내로 구체화하겠다." 운운.

1933년 11월 하순(114호) 18쪽   [조사자료]

조선의 영화흥행장과 그 관객의 내선인 구별

조선에는 현재 96개의 영화흥행장이 있는데 영화 전문은 49개처밖에 없다. 이를 경영자의 계통에 의해 나누어 보면

	내지인 경영자	조선인 경영자	공동경영	계
영화 전문(관)	38	11	–	49
기타(관)	41	4	2	47

　다음으로 그 관객층을 보면 대체로 내지인이 경영하는 곳은 내지인을 겨냥하고, 조선인이 경영자인 곳은 조선인을 겨냥하고 있는데, 최근에 조선인 청년남녀들의 지식계급은 일본영화를 많이 감상하고 있어 내지인이 경영하는 흥행장의 조선인 입장자는 해마다 증가하고 있다. 참고로 쇼와 7년의 관객수를 보면

	내지인 경영자	조선인 경영자	공동경영	계
내지인(천명)	3,036	169	5	3,210
조선인(천명)	1,505	1,130	90	2,725

　즉, 내지인 54명에 대해서 조선인 46명의 비율이다. 그러나 이를 그 인구비로 비교해 본다면 영화를 감상하는 조선인의 비율은 아직 매우 적은 편이다.

	내지인 경영자	조선인 경영자
인구(천명)	523	20,037
관람률	1인당 6회 미만	23명에 대해 1명

　쇼와 7년에 상영된 영화는 175편 928권 123,987,901미터[총독부 경무국 조사]였고, 그 내역을 보면

	조선	내지물	외국물
권수	7,706	118,973	49,150
미터수	5,377,175	39,848,812	75,761,918

　게다가 조선물에는 새로운 작품이 없고 옛날 작품을 조선인이 경영하는 흥행장에서 상영하고 있는 것뿐이다.

1933년 11월 하순(114호), 도쿄영화신문 쇼와 8년 11월 20일(16호) 1쪽

세 회사 주요 수뇌부 : 동서연합회

관서에서 10일 모임, 관동에서 10일 모임[둘 다 세 회사 중역에 의해 조직]인 동서연합회가 11월 11일 오후 4시부터 시가현(滋賀県) 사카모토(坂本)의 미하시루(三橋楼)에서 개최되었다. 출석자는 관동 측에서는 쇼치쿠키네마(松竹キネマ)의 기도(城戸), 야마모토(山本), 닛카쓰(日活)의 나카타니(中谷), 하라다(原田), 신코(新興)의 쓰쓰미(堤), 요시무라(吉村)의 제씨, 관서 측에서는 쇼치쿠키네마의 이노우에(井上), 시노야마(篠山), 미요시(三好), 닛카쓰의 요코다(横田), 모리시게(杜重), 가이(甲斐), 고토(後藤), 신코의 시라이(白井), 야마자키(山崎)의 제씨이며 협의사항은 다음과 같다.

△조선영화국책에 관한 건 △생필름에 관한 건-국산필름에 관해서는 협의에 의해 당국에 의견서를 제출, 이스트먼필름에 관해서는 매매법을 개량해야 하니, 나가세상점(長瀬商店)과 교섭할 것 △연중 검열취체개정에 관한 건 △양화와 방화의 상영 편수 및 요금에 관해 협회에서 정밀한 조사를 할 것 △만주국 출정 장병 위문에 관한 건

1933년 11월 하순(114호), 도쿄영화신문 쇼와 8년 11월 20일(16호), 3쪽

조선의 영화통제 내년 3월경 실시

[경성 발] 이미 보도했듯이 조선의 영화통제는 총독부 시미즈 도서과장이 입안하고, 경무국의 세 과장이 회의를 열어 그 안을 완성시켰는데, 오는 11월 21일 이케다(池田) 경무국장실에서 시미즈 도서, 다치다(立田) 서무, 쇼도(正藤) 보안의 3과장 회의를 개최, 최종적으로 결정을 한 후 즉시 심의실에 회부하기로 했다. 이 안의 실시 시기에 대해 도서과에서는 내년 1월부터 하자고 했지만, 신구정의 대목을 맞이하여 올해만은 종전대로 하자는 상설관 측의 희망도 있어 대략 3월경으로 연기될 것 같다. 그리고 원안에서 제정된 안은 전 13개 조이며, 조선 전국의 각 영화관은 반드시 국산영화의 약간 수[1편 이상]를 상영해야 할 것을 규정했다.

조선에도 드디어 토키시대:신춘물 검열 신청 전부 전발성

[경성 발] 조선의 영화계에도 늦은 감은 있지만 드디어 토키시대가 도래할 움직임이 농후하게 보이기 시작했다. 총독부 검열소에서 10월 중에 검열한 필름은 124건 1,518권인데 이 중 토키는 52건, 305권에 지나지 않았다. 이는 최근 영화계의 부진 때문인데, 최근에 신청된 정월에 상영할 예정의 영화를 보면 마치 약속이나 한 듯이 모두 토키이며 일본물, 서양물을 막론하고 무성영화는 지금 현재 한 편도 없는 추세에 검열당국은 놀라고 있다. 그리고 이 정월 상영은 물론 더 나아가서 봄 상영에도 필연적으로 토키가 전성기를 맞을 것이라고 보인다. 이런 추세에 경성 부내의 영화관 중에는 이미 토키시설을 갖춘 곳이 속출하는 모습이어서 신춘을 앞두고 매우 활기에 차 있다. 그리고 이미 공사 중인 총독부의 토키용 검열소도 12월이 되면 바로 사용할 수 있어 올해부터 정월에 흥행할 필름의 검열 신청 시기를 12월 9일까지로 앞당겼고, 업자들이 이를 엄수하게 하여 유감없는 검열을 기대하고 있다.

조선에도 영사기사 인가제

[경성 발] 11월 5일에 일어난 경성부 사회관의 필름으로 인한 화재사고가 영사기의 불비가 아니라 영사 기술이 미숙해서 일어난 것으로 판명되었는데, 이를 보고 토키시대가 오는 것을 감안하여, 총독부에서도 영사기사의 시험제도를 실시해야 한다고 생각 중이었는데 이번에 「활동사진 해설자 및 영사기사 인가규칙」을 작성하여 12월 2일자로 발포, 영사기사의 제1회 시험은 같은 달 7일에 실시된다. 수험자는 57명.

경성흥행협회 신진용을 둘러싸고

[경성 발] 종래 결속이 강했던 경성흥행협회는 회장인 와케지마 슈지로(分島周次朗) 씨가 이임하여 새로 도쿠나가 구마이치로 씨[도아구락부]가 회장에 취임했고, 새로 다음과 같은 진용을 결정하여 한층 더 통제를 강화하기로 했다.
부회장 - 오이시 사다시치(大石貞七) 씨[아사히자(朝日座)]
회계 - 후쿠자키 하마노스케(福崎濱之助) 씨[다이쇼칸]

조선영화 통제안 완성하다

[경성 발] 예전부터 국가적 견지로부터 본 영화의 중요성을 인식하여 각 영화국책의 구체화에 힘써온 조선당국에서는 드디어 지난 11월 30일에 '활동사진영화흥행령'이라는 13개 조항으로 구성된 법령을 배포했다.

1934년 1월 상순(117호), 도쿄영화신문 쇼와 9년 1월 5일(18호) 2쪽

조선총독부 검열소 낙성 : 우가키(宇垣) 총독 견학

[경성 발] 작년 6월 이후 공사비 4만2천5백여 원을 가지고 총독부 구내 서북쪽 구석에 건축 중이었던 조선총독부 필름검열소는 12월 2일 낙성했고, 바로 예전의 본청사 5층에 있던 구검열소를 신청사로 이전하여 4일부터 사무를 개시했다.

신검열소는 총건평 146평 여의 철근 콘크리트건물이며, 전기장치는 조선에서는 처음으로 교류를 직류로 바꾼 정류장치를 설치했고 각 15평의 영사실 3곳과 이외에 사무실, 대기실 등이 있으며 로얄■전콜롬비아식 발성기를 설비한 이상적 검열실이다.

그리고 신축 필름검열소에서 검열 상황을 피로(披露)한다는 의미에서 먼저 우가키 조선총독에게 '검열'을 보게 했고, 12월 8일 정오부터 검열실에서 총독을 포함하여 이케다 경무국장, 야노(矢野) 비서관, 시미즈 도서과장, 후쿠에(福江) 이사관 등이 나란히 줄을 서서 유니버셜사(그사)의 발성영화 〈폐가(廢家)〉의 검열 모습을 열심히 견학했다.

1934년 1월 하순(118호) 23쪽

부산 : 내용으로 접전

만선으로 가는 입구라고 해도 내선인을 합해 14만, 상설관 3곳은 걸핏하면 한숨을 내쉬면서도 정월이 가까워지면 영화를 선전하는 종이나 큰 북으로 떠들썩해지는 부산이다.

센다이(仙台) 제2사단 개선병의 체류에, 비상시 의식으로 완전히 영화의 존재를 잊게 만든 작년 정월에 비해 올해는 황태자 전하의 생탄을 경축의 흥분에 들떠 맞이하여 각

관 모두 상당한 내용으로 접전을 펼치고 있다는 느낌이 든다. 세 관의 프로그램을 살펴보면 호라이칸(宝来館)[닛카쓰, 정원 800명] 〈단게사젠(丹下左善)〉〈어머니여, 아들이여(母よ,子よ)〉〈극락의 병사님(極楽兵隊さん)〉, 쇼와칸(昭和館)[신코, 정원 850명] 〈불타는 후지(燃える冨士)〉〈새로운 하늘(新しき天)〉 각 제1편 〈동물원의 살인사건(動物園の殺人事件)〉, 아이오이칸(相生館)[쇼치쿠, 정원 750명] 〈방랑의 명군(放浪の名君)〉〈건달과 여학생(與太物と女学生)〉〈무장럭비(武装ラグビ―)〉[요금은 세 관 협정에 의해 2층은 80전, 1층은 60전]

설날은 〈단게사젠〉의 호라이칸이 단연 우세였고, 야간 흥행은 매진이었는데, 주야의 수익은 8백5십 원대였다. 〈새로운 하늘〉의 쇼와칸은 제2위, 아이오이칸은 지금 한숨 돌린 느낌이다.

2일은 첫날에 관객이 동원된 데에다 밤에는 갑자기 추워지기까지 해 각 관 모두 부진.

검극팬[찬바라]들은 〈단게사젠〉에 대해 실망해, 3일은 〈새로운 하늘〉과 〈건달과 여학생〉에 손님이 몰렸고, 호라이칸이 3위로 떨어지면서, 쇼치쿠의 현대영화가 강한 흡인력을 가지고 있음을 증명했다.

각 관 모두 3일 동안의 총 매상은 2천 원 정도밖에 되지 않아, 예전의 마쓰노스케(松之助)의 〈주신구라(忠臣蔵)〉가 설 3일 동안 3천 원을 번 기록에는 못 미쳤다.

두 번째 프로그램인 4일에서 8일까지 5일 동안은 호라이칸이 〈단게사젠〉에 〈대학의 노래(大学の歌)〉〈셜록홈즈〉를 상영, 쇼와칸은 신구 프로그램 모두 제2편에 〈돌격 칸타(突貫カンタ―)〉, 아이오이칸은 〈초진(初陣)〉〈기쁠 때(嬉しい頃)〉〈낙하산(落下傘)〉 각 영화관 모두 2천 원 예상.

세 번째 주는 신코 계열이 〈무기여 잘 있거라(戦場よさらば)〉 닛카쓰의 〈도쿄축제(東京祭)〉 쇼치쿠의 〈고이나의 긴페이(鯉名の銀平)〉를 상영했고 요금은 모두 50, 70전으로 내렸다.

균일한 요금이라는 신사협정으로 시작한 1934년의 첫걸음. 내용 면의 접전으로 힘차게 시작했다.

－다나카 도미오田中富夫

경성:각 관 모두 일반에게 호황

봉축 기분으로 맞이한 신춘의 경성 영화전당은 각각 그 계통에서 서로 경쟁하기 위한 강력한 프로그램이 있기 마련인데 기라쿠칸[닛카쓰], 주오칸[신코] 같은 곳은 이 프로그램 획득을 위해 관주가 일부러 교토나 오사카에 가서 직접 담판을 하기도 했다.

　▲기라쿠칸[첫째 주] – 〈도쿄축제〉〈풍운(風雲) 전편〉 마지마(間島) 관주가 내지에 가서 〈단게사젠 전편〉 프린트 2편과 〈풍운 전편〉을 가지고 돌아왔는데, 정월에는 닛카쓰의 이 시대극으로 조선 전국을 리드하려고 의기가 충천. 〈단게사젠〉은 부산과 평양에서 첫째 주 개봉, 경성에서는 둘째 주로 돌리고 치에조(千惠蔵)[13]의 〈풍운〉을 첫째 주에, 덧붙여 〈도쿄축제〉의 2편을 상영. 〈도쿄축제〉는 정월에 맞다고는 할 수 없지만 위치의 이점과 관내 난방설비의 완성으로 관객이 많이 들었으며, 선두는 신코 주오칸에 내줬지만 예년보다 2할이 증가한 성황이었다. 그러나 둘째 주 〈단게사젠〉은 단연 타 관을 압도하였고, 연일 대성황을 이루었다.

　▲다이쇼칸[첫째 주] – 〈대만몽(大満蒙) 전편〉〈초진〉〈기쁠 때〉 [둘째 주부터] – 〈대만몽 후편〉〈여인애락(女人哀楽)〉〈고이나의 긴페이〉. 첫째 주에 상영된 〈기쁠 때〉는 관객이 많이 들었지만, 둘째 주 상영된 〈여인애락〉은 관객들에게 호평을 얻지 못한데다가 재생기 불량과 불완전한 난방설비 등으로 관객들을 다른 영화관에 빼앗겼다. 쇼치쿠의 개봉관들은 예전부터 이런 고민거리를 가지고 있다고 조선을 방문한 시노야마(篠山) 오사카 지점 차장도 생각한 것 같다.

　▲주오칸[첫째 주] – 〈우몬 삼십오번수법(右門三十五番手柄)〉〈청춘의 거리(青春街)〉 [둘째 주 4일부터] – 〈강가 자갈밭의 안개(磧の霧)〉〈새로운 하늘 전편〉. 최근 인기인 간주로(寛寿郎)[14]와 〈청춘의 거리〉의 조합은 평판이 좋아 첫날인 섣달그믐날도 야간 만원이라는 성황이어서 다른 영화관을 완전히 앞지른 것 같다. 둘째 주도 기라쿠칸에 이은 좋은 성적.

　▲도아구락부[첫째 주] – 〈물의 고향의 노래(水郷の歌)〉〈토벌대(討閥隊)〉〈나루코의 하치덴구 교락쿠편(鳴る子ハ天句京洛編)〉 상영. 경성흥행계의 샛별 도쿠나가 구마이치로 씨의 경영으로 3일에 한 번 프로그램을 바꾸고 1년에 120편의 프로그램을 편성하여 상영, 요금도 10전 균일 또는 20전으로 대중 팬을 흡수하여 다른 영화관들을 아연실색

13　가타오카 치에조(片岡知恵蔵)를 가리킨다. 가타오카 치에조는 1920년대 일본의 시대극을 대표하는 스타 중 한 명이었다. 1927년에 마키노에 입사했으나, 1928년에는 치에조프로덕션을 차려 독립했다.

14　아라시 간주로(嵐寛寿郎)는 '아라칸(アラカン)'이라는 애칭으로 더 유명하며, '구라마덴구(鞍馬天狗のおじさん)'라는 이름으로도 널리 알려졌다. 시대극 스타인 반도 쓰마사부로, 오코우치 덴지로, 가타오카 치에조, 이치카와 우타에몬(市川右太衛門)과 함께 1920년대 일본시대극의 5대 스타 중 한 명으로 불린다. 간주로는 이 5명 중 영화에 가장 많이 출연했다. 마키노프로덕션에서 주로 활약했으나 1928년에는 독립해서 간주로프로덕션을 차렸다.

하게 만든 인물! 정월 흥행도 라몬(羅門)[15], 하라(原駒)[16]로 흥행성적은 위를 향해 나갈 좋은 징조!

▲나니와칸(浪花館)[첫째 주]–〈그녀의 성적 매력(彼女のイット)〉〈해적(海賊)〉〈암흑가의 얼굴(暗黒街の顔役)〉상영. 영화관이 조그만 건물에 협소하기 때문에 관객은 많았지만 매상은 다른 영화관에 미치지 못했다.

–야마구치 도라오山口寅雄

1934년 1월 하순(118호), 도쿄영화신문 쇼와 9년 1월 20일(19호) 3쪽

부산에 학교영화교육연구회 설치

[부산 발] 부산 부내의 초등학교에서는, 영화교육에 좋은 실적을 올리고 있는 부내 학무계에서 이번에 영화교육에 충실을 기하기 위한 기관으로 부산학교교육연구회를 설치하기로 하고 초등학교 직원 및 교육 관계자들에게 입회를 권유, 회원을 모아 올해 1월 초에 첫 교육영화감상연구회를 개최했다.

1934년 3월 상순(121호), 도쿄영화신문 쇼와 9년 3월 5일(22호) 2쪽

조선 사정 소개에 적극적으로 영화를 이용
:뉴스, 만화, 총독부가 배부

[경성 발] 조선총독부에서는 조선의 사정을 소개하기 위해 지금까지 5백여 권의 선전영화를 제작해 왔는데, 여기서 더 나아가 이를 어떻게 효과적으로 사용할 것인가에 대해 지난 2월 23일 총독부 제2회의실에서 총독부, 철도연합회 주최하에 협의회가 열렸다.

주최자 측 외에 때마침 사무협의회에 출석하기 위해 경성에 와 있던 만철, 만주국 철

---

15   〈덴구(天句)〉의 주인공 라몬 미쓰사부로(羅門光三郎)를 가리킨다. 라몬 미쓰사부로는 1927년에 영화계에 데 뷔하였으나, 1931년 이후 주로 교토의 소규모 영화사들(다카라즈카키네마, 고쿠토키네마 등)이 제작하는 영 화에 많이 출연했다.

16   〈덴구〉의 히로인 하라 고마코(原駒子)를 가리킨다. 하라 고마코는 도아키네마의 간판스타였으며, 주로 아라시 간주로와 콤비를 이룬 역할이 많았다.

로 총국, 투어리스트뷰로[17], 각지 관광협회 등의 관계자 50여 명이 출석하여 다음과 같은 결의를 했다.

△내선만 모두 예산한도 내에서 새로운 영화를 제작하여 각지에 배부할 것 △토키시대에 맞게 사운드판을 많이 만들 것 △예전처럼 무미건조한 작품으로는 효과가 없으니 흥미를 중심으로 할 것 △뉴스물, 만화물을 많이 만들 것 △대련선(大連線), 일본해 항로 그 외 교통이 번잡한 항로에는 배 안에 영사실을 설비하여 승객들이 관람할 수 있도록 할 것 △만주국에서는 열하(熱河) 그 외의 오지 방면의 영화도 만들 것

그리고 이외에 이런 종류의 선전영화를 16밀리나 35밀리 모두 1미터에 40전으로 일반 희망자에게 매각할 의향도 있다고 한다. 그러나 이 매각대금은 회계법상 다음 영화 제작비용으로 돌릴 수 없는데 이렇게 되면 매각하는 의미가 없어지므로 그 방법에 대해서는 고려 중이지만, 한 가지 방법으로 한 번에 매각할 수 있는 단체를 만드는 것도 생각하고 있다고 한다.

경성 : 좋은 날씨의 경성영화계

2월의 경성영화계는 각 관 모두 날씨가 좋아 실적도 좋았다. 그중에서 내지인 측의 상설관 성적을 보면

기라쿠칸[닛카쓰]	6,595.80원	다이쇼칸[쇼치쿠]	5,458.20원
나니와칸[양화]	5,432.50원	주오칸[신코]	4,927.20원
도아구락부[다카라즈카, 다이토(大都)]	3,835.60원	게이류칸(京龍館)[동 제2관]	1,968.70원

순이며, 각 상영 영화 및 당사자의 말을 여기에 서술하자면

기라쿠칸은 1일부터 〈야지기타(彌次喜多) 제3편〉 〈곤지키야샤(金色夜叉)〉, 10일부터 〈서소승 지로키치(鼠小僧二郎吉) 여행편(道中編)〉[18] 〈대도쿄 흐린 뒤 맑음(大東京曇後晴)〉, 15일

---

17   지금의 관광공사.
18   서소승(鼠小僧)은 에도시대 의로운 도둑을 지칭하는 애칭.

부터 〈서소승 완결편〉 〈우리들의 남동생(僕等の弟)〉, 22일부터 〈기소카이도에서의 동반자살(心中木曾街道)〉[19] 〈푸른 눈동자 검은 눈동자(蒼眸黑眸)〉이며 이에 대해 닛카쓰 경성 출장소장 오카자키 도시오(岡埼敏男) 씨는 이렇게 이야기했다.

"1월은 〈단게사젠〉 〈풍운〉 〈여인만다라(女人曼茶羅)〉 등을 상영했는데 영하 15~16도의 추위가 며칠 동안이나 계속되었기 때문에 둘째 주 이후에는 예상 실적을 올릴 수 없었다. 그래도 2월에는 작년에 비해 2배의 증가를 보이고 있으니, 3월에는 더 노력해서 닛카쓰의 의기를 보여줄 예정이다."

다이쇼칸은 4일부터 〈만인의 적〉 〈나팔과 아가씨(ラッパと嬢)〉, 파라마운트사의 〈가짜 마돈나(偽のマドンナ)〉, 10일부터 〈원앙가도(鴛鴦街道)〉 〈애무(愛撫)〉, 17일부터 〈아키하바라의 소조(秋葉原の草三)〉 〈두 눈동자(双眸)〉 〈거나한 인생(ほろよい人生)〉, 24일부터 〈사랑의 출선(愛の出船)〉, 폭스의 〈폭풍의 나라의 테스(嵐の国のテス)〉이며, 이 관 지배인 나카미즈 유노스케(中水友之助) 씨는 말한다.

"〈나팔과 아가씨〉는 의외로 성적이 안 좋아 6일 만에 끝났다. 나머지는 순조로운 편이다. 2월은 닛카쓰에 선두를 양보했지만, 3월에는 〈동양의 어머니(東洋の母)〉가 기다리고 있다. 단연 선두를 차지할 것이다."

주오칸은 2일부터 〈황금기사(黃金騎士)〉 〈12층 밑의 소년들(12階下の少年達)〉, 7일부터 〈검귀삼인의 여행(劍鬼三人旅)〉, 산에이샤(三映社) 제공의 〈꿈꾸는 입술(夢見る脣)〉, 13일부터 〈쇼와인생안내(昭和人生案内)〉, 파라마운트사의 〈신세기(新世紀)〉, 2일부터 〈매장금 3만냥(埋蔵金三萬両)〉 〈경찰관(警察官)〉이며, 이 영화관 관주인 오다 유키치(小田勇吉) 씨는 말한다.

"올해 2월의 성적은 신코 특약 이후[작년 말부터 보합(步合)제[20]로 되었다] 4년간 가장 좋은 성적이다. 그러나 기대했던 〈경찰관〉은 마침 아사히자(朝日座, 극장)에서

---

19 기소카이도(木曾街道)는 에도와 교토를 잇는 길 중의 하나.
20 극장과 배급사가 수익을 정한 비율에 따라 나누거나 수수료를 받는 것을 말한다.

13일부터 월말까지 경기도 보안과, 경성 부내 각 경무관 후원, 경성 각 신문사 후원의 극 〈경찰관〉을 상영했기 때문에 두 작품이 충돌해서 관객들을 빼앗겨 곤혹에 빠지기도 했다."

도아구락부가 주력한 개봉영화는 다이토 〈태양의 사쿠타로(陽の作太郎)〉, 동 〈고가네이 고지로(小金井小次郎)〉, 기쿠타로 프로덕션(菊太郎プロ)의 〈복면발도대(覆面抜刀隊)〉, 다이토의 〈방랑하는 원님의 의리(放浪旗本仁義)〉, 동 〈에도의 화려한 출세의 웃옷(江戸の華出世の纏)〉, 아사히연맹(朝日連盟) 〈오슈여행길의 아침안개(奥州旅路の朝露)〉, 다이토 〈비파의 노래(琵琶歌)〉, 동 〈돌고 도는 인생(めぐる人生)〉, 동 〈남쪽의 여자(南地の女)〉, 동 〈경계선의 여자(警戒線の女)〉, 동 〈백 명째의 신부(百人目の花嫁)〉, 동 〈비참한 철로(悲惨の鉄路)〉, 후지야마프로덕션(フジヤマプロ) 〈해골군대(噑體數隊)〉, 워너 〈해저마라톤(海底マラソン)〉, 워너 〈웃는 거인(笑ふ巨人)〉, RKO 〈은빛비늘에 춤추다(銀鱗に躍る)〉, RKO 〈돌아온 거인(帰って来た巨人)〉 등인데, 경영자 도쿠나가 구마이치로 씨는 말한다.

"올해도 특별 상영을 제외하면 3일에 한 번 프로그램을 바꾸고 1층은 20전 균일로 밀고 나갈 예정이다. 2월에는 다카라즈카키네마의 본사에 여러 가지 사정이 있어서 다카라즈카 작품을 한 편도 상영하지 못했다. 다이토영화는 경성에서 아직 인기가 없어 이번 달은 다이토 영화를 선전하기 위한 희생 상영이었다. 3월부터는 다카라즈카영화도 상영할 수 있을 거라고 생각하니 다이토영화, 그리고 워너와 RKO의 서양영화로 대중 팬들을 만족시킬 예정이다."

게이류칸은 도쿠나가활동사진협회(德永活動写真協会)의 보합관인데 주야 2번, 평일 밤 1번의 상영으로 도아구락부와 같은 프로그램을 3일 늦게 상영한다.

나니와칸은 1일부터 파라마운트사의 〈제니의 일생(ジェニーの一生)〉, 파라마운트사 〈엄마는 아빠를 좋아해(ママはパパが好き)〉, 8일부터 폭스의 〈풍운의 국제연맹(風雲の国際連盟)〉, 메트로의 〈챔프(チャンプ)〉, 14일부터 폭스의 〈농원의 레베카(農園のレベッカ)〉, 유나이티드의 〈칸타의 투우사(カンターの闘牛師)〉[21], 21일부터 폭스의 〈델리셔스(デリシャス)〉, 동 〈아메리

---

21   원제는 〈The Kid From Spain〉(1932)

카축제(あめりか祭)〉, 26일부터 파라마운트의 〈무기여 잘 있거라(戦場よさらば)〉, 동 〈사기꾼 장사(インチキ商売)〉의 재상영인데, 선전부장 가사이(河済) 씨는 말한다.

> "내지인 측에서는 도저히 채산이 맞지 않는다는 서양영화전문관도 상영영화를 잘 선택하고 영화관 설비를 완벽히 갖춘다면 충분히 관객을 흡수할 수 있다. 당관에서 1월에 JO작품 〈그녀의 성적 매력〉〈결전 다카다노바바(決戦高田馬場)〉를 상영했지만 실패로 끝났다. 어디까지나 서양영화전문인 것이다. 2월은 〈제니의 일생〉으로 주 통계 2천 원을 올려 기록을 갱신했는데, 3월은 〈독수리와 매(鷲と鷹)〉〈울려 퍼져라 응원가(響け応援歌)〉에 기대를 걸고 있다."

—야마구치 도라오

1934년 4월 하순(124호) 20~21쪽

경성 : 시종일관 호조였던 3월

3월 경성 영화흥행계를 보면 각 관에서 공통적으로 좋은 프로그램을 나열하여 여전히 순조로운 실적을 보였는데, 그중에 다이쇼칸[쇼치쿠]은 호화판 〈동양의 어머니〉를 15일부터 개봉 2층 1원, 1층 80전의 입장료에 매표소에서 사면 1할 할인권을 서비스하는 방식으로 일주일 통계 9천 원을 돌파했다. 경성 부내의 영화흥행 기록에서 오늘까지 최고기록으로는 우선 쇼치쿠의 〈어머니(母)〉가 9일 동안 1만 원을 돌파한 것을 비롯하여 메트로의 〈태평양폭격대(太平洋爆撃隊)〉 및 쇼치쿠의 〈주신구라〉가 각각 주 통계로 7천 원, 〈유인원인 타잔(類人猿人ターザン)〉이 5천 원, 파라마운트사의 〈폭군 네로(暴君ネロ)〉가 4천5백 원 정도가 큰 실적이었는데 〈동양의 어머니〉는 이들 기록을 깬 엄청난 호황이었다.

주오칸[신코]은 〈벚꽃의 노래(さくら音頭)〉를 내지의 다이토와 동시에 개봉하기 위해 비행 편으로 프린트를 불러 14일부터 개봉했다. 그런데 날씨가 급변하여 추위가 닥치는 등 때가 좋지 않아 큰 성적을 올리지 못하고 18일부터 P.C.L의 〈벚꽃의 노래〉와 바꿨다.

나니와칸은 서양영화 전문이라는 확고한 지반을 닦았는데, 연속으로 강력한 프로그램을 상영하여 매주 특별상여금이 나올 정도의 좋은 실적을 올렸다. 특히 22일부터 파라마운트사의 〈울려 퍼져라 응원가〉는 경성에서 처음으로 해설이 없는 주간이라는 호평을 얻었다.

기라쿠칸[닛카쓰]은 평범했다. 도아구락부[다카라즈카, 다이토]는 여전히 3일에 한 번 프로그램을 바꾸고 있는데, 1층 20전 균일이라는 가격은 대중 팬을 흡수하면서 무시할 수 없는 성적을 보이고 있다.

각 관의 상영프로그램은 다음과 같다.

▲다이쇼칸[쇼치쿠] 2일부터 〈천명 원님의 우산(天明旗本傘) 전편〉〈문지기와 아가씨(玄関番とお孃さん)〉, 8일부터 〈벌레처럼 움직이는 남자(虫のままに動く男)〉〈첫사랑의 봄(初恋の春)〉, 15일부터 〈천명 원님의 우산 후편〉〈동양의 어머니〉, 22일부터 〈태풍시대(颱風時代)〉〈여자로 태어난 이상은(女と生まれたからにゃ)〉, 29일부터 〈구쓰가케 도키지로(沓掛時次郎)〉〈긴지키야샤(銀色夜叉)〉〈고릴라대륙(ゴリラ大陸)〉[F.B.O.]

▲기라쿠칸[닛카쓰] 1일부터 〈철새 기소의 선물(渡鳥木曾土産)〉〈사랑의 나가사키(恋の長崎)〉, 8일부터 〈아카가키 하라조와 호리베 야스베(赤垣源蔵と堀部安兵衛)〉〈사랑을 알 때(恋知る頃)〉〈무적의 타잔(無敵タルザン)〉[야마니양행], 15일부터 〈비단공양(ちりめん供養)〉〈횃불(炬火) 전편〉〈적은 태평양(敵は太平洋)〉[아카사와(赤澤)], 28일부터 〈무도대감(武道大監)〉〈내 청춘(僕の青春)〉〈폴라(ポウラ)〉[야마니양행]

▲주오칸[신코] 7일부터 〈대까마귀이야기(ひよどり草紙) 후편〉〈협염록(侠艷錄)〉, 14일부터 〈소마의 긴씨(相馬の金さん)〉〈벚꽃의 노래〉〈신들의 총아(神々の寵兒)〉[독일 우파], 18일부터 〈낭인축제(浪人祭)〉〈벚꽃의 노래〉[P.C.L], 24일부터 재상영주간, 28일부터 〈목숨을 파는 산사로(首売り山左郎)〉〈붉은 입술(赤い唇)〉〈검은 옷의 처녀(黒衣の処女)〉[독일 토비스]

▲도아구락부 2일부터 〈에도검비각(江戸剣飛脚)〉[다이토]〈불의 날개(火の翼)〉[R.K.O], 5일부터 〈여배우 나나코의 재판(女優奈々子の裁判)〉[도미구니(富国)] 외에 재상영 한 편, 8일부터 〈가가미야마(加賀見山)〉[다이토]〈폭소종군기(爆笑従軍記)〉[R.K.O], 11일부터 〈이다텐가즈에몬(韋駄天数右衛門)〉[다카라즈카]〈생의 시작(生の創め)〉[워너]〈인생안내(人生案内)〉[다이토], 14일부터 〈벚꽃의 노래〉[모리모토(モリモト) 제공]〈고릴라(強狸羅)〉[다이토]〈전시특무기관(戦時特務機関)〉[R.K.O], 17일부터 〈시말론(シマロン)〉[R.K.O]〈밀정 괴뢰사(隠密傀儡師)〉[다이토], 20일부터 〈상부련(相夫憐)〉[다이토]〈흑법사(黒法師)〉[다이토], 23일부터 〈나루코의 하치덴구 완결편〉[다카라즈카]〈수상한 거미(蜘蛛の怪)〉[폭스]〈그녀는 왜 죽었는가(彼女は何故死んだのか)〉[다이토], 26일부터 〈일출의 긴씨(日の出の銀さん)〉[다이토]〈화창한 봄(陽気な春)〉[다이토]

▲나니와칸[양화] 1일부터 〈갱의 딸(ギャンクの娘)〉[파라마운트사]〈419호실의 여자(四一

九号室の女)〉[파라마운트사] 〈독수리와 매〉[파라마운트사], 6일부터 〈추격 믹스(追撃ミックス)〉[22][유니버셜(그사)] 〈달의 궁전(月の宮殿)〉[폭스사] 〈빅 케이지(ビック・ケーヂ)〉[유니버셜], 12일부터 〈스키(スーキー)〉[파라마운트사] 〈나비부인(お蝶夫人)〉[파라마운트사] [재상영 주간], 15일부터 〈어둠의 휘파람(闇の口笛)〉[메트로] 〈오늘만의 목숨(今日限りの命)〉[메트로] 〈울려 퍼져라 응원가〉[파라마운트사], 28일부터 〈키튼의 맥주왕(キートンの麥酒王)〉〈그랜드호텔(グランドホテル)〉[메트로]

그리고 경성에서는 예전의 메트로영화 〈헬 빌로우(ヘル・ビロウ)〉[23] 문제가 발단이 되어 경성흥행협회 가맹상설관에서는 메트로영화를 일체 상영할 수 없다는 의견조정을 했던 경성흥행협회 대 메트로조선배급소[우에다 도라오(上田虎男) 씨]와의 대립은 와케지마(分島)와 도쿠나가(德永) 두 사람이 힘을 기울여 중재를 한 결과 서로가 무조건으로 화해하기로 했으며, 27일 요정 마쓰카네(松金)에서 협회원이 모여 서로 원만히 해결을 보고 과거의 문제는 전부 흘려보내기로 했다. 이로써 메트로영화는 향후에도 각 상설관에서 계속 상영할 수 있게 되었다.

그런데 경성에서는 쇼치쿠영화를 둘러싸고 상영권 쟁탈전이 벌어지고 있다. 이는 도의 보안과 검사에 따라 다이쇼칸이 흥행장으로서는 허가제한을 받게 되어 올해 말에는 그 허가가 취소될 지경에 이르렀기 때문에, 다이쇼칸 경영자 후쿠자키 하마노스케(福崎濱之助) 씨가 신축 계획에 착수하여 에이라쿠초(永樂町) 2정목에 부지를 구하고 착실히 건축 준비를 해 온 것이 원인이다. 이는 예전에 가지고 있던 쇼치쿠의 기득권을 그대로 유지하여 이후에도 쇼치쿠영화극장으로서 더 발전하게 되는 것이다.

그런데 아사히자(朝日座)의 오이시 사다시치(大石貞七) 씨 등은 이미 쇼치쿠와 암묵의 계약을 맺어 도쿠나가상점이 소유하고 있는 미쓰코시(三越) 뒤의 부지에 쇼치쿠영화극장을 건설하기 위해 필요한 준비를 진행하고 있으니, 이에 쇼치쿠영화의 상영권을 둘러싸고 이 두 사람이 쟁탈전을 벌이기에 이르렀다. 그런데 후쿠자키 씨와 쇼치쿠의 계약은 쇼와 9년 3월 31일이 기한이다.

다음으로 조선인 측 영화관을 보자. 이들 내지인 측 상설관에 비해 조선인 측 영화관은 조선 무대극의 전성시대에 들어섰다. 올해에 들어 단성사는 영화를 상영하지 않고 조선극장도 또한 한 달에 3번 정도밖에 영화 상영을 하지 않았으며, 우미관(優美館)과

---

22   원제는 〈Flaming Guns〉(1932)
23   원제는 〈Hell Bellow(세계대해전)〉(1933)

제일극장의 2관이 영화전문관으로 영화상영을 지속하고 있을 뿐이다. 지금은 단성사, 조선극장의 두 관 모두 무대극으로 연일 만원인 대성황을 이루고 있다. 이는 조선인들 사이에 레뷰시대가 찾아왔음을 보여주는 것인데, 영화배급자들이 말하길 연극 등을 상연하면 팬들이 안 모인다고 하는데, 이는 핑계이며 나니와칸이 생기고 나서 조선인관에는 확실히 내지인 관객이 줄었다. 그 때문에 우미관은 상황이 좋아져 최근에 상영하는 작품마다 히트를 하고 작년보다 4할이 증가한 수익을 올렸다.

우미관이 3월에 상영한 주 작품은 〈무적의 타잔〉[야마니양행] 〈폴라〉[야마니양행] 〈불의 날개〉[R.K.O] 〈은빛 비늘에 춤추다〉[R.K.O] 〈산장의 살인(山莊の殺人)〉[R.K.O] 〈폭소종군기〉[R.K.O] 〈시마론(シマロン)〉[R.K.O]이다.(20쪽) 여기에서 특기할 만한 것은 제일극장의 존재인데 이는 나다야 히사키치(港谷久吉) 씨의 경영이며, 이전의 시장 건물을 영화관으로 개조한 것이다. 쇼와 7년 이후의 영화흥행에서, 1층은 10전, 2층은 15전 균일이며 양화 무성판의 재상영을 단행하여, 하층계급의 절대적 지지로 계속 만원을 이루었는데, 정원인 8백 명을 항상 넘는 상황이다.

그리고 작년 말부터는 쇼치쿠와 특약을 맺어 매주에 한 편은 가마타(蒲田)[24] 시모가모(下賀茂)[25] 작품을 재상영하여, 종래에 조선인 측에서 방화상영은 항상 묵살된다는 염려가 있었음에도, 쇼치쿠영화의 조선어 설명은 점차 인기를 얻어 훌륭한 성적을 나타냈으므로 다른 영화관에서 경이로움을 가지고 보고 있는 형편이다.

－야마구치 도라오

1934년 6월 상순(127호) 20~21쪽

경성에서 〈무적의 타잔〉 상영권 다툼!

야마니양행이 제공하는 〈무적의 타잔〉 프린트가 2명의 배급자에게 각 한 벌씩 입하되어 아연실색한 경성에서 상영권 다툼이 벌어진 것이다. 이 두 벌의 프린트는 모두 야마니양행이 소유한 것이다. 그런데 야마니에서는(20쪽) 조선의 상영권을 고베시(神戶市) 가노

---

24   시모가모는 교토의 지명으로 쇼치쿠의 시대극 촬영소가 있던 곳이다.

25   가마타는 도쿄의 외곽에 있는 지명인데, 쇼치쿠의 현대극 촬영소가 있던 곳이다. 1920년대부터 1935년까지 쇼치쿠의 시모가모는 시대극, 가마타는 현대극이라는 이미지가 강했는데, 1936년에 현대극은 근대적 시설이 완비된 오후나(大船) 촬영소로 옮겨 갔다. 흔히 일본영화사에서 말하는 소시민영화는 가마타에서 촬영되었고, '가마타조(蒲田調)'라는 특색 있는 영화들을 양산했다.

초(加納町) 미키 사부로(三木三郎) 씨에게 양도했다. 미키 씨는 이것을 유나이티드사 경성 특파원 하나오카 모토요시(花岡元義) 씨에게 넘겼다. 그러나 야마니에서는 경성 세이쇼몬초(西小門町)의 소노다상회(園田商会)에도 프린트 한 벌을 팔았으므로 분쟁이 생겼다고 한다. 미키상회는 경우에 따라서는 소노다상회의 프린트를 적립금 없이 강제집행으로 차압하겠다고 말하고 다니고 있다.

1934년 6월 하순(128호) 22쪽   [지방통신]

경성:닛카쓰 사장의 경성 방문으로 활기

만주국 시찰을 마치고 북선 청진으로 들어온 닛카쓰 나가타니(中谷) 사장, 이노우에(井上), 하라다(原田) 양 간부의 일행은 7일 청진을 떠나 도중에 주을(朱乙) 온천에 들려 8일 오후 0시 15분 경성역에 도착하는 열차로 입성했다. 역에는 마지마 관주 그 외 많은 관계자가 마중을 나갔는데, 일행은 즉시 조선호텔로 들어갔다. 동일 오후 2시 동 호텔의 살롱에서 나가타니 사장은 방문한 기자들에게 다음과 같이 말했다.

"대련을 출발점으로 하여 봉천, 신경, 하얼빈, 길림 등을 시찰하고 마지막으로 길회선(吉会線)을 타고 북한 방면을 시찰하고 왔다. 솔직히 말하자면 처음에 만주에 갔을 때는 만주에서 촬영소를 건설하는 계획 따위는 말도 안 된다고 생각했는데, 실제로 가보니 상상했던 것과 정반대였다. 시찰 결과 만주국 내에 스튜디오를 건설하는 것은 의의가 있으며 또한 유망하기도 하다는 것을 통감했다. 그래서 될 수 있는 한 빠른 시일 내에 가설 영업소를 건설하고 동 영업소에서 만주국 사람들을 배우로 양성하여 만주국의 스토리로 된 만주국 영화를 제작하고 싶다. 또한 일본의 예전의 좋은 영화를 가져가서 만주국 말로 제목을 달아 신경을 비롯하여 각지의 영화관과 연락을 취해 상영할 방침을 만들어 일본국민의 생활풍습을 잘 알리고 양국의 친선을 도모하고 싶다. 만주국의 일반국민들이 왕도낙토(王道樂土)를 철서하게 건설하게 하기 위해서는 영화를 이용하는 것이 제일 유효하다고 믿는데, 이 점에 대해서는 만주국 각 요인들과도 회견해서 의견교환을 했으며, 모두 찬성해주었다. 그러나 이 사업은 현재 상태로는 도저히 영리가 되지 않으니, 회사 입장에서는 우방국민을 위해서 많은 희생을 치루는 셈이다. 사무소의 건설은 이미 부탁해놓았으니 8월이나 9월경에는 완성될 거라고 생각하는데 장래에는 거대한 스튜디오를 신경에 건설할 계획이다.

그리고 조선에서도 앞으로 더욱더 적극적으로 상영할 생각인데, 앞으로는 내선융화를 위해 일본영화에 언문 제목을 붙일 생각이다. 기라쿠칸을 직영으로 하는 문제도 경성이 중심지인 이상 반드시 이루어졌으면 좋겠는데, 마지마 관주와 상담은 끝냈고 아직 어떻게 할지 결정하지는 못했다."

그리고 일행은 동 호텔에 1박하고 9일 열차 '히카리(ひかり)'로 부산 경유 귀도에 오를 예정이다.

경성 업계의 화제는 쇼치쿠의 다이쇼칸이 쇼치쿠 계열에서 떨어져 나가려고 하고 있다는 점이다. 쇼치쿠키네마 경성 개봉관 다이쇼칸[후쿠자키 하마노스케(福崎濱之助) 경영]은 지난 3월에 쇼치쿠와 계약이 만료되었는데, 쇼치쿠 측은 항상 닛카쓰 기라쿠칸이 한발 앞서는 형세를 생각하면, 동 다이쇼칸이 너무 소극적이어서 손해를 입었다고 보고, 만약 다른 흥행자가 신관을 건설하려고 하고 있다면 개봉 상영권을 주려고 하고 있다. 이런 시기에 아사히마치(旭町) 미쓰코시(三越) 뒤쪽의 도쿠리쿠상회(德力商会) 소유지에 영화극장을 건설하려고 했던 아사히자의 오이시 사다시치 씨가 이번에는 무슨 연유에서인지 손을 대지 않으려고 한 것은 주목할 만하다.

1934년 6월 24쪽 [지방잡신]

조선 영일좌(迎日座) 소실

조선 경상북도 포항 읍내 영일좌에 5월 26일에 화재가 발생했다. 이는 니시지마 요시타미(西嶋義民) 씨 주최의 정기순회 상영프로그램인 쇼치쿠영화 〈이즈의 무희(伊豆の踊子)〉를 영사하던 중에 일어났다. 이는 필름을 교환하면서 광열 차단을 잘못하여 1,000와트의 전구에 불이 붙은 게 원인이다. 이로 인해 영사실에 들고 왔던 〈동양의 어머니〉 및 〈쇼치쿠뉴스〉, 발성영사기 등과 그 외의 것들을 소실했는데 동 좌는 전소 손해도 막대할 것으로 내다봤다.

경성 : 쇼치쿠 상영권 문제 해결

경성 다이쇼칸의 쇼치쿠영화의 상영권 문제는 동 영화관의 종업원들이 생활의 위기에 직면하게 되는 등 문제가 커졌는데, 여기에 경성흥행협회가 정식으로 개입하면서 협회 회원 도쿠나가 씨(새로운 계약자)와의 문제로 발전했다. 그래서 협회에서는 20일 와케지마(分島) 협회장, 오이시(大石), 마지마(間島) 협회부회장 및 회원들과 협의를 한 결과 도쿠나가 씨를 방문하여 향후 이를 백지로 돌리고 협회에 일임해달라는 협회의 의견을 피력했다. 처음에는 의지를 관철하기 위해 협회를 탈퇴하겠다던 도쿠나가 씨도 이에 찬성하여 만사 무조건으로 협회에 일임하기로 했다.

그래서 이 문제는 협회 대 쇼치쿠의 문제가 되었는데, 협회 측에서는 정식으로 다이쇼칸[후쿠자키(福崎) 씨]이 해약 통지를 받게 하는 등 신중하게 일을 진행시키면서 협의한 결과 쇼치쿠영화에 대한 도쿠나가 씨의 상영권을 4개월간 연기하는 것만이 해결책이라고 의견을 모았다. 그래서 22일 아침 와케지마 협회장은 혼마치 경찰서장을 방문하여 이런 제안을 했으며, 서장도 이에 찬동했으므로 정오에는 연예관에서 총회를 열었다. 석상에서 와케지마 협회장이 도쿠나가, 후쿠자키 씨 등에게 이와 같은 타협안을 제시했고, 둘 다 이를 승인했으므로 이 협약을 그날 밤 도쿠나가 씨가 쇼치쿠 오사카 지점에 장거리전화로 이야기했는데, 결론을 내지는 못했다. 그러나 즉시 지점으로부터 바로 도쿠나가 씨에게 "시모노세키에서 기다리겠으니, 귀하는 시모노세키로 오라"라고 하는 의뢰가 있었다. 그리하여 도쿠나가 씨는 23일 아침 경성을 출발하여 시모노세키에서 쇼치쿠 오사카 지점 제3구 담당 우메즈 쓰루노스케(梅津鶴之助) 씨에게 협회의 결의안을 이야기했는데, 쇼치쿠 측은 이를 승인하지 않아 교섭은 결렬된 것으로 보였다. 그런데 오사카에서 미요시(三好) 영업부장을 불러 같이 협의한 결과, 26일에 우메즈 씨가 도쿠나가 씨와 같이 경성에 와서 협회 측과 절충하여 이틀간 교섭해 점차 타협점을 보게 되었고, 협회 측은 29일 다음과 같은 성명을 발표했다.

쇼치쿠영화의 상영권 문제에 대해 후쿠자키, 도쿠나가 두 사람이 그 대책에 대해 무조건적으로 협회에 일임하여, 당 협회는 이에 대해 진중한 심의를 했다. 그 결과 당 협회는 그 조치로서 앞으로 4개월간[10월 31일까지] 현 상태 그대로 다이쇼칸의 상영 기간을 연장하도록 6월 22일에 결의했고, 이 결의안이 관철되도록 적극적으로 노력하고 매진하기로 했는데, 쇼치쿠 본사가 이를 허용하지 않았다. 그 대신 쇼치쿠의 짐을 떠맡은 우메즈 씨는 오늘날까지 흥행협회가 심의를 해온 진심 어린 행동을 이해하고, 본사의 승인을 받게 하기 위해 이틀 동안 노력했으나 불행히도 쇼치쿠의 승인을 받지 못해 일단 협상을 결렬시켜야 했다. 흥행협회에서는 후쿠자키, 도쿠나가의 두 사람이 협회에 일임한 이상 두 영화관에서는 앞으로 넉 달 동안 쇼치쿠영화를 상영하지 않도록 지시했다. 우메즈 씨는 협회가 현 상황을 개선하도록 노력한다는 것을 조건으로 하여 영화를 흥행협회에 제공하기로 했다. 따라서 흥행협회에서는 우메즈 씨가 제공하는 영화를 다시 후쿠자키, 도쿠나가 씨에게 제공하는 방식으로 향후 넉 달 동안 공동경영을 맡기기로 했다.

이에 의해 도아클럽은 예정대로 7월 13일부터 경성 쇼치쿠자(松竹座)로 개관, 다이쇼칸은 후지자키, 도쿠나가 2명의 공동운영에 의해 10월 31일까지 쇼치쿠영화 2번관으로서 연명하게 되었다.

－야마구치 도라오

1934년 8월 상순(131호) 16~17쪽

쇼와 9년 상반기 전국 지방별
최고 흥행성적 영화는 무엇인가(2) : 본사 각지 통신부

5월 초순 경성의 40만 부민이 대망하는 채플린 영화 〈거리의 등불(街の灯)〉을 도쿠나가 구마이치로 씨가 상영권을 획득하여 도아클럽에서 상영한다고 부내 신문에서 보도했을 때 사람들은 깜짝 놀랐다.

도아클럽이라면 다카라즈카, 다이토의 개봉관으로 항상 3일에 한 번 프로그램을 바꾸고 10전 균일, 20전 균일로 대중 팬을 흡수해 온 영화관이다. 업자들은 〈거리의 등불〉을 상영하면서 도쿠나가가 어떤 흥행 방법을 취할지 모두들 주목하고 있다. 계약이 잘 성립되어 채플린은 5월 24일에 내지 도착, 개봉은 6월 1일, 조선극장과 같이 개봉하기로 했는데, 〈거리의 등불〉을 어떤 영화와 같이 상영할 것인가가 관건이었다. 이 영화관 계통의 다이토, 다카라즈카 영화는 상영할 수 없다. 그래서 도쿠나가 씨는 자신이 배급권을 가지고 있는 워너영화 〈42번가(四十二番街)〉와 병행하여 상영하면서, 서양영화 주간으로 만드는, 도아클럽으로서는 파격적인 전법을 사용했다.

조선에서는 아무리 내무성 검열이 끝난 필름이라고 할지라도 조선총독부의 검열실을 통과하지 않으면 상영이 불가능하며, 개봉영화의 상영일을 광고하거나 게시하는 것도 허가되어 있지 않다. 내지에서 채플린이 늦게 도착하면 근일 개봉이라는 광고지의 광고만 가능해지니 각 배급소와 상설관은 이를 고민해야 하는 것이다. 〈거리의 등불〉과 〈42번가〉는 이런 일이 없도록 배급 본사와 사전에 협의하여 프린트가 도착하는 날이 틀림없도록 확인하고 나서 10일이 지나면서 선전에 들어갔다. 제일 먼저 개봉 전에 인기를 끌기 위해 신문과 제휴하기로 하고 『조선신문』에 후원을 의뢰했는데, 동 신문은 15일 이후의 조간, 석간에 매일 〈거리의 등불〉과 〈42번가〉의 소개 기사를 게재했다.

부내 주요 거리 50군데에는 함석판을 자른 채플린 등신대의 입간판을 만들어 '근일개봉, 채플린의 〈거리의 등불〉, 도아클럽'이라는(16쪽) 글자를 넣어 배치했다. 그리고 역시 근일개봉이라는 예고 광고지(46판)를 2백 장 만들어 신문에 끼워 넣거나 8절로 접은 광고지 4만 장을 두 번에 나누어 부내 각 신문에 끼워 넣었다[선전은 조선극장과의 관계로 조선인 거리에는 하지 않기로 했다].

드디어 25일에 〈거리의 등불〉과 〈42번가〉가 둘 다 검열을 통과했으므로 앞에서 이야기한 채플린 입상에는 즉시 6월 1일 개봉이라는 글자를 넣고, 46판으로 인쇄한 길거리 광고지 3백 장을 거리에 게재했다[길거리 광고지는 흥행협회의 협정에서 크기가 제한되어 있어 46판 인쇄 이상은 사용할 수 없다].

『조선신문』 이외의 신문사에도 의뢰하여 〈거리의 등불〉 상영 결정이란 기사를 싣게 했다. 이렇게 하여 거리는 완전히 채플린 색으로 물들었고 입장료는 2층이 성인 1원 학생 50전 어린이 30전, 2층은 성인 80전 학생 40전 어린이 12전이고 성인에 대해서는 안내소에서 1할 할인된 전매권(前賣券)을 발매했다. 그리고 『조선신문』 및 『오사카아사히신문(大阪朝日新聞)』에서 애독자 우대를 하고 싶다는 요청이 있어서 양 신문의 독자들에 대해서는 성인에 한해 2층 80전, 1층 60전으로 우대를 하고, 두 신문사 배달원들을 총동원하여 우대권 2장을 넣은 안내장 2만 통을 독자들 집에 개별로 배달하게 했다. 개봉 하루 전인 5월 31일에는 영화관이 휴관, 종업원을 총동원하여 거리를 돌며 선전했는데, 이날은 오전 9시에 모여 가로 8척, 세로 5척, 높이 7척의 이야기무대를 중심으로 선원 60명이, 20명은 채플린으로 변장하고 화곡(和曲)[26] 7명, 양악 12명, 나머지는 깃발을 들고 광고지를 배부하게 하여 오후 4시까지 경성 부내를 빠짐없이 돌았다.

26　　일본곡.

그리고 같은 날 밤 늦게까지 영화관 앞을 장식하여 지금까지의 도아클럽과는 전혀 다른 고급영화전당으로서, 영화관 앞에 높이 40척의 채플린 입상인형을 놓아 사람들을 깜짝 놀라게 했다.

이렇게 준비를 하여 6월 1일 첫날 뚜껑을 열어보니 관객이 쇄도하고 주야 2회 흥행으로 1천5백 원을 돌파하는 성적이었다. 조선극장도 이에 지지 않는 성적을 거두었다.

내지인 측에서는 10일 동안 동일한 서양영화 프로그램으로 흥행을 한 것은 처음이었으니, 모든 면에서 기록을 갱신한 셈이다.

이때 기라쿠칸[닛카쓰]은 같은 날짜인 1일부터 〈주신구라〉로 대항했는데 맞수는 되지 않았다. 주오칸[신코]과 다이쇼칸[쇼치쿠]은 대적이 되지 않음을 알고 둘 다 값싼 재상영으로 위기를 능숙하게 헤쳐 나갔다.

방화로는 쇼치쿠의 〈동양의 어머니〉가 최고의 성적. 특이한 선전으로는 주오칸이 〈달에서 온 사신(月よりの使者)〉 상영에 임해서 경성 부내 목욕탕에 빠짐없이 입구에 거는 포렴(のれん)을 나누어주고[〈달에서 온 사신〉 상영 중 주오칸이라는 글자를 넣어], 기라쿠칸이 유니버설의 〈투명인간(透明人間)〉 상영 시에 〈투명인간〉 그대로의 모습을 한 선전 부원이 광고지를 나누어주며 돌아다닌 것이 기억에 남는다.

－경성 야마구치 도라오

1934년 8월 하순(132호) 26～27쪽

조선의 영화통제령 드디어 실현
: 활동사진영화취체규칙 9월 1일부터 실시

조선총독부 사무국에서는 예전부터 영화국책 수립을 위한 방책을 입안 심의 중이었는데 이에 앞서 '활동사진필름검열규칙'을 공포하고 점차 구체화시키기로 했으며, 더 나아가 지난 7일자로 총독부령 제82호로 '활동사진영화취체규칙' 13개 조를 공포하고 오는 9월 1일부터 실시하기로 했다.

본령 제정에 대해 당국이 의도하는 바는 영화로 조선민중을 올바르게 교화하고, 외국에 조선에 대한 잘못된 인식을 심어주지 않으며, 더 나아가 조선의 국산영화 진흥을 조성하여 조선을 통치하는 데 많은 도움이 되게 하기 위한 것으로, 필름검열규칙과 병행하여 시행된다.

그리고 이번에 공포되는 규칙은 다음과 같이 상영영화의 제한과 강제, 그리고 수출

허가제 그 밖의 사항들이다.

활동사진영화취체규칙

제1조　활동사진영화는 활동사진'필름'검열규칙에 의하며, 그 외의 경우 본령에 의하지 않으면 이를 영사해서 다수의 대중에게 관람시킬 수 없다.

제2조　본령에서 활동사진영화흥행자[이하 그냥 흥행자라고 한다]라고 칭하는 것은 활동사진영화를 영사하여 다수의 대중에게 제공하는 것을 업으로 삼는 자를 말한다.

제3조　흥행자가 그 업을 개시하려고 할 때는 그 업의 개시일로부터 10일 전까지 다음에 제시한 사항을 구비하여 이를 흥행장의 소재지를 관할하는 도지사에게 그 서류를 제출해야 한다.

　　1. 주소, 이름 및 생년월일[법인은 주 사무소의 소재지, 명칭 및 대표자의 주소, 이름 및 생년월일]

　　2. 흥행자의 명칭 및 소재지

　　3. 업의 개시 예정 연월일

　　앞 항 제1호 또는 제2호의 사항을 변경했을 때는 흥행자는 10일 내에 이를 흥행장의 소재지를 관할하는 도지사에게 신고서를 제출해야 한다.

　　흥행자가 그 업을 폐지하려고 할 때는 제1항의 규정을 준용한다.

제4조　흥행자는 매달마다 그 달 내에 영사한 영화의 제목[외국영화인 경우에는 그 원명 및 번역명], 제작국, 제작자, 권수 및 미터수를 흥행장별로 다음달 10일까지 흥행장의 소재지를 관할하는 도지사에게 신고서를 제출해야 한다.

제5조　도지사가 필요하다고 인정할 때에는 한 흥행 또는 한 달 동안 흥행자가 영사한 영화의 종류, 수량, 또는 영사시간을 제한할 수 있다.

제6조　사회교화를 목적으로 하여 제작된 영화 또는 시사, 풍경, 학술, 산업 등에 관한 영화에서 조선총독이 인정한 작품에 대해서는 앞 조 및 제8조 제2항의 규정을 적용하지 않는다.

　　앞 항의 인정을 받으려고 하는 자는 신청서에 영화 제목[외국영화인(26쪽) 경우에는 그 원명 및 번역명], 제작국, 제작자, 권수 및 미터수를 기재하고 해설대본 2부를 첨부하여 이를 조선총독에게 제출해야 한다.

제7조　조선총독이 필요하다고 인정할 시에는 흥행자에 대해 제5조의 제한에 관계

없이 필요한 영화의 영사를 명할 수 있다.

제8조 흥행자가 아니면서 영화를 영사하여 다수의 대중에게 제공하려고 하는 자는 미리 그 영화의 제목[외국영화인 경우에는 그 원명 및 번역명], 제작국, 제작자, 권수, 미터수 및 영사시간을 구비하여 영사지를 관할하는 도지사에게 신고서를 제출해야 한다.

제9조 조선 내에서 촬영한 영화[아직 현상하지 않은 영화를 포함한다]를 수출 또는 이출하려고 할 때에는 신청서에 그 영화의 제목, 제작자, 권수 및 미터수를 기재한 해설대본 2부를 첨부하여 조선총독의 허가를 받아야 한다.

앞 항의 허가를 받으려는 자는 수출신고 시 허가서를 세관에 제출해야 한다.

제1항의 경우 조선총독이 필요하다고 인정할 경우에는 영화의 검열을 할 수 있다.

제10조 제5조 또는 제7조의 규정에 근거하여 발하는 명령을 위반한 자는 3달 이하의 징역 또는 2백 원 이상의 벌금 또는 구류 또는 과료에 처한다.

제11조 제9조의 규정에 의한 허가를 받지 않고 영화를 수출 또는 이출한 경우에는 2달 이하의 징역 또는 1백 원 이하의 벌금 또는 구류 또는 과료에 처한다.

제12조 제3조 제4조 또는 제8조 제1항의 규정에 위반하여 신고서를 제출하지 않거나 또는 허위 신고서를 제출한 자 또는 제8조 제2항의 규정에 근거하여 발하는 명령에 위반한 자는 5십 원 이하의 벌금 또는 구류 또는 과료에 처한다.

제13조 법인의 대표자, 법인 또는 다른 사람의 대리인, 사용인 그 외 종업원 또는 다른 사람의 호주, 가족 또는 동거자가 그 법인 또는 다른 사람의 의무에 관해 본령에 위반했을 경우에는 본령에서 규정한 벌칙은 이를 행위자에게 적용하는 외에 그 법인 또는 다른 사람에 대해서도 이를 적용한다.

미성년자 또는 금치산자가 본령에 위반한 경우에는 본령에서 정한 벌칙은 이를 법정대리인에게 적용한다. 단, 그 영업에 대해 성년자와 동일한 능력을 지닌 미성년자에 대해서는 이에 한하지 않는다.

【부칙】

본령은 쇼와 9년 9월 1일부터 이를 시행한다.

본령 시행 시에 현재 활동사진영화를 영사하여 다수의 대중에게 제공하는 것을 업으로 삼고 있는 자는 본령 시행일로부터 20일 이내에 제1항, 제3항 제1호 및 제2호의 사항을 구비하여 흥행장의 소재지를 관할하는 도지사에게 신고서를 제출해야 한다.

그리고 이 규칙 실시에 수반하여 도서과에서는 가까운 시일 내에 훈령 또는 통첩으로 규칙 시행 상에 필요한 각종 제한의 내용 그 밖의 사항을 시달하는 한편, 사회교화를 위해 심사위원회를 경무국 내에 설정하여 추천할 만한 사회교화영화를 비롯하여 학술, 산업 등의 각종 영화를 선정하는 일을 하여 취체규칙 시행상 완벽을 기할 의향이라고 한다.

1935년 1월 상순(141호) 52~54쪽   [지방통신]

경성:경성 영화계 근황

검열국 충실

9월 1일부터 실시된 '활동사진영화취체규칙'에 의해 양화전문관이라고 해도 4분의 1 이상 방화(邦畵)를 상영하지 않으면 가차 없이 규칙을 적용한다고 한다. 외화 배급업자에게는 큰 타격이다. 그리고 쇼와 12년(1937년) 이후에는 외화는 한 달 동안 한 흥행장에서 상영하는 총 미터수의 2분의 1 이내로 제한하게 된다고 하니 방화를 상영하는 각 영화관은 오랜 역경에서 벗어나 약진을 계속하게 될 것이다.

이에 비해 양화전문관인 조선극장, 나니와칸에서는 방화를 끼워 넣는 궁여지책을 마련하여 서양영화 2편 상영을 중심으로 선전하면서, 방화 상영으로 인한 관객층의 변동을 방지하려고 있다. 조선극장은 다이토 현대극, 나니와칸에서는 JO토키영화의 재상영판을 매주 상영하게 되었다.

경성부를 관할하는 경기도 보안과에서는 비공식적으로 동 규칙 실시를 2달 후로 예상하고 있었는데, 드디어 11월 1일부터 사실상의 영화통제가 실시되어 조선만의 독특하고 강력한 부령이 실시되게 된 것이다.

이 규칙을 시행함에 있어서 총독부 시미즈 도서과장은 필름검열의 사무를 쇄신하는 의미로 종래 검열실 주임이었던 오카 시게마쓰(岡稠松) 씨를 도서과 서무 주임으로, 레코드 주임 오카다 준이치(岡田順一) 씨를 검열실 주임으로 맞이하여 검열관 3명, 기수(技

手)²⁷ 2명, 사무 4명인 체제로 바꿨다.

오카 전 검열관은 10여 년 동안 반도의 영화검열을 해온 인물로 이번에 다른 곳으로 가버리는 것은 아쉬운 일이지만, 장래에는 경시청에 자리가 예약되어 있다고 하니 이 또한 축하할 일이다.

9월 8일 요정 난잔소(南山莊)에서 오카 씨의 송별연이 개최되었는데, 경성 영화관계 자 60여 명이 출석한 성황리의 연회였다. 신임 오카다 씨를 맞이하여 경성 배급업자가 조직한 토요일 다과회에서는 10월 27일 제1회 예회를 검열실에서 열었는데 업자가 15명 출석하여 통검 사무에 대해 의견을 교환했다. 또한 이번 자리에서는 간사로 이나가키 (稲垣)[검열실], 고(高)[도와상사], 데라다(寺田)[쇼치쿠], 마쓰이(松居)[워너]의 각 씨가 새 로 선출되었다.

경성신사 제례의 번성

16일, 17일, 18일 순으로 경성신사의 제례일로 가득 찬 10월은 설, 오봉에 이은 대목 의 달인데, 각 영화관에서는 필사적으로 공방전을 펼친다. 내지인 측 상설관의 격전의 흔적을 보면

▲기라쿠칸[닛카쓰]

관주 마지마 우메키치(間島梅吉) 씨는 앞서 일본적십자사에 1만 원을 기부하여 장부 다운 호탕함을 보였는데, 이번에 또 수천 원을 경성신사에 내어 국기 게양탑과 참도(参 道)²⁸의 자갈을 봉납했다. 이런 거듭된 놀라운 행위에 경성 부민들이 감사하고 있다. 이 관주가 경영하는 동 관은 첫째 주 3일부터 시대극 〈히라데 미키(平手造酒)〉, 양화 〈세계 권투왕(世界拳鬪王)〉으로 뚜껑을 열었는데, 이 관의 관객층에게 〈세계권투왕〉은 받아들 여지지 않아 예상 외로 관객이 없었으므로[같은 영화를 개봉한 조선인 측 우미관은 연일 연속 만석] 5일로 이 두 영화의 상영이 끝났다. 8일, 9일은 〈히라데 미키〉를 남기고 재상 영 2편을 첨부하여 20전 균일로 헤쳐나간 힘든 주간 흥행이었다.

둘째 주는 시대극 〈비의 사타로선(雨の佐太郎船)〉, 현대극 〈바리캉도련님(バリカン若

---

27 기수는 관청이나 회사에 속하면서 기사보다 밑에 있는 기술자를 말한다. 기사와 발음이 비슷해서 이를 구분 하기 위해 일본어로 같은 한자를 '기테'라고 읽기도 한다.

28 신사 입구에서 신사까지 이르는 길.

樣〉), 비행 편으로 도착한 긴키(近畿) 풍수해 미담 〈아름다운 요시오카 선생님(美はしの 吉岡先生)〉, 셋째 주는 16일부터 제례흥행시대극 〈피를 내뿜는 천명진(血煙天明陣)〉, 현 대극 〈꿈 속의 아가씨(夢のなかのお嬢さん)〉 외에 재상영 한 편. 매년 그렇지만 이 영화 관은 위치의 이점 이외에도 치에조의 흡인력으로 올해도 쇼치쿠, 신코를 압도하는 최 상위의 성적. 23일부터는 휴식 삼아 항상 있는 재상영에 20전 균일 흥행.

▲주오칸[신코]

첫 주 4일부터 시대극 〈병학왕래의 수염난 다이묘(兵学往来鬚大名)〉, 현대극 〈불량소 년의 아버지(不良少年の父)〉 2편 동시상영. 둘 다 믿을 만한 영화였음에도 불구하고 예 상 외로 부진한 성적이었다. 그러나 7일 동안 노력한 끝에 동 영화관이 자랑하는 단기 간 20전 흥행, 그리고 그 다음으로 드디어 15일부터 축제 관련 상영이었다. 신코의 돈 벌이가 되는 영화 〈우몬 수사기록장 210일(右門捕物帳二百日)〉, 현대극 〈남자의 규칙(男 の掟)〉의 2편 상영. 이것이 관객들을 잘 끌어들여 매일 밤 기록을 깰 듯한 인기에 축제 경기(景氣)도 있어 오다(小田) 관주를 비롯하여 모두 얼굴을 펴고 기분이 좋아졌는데 8 일 동안 연속 성황이었다.

▲나니와칸[양화]

개관 1주년 기념과 축제 흥행의 기회를 맞이하여 작은 영화관이지만 조금 분발하는 모습을 보여주었는데 그 분투하는 모습은 주목할 만한 것이었다. 9월 20일부터 〈생활의 설계(生活の設計)〉, 27일부터 〈홍당무(にんじん)〉를 개봉, 녹기연맹과 타이업[29]이 잘 이루어 져 1원의 전매권으로 놀랍게도 7천6백 원이라는 거액의 수입을 올렸다. 360여 명의 연맹 회원이 정신없이 출근하는(52쪽) 데에는 과연 다른 영화관들도 아연실색하여 방관하는 수 밖에 없었다. 파라마운트사, 도와(東和)의 두 배급소가 2천 원 가까운 보합금을 받아서 수익이 올라갔다. 10월에 들어서 4일부터 파라마운트사 〈볼레로(ボレロ)〉 〈보리밭을 어 지럽히는 자(麦畑を荒す者)〉 2편 상영에 도쿄에서 이치무라 조지(市村讓治) 부처를 초대 하여 무대 행사를 추가하는 등 첫날부터 마지막 날까지 후반으로 갈수록 성황을 이루 면서 평균 4백5십 원씩 유지했다. 그리고 부가 프로그램(添物)을 바꿔가며 2주 연속 상

---

29   Tie-up

영을 하여 1주년 기념흥행이라는 의의를 담았다. 다음이 축제 관련 상영으로 〈돈키호테(ドンキホーテ)〉 〈화려한 왕국(お洒落王国)〉. 이것이 예상 외로 관객이 없어 다른 영화관에 비해 한산한 편이었다.

▲쇼치쿠자[쇼치쿠]

다크호스 도쿠나가 씨가 쇼치쿠영화를 획득하여 쇼치쿠자가 개관한 지 3달. 씨의 독특한 흥행전법은 업계가 주시하고 있으며 항상 화제의 중심이 되고 있다. 입장료는 항상 1층 30전, 2층 50전이라는 예전에 없었던 파격적인 저렴한 관람료. 팬들에게는 매우 기쁜 일이지만 닛카쓰나 신코의 개봉관에게는 큰 타격인데, 예전에는 프로그램이 좋으면 잠시 동안 2층이 80전, 1층이 60전의 입장료를 받던 것을 쇼치쿠자가 30, 50전으로 밀어붙이자 다른 영화관들이 아무리 좋은 프로그램을 짜도 50, 70전 이상의 입장료는 받을 수 없어 고민을 하고 있다.

10월은 제1주 〈결혼흥분기(結婚興奮記)〉 〈동반자살 나방(心中火取虫)〉, 제2주 〈도네의 아침안개(利根の朝霧)〉 〈석 달 동안의 켄(三カ月の健)〉, 제3주 〈거리의 폭풍(街の暴風)〉 〈나그네 싸움꾼 친구(旅鴉けんか友達)〉의 연속 히트상영으로 다이쇼칸 시대에는 닛카쓰 기라쿠칸에 눌려 있던 기세가 지금은 오히려 이를 앞질러 선두로 나섰다. 실로 도쿠나가 씨는 떠오르는 태양처럼 굉장한 기세이다.

▲주오칸의 협동경영

이렇게 하여 10월 흥행이 끝나고 기온도 영하로 내려간 11월, 12월에 들어섰는데 각 영화관의 성적이 좋았다고는 할 수 없지만 이에 대신하여 근래에 없는 화제가 많았다.

먼저 이번 가을시즌을 전후하여 주오칸의 경영을 차지하려는 모씨의 뒷거래가 빈번해지면서, 이 건물 주인인 조선활동사진주식회사를 중심으로 현 주오칸 경영자인 오다 유키치 씨의 맹렬한 공방전이 이루어졌다. 결국 오다 씨는 이 문제를 경성흥행협회에 가지고 갔고 와케지마와 오이시 두 회장과 부회장의 재량에 맡겼는데 모씨의 주오칸을 얻으려는 움직임은 효과를 보지 못하고 이 문제는 현 상태로 일단락 지어졌다.

그런데 11월 말일에 오다 유키치 씨는 영화관의 종업원들을 모아 "오는 12월 1일부터 주오칸 경영자는 오다, 와케지마, 오이시의 3명이 공동경영하기로 했으며 대표는 오다가 담당한다"는 뜻을 발표하여 관 종업원들 및 업계에 큰 충격을 안겼다.

▲조선극장의 경영 변경

설립된 지 14년 동안 경영자가 15번 바뀌어 경성 부내에 항상 화제를 던지고 있는 조선극장은 현재 경영자인 김찬영(金讚永) 씨로 바뀌고 나서도 경영 부진을 견디지 못해 이를 넘기기로 하면서 조선거리에 충격을 주고 있는데, 향후의 이 극장의 동향에 대해 많은 관심이 쏟아지고 있다. 새로운 경영자는 제일극장(第一劇場)의 주인인 나다야 히사키치 씨로, 현 종업원들 사이에는 엄동설한에 지금 해고되면 큰일이라며 크게 동요하고 있기 때문에 종로경찰서 고사카(小坂) 보안주임이 알선한 결과, 현재 종업원들을 그대로 고용하는 것을 조건으로 하여 영화관 건물주인 조선토지건물회사 대 나다야 씨와의 사이에 9만5천 원의 매매계약이 성립, 12월 4일 오후 고사카 주임 입회하에 정식조인을 했다. 그리고 연말 상여금은 전 경영자인 김찬영 씨가 내기로 했다.

쇼치쿠영화와 해약한 후 다이쇼칸에 대해서는 여러 가지 소문이 돌고 있지만 11월부터 새로 경영을 담당하게 된 오카모토 세이지로(岡本清次郎) 씨는 계통관을 가지지 않는 PCL영화를 주로 상영하면서 서양물로 옮길 계획이며, 도와상사(東和商事) 경성대리점 고인문(高仁文) 씨와 계약, 11월 첫째 주에는 〈젊은 하이델베르그(若きハルデルベルヒ)〉〈다다노 본지 인생공부(只野凡児人生勉強)〉〈신센구미 비가(新撰組悲歌)〉(다이토)로 개관기념 상영을 했다. 그런데 이 영화관의 재생을 알리는 시작은 방책을 잘못 세운 탓인지 인기를 끌지는 못했다. 이는 PCL의 작품을 너무 과신한 점, 도와상사의 영화가 아직 경성의 대중 팬들에게는(53쪽) 딱 와 닿는 것이 아니라는 점, 그리고 선전 부족도 그 원인이었다고 한다. 적어도 재생을 알리는 제1회 상영만은 조금 더 화려하게 출발했어야 했다. 제2주의 〈먹느냐 먹히느냐(喰うか喰われるか)〉도 생각만큼은 아니었다. 무엇보다도 저 절대적 수용력이 모든 것을 말해주는 쇼치쿠칸(松竹館)과 대항해야 하는 이 영화관은 지혜를 짜내지 않으면 대항은 불가능하다. 이를 위해서는 철저하게 관 내외의 설비장식에 돈을 들여야 하며 재생기와 방음, 방한장치는 무엇보다도 완벽해야 할 것이다.

▲토요회 개최

항례의 토요다과회는 12월 1일 오후 1시 30분부터 개최되었는데, 의제는 정월에 상영하는 필름에 대해 15일까지 검열신고서를 제출할 것과 그 밖의 사항들에 대해서였다. 특히 기록 중에 주목할 만한 것은 지방에 배급되는 영화의 품질이 저하되고 있다고 검열실 측이 질문한 것에 대해 배급업자가 다음과 같이 말한 점이다. 좋은 영화를 배급하려고 노력하고 있지만, (가) 계획적으로 임대요금을 착취하려는 자 (나) 기간 중에 반납

하지 않은 채 다른 업자에게 다시 빌려주는 부정을 하는 자 (다) 기계를 청구해도 반납하지 않아 받으러 가서 결국 여비로 돈이 다 나가버리는 것 같은 경우 (라) 심할 경우는 채무의 담보로 넣어져 반납이 곤란해진 경우와 같은 부덕업자, 이렇듯 많은 사정이 있는데 이름이 알려진 발성필름의 경우에는 전혀 배급이 안 되기도 한다. 이처럼 소수 부덕업자 때문에 지방에 있는 다수의 관람자가 매우 곤란해 하고 있다고 한다.

▲콜롬비아배급소 설치

조선에서 콜롬비아영화의 배급은 콜롬비아레코드 경성출장소에서 취급한다는 소문이 있었다. 그런데 실제로 동 사에서는 드디어 경성에 익숙한 시호 다케시(四方健) 씨를 출장소장으로 하여 조선배급소를 설치했다. 이로써 각 영화회사의 출점은 거의 마무리됐다. 남은 건 유나이티드사 한 곳 정도. 그러나 서양영화가 강제적 통제 속에 놓여 있는 조선에서 이렇게 많은 지점이 생기면 서로 잡아먹는 경쟁이 될 수밖에 없으니 양화 배급업자들도 이만저만 고생하는 것이 아니다. 이 점에서 방화 쪽은 여유가 있는 편이며, 총독부의 옹호가 있는 이상 네 군데 회사가 각 계통관에 배급하기만 하면 되니, 서양영화 배급과는 커다란 차이를 보인다. 내지의 서양영화회사에서는 조선에 비중을 많이 두고 있는데 영화통제 이후의 현 상황을 조사하지 않은 채 무조건적으로 과신한다면 짐작이 빗나갈 것이다.

－야마구치 도라오

1935년 1월 상순(141호), 도쿄영화신문 쇼와 10년 1월 5일(40호) 5쪽

닛카쓰 〈마음의 세월(心の日月)〉에 조선어 타이틀 완성

조선에서 일본영화 판로가 점차 확장되고 있는 가운데, 지난 9월 1일부터는 서양영화 전문관에서도 4분의 1은 일본영화를 상영해야 한다고 제정되었고, 쇼와 12년 이후에는 총미터[30]수의 2분의 1 이상을 방화로 해야 한다고 정해졌다.

---

30   원문에는 반(半)으로 되어 있으나 미터(米)의 오식이다.

부산 : 타잔 성공하다

삼한사온이란 말은 남국의 봄과 북해의 겨울을 3일과 4일로 나눈 것인데, 바다에 직면한 부산의 겨울철 기후이다.

그런데 작년 12월부터는 삼한이 없고 사온 현상만 계속되고 있고 예년에 없이 따뜻했는데, 정월에는 이 반동으로 삼한 현상이 계속될지도 모르겠다고 생각했지만, 이는 기우에 지나지 않았으며, 섣달그믐날에 내렸던 큰 비가 설이 되자 활짝 개서 봄 같은 날씨가 계속되면서 흥행가에서는 환호성이 높아졌고, 활기찬 설을 맞이했다.

설날부터 각 영화관은 이른 아침 9시 30분부터 상영 시작, 준3회 상영을 단행하여 그 기세를 몰았다. 올해부터 모든 영화관이 입장료를 80전과 60전으로 협정하여 이를 엄수하기로 했는데, 그 결과 추한 흥행싸움은 보이지 않았고 오히려 모든 영화관이 상당한 성적을 올릴 수 있었다.

정월 제1주[1일부터 3일까지]의 각 관 개봉프로그램은

　　▲아이오이칸[상생관(相生館)]　　〈그 밤의 여자(その夜の女)〉

　　　　　　　　　　　　　　　　　　〈원님과 밀정(殿様と隠密)〉

　　　　　　　　　　　　　　　　　　〈브라운의 폭소 엉뚱 함대(ブラウンの爆裂珍艦隊)〉

　　▲호라이칸[보래관(宝来館)]　　　〈타잔의 복수(ターザンの復讐)〉

　　　　　　　　　　　　　　　　　　〈승리의 함성(勝鬨)〉

　　　　　　　　　　　　　　　　　　〈안겨진 연인(抱かれた恋人)〉

　　▲쇼와칸[소화관(昭和館)]　　　　〈거인의 거리(巨人街)〉

　　　　　　　　　　　　　　　　　　〈에노켄의 취호전(エノケンの酔虎傳)〉

　　　　　　　　　　　　　　　　　　〈쓰마고이자카의 보복(仇討妻恋坂)〉

　　　　　　　　　　　　　　　　　　〈여자 타잔(女ターザン)〉[사혼(蛇魂)][31]

이상과 같이 각 관은 필사적으로 야심작들을 상영했는데, 무엇보다도 선만에서 처음으로 개봉하는 〈타잔의 복수〉가 단연코 정월의 관객들을 끌어들여 3일 동안 야간부는

31　　원제는 〈Found Alive〉(1933)

6시가 지나면 이미 만석인 성황을 이루었고, 예년에는 마쓰노스케의 〈주신구라〉가 정월 이틀 동안 흥행에서 1천 원 정도를 기록했었는데, 이는 하루에 그친 것이었다. 그러니 이번 〈타잔의 복수〉처럼 3일 동안 3천 원 넘게 벌어들인 것은 부산 영화흥행 사상 최고의 기록을 갱신했다고 할 수 있을 것이다.

〈여자 타잔〉이라고 제목을 붙인 〈사혼〉으로 도전한 쇼와칸은 다른 3편을 같이 상영하는 프로그램으로 관객을 기쁘게 했는데, 흥행에서 2천 원을 훨씬 넘는 것은 대단한 일이라고 할 수 있다. 〈타잔〉에 전혀 도전하지 않는 프로그램으로 관객을 모은 아이오이칸은 돋보이는 건 없었지만 수입지출 면에서는 견고한 작전이라고 할 수 있겠다.

둘째 주는 4일부터 세 관이 일제히 영화를 바꿔 요금은 전 주와 같이 80전, 60전으로 각 관이 충실하게 대작을 늘어놓았는데

▲아이오이칸 〈금환식(金環蝕)〉
〈겐자부로의 이변(源三郎異変)〉
〈하늘을 나는 악마(空飛ぶ悪魔)〉

▲호라이칸 〈타잔의 복수〉 계속 상영
〈신센구미(新鮮組)〉
〈신부의 침대열차(花嫁寝台列車)〉
〈일미야구전의 실사(日米野球戦の實寫)〉

▲쇼와칸 〈덧없는 입술연지(雁来紅)〉[32]
〈만고로의 청춘기(萬五郎の青春記)〉
〈소첩의 모든 것을(妾の凡てを)〉

기대작 〈금환식〉에는 스타가 나오지 않아 약간 실망하기도 했지만 〈덧없는 입술연지〉는 쇼치쿠의 대작답게 관객을 완전히 정복하여 개선가를 울렸다.

그럼에도 불구하고 〈덧없는 입술연지〉는 생각 외로 부진했었는데, 이는 큰 의문이다. 내지와 동시개봉을 한 닛카쓰의 〈신센구미〉에 호감을 가진 관객이 〈타잔의 복수〉의 호

---

32   원제는 〈맨드라미 - 덧없는 입술연지(雁来紅かりそめのくちべに)〉. 여배우 이리에 다카코(入江たか子)는 1932년에 이리에프로덕션(入江プロ)을 설립했다. 그곳에서 제작한 첫 토키영화로, 스즈키 주키치(鈴木重吉)가 감독을 맡았다.

평과 함께 밀려들어 5일 동안 통계 2천 수백여 원의 수익을(24쪽) 보여 최근 호라이칸은 유괘(有卦)[33]에 들어간 경축할 만한 신춘이었다.

계속해서 셋째 주에 들어서는 주마다 바뀌는 프로그램이 쇼와칸만 하루가 빨라 8일부터 〈천하의 이가고(天下の伊賀越)〉를 내고 선전에 크게 주력했는데 관객들이 생각만큼 모이지 않아 좋은 결과를 내지는 못했다.

9일부터는

▲아이오이칸 〈수풍연(愁風宴)〉
〈건달과 신부(與太者と花嫁)〉
〈수병은 사람이 좋아(水兵はお人好し)〉
요금은 60전과 40전

▲호라이칸 〈다정불심(多情佛心)〉
〈텐보추신구라(天保忠臣蔵)〉
〈보트의 8명의 아가씨(ボートの8人娘)〉
요금은 70전과 50전

이 셋째 주도 호라이칸이 리드하면서 호조를 보였는데 초겨울의 따뜻한 날씨가 지속되면서, 정월 기분이 약해져 평상시의 흥행과 큰 차이가 없어 약간 허전함을 느끼게 했다.

12일부터 쇼와칸이 연달아 〈다다노 본지〉의 속편을 내면서, 다른 영화관의 일주일간의 흥행과 격전을 벌여 우열의 차이가 없는 승부를 했다.

호라이칸은 16일부터 닛카쓰의 〈사도정담(佐渡情話)〉을 상영했는데, 이 흥행이 성공하면 정월 총계 1만 원이라는 절대기록을 완성할 것 같다고 추측하고 있다.

이렇게 정월흥행을 대성공리에 마친 영화관들은 각각 이 여세를 몰아 올해의 왕좌를 노리고 있다.

나라에 일이 많았던 다난한 쇼와 10년도(1935년)를 맞이하여 영화계 또한 일이 많을 것이며, 가짜 선전에 속는 관객도 적어져, 영화에 대한 인식은 많이 좋아지고 있는 오늘날, 내용도 겉모습도 모두 충실한 영화의 우열전이 화려하게 전개되기를 기대해 본다.

---

33   음양도에서 길운이 7년 동안 계속된다는 나이.

그리고 더 나아가 부산의 각 흥행자가 선두를 차지한 후에도 방심하지 말며, 패자 또한
선두가 되려는 다음 도약에 대비하기를 바라며 신춘의 첫 소식을 마친다.

－도미오富夫 생生

1935년 2월 상순(143호) 25~26쪽
경성: 특별상여금이 여기저기 날다

어느 곳이나 마찬가지로 신춘흥행은 상식적으로 희극영화, 스펙터클영화, 레뷰영화
등의 부담을 느끼지 않는 메뉴가 보통인데, 우리 경성부의 키네마계는 각 영화관이 모
두 1년에 한 번인 대목기를 노려서 예상한 것 이상의 강력한 프로그램들이 나열되었다.
그중에는 내지와 동시에 개봉한다는 것도 보여 서비스에 충실했거나, 하나의 대작을 획
득하기 위해 많은 희생을 치렀다는 이야기도 들리니 각 관이 각양각색으로 혼심의 노
력을 기울여 정월흥행을 기다리고 있다. 게다가 정말 좋은 봄 날씨라는 환경이 주어져
정월 첫째 주도 화려하게 출발했다.

▲기라쿠칸[닛카쓰보합]은 WE식 세계 최우수의 발성기를 새로 도입하여 처음으로 토
키의 활동사진능력을 유감없이 발휘했다. 기라쿠칸의 첫째 주[21일 개봉, 1월 3일까지]는
닛카쓰 시대극 〈신센구미 전편〉, 닛카쓰 현대극 〈신부의 침대열차〉, RKO 〈행운의 악마
(幸運の悪魔)〉의 올 토키의 3편으로 2층은 1원, 1층은 80전, 주야 2회 흥행은 해마다 있
는 일이지만 위치의 이점을 살려 쇼치쿠계를 멋지게 압도하여 설날의 총수입이 2천 원
은 확실히 넘을 것으로 보인다.

둘째 주는 4일부터 5일 동안 입장료는 전 주와 마찬가지이고 닛카쓰협동영화 〈다정불
심〉, 치에조의 〈텐보주신구라〉의 올 토키 주간도 역시 다른 영화관을 앞지르는 성적으
로 마지마 관주는 싱글벙글 웃는 얼굴이었으며, 닛카쓰의 전승을 위해서는 다행인 운
좋은 히트작의 흥행이었다.

▲쇼치쿠자[쇼치쿠보합]는 정원 1,033명인데 통칭 2천 명 극장이라고 불릴 정도로 거
대한 영화관이며, 경영자는 그 유명한 이 업계의 노장 도쿠나가 구마이치로 씨이다.

대 쇼치쿠를 쥐고 첫 정월흥행을 맞이한 쇼치쿠자의 진용은 21일부터 1월 3일까지 쇼
치쿠현대극 〈금환식〉, 시모가모 시대극 〈겐자부로의 이변〉 전편, 가마타 현대극 〈밤의
간판아가씨(夜の看板娘)〉의 3편 상영. 입장료는 2층 80전, 1층 60전으로 정월 3일 동안

의 총수입은 5천 원을 돌파하는 기염을 토했다.

둘째 주는 5일부터 8일까지 가마타 〈건달과 신부〉, 시모가모 〈수풍연 전편〉, 한편 쇼치쿠자는 1일부터 6일까지 오전 9시부터 조조흥행을 실시하는데 이는 경성에서 처음으로 시도되는 것이며, 이때 반액 입장료로 관객 우대를 실시해 호평을 얻었다.

▲주오칸[신코보합] 오다 관주가 오사카까지 가서 획득한 기대작 영화가 이리에(入江)프로덕션의 〈덧없는 입술연지〉, 시대극 〈만고로의 청춘기〉로 입장료는 2층이 80전, 1층이 60전으로 주야 2회 흥행으로 쇼치쿠자에 이은 성적을 올렸는데, 〈덧없는 입술연지〉의 특별상영료 1천 원은 동 관으로서는 큰 부담이다. 이 상영은 31일부터 1월 3일까지이고 둘째 주[4일부터 7일까지]에 들어섰다. 이 주의 프로그램은 신코의 〈거인의 거리〉〈싸움일생(喧嘩一代)〉, 폭스의 〈크라카우드 화산(クラカアート火山)〉이었는데 전 주에 비하면 관객이 많이 줄었다.

▲다이쇼칸[각 사 특약] 작년 11월부터 신예 오카모토 세이지로(岡本淸次郎) 씨가 경영하게 되었는데 개관 제3주의 〈에노켄의 청춘취호전(エノケンの靑春醉虎傳)〉 이래 흥행작이 없어 고군분투한 두 달이 지났다. 그리고 나서 신춘 흥행은 첫째 주가 PCL작품 〈다다노본지〉 속편, RKO 〈하늘을 나는 악마〉, JO 〈철새부인 야쿠자(渡鳥お妻やくざ)〉라는 각 사가 혼합된 상영프로그램에는 정월의 특수경기로 관객이 상당수 들었지만 성적이 좋았다고는 할 수 없다.

둘째 주[4일에서 10일]는 산에이샤(三映社) 제공의 〈어머니의 손(母の手)〉, PCL 〈나미코의 일생(浪子の一生)〉, 다이토 〈오야마 여행(大山道中)〉의 프로그램으로 입장료는 2층이 1원, 1층이 80전, 작년 말부터 전매권[각 20전]을 발매하여 선전에 힘을 기울여 왔는데[이 전매권은 경찰에게 주의를 받아 중지되었다], 입장료가 고가여서 관객들을 다른 곳에 빼앗겼다.

▲나니와칸[각 사 특약] 내지인 측 유일한 서양영화전문관으로서 메이지마치(明治町)의 한구석 무풍지대에서 의연하게 있던 나니와칸도 영화통제의 제약을 받아 어느 정도는 방화를 상영하게 되었는데, 그 내용을 보면(25쪽) 어디까지나 양화전문관스러움을 잃어버리지는 않았다. 〈볼레로〉 상영 시에 시도된 새로운 취향 또는 그 나른 선전에 재지 있는 가사이(河濟) 지배인의 노력이 많이 들어갔다고 할 수 있겠다.

정월 첫째 주[21일부터 1월 4일까지] 유나이티드사 〈바와리(バワリイ)〉, RKO 〈얼뜨기 외교 제네바행(頓珍外交ゼネバ行)〉, 〈아사히 발성뉴스〉의 프로그램으로 주야 2회 상영.

둘째 주[5일부터 9일까지] 유니버설 〈알프스의 내뿜는 피(アルプスの血煙)〉, 파라마운트 〈냉장고의 달리는 아기(冷藏庫の走ん坊)〉, 〈아사히 발성뉴스〉로 1주, 2주 둘 다 상당한 흡인력은 있었지만 비좁은 조그마한 건물의 매상으로는 타 관을 쫓아갈 수 없었다.

▲단성사[각 사 특약] 공사비 7만5천 원으로 낙성한 경성 부내 최신의 이상적 영화관 단성사는 RCA발성기장치를 했는데 정원 680명, 경영자는 박승현(朴承絃)[34] 씨이다.

정월 첫째 주는 주야 3회 상영이며, 입장료는 2층이 60전, 1층이 40전이고 유나이티드의 〈바와리〉, RKO의 〈하늘을 나는 악마〉를 상영했다.

둘째 주는 4일부터 산에이샤의 〈어머니의 손〉, 산에이샤 제공 〈토토(トト)〉, 신코의 〈폭풍경보(暴風警報)〉의 3편이고 프로그램 편성이 조금 평범한 느낌도 있지만 조선극장과의 대립이 없는 현재로서는 각 주마다 훌륭한 흥행성적을 거두고 있다.

▲우미관[각 사 특약] 입장료가 싼 것으로 대중 팬을 획득하려는 동 관은 연속영화 〈악마의 바다(惡魔の海)〉 전편, 유니버설의 〈개선가의 기사(凱歌の騎士)〉, 다이토의 〈어둠의 보스(闇の顔役)〉의 3편이고 2층 40전, 1층은 30전의 입장료로 주야 3회 상영이 멋지게 성공하여 설 첫날 1천2백 원의 매상을 올렸으며, 특별 상여금도 3원이라는 호화판이었다.

그 외에 제일극장, 조선극장, 게이류칸(京龍館) 등도 재상영 흥행으로 각 관 모두 상당한 관객을 동원했다.

올해는 예년에 없는 따뜻한 기후인데다가 야심작들도 효과가 있어 각 관에서 각각 상여금이 여기저기에서 나오는 성황을 보인 것은 기쁜 일이었다.

-야마구치 도라오

1935년 2월 하순(144호) 1~5쪽

만선영화계특급 300시간
: 새로운 동양영화의 출현을 위해

만주국이 출현한 이래 만주영화계에 대해서 연구하고 토론하는 것이 우리 영화계의 일종의 유행어가 되었다. 일이 있을 때마다 회합이 있을 때마다 관계유지의 입에서 그 이야기가 나온다. 그리고 또한 만주영화의 기업 개발을 목적으로 하여 닛카쓰 네기시

---

34   1932년 1월 박승필 사후에는 지배인이었던 박정현이 단성사를 운영했다. 박정현(朴晶鉉)의 오식으로 보인다.

고이치(根岸耕一) 전 전무가 만주로 건너가 쇼치쿠 뉴스부의 신경출장소를 개설하는 등 그 밖에도 일본영화계에서 만주에 대한 준비공작은 만주국 건국 이래 빈번히 이루어졌다. 게다가 그 대부분은 아직 개발 후 얼마 되지 않은 국토에 스튜디오를 건설하려고 하는 생각들이어서 구체적으로 실현하기 힘든 생각들이 많았고, 이에 대해서는 당시에 우리들이 이미 지적한 바이다. 결국 그 계획들은 조금도 구체화되지 않은 채, 이권만 챙기려는 허황된 실업가들과 동일시되어 버리고 수포가 되어 버린 것은 당연한 결과이며, 특별히 유감을 표할 필요도 없는 것이었다.

당시 우리들 중에서는 본 일본영화계의 새로운 식민지로서 영업 방면에 진출을 꾀하며 영업 간부들이 만주국 시찰을 종용하는 곳도 있었는데, 쇼와 6년(1931년) 닛카쓰가 만주출장소를 개설한 후 8년(1933년)에 이르러 다이토영화(大都映畵)의 규슈 지사장 아베 다쓰고로(阿部辰五郞), 요시다 고노쿠라(吉田之藏), 신코키네마(新興キネマ)의 영업부 나가노 손신(長野村新), 쇼치쿠키네마(松竹キネマ) 오사카 지점장 시노야마 카쓰미(篠山克己), 동 영업부장 미요시 지로(三好又郞)의 제씨가 계속해서 만주로 건너갔으며, 9년(1934년) 5월에는 닛카쓰 사장 나카타니 사다요리(中谷貞賴), 동 오사카 지점장 이노우에 요시타쿠(井上義卓) 두 사람이 만주로 건너가는 등 신흥 만주국에서 각 사의 영업영역 쟁탈전이 이루어지면서 결과적으로 업계에서 주목받는 곳이 되었다.

게다가 만주는 신흥국이어서 정치적 경제적 안정화의 과정에 있으며 당연히 모든 법령 및 취체가 복잡하고 많은 분야에 걸쳐 있어 법령을 다루기에는 불편한 상태이다. 그렇지만 갖은 노력을 기울여온 만주국 영화계의 실정이 아직 일본영화계에 반영되지 않은 채 일본영화관의 변화와 경황만을 주장해온 건 아닌지 모르겠다.

우리 회사는 이런 추세에 이전부터 불만이 많았는데, 지금까지 기회가 있을 때마다 만주영화계의 전모를 그려내려고 노력했고 수차 시찰하고, 방문하려는 계획을 수립했지만 『영화연감』의 간행으로 중지되거나 문화영화운동, 영화국책 수립 촉진 등에 신변 운신의 자유가 없어져 오늘날에 이르렀다. 나 스스로가 만주영화계가 지금은 중대한 국면에 봉착했다는 예감이 들었고, 이와 함께 영화통제안 실시 6개월의 조선영화계의 실상을 조사하기 위해 스스로 만선영화계 시찰을 결행하기에 이른 것이다.

내 여정에서는 당초 2주일을 여기에 할애했고, 구체적으로는 대련·봉천·무순·신경·하얼빈·경성·부산의 7개 도시만으로 한정했다. 그러나 이 7개 도시만으로도 많은 일정의 변경을 해야 했고 수일의 착오가 발생했음은 당연한 결과일 것이다.

만선업계에 대한 내 개인적 견해 및 조사 자료는 나중에 만주, 조선의 각 방면의 의견과 함께 본지 만선 특집호에 게재할 예정인데, 본 호에는 내 여행 메모라고 할 수 있는 특급시찰기를 게재하여 이후 만선 시찰에 오르려는 사람들이 참고자료로 삼았으면 한다. 그런데 내가 특히 통감하는 것은 우리들은 새로운 동양영화의 출현을 목표로 하여 준비와 방침을 확립하는 것으로써 겨우 출발을 할 수 있다는 점을 미리 말해두는 바이다.(1쪽)

만선영화 이모저모

출발 준비

만주영화계 시찰 여행의 결행! 이는 내가 최근 3년간 몇 번이나 준비하고 몇 번이나 생각을 한 계획인지 모른다. 2주라는 날짜만 있으면 다녀올 수 있지 않을까 생각하여 몇 번인가 스케줄까지 짰지만 결국 실행에 옮길 수는 없었다. 그 가장 큰 이유는 무엇보다도 반(半) 달 이상의 부재가 허락되지 않는 사정과 경비에 대해서 이전의 경험에서 어느 정도 준비를 요한다는 생각에서였다. 지금으로부터 15년 전 내가 신문기자에서 실업계로 전향할 때 신흥 일본을 보기 위해 당시 노무라 류타로(野村龍太郎) 씨가 사장으로 있는 만철을 중심으로 만지(滿支) 경제계 시찰을 했는데, 막대한 경비를 다 써버리고도 깨닫지 못한 경험이 있기 때문이기도 했다. 신흥만주국에 요시자키(吉崎) 군이 부임한 이래 만주국의 영화국책에 대한 정보는 빈번하게 들어온다. 히비 마쓰오(日比松尾), 야마모토 산(山本三) 군의 통신망에 의지하여 시시각각 건설도상의 뉴스가 들어온다. 조선에서는 영화통제 실시에 관한 찬반의 소문이 전해온다. 이렇게 되면 아무리 나라고 할지라도 무슨 수를 써서라도 떠나지 않을 수가 없는 것이다.

닛카쓰의 이토 요시(伊藤義) 군, 쇼치쿠의 시노아먀(篠山), 신코의 야마자키(山崎) 씨의 두 사람에게 의뢰한 소개장이 손에 들어와서 때는 이때다라고 각오하고 1월 29일 밤 경황없는 속에서 아무에게도 알리지 않고 조용히 출발했다. 이토 군에게도 실례이긴 하지만 출발 후 알리기로 하고 출발한 것이었다.

30일 아침 나고야 역두에서 친우(親友) 고바야시 시게루(小林茂) 군으로부터 부탁해 두었던 소개장을 받고, 고바야시 군이 한 달 동안 만주에 있으면서 모집한 안내서류를 빌려 오사카에 도착하여 새로 단장한 오사카 지사를 정리하는 한편 여장 준비를 했다. 오후 7시에 떠나는 시모노세키행 열차에 시바타(柴田) 지사원을 동반, 시바타 군과는 작년 11월 같이 후쿠오카에 내려가 규슈, 주코쿠(中国) 시찰어행을 한 이후의 콤비이다.

31일 오전 7시 10분 시모노세키역에 도착, 시모노세키 고토부키관(壽館)의 히사토미 만주오(久富万寿夫) 군이 마중을 나왔다. 역 앞의 하마키치(濱吉) 여관에서 휴식, 아침을 먹고 정오에 모지(門司)를 출항하는 오사카상선 후쇼마루(扶桑丸)에 승선하기까지 약 3시간을 만담과 산보로 때운 후에 오전 11시 반에 승선했다.

후쇼마루에서

후쇼마루는 오사카상선으로서도 상당히 오래된 배로, 최근 타이완 항로에서 옮겨왔으며 스즈키(鈴木) 사무장도 숙달된 강자인데, 강자인 것을 빼고 나면 같은 회사의 선박 중에서도 가장 서비스의 질이 나쁜 배이다. 이등 침실도 삐걱거리고 선실, 식당, 휴게실 등 모든 곳이 도움이 필요한 상황이었다. 항로는 체신성의 감독이 요구된다. 무엇보다도 서비스에 대한 마음가짐이라는 지침서를 지참하고 있는 나로서는 배 안에서 그 첫 번째 목소리를 내지 않을 수 없었다.

대련의 첫걸음

2월 1일 미명 요동반도를 바라보며 오전 9시 대련에 입항, 도키와자(常磐座)의 고이즈미 고로(小泉五郎) 군이 마중을 나와주었고 배 안에서 알게 된 하고로모 우타코(羽衣歌子) 양과 요동호텔에 갔는데 쉴 틈도 없이 대련에 있는 구라시게(倉重), 오가사와라(小笠原), 후지사키(藤崎)의 3명, 다음에는 마쓰오 고마오(松雄駒雄), 구도 요기치(工藤與吉)의 둘, 만니치(万日)의 시마다(島田) 군, 『대련신문』의 니시무라 후미노스케(西村文之助) 군이 찾아왔다.

대련은 전에 와 본 적이 있는 곳인데 점심에 튀김을 먹고 싶다는 마쓰오 군의 안내로 나니와초(浪花町) 뒤쪽의 덴킨(天金)에 들어갔다.

오후부터 저녁까지 각 사를 방문, 밤에는 8시부터 나카노 스네스케(中野常助) 씨의 연회에 참석하고 덴베이(天平)라는 요정에서 복어를 만끽했다. 우리들은 시모노세키를 왕복하는 동안 복어에는 아무런 공포를 느끼지 않아서, 멀리 식민지까지 나와 복어를 보면서 여수를 느꼈다.

2월 3일 오후 2시부터 요동호텔 5층 응접실에서 대련 주재 영화인 유지 주최하에 환영좌담회가 개최되었다. 모인 것은 왼쪽의 20명이고 시내 각 관주, 내외영화배급업자, 신문잡지 관계자를 참가시킨 대련으로서도 최초의 회합이었다고 한다.

나는 극히 막연하긴 하지만 최근의 중앙영화계의 정세와 상황이 고심하고 있는 점부터 설명하여 본 방화계에 식민정책이 필요한 이유를 말하고, 만주국의 각 지가 그 신식민정책의 발판이 되기를 희망한다는 내용을 서술하고 일문일답의 시간을 가졌다. 무엇보다 우리들의 얕은 지식으로는 출석자들에게 충분한 만족은 주지 못했지만, 우리들이 적어도 진지하게 이 업계를 향상시키기 위해 노력하고 있는 것만은 인식시켰다. 이것만으로도 상당한 수확은 있었다고 생각한다. 특히 참가열석의 오사(長), 미나미(南), 나카노(中野)[대리]의 세 관주에게 우리 회사가 편집한 『종업원 접객의 마음가짐』을 선물로 주고 그 이용을 의뢰했다.

당일 출석자는

△오사 지로키치(長次郎吉) 씨[에이라쿠칸(永楽館)주] △미나미 신지(南信次) 씨[주오에이가칸(中央映画館)주] △구라시게 다다오(倉重忠夫) 씨[닛카쓰관주 대리] △고이즈미 고로(小泉五郎) 씨[도키와자(常磐座) 지배인] △시마카와 다츠오(島川龍男) 씨[주오칸(中央館) 지배인] △오가사와라 라이온(小笠原雷音) 씨[데이코쿠칸(帝国館)주][2쪽] △가와이 요시이치(河合芳一) 씨[동 쇼치쿠키네마 특파원] △후지사키 요시오(藤崎好生) 씨[닛카쓰 출장소장] △로 켄(莨健) 씨[신코키네마 출장소장] △오다 히데즈미(小田英澄) 씨[다이토영화 출장소장] △다나카 료헤이(田中亮平) 씨[파라마운트사] △마쓰모토 게이조(松本慶三) 씨[메트로사] △구도 요키치(工藤與吉) 씨[산에이샤] △우스타니 히데오(臼谷英男) 씨[쓰나지마상점(綱島商店)] △나카니시 슈이치(中西秀一) 씨[칼자이스(カールツアイス)][35] △시마다 아키라(島田章) 씨[라디오드라마연구회] △마쓰오 고마오 씨[연구가] △와타나베 지로(渡辺次郎) 씨[에트나영화사(エトナ映画社)] △하고로모 우타코(羽衣歌子)[성악가]

4일은 만철 본사를 방문, 아쿠다가와(芥川) 씨 소개로 홍보부의 영화시설을 견학하고 동 사 총무서무과장 하야시 겐조(林顯藏) 씨, 같은 과 아오키 하라노스케(青木源之助), 동 사 홍보부 주임 노도 히로시(能登博)의 제씨와 회견, 거기다 아쿠다가와 씨의 안내로 만철협회회관, 호시가우라(星力浦) 야마토호텔(大和ホテル) 그 밖의 것들을 보고 밤에는 보호정(扇芳亭)의 연회에 초대받았다. 실은 오늘 저녁에 신경으로 향할 예정이었지만 5일은 오랜 지인 도쿠가와 무세이(徳川夢聲) 군 일행이 온다는 연락이 있다는 것을 듣고 예정을 하루 연기하고, 오전 9시에 마중을 나갔고, 밤에는 좌담회에 참석한 후 8시에 신경

---

35   Carl Zeiss. 1846년 출발한 독일의 카메라 렌즈회사.

으로 출발했다. 아쿠다가와 씨가 다망한 시간을 내서 배웅을 해줬고 만주영화사의 나리타 겐키치(成田健吉), 닛카쓰의 후지사키(藤崎), 신코의 로 켄의 제씨가 한기를 무릅쓰고 나를 위해 역 앞까지 와주었다.

신경 시찰

6일 오전 9시 동경하는 신경(新京)에 도착. 역에서 요시자키(吉崎) 사무관을 비롯하여 쇼치쿠키네마 출장소장 나카야마 도세키치(中山東世吉), 산에이샤의 양조화(揚朝華), 람견(藍見) 형제의 마중을 받아 국도호텔로 갔다. 지금은 마침 설 휴가로 야마토호텔도 휴일 예정표에 들어가 있었으므로 국도호텔로 참았는데 나중에 호텔만은 일류에 숙박해야겠다고 깊이 느꼈다. 설이라 만주인들은 거의 휴업 상태였는데 잠시 동안 양조화 씨가 발견한 공기반점(公記飯店)에서 만주요리를 먹었고, 우연히도 밤에 후지자키 군의 결혼피로회에 참가할 기회를 얻게 되었다.

밤에 히비 교이치(日比京一) 군이 찾아와 신경의 사정을 듣고 나서 내일 밤의 좌담회 사전회의를 마치고, 다시 후지자키 군의 관사에 가서 신혼부부를 방문했다.

7일은 중앙은행 방문 후 오직 양조화 군의 안내로 신경에 사는 선배와 오랜 지인들을 방문했는데, 그중에서도 동향의 아카쓰카 요시지로(赤塚吉次郎) 군이 신경상업학교장으로 있었다. 그래서 여기서 만난 군이 추천하는 대로 이 학교 교사제군에게 영화문화의 해석을 강변하고 밤의 좌담회에 참석했다.

신경에서는 극히 내부만 아는 계획이었는데, 요시자키 군은 오늘 아침 내지로 출발했기 때문에 동업자만의 회합이 되었으며 게다가 사진처럼 10여 명의 출석, 유아사(湯浅) 장춘좌(長春座) 사장 같은 분은 열렬한 국제파로서 향후 이로부터 지지를 받을 수 있다는 자신을 얻었다. ••

하얼빈행

그로부터 갑자기 생각이 나서 하얼빈행을 결행했다. 8일 오전 9시 20분에 신경역을 출발하는 북만주철도를 탔다. 나카야마, 양, 로 켄, 히비의 제군이 배웅해줘 출발했는데 유일하게 양 군의 친구이며, 상경해서 우리 회사를 방문해준 캐피털극장의 오제창(呉済蒼) 군을 의지할 수밖에 없는 것은 나로서는 조금 적적했다. 만일 오 군

●● 당일 출석자는
[사진] 앞 열 왼쪽부터 △유아사 초시로(湯浅長四郎) 씨[주식회사 장춘좌 사장] △시로타 간조(代田幹三) 씨[신설 데이토키네마(帝都キネマ) 대표] △이치카와 뒷 열 △오모리 히로미츠(太森弘) 씨[신코키네마 우즈마사 촬영소 전 경리부장] △이카이노스케 타로(猪飼之助太郎) 씨[쇼치쿠 뉴스 특파원] △미토 고토부키(三戸寿) 씨[신경 키네마 지배인] △오하라 후미오(大原文夫) 씨[신경일일신문] △나카야마 도세키치 씨[쇼치쿠키네마 출장소장] △양조화 씨[산세이샤] △히비 교이치 씨[본사 통신사부]

이 부재 중일 경우를 대비하여, 나카야마 군의 소개로 모르는 사람이긴 하지만 평안좌의 나카노 군을 소개받아 단신 하얼빈으로 갔다. 봉천 이북은 나로서도 처음인 땅이었는데 특히 북철 양도 결정과 그 외의 움직임이 있는 분위기 속에 북만주를 찾아가는 것은 결코 의의가 없는 건 아니었다.

8일 오후 3시 하얼빈역에 도착, 이리저리 찾아보니 오 군의 얼굴이 보였다. 한숨 놓인 마음으로 오 군의 안내에 기타이스카야 거리의 모데른호텔에 들어갔는데, 일부러 모데른호텔을 선택한 것은 이렇게 온 이상은 조금이라도 외국의 공기에 젖어 보기 위해서였는데, 외국에 왔다는 조금 두려운 기분이 들기도 했다. 그때 의외로 내 하얼빈 도착을 전해 듣고 이미 오사나이 가오루(小山内薫) 씨의 문하생으로서 청출어람이 기대되는 다나카 소이치로(田中総一郎) 군, 일소통신지 사장으로서 20년 동안의 친구 가시와기 고야로(柏木弧矢郎) 군, 〈북만주의 낙화(北満の落花)〉의 나가타 마사비토(永田政人) 군, 그 밖에 여러 사람들이 호텔로 전화해주었다. 게다가 나카노 군, 하얼빈좌의 고시카와 군도 전화를 주었다.

밤에는 하얼빈시네마컴퍼니 총지배인 조 콜롯토 씨의 초대로 동 사의 각 관, 방화관을 시찰했다.

9일 오후 9시부터 나를 위한 환영좌담회가 개최되었다. 오후 9시부터 개최되는 회합은 하얼빈이 아니고는(3쪽) 볼 수 없는 풍경이다. 실로 즐거운 도시가 아닐 수 없다. 다나카 군, 가시와기 군과 함께 일만클럽에 들어가 휴식, 바깥에는 아까부터 조금씩 눈 같은 것이 내리기 시작했는데 생각만큼 춥지 않았다. 나는 방한 준비를 좀 심하게 하고 온 것 같다.

모인 사람은 약 15명, 다나카, 가시와기, 가네코의 3명은 회합 도중에 급한 일로 자리를 떴지만 콜롯토 지배인과 간담하는 등 다른 곳에서 볼 수 없는 재미있는 풍경도 많았다.

출석자는 △고시가와 마사요시(越川昌芳) 씨[하얼빈좌 주인] △나카노 다카나리(中野隆成) 씨[헤이안좌 지배인] △조 콜롯토 씨[하얼빈시네마컴퍼니 총지배인] △콜렛츠씨[모데른극장 지배인] △쓰쓰이 모리마사(筒井守正) 씨[동 통역] △오제창 씨[캐피털좌] 나가타 마사비토 씨[6열사보존회] △다나카 소이치로 씨[하얼빈스퀘어 우레미야 주사] △마쓰다 다케시(松田武史) 씨[하얼빈신문] △마에다 미츠아키(前田光秋) 씨[우레미야지(誌)] △가네코 도요히사(金子豊久) 씨[하얼빈신문사] △가시와기 고야로 씨[일소통신 지사장] △구라하라 기요지(蔵原喜代二) 씨[하얼빈경찰청]의 제씨

비행기로 신경, 봉천

2월 10일 아침 비행기에서 오후에 갈아타는 것으로 하얼빈 비행장을 출발했다. 콜롯토 씨를 비롯하여 쓰쓰이 통역, 나가타 마사비토, 오제창, 나카노 다카나리 군이 배웅을 해주는 가운데 비행기를 탔고 많은 생각을 하며 하얼빈을 뒤로 했다. 나는 나중에 반드시 상해와 함께 동아(東亜)의 국제도시 하얼빈, 이 땅에 와서 극동의 민족 더 나아가서 문화를 위해 건투할 것을 맹세했다. 하얼빈 거리를 보다 보면 시구가 떠오른다고 마쓰다 군이 가르쳐주었다. 정말 그렇다. 하늘에서 봐도 아름다운 거리이다.

비행기로 약 1시간, 평지를 달리는 기차보다 흔들림 없이 신경에 도착한 것은 오후 3시 반, 바로 야마토호텔에 가서 여장을 준비하다 보니 데이토키네마의 시로타(代田) 씨와 오쿠모토(奥本) 씨로부터 신관을 꼭 한 번 봐주었으면 한다는 청이 있었는데, 어차피 봉천행 기차에 늦어버렸으므로 하루 예정을 변경하여 데이토키네마를 시찰했다. 시로타 씨가 마에다 사장 부처를 하마야마(濱山)양행으로 불러들였는데 이 사람들이 예상 외로 우리 『영화연감』의 구독자인 것에 놀라면서 연감의 의의를 통감했다.

나는 저번에 두 관의 유지에게 초대되어 요시노초(吉野町)의 아케보노(曙)에 갔었는데 이번에는 다이아거리(ダイヤ街)의 보호정에 갔다. 거리는 신경이지만 집안에 들어가면 도쿄, 오사카와 조금도 다르지 않고 오히려 가구나 기구들이 완비되어 있어 편안함이 있다.

어찌 됐든 이로써 신경에 대해서도 전부 시찰했고 간담회도 끝났다고 생각했는데, 신경키네마의 키시모토 아사지로(岸本朝次郎)만은 만나지 못했다. 만주 전역에서 유일하게 한 사람만 못 만나고 돌아가는 것은 유감이었지만 내 희망은 끝까지 이루어지지 않았다. 다음 기회로 미루는 수밖에.

봉천에서 상해를 그리워하다

2월 11일은 기원절이다. 아침 7시 30분에 봉천역에 도착하여 마중 나온 야마토호텔의 짐꾼에게 짐을 다 맡기고 나니와(浪速) 거리를 거닐었다. 호텔에는 어제부터 하마구치(濱口) 씨의 호의로 2층의 특별실이 준비되어 나를 기다리고 있었는데, 때마침 닛카쓰의 후지자키 씨도 도착하여 5층에 있는 도쿠가와, 다나카 군에게 말을 하고 시내에 나왔다.

봉천은 15년 전과 그다지 다르지 않았다. 신토미자(新富座), 헤이안자(平安座)를 방문하고 나서 봉천관을 시찰했고, 내 숙원인 성내의 심양(瀋陽), 천광(天光)의 두 전영원(電影院)을 보고 2시간의 저녁 시간을 이용하여 무순의 세 영화관을 방문한 것은 나로서도 의외의 수확이었다.

이러는 동안 하얼빈에서 예정이 하루 연기된 것과 이곳 봉천이 와 본 적이 있는 곳이라는 점에서 반나절 예정으로 일정을 짠 것은 나중에 생각해봐도 내 착각이었는데, 무엇보다도 하마구치, 사하쿠(佐伯) 2명의 호의를 못 받아들인 것은 정말 유감이었다. 다음 기회에는 꼭 이 두 사람과 이야기를 나누고 싶다.

신토미자의 휴게실에 하마구치 관주를 중심으로 동 자의 지배인 마쓰바 시로(松葉詩郎) 군, 헤이안자의 지배인 하야시 도시오(林敏夫) 군, 봉천관 지배인 가쓰라 시로(桂史郎) 군 등과 이야기한 것이 그나마 간담회다운 모양새였는데, 신경이 국도로 건설되기위해 강하고 새롭게 변화하고 있음에도 불구하고, 이곳 봉천은 상업도시로서 우리 오사카처럼 발전하고 있다고 생각하면 향후의 동향도 대략 감이 잡힐 것이다. 전통 도시중에서는 하얼빈, 신경, 대련의 세 도시에 비해 봉천이 가장 활기찬 곳이므로 장래 지나영화를 말하려는 사람은 이 봉천에 중심을 두어야 할 것이다.

나 또한 그런 의미에서 특히 심양 전영원의 지배인 왕중(王仲) 군과 천광 전영원의 지배인 호사덕(胡士德) 군과 만나서 간담회를 했는데, 크게 얻는 것이 많았다. 우리들도 지나영화관에 대해 올바른 인식을 가져야 할 것이며, 이것이 새로운 일본영화가 나아가야 할 길일 것이다.

나는 이 문제에 대해 좀 더 진지하게 생각하고 싶다. 상해영화 〈자매화(姉妹華)〉 〈어광곡(漁光曲)〉 〈대도(大道)〉 등을 보고 실로 일본과 지나의 영화적 제휴도 헛되지 않았음을 생각했다. 나는 3월에 상해로 건너갈 것이다.

경성의 2일간

11일 오후 11시, 봉천역을 출발하여 안봉(安奉)선을 타고 경성을 향했다. 이날은 너무 분주하여 변변히 식사를 할 시간도 없었다. 그래서 식당 칸에 가니 식당은 내일 아침이 돼야 문을 연다고 한다. 그래서 도중 역에서 뭔가 역 도시락이라든가 먹을 것은 없을까 하고 찾아보니 이미 늦은 시간이어서 팔지 않았다. 이때만큼은 무언가를 두려워하지 않는 나도 어쩔 수 없이 입이 다물어졌다.(4쪽)

안동, 신의주의 국경을 미명에 지나고 오후 2시 50분에 경성 도착, 오랜 지인 오카자키(岡崎), 니도타(仁戸田), 시호(四方), 오자키(尾崎)의 제씨, 도쿠나가(德永), 하나오카(花岡), 마지마(間島), 야마구치(山口)의 제씨와 숙모, 그 아들이 마중을 나왔고 혼마치호텔로 갔다.

호텔은 혼마치의 중심에 있으며 예정이 변경된 것이었는데, 원래 경성호텔이었던 것이 투어리스트뷰로의 착각이었다. 이 때문에 나를 찾아오는 사람들에게 얼마나 수고를 끼쳤는지 모른다.

각 사, 신문사에 인사하러 다녔고 조선신문사에서 20년지기 노자키 신조(野崎真三) 군과 해후했다. 서로 변하지 않았음을 축복하면서 그 밤에 명월관에서 개최되는 경성 영화관계자의 좌담회에 참석했다.

경성부는 과연 왕성의 땅답게 영화관계자도 많았는데 내가 예전부터 알고 지내는 지인과 친구들이 많은 것에 더 놀랐고, 막힘없이 내 의견을 말하고 환영에 대한 감사의 변을 말했다. ••

다음날 13일 조선총독부에서 야규(柳生) 도서과장, 검열에 오카다(岡田), 아라쿠(安楽) 검열관을 방문하여 여러 가지 상황을 조사한 후 오랜 지인 쓰모리(津村) 촉탁의 안내로 총독부, 박물관 각 시내의 안내를 받았고 밤에는 조선영화 〈대도전〉을 촬영 완성한 와케지마 슈지로 씨의 연회 초대로 교기쿠(京畿久)에 갔다. 와케지마 씨는 국수회(國粹會) 조선 지부장으로, 내가 예전에 그에 대해 소개한 적이 있는데 그것에 대해 감사하다고 하며 하룻저녁을 이렇게 환대해주었는데 학고기 구이는 특히 맛있었다.

교기쿠를 조금 일찍 끝내고 나서 경성의 카페도 봐야 한다고 하면서 니시타, 오자키, 오카자키가 안내해주었다. 조선의 정취를 찾아 종로까지 갔는데 라쿠텐(樂天)회관에서 조선 여급에게 위안 받기도 하며 경성의 마지막 밤을 만끽했다. 조선의 여성들도 활발하다.

14일 오전 9시, 경성에 와서 생각한 것이지만 쇼치쿠자, 단성사의 관주로 지금은 미망인으로서 여생을 보내고 있는 다무라(田村) 씨를 만나고, 도쿠나가 씨와 간담을 하기로 했다. 15년 전에 미쓰이(三井)에 있는 조카의 소개로 만난 사람이다. 이미 나를 기억하지 못할 것이라고 생각했는데 65세의 나이든 부인은 당시를 기억해주었고, 정중하게 인사를 나누었다. 이는 나로서도 기쁜 일이며 어제 만난 숙부와 숙모의 경우와 비교하여 인생의 변화에 대한 애수를 금할 수 없었다.

도쿠나가 씨가 재촉하는 바람에 즉시 짐을 정 리하여 경성발 오후 3시의 급행열차를 타고 고인문 군과 동행하여 부산에 갔다. 고인문 군은 다음 정차장에서 내렸으니 이제

●● 모인 사람은 23명
[사진] 앞줄 왼쪽부터 △오카모토 세이지로 씨[다이쇼칸주] △미즈이 레이코(水井れい子) 씨[영화감상가] △미야카와 소노스케 씨[선만활동사진] △노자키 신조(野崎真三) 씨[조선신문사 사회부장] △이치카와 △기노시타(木下) △노부시치(木下伸七) 씨[파라마운트 사] △나다야 히사키치 씨[조선극장주] △오자키 히로마사(尾崎弘昌) 씨[오리엔탈영화사] 뒷줄 왼쪽부터 △하나오카 모토요시(花岡元義) 씨[쇼치쿠 배급소] △요시오카 네사부로(吉岡利三郎) 씨[쇼치쿠 출장원] △시호 다케시 씨[콜롬비아 지사장] △가사이 이츠오(河済逸男) 씨[나니와칸 지배인] △야마구치 도라오 군 △오카자키 도시오 씨[넛카쓰 출장소장] △오다 유키치 씨[주오칸 주] △마쓰오 요시오(松尾義男) 씨[조선일일] △도쿠나가 구마이치로 씨[쇼치쿠자 주] △마쓰모토 고이치로(松本興一郎) 씨[조선신문사 사회부 차장] △우라모토 하지메(浦本元) 씨[산에이샤] △에토 다카유키(江藤德衡) 씨[조선신문 이사] △니도타 다카시(仁戸田隆) 씨[신코키네마 출장소장] △박정현(朴晶鉉) 씨[단성사 사장]

남은 것은 피곤한 몸을 쉬게 하는 것뿐이었다.

부산은 통과

오후 10시 50분 부산선창에 도착. 쇼와칸의 사쿠라바 미키오(桜廷幹雄), 호라이칸의 다나카 도미오(田中富夫), 아이오이칸의 하시모토 세이로(橋本青路) 군이 마중을 나왔는데, 관부연락선의 출발 시간까지 반도영화계의 향후와 신인 진출의 기회에 대해 이야기를 나누면서 나의 2주간의 만선영화계특급시찰여행은 끝났다.

아아, 2주일 동안 약 300시간. 아마 내가 개인적으로 사용한 시간은 30시간도 안 될 것이다. 그동안 대련에서 마쓰오 군, 신경에서 양 군, 하얼빈에서 나카노 군, 봉천에서 마쓰바 군, 경성에서 도쿠나가 군에게 처음부터 끝까지 폐를 끼쳤다. 내가 수집한 영화자료, 내가 본 관찰은 아마 지금까지 만선을 시찰한 영화인으로서는 최대 수확이었다고 자랑스럽게 이야기해도 거리낌 없다는 것은 다음에 저술하는 내 소감에서 분명히 하고 싶다.

나는 지금 새로운 동양영화의 탄생을 기대하고 있다. 일본, 조선, 만주, 지나, 인도의 5개국의 민중의 가슴 속에 끓고 있는 동양주의에 입각한 영화의 출현을 기대해 본다.

우리 영화계에서 누가 이런 기회와 아이디어를 캐치하고 있는지 모르겠다. 바라건대 내가 품고 있는 신동양영화론 발표의 날을 기대하시라.

─이치카와 사이市川彩

1935년 2월 하순(144호) 26~27쪽   [지방통신]

경성:경성영화계

경성흥행회의 약진

근래 경성흥행협회는 매우 눈부신 발전을 보이고 있는데, 올해는 작년보다 작년은 재작년보다 점점 좋아지는 성적을 보여주고 있다. 주오칸, 기라쿠칸, 다이쇼칸, 쇼치쿠칸, 나니와칸, 엔게이칸(演藝館), 아사히자(朝日座)의 재작년도의 총 티켓 판매매상은 33만5천여 원, 작년에는 41만1천여 원이므로, 약 7만6천 원의 수입이 증가했다. 즉, 34년의 비상시에 배양된 경제력의 강한 힘을 반영하고 있기도 하며, 이와 동시에 이제 시민들 사이에도 예술을 애호할 여유가 있음을 말해주는 기쁜 증거이다.

다음에 흥행협회의 매 달별 매상을 제시하니 참고로 했으면 한다.

월별	매상(원)	월별	매상(원)
1월	38,295	7월	36,454
2월	28,443	8월	28,628
3월	39,802	9월	33,055
4월	29,258	10월	33,736
5월	33,454	11월	37,0■9
6월	37,986	12월(추정)	35,000

괄목할 만한 방화의 발전

그리고 최근까지 절대적 세력을 가지고 있던 양화는 영화통제법이 실시됨에 따라 그간의 아성이 무너졌고, 쇼와 9년도의 영화검열 신청 비율은 7대3으로 방화가 절대 우세를 보이고 있다.

현재 영화의 관소(關所)[36]인 총독부 영화검열실을 엿보면, 본도(本島)의 영화흥행의 발전의 자취가 보인다. 즉, 쇼와 8년도의 필름검열 총건수 147건 1,245권과 비교하면 쇼와 9년도에는 신청 총건수 250건 1,760권이라는 커다란 숫자를 보여주고 있어 비약적인 발전 현상을 보여주는 셈이다.

이 250건 중에서 대부분은 토키판인데, 토키가 재작년에는 3할이었던 걸 생각하면 토키영화의 전성기를 보여주고 있다.

본도 내의 상영금지 영화

참고로 쇼와 9년도의 조선 내 상영 불허가 영화를 보면 다음과 같다.

〈만몽용기대(滿蒙龍騎隊)〉	[RKO]	〈부부전선(夫婦戰線)〉	[메트로]
〈러시아탐방비각(ロシア探訪飛脚)〉	[메트로]	〈사모님 총애(奧樣御寵愛)〉	[메트로]
〈청년 히틀러(ヒットラ-靑年)〉	[우파]	〈지하의 천동소리(地下の雷鳴)〉	[파라마운트사]
〈카이로의 하룻밤(カイロの一夜)〉	[메트로]	〈보물의 산(寶の山)〉	[쇼치쿠]
〈피리의 선창장(吹笛の波止場)〉	[유나이티드]	〈전선의 폭풍(戰線の風)〉	[워너]
〈이반(イワン)〉	[소비에트영화]		

---

36   통행인이나 화물을 검사하기 위해 국경이나 교통의 요소에 세운 시설이나 관을 뜻하는데, 여기에서는 영화를 검열하는 검열실을 빗댄 말이다.

이상의 11편인데 닛소(日蘇)상회 제공의 〈이반〉은 조선총독부 활동사진필름검열관 회의 결과 그 내용이 조선의 현 상태로는 치안상 이로울 게 없다는 이유로 불허가 되었다.

조선의 내외영화업조합 설치

조선에서 영화배급을 통일하는 일은 아직 실현이 요원한 입장인데, 내지에서는 이미 영화협회를 만들어 영화회사와 관과의 배급사무에 원활화를 기하고 있다. 이를 보고 필요성을 절실하게 느낀 부내 배급관계자 20명은 작년 봄 이후에 자리에 모여 조선의 내외영화업배급설치에 대해 계획을 진행하기로 합의를 봤다. 그리고 이에 대한 계획도 확정되었다. 와케지마 슈지로, 도쿠나가 구마이치로의 제씨 등은 24일 총독부 도서과 및 혼마치서를 방문, 조합 설치의 취지에 대해 양해를 얻었으므로 26일 오후 5시부터 부내 아사히초(旭町) 교기쿠(京畿久)에서 발회식을 거행했다. 이날 결정된 임원진은
△조합장=도쿠나가 구마이치로 씨 △부조합장=고인문 씨 △회계=소노다 미오(園田實生) 씨, △상담역=후쿠에 코렌(福江好廉) 씨[총독부 도서과 이사관] △오카다 준이치 씨[동필름검열관] △와케지마 슈지로 씨[경성흥행협회장]

도와상사의 조선 배급 중지

도와상사의 조선 배급권을 오랫동안 유지해 왔던 고인문 씨가 동 영화의 배급을 중지했다. 도와상사는 유럽영화를 배급하는 중심이라고 할 만한 곳인데, 그 도와상사가 조선에서 자취를 감추게 되었으니 영화계의 일대이변이라고 할 수 있겠다. 경성에서는 서양극 전문으로는 유일하게 고급관이라고 말할 수 있는 나니와칸조차 유럽영화로는 손해만 보고 있다. 겨우 장사가 된 것은 예의 〈홍당무〉와 재상영의 〈회의는 춤춘다(会議は踊る)〉〈광란의 몽테카를로(狂乱のモンテカルロ)〉뿐이며, 이것도 〈홍당무〉는 전매표가 있어서 가능한 이야기였으니 안정적인 수입은 아니었다. 도와상사 영화가 몰락한 원인은 결국 조선에서는 유럽영화가 상업적으로 성립되지 않는다는 데 있다. 최근에는 다이쇼칸에서 개봉했지만 흡족할 만한 흥행은 하나도 없었다. 고인문 씨에게 동정이 가는 것도 무리는 아니다. 경성에서조차 이러니(26쪽) 다른 곳은 두말 할 나위도 없을 것이다. 그러나 아무리 생각해도 이는 유감스러운 일이다. 어떻게든 해서 배급 방도를 찾아내기를 절실하게 바라는 바이다.

구정의 경기

▲**기라쿠칸[닛카쓰]** 2월 1일~7일 〈신센구미 전후편〉 〈여인일대(女一代)〉 〈칼 한 자루로 뛰어들다(一刀土俵入)〉[재상영] 2층 70전, 1층 50전.

올해 설날부터 쇼치쿠자를 누르고 계속 선두를 유지해 온 이 영화관은 마지마의 아성인데, 매년 5만 원 이상은 수익을 남긴다고 하니 대단한 곳이다. 올해는 특히 웨스턴발성기로 수확을 거두고 있으니 연말까지 얼마나 매상을 올릴지는 예상도 못할 정도이다. 그런데 구정 흥행은 다른 관보다 이른 1일 첫날, 〈신센구미 전후편〉은 신정 첫 주에 상영하여 호평을 얻은 작품. 올해는 전후편과 〈여인일대〉를 상영했는데, 웨스턴재생기의 위력과 함께 연일 만원이었다. 둘째 주는 8일부터 시대극 〈오엔을 죽이기(お艶殺し)〉 〈쓰요시의 인생일기(剛の人生日記)〉

▲**쇼치쿠자[쇼치쿠]** 2월 3일~9일 〈나의 오빠(私の兄さん)〉 〈야슈사무라이야쿠자(八州侍やくざ)〉 〈켄넬 살인사건(ケンネル殺人事件)〉 2층 60전, 1층 40전.

첫날은 일요일, 다음날은 입춘과 구정이었는데 초지로(長二郎)[37]의 현대극토키의 선전 효과도 있어서 이 이틀 동안은 2천 명 정원의 극장을 입추의 여지도 없이 꽉 채웠다.

▲**주오칸[신코]** 3일~9일 〈귀거래언덕 전편(帰去来峠前篇)〉 〈사랑의 천직(愛の天職)〉 〈프레잔의 토토(プレジャンのトト)〉 2층 70전, 1층 50전.

〈토토〉는 학생들 사이에서 인기를 모아 상당한 흡인력을 보였는데, 그래도 주 종합매상에서 기라쿠칸, 쇼치쿠칸을 따라가지는 못했다.

▲**다이쇼칸[각 사 특약]** 6일~12일 〈건설의 사람들(建設の人々)〉 〈해군 사관 후보생(海軍士官候補生)〉 〈명암 살생검(明暗殺生剣)〉 2층 70전, 1층 50전.

〈건설의 사람들〉은 부산의 미치오 미네지로(満生峰次郎) 씨가 선내(鮮內) 배급권을 획득[보증금 2천 원, 선내 40일간 1천6백 원]했으며, 경성에 배당된 금액은 9백 원이었다. 그런데 처음에는 쇼치쿠자의 도쿠나가 씨와 교섭을 했지만 결론을 내지 못했고, 배급계 주임 후지모토(藤本) 군이 힘을 써준 덕에 다이쇼칸 오카모토 씨와 1주일에 1천 원을 지불하는 교섭이 성립되었다. 오카모토 씨는 작년 11월부터 다이쇼칸을 경영하였는데, 아직 그 수익이 부실하여 매날 적지 않은 손실을 초래하고 있다. 그래서 이번만

37　하야시 초지로(林長二郎)를 가리킨다. 본명은 하세가와 가즈오(長谷川一夫)이다. 하야시 초지로는 1927년에 쇼치쿠 시모가모에 입사한 후 시대극 톱스타로 군림했는데, 1937년에 도호로 이적했다. 그 후 괴한에게 습격을 당해 얼굴에 상처를 입게 되는데 이때부터 본명으로 활동을 하기 시작했다.

은 꼭 성공하고 싶다고 하여 상영을 한 것인데 그다지 좋은 성적을 내지는 못했다. 정말 동정할 만한 일이다.

▲나니와칸[각 사 특약], 단성사[동] 두 관 모두 3일부터 파라마운트사의 〈아름다운 살인(絢爛たる殺人)〉을 가져와 상영. 첨가 상영물은 나니와칸이 파라마운트사의 〈하얀 육체(白い肉体)〉 〈아사히 발성뉴스〉, 단성사는 파라마운트사의 〈최후의 한사람까지(最後の一人まで)〉 〈나그네 아내 야쿠자(旅股妻やくざ)〉[JO].

두 영화관 모두 3일과 4일은 주야 3회 상영으로 구정 경기가 활기를 띠고 있음을 보여줬다. 특히 단성사는 조선인 측에서는 유일하게 신축한 지 얼마 되지 않은 고급관이어서 내지인 학생들의 대부분을 흡수하면서, 낮에는 학생들만으로도 정원[680명]을 넘는 기세를 보여줬다.

－야마구치 도라오

〈쇼와 9년도 조선총독부 영화검열 통계〉

월별총	건수총	권수총	미터수
1월	136	744	170,250
2월	169	1,011	230,017
3월	199	1,118	255,348
4월	259	1,183	255,555
5월	246	1,197	256,032
6월	322	1,204	262,419
7월	234	1,105	238,935
8월	266	1,203	262,830
9월	161	916	210,967
10월	242	1,222	269,871
11월	17	1,156	262,849
12월	305	1,818	411,951
계	2,734	13,877	3087,069
쇼와 8년도	2,333	12,533	2805,229

〈발성양화〉

월별총	건수총	권수총	미터수
1월	29	150	37,012
2월	28	193	46,784
3월	18	148	37,139
4월	24	188	43,676
5월	39	229	55,819
6월	21	154	37,382
7월	22	1■3	33,467
8월	16	99	24,735
9월	32	203	47,938
10월	35	206	49,100
11월	23	183	45,436
12월	66	372	90,057
계	351	2,381	548,392
쇼와 8년도	328	2,146	509,076

〈발성방화〉

월별총	건수총	권수총	미터수
1월	12	77	17,979
2월	13	72	16,451
3월	16	94	23,279
4월	16	129	32,193
5월	15	101	22,943
6월	18	94	22,246
7월	13	97	23,820
8월	27	140	35,204
9월	16	110	26,419
10월	27	171	38,915
11월	16	128	31,718
12월	35	252	57,134
계	223	1,478	347,698
쇼와 8년도	78	505	121,154

(표는 26쪽 하단에 실림)

경성 : 경성영화계

경성 제일극장 화재 소실

지난 23일 오후 7시, 경성부 종로 4의 1에 있는 제일극장(나다야 히사키치 씨 경영) 시사실에서 시사 중인 필름에 불이 붙었는데, 결국 대화재로 번져 동 영화관을 전소시켰다.

이에 대해 소관 동대문서에서는 영사기사 이홍우 외 관계자 수 명을 소환, 히다 가쓰지(比田勝司) 주임이 몸소 취조를 했다. 히다 주임은 화재의 원인이 영사 중에 스위치의 불꽃이었다는 게 수상하다고 생각하여 엄중히 추가심문을 한 결과 24일 아침에 이홍우의 허위진술을 밝혀내고, 당국에서는 즉시 현장검사를 하고 동시에 영사기사를 추궁했다. 그 결과 이는 모두 이홍우의 부주의에 의한 것임이 판명되었다.

구체적으로는 이날 시사 도중에 퓨즈가 끊어져 실내가 캄캄해지자 이홍우는 성냥에 불을 붙인 후 그 빛으로 퓨즈를 고쳤는데 그 성냥불을 완전히 끄지 않은 채 버렸고, 원래는 영사기 밑의 필름기에 감겨져 있어야 하는 필름이 바닥에 놓여 있는 것에 불이 붙어 큰 화재가 되어 버린 것이다.

경성흥행협회의 분규

최근 흥행협회에서는 지난번 총회에서 오랫동안 유지해 왔던 각 영화관의 선전포스터지를 철폐하기로 합의를 보고, 그 대신 이를 두루마리로 바꾸어 반액권을 발행하기로 협정을 맺었다. 그럼에도 불구하고 기라쿠칸[닛카쓰]이 이 협정을 깨고 거리전단지를 발행해 협회협정의 위반자로 문제시되었다. 그래서 협회에서는 중역회의를 거친 결과 협회규정에 의해 제명 처분을 하기로 결정했는데, 예전부터 이런 움직임을 눈치 챈 기라쿠칸[마지마 우메키치 씨]에서는 제명 처분을 통지받기 전에 와케지마 협회장 앞으로 탈퇴 신청서를 미리 제출했다.

-야마구치 도라오

경성 : 드디어 영화교육 실시

서양영화의 활약 눈에 띄어

영화통제가 실시된 지 벌써 1년이 되어 가는 경성 시에서는 신록의 시즌을 맞이하여 활발한 움직임을 보이고 있는데, 특히 최근에는 외국영화의 움직임이 괄목할 만하며, 그 기세는 방화를 압도하는 상태이다.

그중에서도 도와상사 지사[고인문]는 경성 시 5월의 영화계 최고선두 흥행을 목표로 하며 활약하고 있다.

그런데 멕시코혁명의 열혈아 판초 빌라의 기이한 생활상을 그린 메트로영화 〈기걸 판초(奇傑パンチョ)〉는 조선을 통치하는 입장에서 조선 내에서는 개봉을 불허하기로 했다.

조선발달사를 영화화

조선총독부에서는 시정 25주년 기념사업의 하나로서 그동안의 변천사를 토키로 만들기로 하였다.

내용은 시정 당시의 통신, 교육, 산업, 건물, 재판 등 전반에 걸친 우가키 총독과 이마이다(今井田) 정무총감의 강연을 녹음한 것인데 그 완성도가 벌써부터 기대되는 바이다.

대구에서 영화교육 실시

이미 부의 학무당국이 부내 공립초등학교의 역사, 지리, 수신 등의 교육자료로 영화를 이용하기로 하고 그 설비에 대해서 계획 중이었는데, 각 학부형회에서도 이 새로운 계획에 대해서 대찬성이며, 그중에는 개인 자격으로 영사기의 기부를 신청하는 자도 있을 정도였다. 올해 5월 말까지는 7개 학교 모두에 대해 각각 영사기를 설치하기로 했다.

이에 필요한 비용은 한 학교당 약 3백 원, 7개 학교를 합치면 2천 원인데, 각 학교 학부형회의 기부를 받기로 했다. 필름은 조선교육영화회로부터 배급을 받는 것 외에 흥행영화 중에서도 교육자료가 될 것 같은 작품들은 당국 및 영화관의 양해를 얻어 상영 전에 빌리기로 했다.

이로써 예전에 초등학생들에게 나쁜 영향을 주지 않을까 우려해 만들어진 영화상설관 입장억제책의 실적도 올리게 될 것으로 기대되는데, 초등학교에서 영화교육을 실시하는 것은 조선 전국에서 처음이어서 관심을 가지고 주목하는 바이다.

청주에서도 교육영화회를 창설

대구의 초등학교들이 영화교육을 실시하는 것을 보고, 충청북도 청주의 도 교육회가 모든 문화적 시설의 부족한 점을 보완하기 위해 영화의 힘을 빌려 소학교 교육에 힘을 쏟기로 했다. 그리고 황태자 전하의 강탄기념사업의 하나로 영화교육반을 창설하기로 했다.

이에 수반되는 경비는 도 교육회원 측과 각 군의 일반인 헌금을 모으기로 했고, 도 교무과는 설치 계획서와 취지서를 작성하고 배포하여 6월 말까지 모금을 마감하며, 영사기 및 필름 그 밖의 부속기기를 구입하여 올해 9월부터 교육을 실시하기로 결정했는데, 그 결과에 대해서는 각 방면에서 주목하고 있다.

-야마구치 도라오

1935년 6월 하순(152호) 36쪽

경성:방화, 양화 각 영화관 모두 호조

눈에 띄는 양화의 진출

영화통제가 실시된 이후 말 그대로 서양영화를 탄압하는 상태에 있는 조선에서는 유나이티드사를 제외한 다른 각 서양영화사의 지점 또는 출장소가 각각의 본거지를 경성부내에 두고 계약관 획득에 힘을 기울이고 있다. 특히 최근 부내에서 서양영화의 움직임은 괄목할 만하며, 특히 노장 파라마운트사에 대해 도와상사가 약진하는 모습은 정말 대단하다.

구체적으로는 4월과 5월에 경성부의 영화관에서 상영된 서양영화의 총수는 24편으로 다수에 이르지만, 도와상사가 파라마운트사와 마찬가지로 10편을 소화해낸 것은 주목할 만한 것이다.

◇ **파라마운트사** 〈클레오파트라(クレオパトラ)〉[나니와칸, 단성사] 〈바람의 키스(風の接吻)〉[상동] 〈3일간의 공주군(三日姫君)〉[38][나니와칸] 〈여난 아파트(女難アパート)〉[39][상

---

38   원제는 〈Thirty-Day Princess〉(1934)
39   원제는 〈Girl Without A Room〉(1933)

동] 〈범죄가 아니야(罪ぢゃないよ)〉[상동] 〈내일 없는 포옹(明日なき抱擁)〉[40][나니와칸, 단성사] 〈그녀는 나를 사랑하지 않는다(彼女は僕を愛さない)〉[나니와칸] 〈가면 6인조(ヒョットコ6人組)〉[41][주오칸] 〈벵갈의 창기대(ベンガルの槍騎隊)〉[조선극장, 나니와칸] 〈은색 쥐의 유선형(銀鼠流線形)〉[42][상동]

◇ 도와상사 〈오늘밤이야말로(今宵こそ)〉[43][기라쿠칸] 〈상선 테나시티(商船テナシティ)〉[나니와칸, 단성사] 〈흑기사(黒騎士)〉[나니와칸] 〈FP1호 응답 없음(FP1号応答なし)〉[기라쿠칸] 〈지크프리트(ジーグフリード)〉[주오칸] 〈미완성교향악(未完成交響樂)〉[기라쿠칸, 단성사] 〈몽블랑의 왕자(モンブランの王子)〉[나니와칸, 단성사] 〈최후의 억만장자(最後の億万長者)〉[나니와칸] 〈카이로의 결혼(カイロの結婚)〉[단성사] 〈흑경정(黒鯨亭)〉[44][상동]

◇ 폭스사 〈로이드의 대승리(ロイドの大勝利)〉[단성사, 주오칸] 〈모로코의 혈연(モロッコの血煙)〉[45][단성사] 〈건배의 노래(乾杯の歌)〉[상동] 〈공습과 독가스(空襲と毒瓦斯)〉[상동]

◇ 콜롬비아 〈하루만 숙녀(一日だけの淑女)〉[46][단성사] 〈강한 남자들(ますらを)〉[47][단성사, 쇼치쿠자] 〈사랑의 하룻밤(恋の一夜)〉[단성사, 나니와칸]

◇ 메트로 〈새벽의 폭풍(暁の暴風)〉[나니와칸] 〈고양이와 바이올린(猫と提琴)〉[상동]

◇ RKO 〈바보의 사랑(痴人の愛)〉[단성사]

◇ 유나이티드 〈라마대평기(羅馬大平記)〉[단성사] 〈공포의 성(恐怖城)〉[나니와칸, 단성사]

◇ 치도리흥업(千鳥興業) 〈플라(プーラ)〉[기라쿠칸] 〈세계의 끝(世界の終り)〉[단성사, 쇼치쿠자]

활기에 찬 방화관

신록 시즌을 맞이한 방화 상영관은 모두 야심에 찬 프로그램을 내놓았는데, 이로써 흥행가는 오랜만에 활기찬 모습을 보였다.

---

40 원제는 〈Death Takes A Holiday〉(1934)
41 원제는 〈Six of a Kind〉(1934)
42 원제는 〈The Notorious Sophie Lang〉(1934)
43 원제는 〈The Song of Night〉(1932)
44 원제는 〈Der Schwarze Walfisch〉(1934)
45 원제는 〈Love in Moroco〉(1933)
46 원제는 〈Lady for a Day〉(1933)
47 원제는 〈No Greater Glory〉(1934)

▲기라쿠칸[닛카쓰, 정원 1,500명]

1일부터 〈구나사다 추지(国定忠次)〉〈FP1호 응답 없음〉 올 토키. 웨스턴재생기는 점점 더 그 위력의 진가를 발휘하고 있는데, 이 관은 토키주간이 되면 더욱더 많은 관객이 찾아든다. 이 주에도 또한 오코우치(大河内)[48]의 전 발성영화에 독일 우파의 스펙터클영화까지 덧붙여 인기몰이를 해 다른 영화관을 앞지르면서 순조로운 성적을 보였다.

8일부터 〈새색시와 식객(新妻と居候)〉〈백만 인의 합창(百万人の合唱)〉 지난주의 기세를 이어 이번 주도 전부 올 토키로 시작했다. 〈백만 인의 합창〉은 오자와상회(大澤商会) 경성 지점의 사카이 도모키(酒井友喜) 군이 2개월에 2천5백 원을 지불하고 조선 내 배급권을 획득한 것이다. 그리고 경성은 사카이 군 본인이 흥행을 하게 되었는데, 기라쿠칸을 일주일 동안 빌려(집세 2천1백 원), 〈새색시와 식객〉의 특집료 5백 원, 선전비에 약 8백 원이 들어갔는데, 일주일 동안의 매상은 4천 원 정도로 이익을 보지는 못했다.

15일 〈미완성교향악〉〈무사도의 앞과 뒤(武士道うらおもて)〉 이번 주에는 YMCA가 회관 건설의 자금을 모으기 위해 이 흥행을 주최했는데, 적극적으로 행동하여 전매권 판매에 노력한 결과, 그 매상은 일주일 총수익 6천 원이라는 큰 수익을 올려 주최자 측도 흡족해 했다.

21일부터 〈소집령(召集令)〉〈유신 세 검사(維新三剣士)〉 나니와곡조(浪曲)[49]의 영화와 막부 말기물은 대중적인 관심을 모았으며, 일단은 좋은 출발을 보였다.

▲쇼치쿠자[쇼치쿠, 정원 1,033명]

〈어머니의 노래〉나 〈하나의 정조(一つの貞操)〉 등으로 3월과 4월 계속해서 다른 영화관들을 리드해 온 이곳도 5월에는 좋은 작품이 없어 부진에 허덕이고 있다.

1일부터 〈대에도출세의 노래(大江戸出世小唄)〉〈여동생의 고백(妹の告白)〉〈세계의 끝〉

---

48 〈구나사다 추지(国定忠次)〉의 주인공역을 맡은 배우 오코우치 덴지로(大河内傳次郎)를 가리킨다. 오코우치는 1920년대 일본 검극을 대표하는 스타였으며, 1930년대에는 코미디물, 1930년대 후반부터는 현대극에도 출연한다. 특히 검극에서 그의 칼부림 연기는 스피드감과 비장함으로 압권이었는데 단계사전의 역할을 많이 맡았다.

49 나니와부시(浪花節) 혹은 나니와곡조(浪曲)라고 한다. 나니와곡조의 영화는 토키영화가 시작된 이후에 나온 일본 특유의 영화장르 중 하나이며, 나니와곡조에 맞춰 이야기가 진행된다. 1930년대 후반부터 1950년대 전반에 걸쳐 많이 제작되었다. 나니와곡조는 오래전부터 전해오는 구전설화 등을 이야기꾼들이 재치 있게 꾸며 관객들을 웃게 만드는 극의 한 종류인데, 메이지시대 초기에 오사카의 이야기꾼인 나니와 이스케(浪花伊助)가 새롭게 만들어낸 극 중 하나가 특히 관객들을 사로잡았다고 하여 그의 이름을 따서 나니와곡조라고 한다.

전 발성 3편 상영이어서 그 성적이 기대되었고, 특히 치도리흥업이 제공한 〈세계의 끝〉은 개봉 한 달 전부터 대대적으로 선전에 들어갔음에도 불구하고 지구와 혜성의 충돌이라는 어떻게도 할 수 없는 일을 다룬 영화에 경성인들은 흥미를 보이지 않았고, 결국 관객을 끌어들이지 못해 일주일 총 매상은 2천 원을 넘지 못했다.

그리고 또한 이 영화는 단성사와 동시개봉이었기 때문에 더욱더 부진을 초래했다고도 할 수 있는데 단성사도 이번 주 매상은 좋지 못한 것 같다.

8일부터 〈구쓰카케 도키지로(沓掛時次郎)〉〈금환식〉의 재상영 주간으로 평범한 성적을 보였다.

15일부터 〈극동 전선 일만리(極東戰線一万里)〉〈도카이의 보스(東海の顔役)〉〈애정의 가치(愛情の値)〉의 4편을 상영했는데 전부 쇼치쿠 프로그램이다. 〈도카이의 보스〉는 폴리도르[50]와 타이업을 하면서 기운차게 분위기를 띄웠고, 〈애정의 가치〉는 〈하나의 정조〉의 자매편이어서 인기가 높아 오랜만에 활기가 넘쳐났다. 부녀자와 어린이 관객이 특히 많았던 것 같다.

22일부터 〈의리는 빛난다(義理は輝く)〉〈왼쪽 부채(左うちわ)〉, 첫날에는 50여 명의 대선전대를 조직하여 거리를 돌았는데, 아무래도 내세울 만한 프로그램이 아니어서 관객 동원이 힘들었는데, 이는 쇼치쿠자 개관 이래의 최저기록을 남겼다.

결국 이 주는 5일 만에 간판을 내렸고, 나머지 3일 동안을 '만화영화축제' 주간으로 정해, 발성만화영화 10편에 〈건달과 첫사랑(與太者と初恋)〉〈브라운의 야구호랑이 권(ブラウンの野球虎の卷)〉[재상영]을 첨가하여 가볍게 빠져나간 것이 현명한 방책이었다.

▲주오칸[신코, 정원 750명]
격일 상영 – 〈근왕당(勤王堂)〉〈아 왕배에 꽃을 받아(ああ 王盃に花うけて)〉 보통 성적. 6일부터 9일까지는 재상영 주간. 11일 〈정조문답(貞操問答)〉〈지크프리트 교향악(ジーグフリード交響楽)〉, 18일부터 〈정조문답 후편〉〈뭉게구름 봉명고개(流れ雲捧名峠)〉〈가면 6인조〉. 〈정조문답〉은 전후편 모두 프린트의 손상이 심한데다가 재생발성기가 불완전해 토키 효과도 떨어져 전편은 좋은 성적을 냈지만, 후편은 그에 훨씬 미치지 못하면서 예상 외의 불황으로 끝났다.

---

50   Polydor Records

▲다이쇼칸[다이토]

종래 PCL영화 개봉에서는 항상 손실을 감수했던 이 영화관도 다이토영화를 상영하게 된 이후 그 경영방침을 크게 개혁하여 4일간 흥행에 입장료는 10전 균일로 바꾸었다. 이것이 효과를 거두어 매일 관객들이 밀려드는 성황이 됐고, 오카모토 관주도 이에 꽤 만족한 상태이다.

－야마구치 도라오

1935년 7월 하순(154호) 46쪽 　[지방통신]

경성 : 지방관의 신축 빈번

와카쿠사영화극장(若草映画劇場) 기공

경성의 흥행계는 오는 10월에 준공하는 경성부민관이 출연하면서 여느 때와는 매우 다른 현상을 만들어내고 있다. 그중에서 오이시 사다시치 씨가 경영하는 혼마치 4정목의 아사히자는 무대와 그 외 시설을 크게 확장하였는데, 7월 흥행에는 이치무라 우사에 몬조(市村羽佐衛門丈)를 초대하기로 하는 등 굉장한 기세를 보이고 있다.

또한 다이쇼칸 경영자인 오카모토 세이지로 씨는 다이쇼칸의 개축 기한인 올해 10월을 기한으로 현 흥행권 소유자인 후쿠이(福井) 씨로부터 5천여 원에 흥행권을 매수하여 새로운 영화관을 건설하게 되었다. 그래서 지난 11일자로 도지사로부터 정식으로 허가를 받고 건축은 이쿠다구미(生田組)에 맡겼다. 총공사비 2만2천 원이며, 올해 11월 말에 준공, 신춘을 기해 개관할 예정인데 오는 9월 말에 상량식을 거행하기 위해 공사에 착수했다.

장소는 혼마치 3정목의 모퉁이인데, 와카쿠사초(若草町)의 골목과 큰길가에 접하고 있으며, 와카쿠사영화극장이라고 하고 가와사와 디치마사(川澤適正) 씨 설계, 순 서양식 철골철근콘크리트건물, 총건평 570평, 관객석은 한 명당 한 의자이며 정원은 1,412명을 수용할 수 있으며, 여름에는 캐리식 냉방장치, 겨울에는 공기난방장치, 영사실은 3층에 설치하여 웨스턴표준형발성영화기를 설치하게 되었으며, 그 완성에 많은 기대가 걸려 있다. ••

●● 위 그림은 와카쿠사영화극장

새 쇼치쿠자의 출현으로 대항격화

또한 쇼치쿠자 건설이 문제가 되어 부민들의 이목을 모으고 있는데, 드디어 주인인 다

무라 미네(田村ミ치) 씨의 희생으로 현 쇼치쿠자 경영자 도쿠나가 구마이치로 씨가 새로운 쇼치쿠자를 건설하기로 하여 이 업계에 일대 파장을 불러일으키고 있다.

쇼치쿠자의 신축 건물은 현재 쇼치쿠자 뒤쪽의 광무대가 있는 곳 및 그 인접지를 합한 총 6백 평, 남쪽에서 북쪽으로 가는 전차와 접한 장소이며, 건설비 30만 원에 무대장치를 완비하여 영화뿐만 아니라 극장으로도 사용할 수 있는 구조이다.

구조는 철근콘크리트의 동양 취미를 가미한 근대부흥식으로 수용인원 1,400명, 쇼와 11년(1936년) 벽두에는 볼 수 있다고 하니, 앞에서 이야기한 와카쿠사극장과 충돌하게 되며, 업계는 물론이고 일반 팬들에게도 상당히 화제가 되고 있다.

이에 대해 다무라 미네 씨의 대행자 아키바 센노스케(秋葉仙之助) 씨는 다음과 같이 말했다.

"쇼치쿠의 새 건축에 관해서는 현재 쇼치쿠자 경영자인 도쿠나가 구마이치로 씨가 그런 의도를 가지고 있다고 들었습니다. 그러나 쇼치쿠자의 전신인 고가네칸은 선대 다무라 씨의 기념건물이므로 이를 훼손하는 것은 참을 수 없어 도 당국[51]이나 혼마치서가 수고를 해주었고, 이번에 미망인의 호의를 얻어 대영화관을 건설하여 도쿠나가 씨에게 장기 사용권을 주기로 했습니다" 운운.

쇼치쿠자 경영자 도쿠나가 구마이치로 씨는 다음과 같이 말했다.

"다무라 씨의 의협과 아키바 씨의 수고와 혼마치서와 도 여러분들의 알선으로 제 숙원인 대영화관이 생기게 됐습니다. 앞으로도 경성의 번영을 위해 더욱더 분골쇄신할 생각입니다" 운운.

ㅡ야마구치 도라오

1935년 9월 상순(157호)

도와상사의 특보란!

반도를 정복할 유럽영화!

경성을 중심으로 조선반도에서 서양영화의 활기는 특히 최근에 괄목할 만한데, 그중에서도 도와상사가 제공하는 유럽영화의 활약이 눈에 띈다. 특히 다음과 같이 여름이 사그라질 무렵인 9월 8일에 상영된 영화들 30편 중에서 도와상사 영화가 8편을 차

---

51   경기도.

지한 것을 봐도 이를 알 수 있다. 〈이별곡(別れの曲)〉〈흐름(ながれ)〉〈나는 낮 너는 밤(私は昼あなたは夜)〉〈영원한 신록(永遠の緑)〉〈비엔나의 신부(ウィンナの花嫁)〉〈금발의 꿈(ブロンドの夢)〉〈봄의 조율(春の調べ)〉〈자살클럽(自殺倶楽部)〉[이상 8편] 그리고 메트로영화 5편, 파라마운트영화 4편, 폭스 3편이다.

부산 : 새로운 흥행정책의 대두

부산에서 쇼와 10년의 연말이 되어 뒤돌아보는 1년은 여러 가지 의미에서 명확한 큰 변동이 있었습니다.

닛카쓰, 쇼치쿠, 신코의 3관 협정 중에서 요금 협정이 지켜지지 않았으며, 서양영화 애호가가 늘어나고, 신관이 생겼으며, 다이토영화를 상영하게 되는 등 종래의 정규적 영화흥행이 무너지고 있는 꼴이었던 것입니다.

보통석을 10전에 흥행하는 것은 절대로 하지 않겠다고 하는 것이 3관 협정의 절대 철칙이었는데 신코 계열인 쇼와칸이 이를 깼고, 여름이 사그라질 무렵부터 동 관은 10전을 연발했습니다. 그리고 닛카쓰 계열 호라이칸은 도와상사의 〈주금소(朱金昭)〉[52] 〈미완성교향악〉으로 히트를 기록하여 봄에 느낄 만한 쾌감을 이 계절에 느꼈고, 이에 서양영화를 중심으로 하여 요금을 조금 높게 설정했습니다. 쇼치쿠의 아이오이칸은 예전 습관을 사수했고, 쇼치쿠라는 대간판으로 밀어붙인 결과 여러 가지 이득을 얻을 수 있었습니다.

가을에 들어서면서 쇼와칸은 신코의 프로그램을 전부 12전으로 하고, 다이토의 영화를 새롭게 입수하여 10전으로 상영하면서, 4일 동안 또는 3일 동안의 연속흥행을 단행했습니다. 10월 첫째 주는 호라이칸이 서양 영화팬들의 목소리에 호응해 다른 관에 앞서 재생장치를 개선하여 RCA를 장비했습니다. 또한 이 관은 MGM과 도와상사의 서양영화를 독점하고 서양물 2편을 상영하는 프로그램 흥행을 결행했습니다.

---

52   원제는 〈Chu Chin Chow (Ali Baba Nights)〉(1934)

제1회는 서양극명화제라고 이름한 〈홍당무〉〈파리축제(巴里祭)〉〈크리스티나여왕(クリスチナ女王)〉의 재상영을 거행했는데 이것이 꽤 호평을 받았고, 〈이별곡〉〈포연과 장미(砲煙と薔薇)〉 다음이 〈해질녘의 노래(夕暮の歌)〉에 〈흐름〉 또는 〈장난감의 나라(玩具の国)〉와 〈황혼의 약혼(たそがれの結納)〉, 〈남자의 세계(男の世界)〉와 〈남쪽의 애수(南の哀愁)〉, 〈흑기사〉와 〈꽃이 필 무렵(花咲く頃)〉 등 다른 관이 모험이라고 생각해서 손을 대지 못했던 영화들로 일본물재상영주간의 프로그램을 다 변경했습니다. 수치상으로 보면 수익은 힘들겠지만 적어도 정말 영화를 보고 싶어 하는 사람들은 기뻐할 만한 흥행이었습니다.

이번 여름에 부산시의 동부에 있는 아이오이칸의 미치오(満生) 씨의 손에 의해 새로운 극장이 탄생했습니다. 이 다이세이자(大生座)는 조선인 관객을 겨냥하고 있는데, 극과 영화의 두 가지 흥행을 시작했습니다. 이 관은 미치오 씨의 중후한 인격이 그대로 경영에 반영되어, 근방의 관객들을 끌어들여 견실하게 발전을 하고 있습니다.

그런데 이곳에서 특이할 만한 것은 전매관람권이 없다는 것과 남녀의 자리 구별이 특별히 엄격하게 감독된다는 것입니다.

1년 동안 호평을 받아 히트한 작품은 다음과 같다.

파라마운트사 〈벵갈의 창기병〉, MGM 〈타잔의 복수〉, 도와상사 〈미완성교향악〉, 일본물로는 닛카쓰 〈노기 장군(乃木将軍)〉에 〈단게사젠〉, 쇼치쿠 〈유키노조의 변신(雪之丞変化)〉 정도이며, 감탄할 만한 정도의 성적을 거둔 것은 극소수였다는 것을 특기해 둡니다.

1년치 분의 대목 시기에 행운이 많은 11년도의 신춘이 눈앞에 다가왔습니다.

부산은 지금 각 배급소가 분주하게 움직이고 있으며, 각 관 모두 무리한 진정(陳情)으로 바쁘게 보내고 있습니다.

정월물로 관객이 기대하고 있는 작품은 닛카쓰의 〈대보살고개(大菩薩峠)〉〈메이지 1대 여자(明治一代女)〉〈초록색의 지평선(緑の地平線)〉, 쇼치쿠의 〈유키노조의 변신 속편〉〈영원한 사랑(永久の愛)〉, 신코의 〈신노쓰루치요(新納鶴千代)〉〈용연향(龍涎香)〉입니다. 서양영화는 각 사가 모두 상당한 명작을 대기시키고 있을 것이며, 세 관 모두 칼을 갈면서 과거 1년 동안의 청산과 함께 다음 약진에 대비하고 있으니 연초의 결전 결과는 어떻게 될 것인지 그 결과에 대해서는 다시 보고를 올리도록 하겠습니다.

-T. T. 생生

경성:비상시 영화계

인구 44만 여의 경성부에 영화관이 11곳―이를 내선 별로 보면 내지인 측 기라쿠칸[닛카쓰], 나니와칸[쇼치쿠], 주오칸[신코], 쇼치쿠자[PCL, 극동], 다이쇼칸[다이토], 게이류칸[쇼치쿠 2번관]의 6곳이며, 조선인 측은 단성사[양화, 닛카쓰 2번관], 조선극장[양화, 쇼치쿠 3번관], 제일극장[양화, 신코 2번관], 우미관[양화, 다이토 2번관], 동양극장[양화, PCL]의 5곳이다.

이상으로 총 11곳의 상설관이 있는데, 그 외에 수시로 사용할 수 있는 경성부민관[정원 1,800명, 12월 10일 개장]이 있으며, 가까운 시일 내에 경성부에 편입되는 근교[53]에 도카게키조(桃花劇場)와 그 외의 곳이 있다.

이런 상황으로 흥행전은 항상 격렬해지기 마련인데, 겉으로만 보면 그런 흔적이 보이지 않으니 조선은 역시 여유가 있는 것 같다.

그러나 이 중에서 다이쇼칸은 와카쿠사영화극장으로 바뀌었고, 설날부터 당당하게 데뷔하였으며, 나니와칸도 올해 8월부터 쇼치쿠영화 조선개봉관[관명은 미정]이 출현하면 그 흔적은 빈 건물이 되든가 기석으로 바뀌든지 할 것이며, 쇼치쿠자도 착공 중인 신관이 완성되면 아파트가 될 운명이다.

이렇게 해서 1936년의 비상시국은 경성의 영화계에도 역시 비상시국이며, 여기에서 전개되는 많은 이변은 정말 눈이 돌아갈 정도이다. 대체 어디가 최후의 승리자가 될 것인지는 운명의 신만이 알고 있을 것이다.

게다가 여기 조선에는 내지보다 한발 앞서 실시된 문제의 영화통제가 있는데, 그 내용은 올해부터 3분의 1은 방화 강제상영을 해야 한다는 것이다. 이는 미터수의 관계로 서양영화 2편은 상영할 수 없으며, 이로 인해 각 양화배급소는 큰 타격을 받게 되었다.

영화관들의 신관이 속출하는 데에다가 영화통제의 광란노도까지―이 실상에 대해서는 이 한정된 지면으로는 도저히 자세히 보고할 수 없을 정도이다.

이상과 같이 경성영화계의 일대변국에서도 끄떡없이 의외로 안정적인 곳이 기라쿠칸의 마지마 씨인데, 막대한 사재와 최근 획득한 부의회 의원 및 소방조장이라는 자리를 양손에 들고 본인 혼자 유유하게 허둥거리지 않는 것처럼 보인다.

---

53   마포.

그래도 이번 여름에 출현한다는 쇼치쿠계 개봉관은 웅장한 규모와 설비, 위치의 이점, 경영자의 수완과, 쇼치쿠영화라는 이름으로 닛카쓰 기라쿠칸에게는 일대 위협이 될 것임이 분명한데도 명물남자 마지마 씨는 여전히 태연하다.

쇼와 10년에는 여러 가지 자리를 획득할 수 있었던 그는 올해도 역시 각 방면에서(79쪽) 더욱더 약진을 꾀할 것 같다. 한편 조선영화경성촬영소장 와케지마 슈지로 씨가 처음으로 손에 넣은 영화관 동양극장에 대해서 말하자면, 그는 조선 전체를 통틀어 보스이며 아직도 왕성한 사업욕에 불타고 있으니 그 활약이 기대되는 바이며, 이외에도 쇼치쿠자의 도쿠나가 구마이치로 씨나 다이토의 오카다 다카시(岡田孝) 등도 어느 정도는 명물이라고 할 수 있겠다.

—마쓰모토 데루하나松本輝華

1936년 2월 상순(167호) 37~38쪽

부산 : 비약하기 시작한 업계

1년에 한 번 대목인 정월에 각 관은 예전보다 선전에 한층 더 박차를 가하면서 결전에 대비했다.

먼저 첫 번째 주는 호라이칸이 〈초록색 지평선〉 전후 편, 〈오이와케의 산고로(追分三五郎)〉 〈하늘의 군대(空の軍隊)〉로 4일까지의 5일 동안 상영, 이에 비해 쇼와칸은 〈신노쓰루치요〉 〈도회지의 뱃노래(都会の船唄)〉 〈나는 좋은 사람(僕は善人)〉으로 3일까지, 아이오이칸은 〈연애호화판(恋愛豪華版)〉 〈덴보의 야스베(天保安衛兵)〉 〈바와리〉를 4일까지 상영했다. 이 중에서 쇼와칸은 최근에 보기 드물게 〈신노쓰루치요〉의 대대적인 선전을 펼치면서 흥행을 시작했는데, 설날의 대목흥행 이외에는 토키장치를 완비한 호라이칸을 누르지는 못했다.

4일 쇼와칸은 〈용연향〉 〈신부 지옥편(花嫁地獄篇)〉 〈피와 악마(血と悪魔)〉로 다른 영화관보다 하루 앞서서, 더군다나 『오사카마이니치신문(大毎)』 애독자의 우대권을 발행하여 설날 흥행물의 돈주머니를 겨냥했다. 5일에 프로그램을 바꾼 호라이칸은 〈메이지 1대 여자〉 〈거리의 문신을 넣은 자(街の入墨者)〉 〈세쿼이아(シーコウヤ)〉[54]를, 아이오이칸은 〈게타

---

54   원제는 〈Sequoia〉(1934)

구리의 가락(蹴手繰音頭)〈적어도 오늘밤을(せめて今宵を)〉〈백만 불의 꼬마(百万弗小僧)〉의 3편이며 역시 『오사카마이니치신문』 독자 우대권을 발행했지만, 쇼와칸의 〈용연향〉이 기선을 제압하는 바람에 각각 닛카쓰와 쇼치쿠의 대표작들을 상영하면서도 눈물을 삼키는 결과가 되었다.

짧은 시일 동안 프로그램을 바꾸는 쇼와칸이 역시 8일부터 〈나그네의 신8경(股旅新八景)〉〈에도의 서소승이야기(江戸嘶鼠小僧)〉를 걸고, 세 번째 야심찬 프로그램[55]으로 왕좌를 노리고 있다. 한편 호라이는 〈천 냥의 조약돌(千両礫)〉〈대학을 나온 서방님(大学を出た若旦那)〉〈코스모폴리스(コスモポリス)〉를, 아이오이는 〈영원한 사랑〉과 〈남자의 적(男の敵)〉으로 결전에 임하고 있는데, 반도 명물인 삼한의 혹한이 덮쳐 각 관 모두 부진한 성적이었다. 쇼와칸은 12일부터 상영한 〈아라마타(荒又)〉[56]도, 아이오이의 〈대학의 보스(大学の親方)〉〈맥추(麥秋)〉도 모두 부진한 성적이었는데, 그래도 역시 닛카쓰의 사운을 내건 초대작 〈대보살고개〉가 15일부터 지역신문의 엄청난 후원과 맞물려 성황리에 연일 만원사례여서 그나마 엄동설한을 이긴 듯한 느낌이다.

조선에서만 볼 수 있는 구정인 24일부터 각 영화관은 구정의 관객층을 겨냥하여 오락물을 중심으로 4편 상영이라는 꽉 찬 프로그램을 선보였다. 구체적으로는 호라이가 〈타잔의 새로운 모험(ターザンの新冒険)〉〈살인광선 속편(連続殺人光線)〉〈날뛰는 등불(あばれ行燈)〉〈심야의 태양(深夜の太陽)〉, 쇼와칸은 조선영화 〈춘향전〉〈아이가 있어 봄(児故の春)〉〈맥진쾌주왕(驀進快走王)〉〈무사시노의 퇴물(武蔵野くづれ)〉, 아이오이는 〈아버지 돌아오다 그리고 어머니의 마음(父帰る母の心)〉〈노키쓰네 산지(野狐三次)〉〈도토리돈베(どんぐり頓兵衛)〉〈국경육탄대(国境肉彈隊)〉. 그런데 이 프로그램도 호라이칸이 선두였고, 주야로 만원사례의 기세였으며, 쇼와칸과 아이오이칸 모두 이에는 많이 못 미치는 성적으로 주산판 알을 세는 월말 총결산 골을 향해 가게 되었다.

필자의 눈이 이상하지 않다면, 1월의 21일 동안의 총 매상은 호라이칸이 최고로 약 1만 원, 다음이 단기간에 프로그램을 변경하고 낮은 가격을 책정한 쇼와칸, 그리고 아이오이가 그 뒤를 이었는데, 두 영화관 합쳐서 6할 정도였다.

그런데 흥행방법이 예년과 달라진 점은 요금협정 파탄 이후에 매우 약한 재협정을 맺

---

55 일본의 전통극에서 간판프로그램이 '첫 번째 프로그램(顔見世)', 이에 이은 신춘프로그램, 즉 정월의 프로그램을 '두 번째 프로그램(二の替リ)'이라고 하며, 그 다음 프로그램을 '세 번째 프로그램(三の変わリ)'이라고 한다.
56 〈아라키마타우에몬(荒木又右衛門)〉을 가리킨다.

었다는 점이다. 최저요금을 첫째 주에 60전 80전으로 하는 것은 예전대로이지만, 둘째 주를 40전 60전, 셋째 주를 30전 50전으로, 15일 이후는 20전으로 해도 무방하다고 결정하여, 작년 1월과 비교하면 가격면의 도전에서 능란함과 서투름을 많이 볼 수 있었다.

또 하나 다른 점은 같은 1월 중에(37쪽) 구정월이 겹쳤다는 점이다. 호라이칸이 구정에 조선인 관객을 흡수하여 성공한 것은 과거의 구정과 추석에 스피드와 호기심을 선호하는 조선인 대중들에게 스릴이 넘치는 맹수영화를 중심으로 한 시대극과 현대극을 제공하여 정평을 얻은 것과 2편의 타잔영화가 깊은 인상을 남겼기 때문이라고 할 수 있겠다.

쇼와의 〈춘향전〉은 조선 최초의 토키영화라고는 하지만, 재상영이었기 때문에, 그리고 아이오이는 나니와곡조의 토키영화 〈아버지 돌아오다 그리고 어머니의 마음〉이 구경거리에 지나지 않아 나니와곡조에 관심이 없는 조선인 관객을 잡을 수 없었다고 생각한다.

아무튼 부산의 영화계는 관객의 감상 수준과 함께 그 매상, 그리고 프로그램 편성, 이 모든 것들이 해마다 향상되고 있음은 놓칠 수 없는 사실이다. 호라이칸이 명확하게 다른 영화관을 앞지른 것은 닛카쓰의 압도적인 영화 혜택과, 다른 영화관에 앞서 장치한 발성기에 대한 호감이 많이 도움이 됐으리라고 보는데 다른 영화관들은 이를 보고 많은 자료를 얻었을 것이라고 생각한다.

－ T. 生生

1936년 2월 상순(167호) 38쪽

경성:각 관 모두 작년 이상

광기에 들린 듯한 12월의 소음이 썰물처럼 물러간 설날의 거리에 움직이고 있는 것은 교통과 통신의 두 기관과 영화관의 영사기뿐이다.

신춘 초두의 경성영화계는 근년에 보기 드문 대작과 수작이 선보여, 한층 더 고조되고 뜨거운 접전으로 은막의 세계가 펼쳐졌다. 이는 마치 다사다난한 올해 영화계의 서곡의 첫 장을 연 것과 같은데, 대극장주의로의 전향, 또는 영화통제 2년째로 어느 정도의 파란을 예고하는 비상시영화계의 전주곡에 맞는 정경이라고 할 수 있겠다. 각 관이 각기 특색 있고 찬연하게 준비한 정월 첫째 주 설날의 정황은,

쇼치쿠 나니와칸은 31일부터 1월 4일까지 〈적어도 오늘밤을〉 〈게타구리의 가락〉 [전편]의 2편 상영, 쇼치쿠로 전향한 이후 처음 맞는 정월인데 노력은 많이 하고 있음에도

불구하고 수용 인원수가 작아, 설령 초만원 상태가 되었다고 해도 다른 관의 매상을 따라가지 못해 안타깝다. 이에 대해 이시바시(石橋) 관주는 항상 신관이 준공된 이후의 위력을 기대해 달라고 말하고 있다. 입장료는 80전과 60전.

쇼치쿠자는 31일부터 3일까지 마키노(マキノ) 발성과 쇼치쿠자의 제휴 이후 첫 번째 작품으로 〈에도의 서소승 이야기〉와 우즈마사(太秦) 발성 〈이상향 대머리(理想鄕禿頭)〉의 2편 상영으로 설날의 총 매상은 8백 원을 거뜬히 넘었다. 입장료는 나니와칸과 같이 80전과 60전이었다.

신코 계열의 주오칸은 3일까지 〈우몬 수사 기록 신부 지옥 편(右門捕物帖花嫁地獄篇)〉 〈급행열차(急行列車)〉의 프로그램으로 낮에도 관객이 많았고, 밤에는 더 많은 관객이 찾아와 초만원 사례에 특별상여금을 근린까지 나누어주는 성황이었다.

기라쿠칸은 4일까지 〈메이지 1대 여자〉 〈천 냥의 조약돌〉과 오코우치, 이리에라는 두 인기배우 주연 영화의 2편 상영, 올해도 2층 1원, 1층 80전의 입장료로 주야간 둘 다 발 디딜 틈 없는 성황.

와카쿠사영화극장은 총공사비 15만 원으로 와카쿠사초 대로변에 신축한 이상적 영화의 전당. 경영자 오카모토 씨는 어디까지나 대중 팬을 목표로 하여 입장료는 1층 20전 균일제로 했다. 31일 오후 7시부터 화려하게 개관하여 3일까지 〈검령용호당(劍靈龍虎党)〉 〈야생마와 꼬마(ジャジャ馬と坊や)〉, 유니버설의 〈화석인간(化石人間)〉의 3편 상영. 설날 밤은 10전 동전 두 닢을 손에 쥔 관객이 물밀듯이 파도처럼 밀려와 정원인 1,500명은 가볍게 돌파했으며, 결국 오후 6시에 매진되는 성황이었는데 이날 하루에 6백 원의 매상을 올렸다.

박 씨가 경영하는 각 사 특약의 단성사는 〈남성 넘버1(男性NO1)〉 〈노래의 날개(歌の翼)〉 〈사도정담〉의 편성으로 31일 낮에 이미 5백 원을 돌파하는 인기였으며, 설날에는 1천3백 원의 매상을 올릴 것이 확실했고, 상영 영화명 그대로 경성부 내 신춘흥행의 넘버 1이었다. 입장료는 1원 20전과 80전.

정원 1,800명의 부민관은 3일까지 경성연합청년회 주최라는 명목하에 그 실상은 PCL 배급소 후지모토 쇼조, 유나이티드대리점 고이와 데츠야(小岩鐵彌), 나니와칸 전 지배인 가사이 이츠오 3명이 연합한 상영 프로그램인 PCL의 〈인생초년병(人生少年兵)〉 유나이티드의 〈백만 불의 꼬마〉의 2편을 상영했다. 청년단의 손으로 거의 대부분의 전매권이 팔렸는데 설날 낮에는 약 300명의 관객이 들었다. 위치가 안 좋으면 이렇게 호화로운 건물도 전매권 소지자 이외의 사람을 끌어들이지 못한다는 것이 단점인데, 하루 3

백 원의 사용료를 지불하고 나면 필름을 무료로라도 빌리지 않는 한 채산이 안 맞는다.

그 외 제일극장, 조선극장, 우미관, 동양극장, 게이류칸 등도 만원의 성황이었는데 앞에서 이야기한 부민관의 상영을 제외하면 기후도 온화하여 각 관 모두 작년 이상의 좋은 경기로 설을 보낼 수 있었다.

이를 보더라도 경성영화계의 장래는 발전성이 충분히 있으며, 특히 통제 실시 2년째의 올해는 괄목할 만할 것이다.

－야마구치 도라오

1936년 2월 하순(168호) 32쪽

경성 : 발랄한 흥행계

신의주 세카이칸 주의 아름다운 거동(美擧)

만주사변 이후 총후국민의 후원은 어디를 가나 미담과 정담을 낳고 있다. 한편, 국경도시 신의주 '세카이칸' 주인 나카노 기미(中野キミ) 미망인은 재작년에 남편과 사별한 이후 남자들에게도 지지 않을 정도의 눈물겨운 노력을 계속해 왔으며, 이에 영화관도 나날이 번창하고 있다. 나카노 미망인은 부군의 사후에 "비록 몸은 여자이나 어떤 형태로든 봉공을 하고 싶다"고 하면서 「군인 무료 초대」를 신청하여 오늘날까지 이를 계속해 오고 있다. 이에 신의주 헌병분대에서는 근일 내에 고이소(小磯) 조선군 사령관이 새로 오는 것을 계기로 하여 나카노 미망인에게 표창을 수여하기로 했다.

임원 개선 행하다

조선내외영화배급조합에서는 임원 개선을 실시한 결과 다음과 같이 새로운 임원들이 결정되었다.

조합장－소노다 미오, 부조합장－정은규(鄭殷圭), 회계－우에다 도라오(上田虎雄)
고문－노쿠나가 구마이치로, 와케지마 슈지로.

또한 경성흥행협회에서도 임원 개선을 실시한 결과 다음과 같이 새로운 임원들이 결정되었다.

협회장 - 와케지마 슈지로, 부회장 - 오이시 사다시치

후회장 겸 회계 - 도쿠나가 구마이치로.

그리고 동 협회 회원 일동은 3월 중순경에 내지의 6개 대도시에 2주간의 예정으로 업
계 시찰을 가기로 했다.

PCL 조선배급소 이전

PCL영화 조선배급소[후지모토 쇼조 씨]는 예전에 사무소를 경성부 후루이치초(古市
町) 37에 두었었는데 이번에 다음 주소로 이전하게 되었다.

경성부 야마토초(大和町) 1정목 56번지 / 전화 본국 219번

이치카와 본사 사장 환영회

조선내외영화배급조합에서는 오카다 신 조합장이 취임한 이후 첫 번째 예회를 10일
열었는데, 석상에서 근일 경성에 오는 이치카와 국제영화통신사 사장의 환영좌담회를
메이지제과홀에서 19일 밤에 개최하는 건을 만장일치로 가결했다.

순직한 두 순사를 영화화

평안북도 벽철서에서 근무했던 최찬길(崔粲吉), 우영훈(禹永勳)의 두 순사는 작년에
해안을 내사 중 수백 명의 비적단과 맞붙어 교전하다가 명예롭게 전사했는데, 조선총독
부 경무국에서는 이를 영화화하기로 결정했다.

- 야마구치 도라오

1936년 3월 하순(170호) 2~9쪽

만주 지나 조선영화계 다시 둘러보기
:내 눈에 비친 방화의 신식민지의 인상

A. 일만 연락선으로 한 번에 대련에

나에게 작년의 만선 여행은 근래에 드물게 수확이 많은 여행이었고, 만주 각지에 있
는 지우들과 선배들이 1년에 한 번은 반드시 방문하겠다고 한 약속을 이행하라고 재촉

하여 1월에는 출발할 예정이었다. 그러나 68회 의회가 등전풍화 상태였는데다가 사회 각 방면에서 분위기가 중압을 느낄 정도여서 뜻대로 되는 바가 없어 여행 일정을 조정하려고 했다. 그런데 재개한 의회가 해산을 했고 계속 불안하니, 아예 이참에 각오하고 나가봐야겠다는 생각이 들어 1월 27일에 여장을 급히 꾸려 출발, 오사카에서 하루를 지냈다. 오사카 지사의 시노하라(篠原) 군도 함께 규슈로 내려가 하카타(博多)에서 이틀간 대기하고 1월 31일 정오 출항하는 오사카상선 우스리마루(うすりい丸)에 2등 선객으로 제7호실에 들어갔다.

모양 별로 짐을 옮겨 달라고 하고 이틀간의 독서 예정표를 만들었다. 나는 이 배 안이야말로 누구에게도 방해받지 않고 자유롭게 탐독할 수 있는 시간이라고 생각해서 출발 때부터 준비해온 서적을 꺼내 봤지만, 천애고객(天涯孤客)의 여행객에게는 점점 더 많은 생각들이 머릿속에 떠올라 모처럼의 독서에는 손도 대지 못했다. 이번에는 어떻게 해서든지 북지나까지 둘러봐야지. 그러기 위해서는 지나어를 조금이라도 알아야 하니까 벼락치기이긴 하지만 에구치 요시키치(江口良吉) 씨의 『지나어 입문(支那語入門)』을 펼쳤다. 그 전에는 산동(山東)의 장(張) 씨 소년에게 일본어를 가르쳐주었는데 이번에는 반대로 지나어 문자를 시작한 것이다. 문자는 동문동자라고 해도 외우기 어려워 영어 이상으로 머리에 들어오지 않는다. 그 발음을 익히자면 우리들이 어설프게 오음(吳音)[57]으로 한자음을 읽는 법을 익혔기 때문에 더 외우기 어렵다.

그러나 내가 애용하는 시의 구절부터 소리 내어 보니 의외로 빨리 알게 되기도 했다. 조금이라도 도움이 된다면 좋겠다고 생각하면서도 진도는 소걸음만큼이나 느렸다.

따분한 이틀 동안 현해탄에서 조선해협, 인천 앞바다, 황해를 지나 이틀째 미명에는 대련 앞바다에 도착했다. 가끔 놀란 것은 항구 이외의 곳에는 아무렇지도 않게 얼음이 떠다니고 있던 점이다. 이른 아침이었고 굉장히 매서운 추위여서 꽤 고생을 할 것이라고 생각하여 닛카쓰의 후지자키(藤崎) 군과 모든 통신을 주고받고 있는 마쓰오 고마오(松尾駒雄) 군에게만 전갈을 보냈었는데, 때마침 파라마운트사의 와키모토 히로시(脇本博司) 군의 대리로 도쿄에서 만난 적이 있는 가네노 야스하루(金野康治) 군이 부두에 나와주었다. 아침 8시는 정말 이른 시간이긴 하지만 이런 마중만큼 기쁜 일은 없었다.

즉시 차를 타고 요동호텔에 들어갔다. 여기는 익숙한 곳이므로 금방 친숙해졌고, 4층

---

57   중국에서 일본으로 전해진 한자음 중의 하나.

의 328호실에 여장을 풀었다.

구도 요키치 군, 니시무라 후미노스케 군, 오가사와라 라이온 군, 다우라 데이지(田浦貞司) 군이 방문했고, 오후부터는 눈이 조금씩 내리기 시작하여 바깥의 한기는 상당히 매서웠다. 감기 기운도 조금 있어 오가사와라 군의 연회 초대를 마치자마자 휴식했다.

B. 만주활동사진협회와 간담

3일에는 전 관동주 대련민 정서의 영화검열관 우에무라 미노루(植村實) 군이 영화계에 들어와 에이라쿠칸을 신코 만주 개봉장으로 새로 개관한다고 한다. 무엇보다도 우선 인사를 해야겠다고 생각하여 니시무라 후미노스케 군을 안내역으로 하여 축사를 쓰고, 우선 신코출장소의 로 씨와 주오에이가칸의 미나미 신지 씨를 방문했다. 밤에는 닛카쓰칸의 구라시게 지배인을 방문하여 나카노 관주의 연회 초대로 다이카(大花)에 가서 오가사와라, 후지시키, 마쓰오, 구도, 구라시게의 제씨와 회식을 했다. 나카노 씨가 말하는 진기한 이야기, 오가사와라 군이 발설하는 만주영화계 초창기의 로맨스, 그리고 지금 한창인 영화인들의 고생담 등 천금을 줘도 듣지 못하는 이야기들을 들었다. 실로 재미있는 이야기들이 홍수처럼 쏟아졌다. 덕분에 여행의 피로도 어딘가로 사라져 원기를 되찾았다.

대련 영화인들의 활기찬 모습은 한없이 부러웠으며, 내지와는 비교가 되지 않을 정도였다. 하물며 도쿄의 영화계와는 비교도 되지 않는다. 따라서 내지의 흥행계가 부진으로 바닥을 헤매고 있음에도 불구하고, 대련을 비롯하여 각 지의 모든 것을 뒤집어 놓을 정도의 인기는 이 활기에서 배양된 것이리라. 4일은 『만주일일신문』에 가서 (2쪽) 마쓰모토 미쓰쓰네(松本光庸) 군과 회견하고 이후의 연락에 대해 이야기한 후, 나카노 저택(中野邸)으로 가 시사의 변을 말한 후 마쓰오 군의 친구 도미미쓰 세이조(富光誠三) 군의 안내로 지나 요리 군영루(群英楼)에 갔다. 아직 8시였는데도 요리의 마지막 주문은 9시라는 말을 몇 번이나 들었다. 지나 요리에는 있을 수 없는 무례함이어서, 서비스가 엉망이라고 화를 내고 싶었는데 요리의 성질상 어쩔 수 없다고 한다.

다음날, 만철 본사로 가 하야시(林) 서무과장을 만났고, 여러 가지 부탁을 한 끝에 만철영화반의 최근 자료를 받아왔다. 친구 아쿠다카와 군은 출발 전에 도쿄에서 병마로 입원 중이므로 아오키(青木) 씨에게 모든 걸 부탁하여 오후 2시부터 만주활동사진협회 주최의 환영회에 참석했다. 모인 사람은 약 20명. 나는 목이 조금 상했기 때문에 잠시만 이야기를 하고 질의응답시간을 가진 후 와키모토 히로시 씨의 축사로 넘겼다. 여기에서는 특히 만주국 영화의 검열문제가 초점이 되었는데 치외법권 철폐 후에 어떻게 할 것인지에 대해 이야기를 나누는 이들이 적지 않았다. ••

•• 사진
대련과 만주활동사진협회 및 유지들과의 간담회

출석자 : 구라시게 다다오[닛카쓰관 지배인] △미나미 신지[주오에이가관주] △우에무라 미노루[영화관주] △오가사와라 라이온[데이코쿠관주] △고이즈미 도모오(小泉友男)[도키와관] △후지자키 요시오[닛카쓰] △이시가키 히데마로(石垣秀麿)[쇼치쿠 키네마] △로 켄(莨健)[신코키네마] △오다케 기요유키(大竹淸行)[PCL] △와키모토 히로시[파라마운트사] △다우라 데이지[폭스] △우스타니 히데오(臼谷英男)[쓰나지마상점] △사토이 슈조(里井秀三)[치도리 흥행] △오다카 하라노스케(小高源之助)[일만무역] △와타나베 지로(渡邊次郎)[아시아영화사] △나리타 다케요시(成田健吉)[만주영화사] △마쓰모토 미쓰쓰네[만주일일신문] △ 마쓰오 고마오 △니시무라 후미노스케의 제씨

C. 봉천, 신경의 근황

6일 오전 9시 20분 대련역을 출발하여 봉천으로 향했다. 밤에 출발할 예정이 늦어졌는데, 닛카쓰의 후지자키 군이 일이 있다고 하면서 동행해주었다. 봉천에는 신토미자 주인 하마구치 가타(浜口嘉太), 마쓰바 시로(松葉詩朗) 군, 노무라 공업소(野村工業所)에 있었던 토키기사 이케다 야스시(池田壽) 군이 마중을 나와주었고, 마루나카(マルナカ)호텔에서 조금 휴식을 취한 후 신토미자를 비롯하여 시내 각 관을 시찰하고 이번에 생긴 치다(千田) 씨의 미나미자(南座)도 돌아봤다. 그리고 나서 오후 10시부터 가센(歌仙)에서 열리는 하마구치 씨 주최의 관원 위로회에 내빈으로서 참석했는데, 열심히 일하는 여종업원(이들은 여급이라고 할 수 없을 정도로 세련된 교양이 있으며 품격이 있는 아가씨들이었다)들하고 관객의 심리와 서비스라는 것에 대해 이야기를 나눈 후 따로 마련된 환영회연에 갔다. 멀리서 오느라고 긴 여행을 한 여행자의 피로를 풀어주기 위해 여러가지로 신경을 써준 하마구치(濱口) 관주는 실제로는 고생을 많이 한 사람이었다. 봉천에는 2, 3일 체재하면서 지나영화관하고도 교류를 하고 싶었지만 돌아오는 길에 하기로 하고, 7일에 아시아호(アジア号)로 신경에 들어갔다. ••

•• 사진
신경의 회합[4명의 회합은 처음이었다.]

신경에는 오후 5시 반에 도착했는데 친우 요시자키(吉崎) 군, 협화회의 오쓰키 다다오(大槻忠夫) 군, 유아사 초시로(湯淺長四郎) 군, 시로타 간조, 기시모토 이사오(岸本功), 니시다 리시치(西田利七), 양조화, 로 켄의 제씨가 역까지 마중을 나와주었는데, 바로 야마토(ヤマト)호텔로

갔다.

야마토호텔은 만철이 경영하는 호텔답게 어느 곳에 가더라도 같은 기분, 같은 상태로 서비스를 해주므로 숙박하기가 편하다. 특히 연락망이 잘 되어 있어 다른 곳으로 움직일 때도 쉽게 예약해 둘 수 있다.(3쪽) 그중에서도 신경의 야마토호텔이 규모와 설비 면에서는 작지만 의외로 편안하게 있을 수 있는 점이 오히려 장점이라 하겠다.

얼마 안 있어 바로 시내 각 관, 특히 소실된 후 신축된 데이토(帝都)키네마, 일만합작으로 생긴 풍락극장(豊楽劇場) 등을 보기 위해 시내를 둘러보고, 오후 7시 30분부터 다이아몬드거리(ダイヤ街)에 있는 삼락(三楽)에서 열리는 신경영화계 전원의 환영회에 참석했다.

모인 사람은 노장격인 기시모토 아사지로(岸本朝治郎)[신경키네마주], 유아사 초사부로, 시로타 간조, 미야모도 신시치(宮本新七)[신 풍락극장 경영자] 4명에 니시다 신경키네마 지배인이다. 이 4명의 대표자가 한 번에 모이는 것은 처음 있는 일인데, 이후에는 매달 한 번 이런 회합을 개최하도록 하자는 이야기가 나왔고, 진심에서 서로 이해를 하기 위한 영화사업의 장래에 대해 역설하여 제군의 호의에 답했다.

신경에 오니 한기가 조금 들었다. 이 날 밤은 눈이 꽤 많이 내렸고 피곤하기도 해서 12시에 끝내고 호텔로 돌아갔다.

8일에는 요시자키 군이 내지로 돌아갔다. 어쩔 수 없이 야마우치 유이치(山内友一) 군이 각 방면을 안내해줬는데, 만주국 각 관청을 모아 영화방침 수립에 대한 간담회를 개최하고 싶다는 사전 작업을 끝내고, 그 막간을 이용하여 신축된 풍락극장에 다시 가봤는데 일만합작의 노력에 의해 화려하게 지어진 건물이 얼핏 보면 아까울 정도였다.

9일 아침에 하얼빈으로 갔다.

D. 하얼빈에서 영화차를 보다

●● 사진
하얼빈시의 키타이스카야[58]의 활기
[모데른]

오랜 친구인 콜롯토 씨, 오제창, 쓰쓰이 모리마사, 가와이 군이 마중을 나왔고 모데른호텔로 갔다. ●●

1년 전 북철을 양도하기 전과 지금은 많이 변했다. 저 지저분하고 불결한 북철 급행 대신에 이렇게 만철선이 진입하여 아무런 불안도 없이 하얼빈에서 하차할 수 있다. 지난번과는 너무 다르게 우리들의 하얼빈이라는

---

58   현재 하얼빈의 중앙대로.

느낌이 드는 거리로 변화하고 있다. 그렇다고는 해도 정말로 추웠다. 오늘 아침은 영하 20도라고 하니, 도쿄에서 영하 5도나 6도에도 추워서 어쩔 줄 모르던 것과는 전혀 비교도 안 된다. 나는 영화가(街)에 예전부터 기대를 많이 하고 있었는데 예상 외로 한산했다. 특히 양화를 주로 상영하는 각 관은 주관객이었던 북철 종업원 35,000명이 돌아가 버린 후여서 그 여파가 상당한 것 같다.

10일 오후 2시부터 외국사도거리(外国四道街)에 있는 바 아메리칸(バーアメリカン)에서 내 환영다과회가 열렸다. 이번에는 아메리카극장의 아쓰케르 스타인(アスケルスタイン)을 꼭 만나게 해달라고 주문했지만 역시 만나지 못했다.

출석자는 △조 콜롯토[하얼빈시네마 총지배인] △쓰쓰이 모리마사[동 일본부원] △데구치 다미노스케(出口多見之助)[고시가와(越川)상회 지배인] △가와이 요시이치[헤이안자 지배인] △세타 덴류(瀬田天流)[주오극장 지배인] △오제창[캐피탈극장 지배인] △산도메 미치루(三留満)[무쓰상회(睦商会) 영화부] △마쓰다 다케시[하얼빈신문] △시마다 가즈오(島田一男)[만주일일지국] 등인데 이 모임이 영화인들만의 것이 된 것은 친구 다나카 소이치로(田中総一郎) 군이 3일 전에 대련으로 돌아갔기 때문이다.

회의가 끝나고 나서 눈을 맞으며 산도메 군의 안내로 1호에 소개한 키노 웨곤리[기차영화관]를 보기 위해 하얼빈역 구내에 들어가서 몇 분 정도 걸었다. 잠깐 살펴보았지만 지키는 사람이 어디론가 가버려 자물쇠가 열리지 않았다. 잠시 동안 선로 위에 서 있었지만 돌아오지 않아 어쩔 수 없이 산도메 군으로부터 설명을 듣고 돌아와야 했다. 이 기차영화관은 북철시대의 유물인데 이렇게까지 잘도 만들어냈구나 싶었다. 내부 구조나 그 외에 대해서는 언젠가 자세하게 소개했었는데, 이렇게까지 식민정책에 고심하는 러시아라는 나라에 대해서 유단(油斷)할 수 없다는 생각이 들었다. 산도메 군에게 깊게 감사한 후 조금 어두워진 샤몬 거리로 돌아왔다.

나는 이번 기회에 좀 더 북쪽으로 가서 북만의 오지를 시찰할 생각이었는데 러만 국경이 계속 불안한 상태인데다가 우리들의 문화공작은 지금 한발 앞선 느낌도 있어 그 대신에 북지나를 방문하기로 했다. 그래서 11일 아침 아시아호로 신경에 귀환했다. 마침 만철 총재 마쓰오카 요스케(松岡洋右) 씨도 신경에 들어와 있어서 1년 만에 만날 겸 여러 가지 인사를 하기 위해 만철공관으로 나갔다. 그러나 매우 분주한 것 같아서 내가 방문했다는 전갈만을 남기고 돌아왔다. 그리고 동창인 아카쓰카 요시지로(赤塚吉次郎), 아오키 마사시(青木昌) 2명이 카페 모데른에 안내를 해줘서 러시아 요리를 먹었다. 아오키 군은 왕년에는 미소년이었는데 어느새 나보다 대여섯 살은 더 늙어 보이는

중년이 되어 버렸다.(4쪽)

12일은 협화회 및 관동군에 출두했다. 협화회는 앞으로 큰일은 못할 것이라고 생각했는데, 이후 관동군의 문화공작의 한 방편으로 영화의 활용은 대단할 것 같다. 그리고 관동군도 영화반의 인적 요소를 조금 강화할 필요가 있으며, 아무리 군부라고 해도 모르는 것은 타인의 손을 빌려야 한다고 감히 니시오(西尾) 참모장에게 한소리를 했다.

E. 대련에서 북지나에

12일 오후 2시, 또 아시아호의 승객이 되어 남하했는데, 봉천에는 짐만 내려놓고 오후 10시 반에 대련에 도착했다. 놀란 것은 후지자키, 로, 오가사와라, 구라시게, 다우라, B. 드리친, 마쓰오, 우에무라, 히비의 제군에 봉천의 하마구치 군까지 얼굴을 보였다는 점이다. "오늘은 일본 다다미 위에서 쉬고 싶다"고 하는 나를 무리하게 나카노 씨의 별장에 데려갔다. 가서 보니 의외로 대련의 대부분의 주요 영화인들에다가 신경의 노장 기시모토까지 참가한 큰 연회였다. 게다가 오가사와라 라이온 군이 나에게 보여준 호의는 최고였다. 이번에는 불가사의한 인연으로 오가사와라 군에게 많은 신세를 졌다. 오가사와라 군은 내 친구 아베 고로(阿部五郎) 씨와 막역한 의형제이다. 아베 씨는 내가 병문안 갔던 것을 계기로 오가사와라 군에게 편지를 써서 자기 대신 나를 환대해 달라고 항공우편을 보냈다고 한다. 역시 좋은 친구는 있어야 한다. 친구의 마음 씀씀이만큼 유쾌해지는 것도 없다. 아베, 오가사와라, 하마구치, 마쓰바 이 사람들의 연락망에는 실로 다른 사람들이 봐도 아름답게 보이는 우정이 있었으며, 도량이 있었다. 삭막해진 내지 영화계에서는 도저히 볼 수 없는 그림이다. 이들은 입장은 다르지만 우리들이 주장하고 있는 협동조합을 진실로 실행하고 있는 것이다. ••

●●사진
결빙으로 고민하고 있는 발해만 당첨
(塘沽) 앞바다

내가 지금에 와서 이렇게 떠들썩하게 협동조합을 촉진하자고 주장하는 것이 부끄럽기도 하지만, 생각해 보면 이들의 모습이 그 구체화된 모습이므로 이런 주장이 필요하긴 할 것이라고 생각한다.

13일에 요동호텔로 돌아와서 천진으로 갈 준비를 했다. 마쓰오 군의 알선으로 14일 오전 9시에 대련을 출항하는 초헤이마루(長平丸)에 타기로 예정되어 있었지만, 뒷북치는 격이 되었는데, 발해만 결빙에는 하루 밤낮동안 꼼짝 못하는 상태가 되어 버린 것이다. 처음에는 이 무슨 운명의 장난인지라는 생각을 했지만, 50년 만에 온다는 이런 경관을 만날 수 있었던 것은 매우 기쁜 일이다.

15일 오후에 당첨항에 도착했다. 배 안에서 친해진 『경률일일신문(京律日日新聞)』의 모리카와(森川) 사장이 안내를 맡아주었는데, 천진으로 가는 임시열차를 타고 천진에 도착한 것은 오후 10시, 모리카와 씨의 차에 간신히 동승해 일본조계에 있는 나니와칸에 가서 요코이 슈지로(橫井種次郎) 씨를 방문하고 야마토호텔에 도착하여 오랜 지인인 오타 이와키치(太田岩吉) 씨, 후지오 미쓰시게(藤雄光茂) 군을 만났다.

요코이 씨는 천진의 개척자로서 고생을 많이 한 사람이지만 영화를 취급하기 힘든 점에 대한 불만과 그 타개방책에 대해 이야기를 나누었다.

천진은 북지나의 요충지인데, 한밤중이라 호텔의 수위나 후지오 군에게 안내를 받아 낯선 도시를 둘러보았다. ••

안타까운 일이지만 북경에 대해서는 아는 게 거의 없어 기타오카(北岡) 군에게 상세한 근황을 듣고 나서 모리카와 군을 비롯하여 천진영화협회 사람들에게도 다시 만날 것을 약속하며, 심야의 북경 역전을 뒤로 하면서 북정(北亭) 철로의 봉천직통열차를(5쪽) 탔고 바로 침대로 들어갔다.

익동(翼東)자치정부로 소란스러운 개평(開平)이나 북재하(北載河)를 눈 내리는 새벽에 통과하여 천하제일의 산해련(天下第一の山海関)[59]역에 도착한 것은 17일 오전 7시경이었다. 보이는 것 모두가 만지외교의 어려움을 실감하게 했다. 행정구획은 나누어져 있다고 하지만 여기에서 만주와 지나 양쪽 모두 민족, 문화, 습관, 사상이 모두 같으므로 이 둘을 구별하는 것은 불가능하지 않을까 싶다. ••

앞으로의 만주국의 문제가 북지나에 달려 있다는 것은 현재 보이는 모든 문제를 포괄하는 고찰이다. 영화적으로도 북지나를 고려하지 않은 채 만주영화계를 생각하는 것은 불가능하다. 내가 일본으로 돌아가서 북지나 진출론자가 된 것도 겨우 이 2일 동안에 시찰한 결과인데 실로 소중한 이틀이었다.

단지 유감이었던 점은 북경에서 열하(熱河)의 수도 승덕(承德)으로 비행기로 갈 예정이었는데 가지 못했다는 것이다. 나는 중지나, 남지나를 보고 북지나의 영화계에 대해더 이야기하기로 하겠다.

---

59   만리장성의 동쪽에서 세웠을 때 첫 번째 방위요새라는 뜻으로, 산해련이라는 지명 앞에 천하제일을 수식어로 사용하는 경우가 종종 있다.

F. 국경의 가인(佳人) 나카노 미망인

17일 밤 마쓰바 군, 이케다 군의 안내로 봉천성 안에 들어갔는데 때마침 만수절(萬壽節)인가 뭔가로 크게 붐벼 오도 가도 못하는 상태가 되었다. 나는 아이들이 사달라고 졸라댔던 만주장난감을 선물로 사기 위해 지나백화점 길순양행(吉順洋行)에 들어가 봤다. 이 길순은 신경과 하얼빈에도 있는데, 지나 거리의 중심에 있는 백화점으로 아직도 백화점은 정찰판매를 해야 한다는 인식이 충분하지 않은 것 같다.

천광 전영원에 가서 샤타로프(シャタロブ) 군을 방문했지만 타이밍이 맞지 않았다. 그는 집에 손님이 오기로 하여 자택에 있다고 하여, 호사덕(胡士德) 지배인과 한 시간 동안 간담회를 하고, 심양 전영원의 왕중 군을 방문하니 왕 군은 하얼빈에 갔다고 하는 것. 길이 엇갈린 것이 안타까웠지만 어쩔 수 없었다. 왕 군도 호 군도 지나인으로서는 드문 훌륭한 영화인이다. 샤타로프 군은 만주영화계의 개척자로서 기억할 만한 은인이며 그 열성과 노력은 대단한 것이다.

나는 언젠가 샤 군을 재촉해 이 개척사 이야기를 들을 예정이다.

18일 오후에 안동(安東)역에 도착, 안동 시내의 남북좌(南北座), 안극(安劇)을 시찰하고 바로 신의주로 건너갔다. 밤중에 압록강을 소형택시로 주파했는데 낮이라면 장관이었을 것이다. 신의주에서는 세카이칸의 나카노 미망인을 방문했고, 오랜 지인인 사이토 시게오(斎藤茂雄) 군으로부터 각종 사정을 들은 후에 안동으로 돌아갈 예정이었는데 신극장 지배인 최완규 군이 오겠다고 하여 나카노 부인과 2시간 동안 기다렸다. 그동안 나도 20일 만에 일본 영토에 돌아온 첫날밤이어서 미망인의 접대로 여주인, 여급, 게이샤, 하녀, 아니 주인공도 미망인이니 14~15명의 여자들 속에 나 혼자 유일한 남자였는데, 2시간 동안 이들로부터 포위공격을 받은 것은 무뚝뚝한 나로서는 상당히 힘들었다. 나카노 키미코 씨는 내가 자주 편지를 보냈던 노다 하쿠스이(野田白水) 씨의 미망인으로 영업에 열심인 것은 부군보다 더 나은 것 같았고, 쇼와 9년 부군의 사후에는 제삿날 26일에 전 시민에게 무료로 관을 개방하여 부군의 덕을 기리는 사려 깊은 마음을 지니고 있다. 국경에 이런 여장부가 있다는 것은 영화계를 위해서도 기쁜 일이 아닐 수 없다.

결국 최 군은 오지 않았고 기다리다 지친 나카노 미망인은 안동에, 나는 그대로 다음날 이른 아침의 출발을 위한 준비로 분주해 국경의 사람들과는 헤어지고 말았다.

교통상의 국경에 있는 사람들이여! 아니 낭자군들이여! 이곳을 오고 가는 이들은 크거나 작거나 국가적 견지에서 움직이는 사람들이라는 것을 인식하고 그 사람들이 돌아올 때에는 그 사람들을 위한 위안과 서비스를 아끼지 말라고 말해두고 싶다.

평양은 이번에도 통과하려고 했는데 닛카쓰 출장원 이타야(板谷) 군에게 잡혀 반드시 돌아올 것을 약속하고 옛 도시 경성으로 향했다.

19일 오후 3시 경성역에 도착했다. 역에는 소노다 미오, 도쿠나가 구마이치로, 오카자키 도시오, 다카다 사키오(高田先雄), 하마구치 사부로(濱口三郎), 우에다 도라오, 우라타 하지메(浦田元)[6쪽], 니시다 노보루(西田昇), 고인문, 나다야 히사키치, 후지모토 쇼조, 시호 다케시, 기노시타 나카시치(木下仲七), 하나오카 모토요시(花岡元義), 정은규 제씨 외에 우리 회사의 야마구치 통신원이 마중을 나왔는데 얼핏 보이는 세 신문사에 인사하고 혼마치호텔로 들어갔다. ••

오후 7시부터 혼마치호텔의 대식당에서 조선내외배급조합 주최하에 내 환영좌담회가 개최되었다. 이런 기회에 공통의 문제를 한꺼번에 이야기해 주면 한 번에 끝나고 일일이 방문하지 않아도 되

니 나로서는 매우 좋은 기회이다. 여행자가 제멋대로 이야기하는 것 같지만 대련도, 하얼빈도, 이 경성에서도 이런 기회를 만들어 주면 여정을 짜는 데 도움이 많이 되니 얼마나 고마운 일인지 모른다. 영화계에서는 사람들이 자리에 모인다는 것이 매우 어려운 일인데 만선 각지나 삿포로, 가고시마 등에서는 실로 기분 좋게 모두 모여준다. 모든 이들에게 최대의 경의를 표한다. 이 결합체가 없는 도시에서는 영화계 그 자체가 점차 쇠락의 경향에 있으니, 이는 동업자들에게 서로 발을 맞춰 협동을 하거나 결속을 해야 될 필요성을 말해주고 있는 것일지도 모르겠다.

조선의 수도로서 경성영화계는 오늘날까지 비교적 부진한 편이었는데, 작년부터 동업자들이 일치단결하여 모든 문제를 해결하려고 노력해온 것을 보더라도 경성영화계는 틀림없이 머지않아 크게 주목받을 날이 올 것이다.

그날 밤은 조선총독부의 영화통제령을 중심으로 중앙영화계의 새로운 동향 등에 대해 이야기를 나누었는데, 끝나지 않은 이야기는 결국 11시까지 계속되었다. 특히 오늘 밤에는 내 소년시대의 친구이며 『조선신문』 편집장인 노자키(野崎) 군이 참석해서 그 석상을 빛내준 것은 예전부터 잊지 않은 우정의 표시로서 매우 기뻤다. 그날 밤의 참석자는 다음과 같다.

△다카다 사키오[기라쿠칸 출장] △하나오카 모토요시[나니와칸 지배인] △오다 유키치[주오칸주] △나다야 히사키치[조선극장주] △이구영[단성사 지배인] △홍순정[동양극장주] △소노다 미오[다이토영화 출장소장] △오카자키 도시오[닛카쓰 동] △하마구치 사부로[신코 동] △나카야마 도요키치(中山東世吉)[쇼치쿠 키네마 동] △후지모토 쇼조[PCL

동] △정은규[조선흥행사무] △기노시타 노부시치[파라마운트사 출장소장] △고인문[도와
상사] △도쿠나가 구마이치로[극동영화 동] △시호 다케시[콜롬비아 동] △우에다 시로다
케(上田白嶺) [전조선 니시다 노보루(西田昇), 치도리흥업대리점] △이나미 고이치로(井波悟
一郎)[RKO 동] △고이와 데츠지[유나이티드 동] △요시즈미 게이노스케(吉住慶之助)[닛카
쓰 출장소] △데라다 미츠하루[쇼치쿠영화배급소] △임수호[단성사 지방배급부] △박경만
[상동] △노자키 신조(野崎眞三)[조선신문 편집장] △이마다 요시토(今田吉人)[경성일보 기
자] △마쓰오 요시오[조선일보] △이시즈카 이치조(石塚一三)[일간 대륙사회(日刊大陸社会)
부장] △미즈이 레이코(水井れい子)[영화감상회] △야마구치(山口) 통신원 그 외 34명의 총

34~35명으로 매우 북적댔다. ●●

기대를 가지고 모처럼 모인 이들에게 나로서는 너무 궁핍한 말
밖에 할 수 없었다. 건전한 동업 조합이나 단체가 발전하기를 바라
는(7쪽) 것은 비단 나 한 사람 뿐만은 아닐 것이다. 나는 이번 여행을 위해 준비한 팸플릿
을 한 부씩 주면서 잠시 동안 입을 열지 않았다. 그리고 같은 날 밤 11시부터 남산공원
의 남산장에서 열리는 유지들의 위로연에도 끌려갔다.

이번에 경성에 와서 놀란 것은, 아니 드디어 그 시대가 왔다고 해야 할지도 모르겠다.
경성의 중심 메이지마치의 교차점에 이시바시 료스케(石橋良介) 씨의 손으로 쇼치쿠영
화관이 신축되고 있다는 점이다. 정원 약 2천 명을 수용하는 대규모의 영화관으로, 경
성의 다마타 씨의 설계에 의해 아사쿠사 다이쇼칸의 외관을 거의 그대로 본 따서 8월
중에는 낙성한다고 하니 정말 대단하다. 이시바시 씨는 마루빌딩 카페(丸ビルカフェ)의 경

영자로서 두뇌도 있고 배짱도 있으며, 새로운 흥행가로서 경성영화
계를 놀라게 할 것이다. ●●

쇼치쿠가 신축되면 혼마치의 중심에 있는 닛카쓰의 기라쿠칸도
마지마 우메키치 씨가 분발하면서 무엇인가 해야 할 것이고, 도쿠나가 씨의 고가네초
의 쇼치쿠자도 뒤따라 무언가 구체화하여 일대혁신시대가 도래할 것이다. 마침 내가 작
년 2월 이 부민관이 세상에 나올 때 각각의 흥행장에 혁명이 올 것이라고 예상했던 대
로이다.

사람들 또는 대 영화관의 속출로 어떻게 될지 모르겠다며 걱정을 할 수도 있고 아
닐 수도 있지만 걱정할 필요는 없다. 새로운 관객층이 형성되면 됐지 악화되거나 하지
는 않을 것이다.

조선의 영화통제령은 발령 당시 관계자들은 영화통제가 충분한 효과를 거둘 수 있

을 것이라며 자랑했었지만, 실제적 연구가 없어 이 법령의 역효과가 나고 있다는 것은 슬픈 일이 아닐 수 없다. 이 때문에 방화의 진출을 촉진하지 못하고, 결국 조선영화의 진흥을 촉진하여 우수한 방화의 보급은 저해되고 있으며, 이상한 사기꾼 같은 방화가 나타나게 되는 결과를 가져오게 된 것은 현지에 대한 인식이 부족했기 때문일 것이다.

다음날 20일은 조선총독부 총무국에서 야규 도서과장, 오카다 검열관을 방문하여 검열청사의 별실에서 오카다, 이케다, 나카지마(中島)의 세 검열관과 회동했으며, 오후에 부민관을 시찰하고 각 방면과 연락해 내일의 준비에 들어갔다.

경성에는 내 견습기자 시절의 동료가 또 한 사람 있는데, 바로 가모이 유(鴨井愁) 군이다. 『오사카마이니치신문』 지국장으로 있다고 하여 그를 만났다. 세월이 20년이나 지났고, 그이도 이미 사십을 넘은 지 예닐곱 해가 되어 심한 비만 상태이니, 십수 년 만에 만나 실로 그리운 것이 많았다.

21일은 일본 내지 숙정선거(肅正選擧)의 개표일이었다. 처리해야 할 일들도 한꺼번에 정리해두었으므로 하루 종일 호텔에서 정양하며 찾아오는 이들과 이야기를 나누면서 시간을 보냈다. 밤이 되자 시시각각으로 보도되는 개표 결과를 듣기에는 이미 늦었다고 생각하고 있던 찰나, 오카자키 도시오 군이 달려와서 후쿠오카의 마에다 고사쿠(前田幸作) 군이 당선되었다는 뉴스를 전해주었다. 이 소식에 너무 기쁜 나머지 우리는 서로 손을 잡고 만세를 불렀다.

즉시 축전을 보내고 마에다 군의 친구로서 축배를 들고 싶은 기분이 되어 다카다 요시오 군과 같이 마루빌딩 카페에 들어가 마음껏 취했다.

마에다 군이여, 기뻐해 주시게. 자네는 생각지도 못하겠지만 경성에서조차 이렇게 오늘밤 자네 때문에 축배를 드는 자가 3명이나 있고, 경성제대의 강사 중에도 마에다 팬이 한 명 있으니 내일 밤 다시 한 번 마시자는 것이다. 나는 이번 여행에서 개인적인 술은 마시지 않고 손도 대지 않을 것을 다짐했었는데 이 밤만은 만취해버렸다. 내 10년의 맹우 새로운 마에다 대의사(代議士)를 위해.

G. 평양과 부산을 돌아보다

21일 토요일, 이번에는 평양에 가기 위해 준비 중이었는데 어제 의뢰한 비행기에 평양까지라면 한 자리가 있다는 연락이 왔다. 그래서 오전 중에 각 방면에 가서 인사를 하고 오카자키 군이 배웅하는 가운데 용산의 비행장으로 갔다. ●●

바람이 잘 불어줘서 울산에서 오는 비행기가 정각보다 20분 빨 ●● 사진리 도착했다. 그래서 20분 빨리 출발하게 되었다.(8쪽) 그 때문에 모처럼 배웅 나왔던 우에다 군이나 우라타 하지메 군 등은 만날 수 없었고, 평양비행장에서도 또한 마중 나오기로 했던 이타야 군이 오지 않았다. 일본항공회사도 시간만은 조금 더 정확하게 지켜주었으면 한다. 너무 빨라도 곤란하니까.

2시 10분에 평양비행장에 도착했다. 2시 반이 되어 이타야 군이 겨우 찾아왔고, 기념사진을 촬영하고 나서 평양 시가를 한 바퀴 돌았다. 가이라쿠칸(偕楽館), 평양키네마, 제1관을 시찰하고 모란대공원에 있는 통나무집(たきの家)으로 갔다. 가이라쿠칸 주인 구보헤이지로(久保兵二郎) 군, 동 영업주임 가지와라 요시오(梶原義雄) 군, 이타야 군과 이야기를 나누고 오늘밤 회의에 대한 사전협의를 한 후 다시 산을 내려가 시내를 돌아봤다.

오후 7시부터 야마토초 아카카베(赤かべ)에서 스키야키를 먹으면서 회의를 한다고 하여 이 3명 이외에 평양키네마 관주인 사와다 후쿠노스케(澤田福之助), 동 쇼치쿠 출장원 이시모리 산다이쿠라(石森三代蔵) 군, 제1관 지배인 오사코 시게오(大迫重雄) 군에, 평양 마이니치신문사의 요코다 가즈오(横田一男) 군의 8명에, 명물 기생 수 명까지 자리에 부른 후 잠깐 있다가 급행열차의 출발 시간에 뛰어가 승차했다. 평양은 나도 예상하지 못했던 곳이어서 아무래도 와 닿는 것은 없었는데, 가이라쿠칸의 WE, 평양키네마와 제1관의 RCA에는 토키재생효과가 100퍼센트라는 것은 신경 영화가와 함께 일대 자랑이었던 것이 인상에 남는다. ••

●● 사진

23일 오전 3시 경성역을 통과했다. 오카자키, 다카다, 야마구치 군이 배웅하는 가운데 마지막 코스인 부산으로 향했다. 부산역에는 오전 10시 50분에 도착했고, 다나카 도미오 군이 안내해줘 부산호텔로 들어가서 오후의 회합을 위한 사전준비를 하며 아이오이칸, 호라이칸, 쇼와칸을 시찰하고 호텔에서 잠깐 휴식을 취했다. 그리고 오후 4시부터 신개지(新開地)의 아이게쓰(愛月)에서 환영회가 열렸다. 모인 이는 미치오 미네지로(満生峰次郎)[아이오이칸주], 이와사키 다케지(岩崎武二)[호라이칸주], 사쿠라바 후지오(桜庭藤夫)[쇼와칸주] 3명뿐으로 매우 화기애애한 분위기 속에서 간담회는 진행되었고, 부산 미인도 자리를 같이 해 기념사진을 한 장 촬영하고 오후 11시 50분의 관부연락선을 타는 것으로 20일에 걸친 만선지의 영화계 시찰여행을 끝냈다.

이번 여행 일정은 만주 각지에 볼 일이 많아 이번에는 조선은 잠시만 들리자는 생각으로 갔기 때문에 조금 유감이었는데, 결국 많은 생각거리를 남겨두고 떠나게 되었다. 다음 기회에는 만주와 조선을 다른 일정으로 짜야겠다고 생각했다.

이번에도 만주와 지나와 조선에서 가는 곳마다 유지들에게 너무 많은 폐를 끼쳤다.

너무 환대를 하는 것은 우리들의 지도정신이나 슬로건에 위배되는 것이어서 될 수 있으면 회피하고 싶었는데, 그렇다고 모처럼의 호의를 무시할 수도 없어 괴로운 기분으로 환대를 받은 일조차 있었다. 그래도 이런 환대에 대해 내가 갚을 수 있는 것은 너무나 약소하여 부끄럽기 그지없을 뿐이다.

내년 시찰여행에는 더욱더 많은 선물을 준비해서 갈 수 있도록 해야겠다. 이번에는 제반 사정으로 준비가 안 된 점도 많았다. 이 점에 대해 깊이 사과하는 바이다.

―주간 이치카와 사이

1936년 3월 하순(170호) 32~33쪽

조선의 필름검열

1. 검열 수량

쇼와 10년도에 조선총독부필름검열실이 검열한 영화의 총계는 14,680권 3,334,195미터에 이른다. 이를 쇼와 9년도와 비교해 보면 791권 247,790미터가 증가한 셈이 되며, 쇼와 8년도와 비교해 보면 권수와 미터수 둘 다 약 2할의 증가를 보였다.

이는 물론 영화흥행장이 계속 신축되거나 개축되면서 수적으로 증가하고 있는 현상에 그 원인이 있지만, 다른 면에서 생각해 보면 은행, 관청, 회사, 상점 등에서 사용하는 선전영화, 신문사 등에서 제작되는 시사보도영화, 또는 교육관계자가 신청하는 교재영화의 증가 등도 그 주요 원인 중의 하나이다.

검열신청 건수가 증가하면서 수수료 수입 또한 해마다 증가해서 쇼와 10년도에는 29,580원 62전으로 올랐으며, 이를 쇼와 9년과 비교해 보면 2,835원 72전이 증가한 것이다.

2. 영화의 종류

(1) 발성영화, 무성영화

쇼와 9년 중에 검열한 발성영화의 수량은 무성영화의 4할 정도에 지나지 않는데 쇼와 10년에는 8할 5부로 급증했다. 이 기세를 살펴보자면 올해는 무성영화와 발성영화의 숫자가 바뀌었으며, 이를 쇼와 8년도의 2할 1부와 비교하면 실로 격세지감조차 느끼게 된다. 이는 영화계에서 전반적으로 발성영화가 일반적임을 반영한다고 볼 수 있다.

외국영화는 이미 수년 전부터 대부분의 수입영화가 발성영화였으며, 본방에서 제작한 영화도 또한 그 주력을 발성영화에 쏟고 있고, 조선영화 제작자 또한 착실히 그 설비를 정비하고 있는 등 앞으로 그 발전은 점점 기대되는 바이다.

(2) 본방제작영화, 외국제작영화

쇼와 10년에 검열 취급에 걸린 영화를 제작국별로 보면 본방제작영화는 10,289권 225,741미터로 총수의 6할 7부를 차지하고 있는데, 외국에서 제작된 영화는 4,379권 1,077,854미터로 총수의 3할 3부에 상당한다. 그러나 전자는 해마다 증가하고 있지만, 후자는 해마다 감소하는 경향이다. 이는 먼저 쇼와 9년에 활동사진영화취체규칙이 시행된 이후 외국물, 특히 풍기상 좋지 않은 내용을 담은 무성영화의 수입이 조금씩 감소하고 있기 때문이며, 두 번째는 본방에서 발성영화의 제작이 많아지고 있고 게다가 그 내용도 눈에 띄게 좋아지고 있으며, 덧붙여 조선 내의 영화제작사업도 점차 융성해지고 있기 때문이라고 생각된다.

(3) 극영화, 그 외 영화

검열취급영화의 96퍼센트는 흥행용 극영화로 실사나 그 이외 영화는 나머지의 5퍼센트에 지나지 않는다. 극영화 중 가장 다수를 차지하는 것은 쇼치쿠, 닛카쓰, 신코, 다이토 등 본방제작회사의 작품이고, 파라마운트, 메트로, 유니버셜 등의 미국물이 이를 잇고 있으며 우파, 고몬 등 유럽물은 그 수가 매우 적다.

실사영화는 관청용 공익영화 및 신문사가 신청한 시사보도영화의 두 종류가 대부분을 차지하고 있다.

3. 영화 내용

영화 내용에 대해서 보면 한때는 조선대중의 사조에 또는 생활에 악영향을 미치는 것 같은 불건전한 영화가 유행하여 그 앞날을 우려했었다. 그런데 최근에는 이런 종류의 영화가 감소하는 한편, 그 대신에 발전하는 일본의 제반 현상을(32쪽) 보여주려고 하는 건전한 교화영화가 눈에 띄게 많아지고 있다.

오락영화로서는 독일이나 프랑스 등의 음악영화가 일반대중들에게 환영받고 있고, 그 한편으로는 이른바 갱영화라는 것이 유행할 조짐이 있어 주목하고 있다.

다음에는 극영화의 구성, 목적, 내용 등에 대해 그 종류를 분류하는데, 여기에서는 올해도 역시 여전히 활극물이 수위를 차지했고, 인정극에 이어 왕년에는 전성기였던 연애극물은 많이 감소하여 3위를 차지했으며, 사회극, 괴기극 등은 극소수이다.

조선영화의 내용을 보면 최근에 뚜렷하게 그 질이 개선되고 있으며, 예전처럼 어떤 종류의 사상을 담지 않으면 조선영화가 아니라는 잘못된 관념을 이제는 버리고, 그 질적 향상을 위해서 노력하고 있다는 것 또한 정말 기뻐해야 할 일이다.

4. 검열구분

쇼와 10년 중에 취급한 검열처분 수는 거부 1건, 커트 628건, 그 미터수는 약 1,980미터에 이르며, 전년도와 비교하면 거부 1건, 절제 71건, 약 837미터가 증가한 것이다. 절제 처분이 이렇게 증가한 것은 내지에서 제작된 후 바로 수입되는 영화가 많아진 것과, 조선에서 제작되는 영화가 갑자기 증가한 것 등이 그 이유이다.

5. 수출입영화의 취체

쇼와 10년 중에 수출 또는 이출의 허가를 받은 것은 157건 439권 49,847미터에 이르며 이들은 검열상에서 아무 지장이 없다고 하여 허가를 받은 것이다. 앞으로는 특별히 이런 취체를 엄중하게 시행하여 검열을 피해 수출입하는 영화가 없도록 할 방침이다.

6. 공익영화의 인정

쇼와 10년 중에 공익상의 필요가 있다고 인정되어 검열수수료를 면제받은 것은 639건 1,268권 256,411미터에 달한다. 이들 중에서 사회공익에 이바지하는 부분이 많다고 생각되는 영화 16건 47권에 대해서는 특별한 인정을 했는데, 이런 종류의 영화가 점차 증가하는 것은 기쁜 일이다.

7. 영화의 상영상황

쇼와 10년 중에 조선 내 96개 흥행장, 그 외 가설행장에서 상영된 영화의 수는 244,993권 55,985,886미터[12월분은 대략적 계산]의 다수에 이르는데 이 중 조선에서 제작된 영화는 4부, 내지제작영화는 6할 9부, 외국영화제작은 2할 7부의 비율이다. 쇼와 7년도 숫자인 방화 4할, 외화 6할의 상영율과 비교하면 격세지감이 있다.

〈쇼와 9년 중 검열건수 및 수수료액〉

월별/종별	건수	권수	미터수	수수료액
1월	156	810	183,103	1,588.08
2월	257	1,325	309,214	2,420.48
3월	216	1,190	275,461	2,496.70
4월	252	1,242	279,463	2,458.49
5월	236	1,234	272,679	2,256.52
6월	199	1,120	245,843	2,160.49
7월	199	199	214,894	1,923.84
8월	235	1,356	303,652	2,684.07
9월	218	954	233,982	2,178.97
10월	236	1,306	299,192	2,752.51
11월	195	1,136	256,113	2,286.74
12월	319	2,029	461,299	4,373.91
계	2,918	14,668	3,334,895	29,580.62

〈발성, 무성영화 검열 건수표[쇼와 10년]〉

구별	발성		무성	
연별/수량	건수	권수	건수	권수
쇼와 9년	574	3,859	2,160	10,018
쇼와 10년	1,007	6,286	1,711	8,382
증감	433	2,427	△449	△1,636

[비고] △은 감소를 나타냄

〈쇼와 10년 중 성악극(聲樂劇) 중 종별표[쇼와 10년]〉

극별 구별	건수		
	국산	외국산	계
연애	241	155	396
인정	419	182	602
활극	601	334	935

탐정	8	21	29
사회	2	7	9
가정	52	15	69
기괴	5	12	17
전기	10	-	10
동화	4	2	6
그 외	6	13	19
계	1,348	741	2,089

-조선총독부 필름검열 주임 오카다 준이치

1936년 5월 하순(174호), 도쿄영화신문 쇼와 11년 5월 20일(71호) 1쪽

조선 평양의 각 유력관이 영화상설관조합 결성

평양의 각 영화상설관은 상호부조의 입장에서 조합을 창립하기를 바라고 있었는데, 이번에 드디어 구보 헤이이치로(久保兵一郎) 씨를 비롯한 각 관계자가 모여 조선영화상설관조합이 결성되었다.

주 조합원은 가이라쿠칸[고토부키초(壽町)], 경영은 구보 헤이이치로 씨, 지배인 이타야 아키노스케(板谷章之助) 씨], 평양키네마[사쿠라초(櫻町), 경영은 사와다 후쿠노스케 씨, 지배인 사와다 사다오(澤田定雄) 씨], 제1관[미즈무시초(水虫町), 경영은 박순옥(朴淳玉) 씨, 지배인 오사코 시게오 씨]이며 발회식은 요시노(吉野)로부터 들여온 사쿠라꽃이 핀 모란대에서 개최되었고, 앞으로 서로 협력하여 매진할 것을 기대했다.

1936년 6월 하순(176호), 도쿄영화신문 쇼와 11년 6월 20일(73호) 2~3쪽

신의주에서 학생 관람 금지

6월 1일, 조선 북단의 신의주의 신의주서(署)는 부내의 영화상설관인 신극장(新劇場), 세카이칸, 신센자(新鮮座)의 3관에 초중등학생을 절대로 입장시켜서는 안 된다는 절대 금지령을 갑자기 발하고, 만약 이를 어길 때에는 단호하게 상영을 금지시킬 것이며 이

후 광고 전단지에도 학생 입장은 절대 금지라는 말을 기입해야 한다는 내용을 각 관에 통달했다.

조선 내에서는 경성을 비롯하여 평양과 부산에서 각각 상설관조합을 조직하여 사회교화에 도움을 주고 있는 오늘날, 신의주에서 이렇게 시대착오적이고 비상식적인 단속이 이루어지는 것은 신의주뿐만 아니라 조선 전역의 문제로서 비난받을 만한 일이다.

조선 내 업자들은 이에 대해 엄중한 항의를 해야 한다고 의견을 모으고 있다.(2쪽)

평양 다이슈칸(大衆館) 드디어 착공

이미 출원 중이었던 마루야마 리헤이(丸山理平) 씨가 기획하는 영화상설관 다이슈칸은 5월 21일 날짜로 당국으로부터 정식 허가를 받았으며, 드디어 7월부터 공사에 착수하게 되었다. 건설 위치는 시내 사쿠라초이며 총공사비 12만 원, 총건평 318평, 정원은 1천 명인데 준공은 12월이 될 예정이다.

조선극장 전소

경성 북부의 번화가 인사동(仁寺洞)⁶⁰의 영화상설관인 조선극장[나다야 히사키치 씨 경영]에 11일 오후 3시 50분에 주간프로그램을 상영하던 중 왼쪽 화장실 부근에서 불이 붙어 전부해서 4백 평 3층 건물의 극장 건물이 전소됐다. 약 3백 명의 관객은 비상구로 빠져나가 사상자는 한 명도 없었던 것이 불행 중의 다행이었다. 손실은 약 5만 원, 보험은 도쿄화재에 4만8천 원의 계약이 있으며 출화 원인에 대해서는 종로서에서 조사 중이다.

1936년 6월 하순(176호) 44쪽

경성:양화계열 우세

▲단성사 유나이티드사 〈사랑과 빛(愛と光)〉, 콜롬비아(그社) 〈꿈 속의 가로수길(夢の並木路)〉⁶¹, 닛카쓰 〈사무라이 까마귀(さむらひ鴉)〉[5월 21일 프로그램 변경], 메트로 〈춤

---

60   원문에는 인수동(仁壽洞)으로 오식
61   원제는 〈If You Could Only Cook〉(1935)

추는 브로드웨이(躍るブロードウェイ)〉〈갱의 신부(ギャングの花嫁)〉, 닛카쓰 〈인생일기예보 (人生天気予報)〉[6월 4일 프로그램 변경], 도와 〈그리운 얼굴(おもかげ)〉〈위에서 아래까 지(上から下まで)〉, 조선 〈홍길동전 속편〉[10일 변경]

▲**와카쿠사영화극장** FOX 〈템플의 소연대장(テンプルの小聯隊長)〉, 메트로 〈고아 다비 드이야기(孤児ダビド物語)〉[5월 20일 변경], 메트로 〈춤추는 브로드웨이〉, PCL 〈나는 고양 이다(吾輩は猫である)〉, 파라마운트사 〈버드 소위의 남극탐험(バード少尉南極探検)〉[6월 4일 변경], 파라마운트사 〈G우먼(Gウーマン)〉[62] 〈신부의 감정(花嫁の感情)〉, PCL 〈도련님(ぼっち ゃん)〉[9일 변경], 메트로 〈맹수조련사의 자식(猛獣師の子)〉, PCL 〈어쩔 수 없는 무리(あき れた連中)〉[14일 변경]

▲**나니와칸** 쇼치쿠 〈첫 모습(初姿)〉〈딸에게 고한다(娘に告ぐ)〉, RKO 〈자식을 데리고 다니는 방랑객(旅鴉子供連)〉[6월 3일 변경], 쇼치쿠 〈가족회의(家族会議)〉〈세 살 어린 남 편(三ん下お旦那)〉[8일 변경]

안타까운 일이지만 확고한 지반을 가지고 한 달 평균 1만 원을 가볍게 돌파할 수 있 는 곳은 경성에서는 단성사뿐이다.

와카쿠사영화극장[오카모토 세이지로 씨 경영]은 차(茶)를 내주는 서비스를 폐지하고, 해설을 붙이지 않은 방식으로 서양영화의 고급프로그램을 편성하는 적극적 흥행안을 만 들었다. 이 극장이 실시하는 4월 이후의 혁신흥행[층에 상관없이 50전 균일, 학생 30전]은 모두가 많은 관심을 가지고 주목했었는데, 4월과 5월의 두 달은 매일 평균 3백 원대로 아 직 1만 원에는 이르지 못했다. 이는 첫 서양영화프로그램이 파라마운트사와 유나이티드 사에 한정되어 있기 때문이었는데 최근에는 메트로, RKO, FOX, 유니버설(그사), 콜롬비 아의 참가를 볼 수 있어 장점을 살리고 있으며, 6월 상순의 메트로 〈춤추는 브로드웨이〉 는 단성사와 동시개봉이었는데 단성사를 누르기도 했다.

방화 개봉관으로는, 기라쿠칸[닛카쓰]이 5월 하순의 〈대보살언덕 제2편〉〈정열의 시 인 다쿠보쿠(情熱の詩人啄木)〉의 2주간 상영 후 한숨을 돌리기 위해 이달 초순은 9일까 지 재상영 주간을 계속해 경쟁권 밖에 있었다. 10일부터 〈시험지옥(試験地獄)〉〈오쿠보 히코자에몬 속편(大久保彦左衛門続編)〉을 개봉했는데, 성적은 중간 정도였다. 나니와칸 〈가족회의〉는 압도적 대승리를 거두었다.

62 　　원제는 〈Mary Burns, Fugitive〉(1935)

주오칸[신코], 쇼치쿠자[마키노, 고쿠토(極東)] 두 관 모두 최근에는 부진을 거듭하고 있었는데, 주오칸은 입장 요금을 변경해서 층에 상관없이 30전 균일로 하고 6일부터 〈왕비의 언니 죽이기(姉妃殺し)〉〈바다 위의 감격(洋上の感激)〉, 11일부터 〈에도정염사(江戸情炎史)〉〈무기 없는 사람들(武器なき人々)〉을 개봉하여 일단은 매우 좋은 성적을 보였다.

쇼치쿠자는 5일부터 상영한 〈단게사젠대회(丹下左膳大会)〉에서 오랜만에 특별상여금을 나누어줬다.

－야마구치 도라오

1936년 7월 하순(178호), 도쿄영화신문 쇼와 11년 7월 20일(74호) 1쪽

오사카 부내의 조선영화 상영 금지 문제

오사카시 신세카이파크극장(新世界パーク劇場)에서 7월 15일부터 상영 중인 조선영화, 경성촬영소 제작의 조선어 토키 〈홍길동전〉에 대해 갑자기 오사카부 특고과 내선계로부터 반도인의 동화운동을 저해할 우려가 있다고 하여 오사카 부내의 공개를 금지하는 내용의 통달이 내려왔다.

시내만 해도 조선인 거주자 20만 명이 넘는 오사카에서 이런 조선영화의 상영 금지는 중대한 일인데, 산에이샤 도쿄 대표 오오쓰 준기치(大津淳吉) 씨, 같은 회사 이사 이와후지 신사부로(岩藤新三郎) 씨는 16일 내무성 검열실을 방문해 다지마(田島) 이사관과 간담, 진정했는데 내무성이 허가한 것을 지방에서 금지한 것은 오히려 이상한 일이어서 그 조사에 착수하기로 했다.

1936년 9월 하순(182호), 도쿄영화신문 쇼와 11년 9월 20일(78호) 3쪽

경성흥행협회 확대 강화

지금까지 혼마치경찰서 소관 내의 영화상설관 극장주들로 구성되어 있던 경성흥행협회는 조직을 더 확대하고 강화하기 위해 동 협회를 일단 해산했다. 그리고 이번에는 경성 부내 전 상설관 및 극장주의 참가를 얻어 새로 경성흥행협회를 조직했다.

그리고 회원 수는 18명이며 임원은 다음과 같다.

△회장 와케지마 슈지로 씨[경성극장] △부회장 오이시 사다시치 씨[아사히자], 동 박

정현 씨[단성사] △이사 마지마 우메키치 씨[기라쿠칸], 동 도미이 지쓰타로(富井實太郎) 씨[도카극장], 동 오가타 유키오(緒方行雄) 씨[영등포연예관] △회계 도쿠나가 구마이치로 씨[고가네자(黃金座)[63]].

1936년 10월 하순(184호) 28쪽　[각지 흥행가 통신]

경성 : 호화스러운 메이지자 출현, 본격적인 승패전 전개

지금까지 빈약했던 경성의 흥행계도 드디어 비약할 수 있는 첫발을 내디뎠다. 종로에서 분발하고 있는 단성사가 근대건축으로 단장하여 서양영화 팬을 기쁘게 했는데, 이를 계기로 와카쿠사영화극장이 출현했고, 총공사비 50여만 원이라고 하는 선만 통틀어 제1급을 자랑하는 메이지자, 고가네자의 데뷔로 본격적인 쟁패전을 전개하게 되었다. ●●

●● 사진
새로 단장한 메이지자

▲단성사[양화, 신코]　1층 40전. 5일 - 〈생활에의 길(生活への道)〉[유나이티드] 〈국제간첩단(國際間諜団)〉[도와] 5일 변경, 〈한 자루의 창(一本槍)〉[신코], 10일부터 〈마즈루카(マヅルカ)〉[도와] 〈무궤도행진곡(無軌道行進曲)〉[메트로] 〈섬을 쫓는 오이치의 돌팔매질 노래(島追お市小唄礫)〉[JO]

서양영화 독점으로 기염을 토했던 단성사도 와카쿠사영화극장의 약진, 메이지자의 진출 등으로 상당한 고전을 면치 못하고 있는데, 부내 인텔리층의 확고한 지지를 받고 있는 것이 무엇보다 강점이다.

▲와카쿠사영화극장[양화, PCL]　4일 - 〈적어도 오늘밤은(せめて今宵は)〉[도와] 〈항공 13시간(航空13時間)〉[파라마운트사] 〈도주켄 구모에몬(桃中軒雲右衛門)〉 재상영. 9일부터 〈전투전야(戰ひの前夜)〉[산에이샤] 〈어머니이기 때문에(母なればこそ)〉[PCL] 〈도쿄일일오사카마이니치신문뉴스(東日大每ニュース)〉[64]

63　1913년에 개관한 고가네칸(黃金館)은 1929년에 도아구락부(東亜俱楽部), 1938년에 고가네자(黃金座), 1940년에는 경성다카라즈카극장(京城宝塚劇場)으로 각각 개칭되었다.

64　『도쿄일일신문』은 1872년에 도쿄 아사쿠사(浅草)에서, 『오사카마이니치신문』은 1882년에 오사카에서(1882년에 『일본입헌정당신문』이 오사카에서 창간, 1885년에 『오사카일보』로 개칭, 1888년에 『오사카마이니치신문』으로 개칭) 창간되었다. 1911년에 『오사카마이니치신문』이 『도쿄일일신문』을 합병했으나 이름은 각각 그대로 유지되었다. 1943년에 두 신문의 이름을 『마이니치신문(毎日新聞)』으로 통일했다.

단성사를 라이벌로 항상 과감한 전법을 시도하는데 50전 균일, 정원 1,100명으로 최근 갑자기 좋아지기 시작해, 8월에 여름이 사그라질 무렵에도 1만5천 원을 훨씬 넘는 좋은 성적이었고 9월과 10월에 들어서면서 기록을 점차 높이고 있다.

▲메이지자[쇼치쿠, 양화] 정원 1,300명, 50전 균일. 메이지마치 어귀에 쇼치쿠조선 개봉장으로서 7일 오후 1시부터 낙성 개관식을 거행했다. 이날 거리에는 건물마다 제등을 달고 막을 쳐서 이 경사스러운 날의 개장을 축복했고 야스이(安井) 경기도지사, 간쇼(甘庶) 경기부윤 등 각 명사의 축사가 있었다. 7일 - 〈남성대여성(男性対女性)〉〈춤추는 아키라군(躍る明君)〉〈아시히뉴스(朝日ニュース)〉. 14일 - 〈소년 항공병(少年航空兵)〉〈48명 째(四十八人目)〉〈아사히뉴스〉

첫날은 예상대로 초만원, 매진이어서 입장할 수 없었던 관객으로 관 앞은 큰 혼잡을 빚었다. 재생기는 웨스턴[65]이며, 대형영사기는 슈퍼심플렉스, 제3주부터는 각 사의 양화를 픽업하여 쇼치쿠영화와 혼성으로 프로그램을 짠다.

▲나니와칸[니시다 노보루 씨, 소노다 미오 씨 공동경영] 정원 450명, 1층 30전. 약 1년간 쇼치쿠영화 개봉장으로 되어 있었는데 메이지자 준공과 함께 신코키네마의 개봉관으로 되어 3일부터 〈5일은 맑음(五日晴れ)〉〈한 자루의 창〉〈거리의 남장여자(街の姫君)〉〈아리조나 괴도열차(アリゾナ快盗列車)〉[콜롬비아사]로 개관하여 8일부터 〈안녕 외인부대(さらば外人部隊)〉〈55의 봄(五五の春)〉〈허무승계도(虚無僧系図)〉

▲기라쿠칸은 관의 안팎을 수리하고 개축하여 지난 달 이를 피로하는 흥행을 한 지 얼마 되지 않았는데, 메이지자 개관에 재상영 20전 흥행으로 대항하여 야심에 찬 닛카쓰 프로그램으로 분발하고 있다.

▲주오칸은 신코키네마와 절연하고 9월부터 다이토 개봉관으로서 1층 10전 균일흥행인데 성적은 위로 올라가고 있는 중이다.

▲쇼치쿠자는 마키노, 고쿠토 개봉관으로 4일 10전 균일. 대중 팬이 쇄도하여 첫날과 토요일, 일요일은 반드시 특별상여금이 배부되는 성황. 9월, 10월에 개봉한 것은 〈요쓰야괴담(四谷怪談)〉〈쾌걸 검은 독수리(怪傑黒鷲)〉〈시바하마의 가죽지갑(芝濱の革財布)〉〈야슈의 협■진(八州侠■陣)〉〈만(卍)자 모양의 거미(まんじ蜘蛛)〉 등이었다.

－야마구치 도라오

---

65   영사기에 부착된 Western Electric사의 사운드 시스템을 뜻한다.

조선 대전극장은 5월 10일 개관으로 결정

이번에 조선 대전부의 가스카초(春日町)에 다이코초(大興町)의 쇼치쿠, 다이토영화 상영장인 게이신칸(警心館)[관주는 김홍순(金洪順) 씨, 지배인 임청봉(林淸峰) 씨]과 현재 폐관 중인 PCL, 쇼치쿠, 신코영화의 상영관인 혼마치의 다이덴자[관주 고마쓰 쇼조(小松省三) 씨]에 대항하여 예전부터 건설 중이었던 대전극장이 근일 내에 준공, 오는 1월 10일 닛카쓰와 양화로 화려하게 개관하기로 결정되었다. 그리고 동 극장은 가스카초 1정목 92번지에 정원 950명인 3층 건물(전부 의자석)로 지어지는데 RCA빅터 재생기와 난방장치를 완비했다. 관주는 도즈카 소조(戸塚壯三) 씨, 지배인은 이토 코지(伊東弘二) 씨이다.

신영화를 저렴한 요금으로 : 서비스의 개선

작년에 신축된 영화의 전당들이 출현하면서 경성의 영화흥행에 획기적인 한 쪽을 기록했으며, 서비스의 개선은 역시 영화관객들의 격증을 가져왔다.

이제 영화 관람은 경성인들에게 가장 큰 오락이 되었다. 이렇게 해서 경성의 영화계는 1937년의 초봄을 맞이했다.

▲메이지자[쇼치쿠, 정원 1,200명] 입장료는 50전 균일. 12월 29일부터 1월 3일까지 〈새 길(新道)〉 후편, 〈봄차림의 다섯 남자(春姿五人男)〉, 4일에서 8일 〈내 어머니의 편지(我が母の書)〉 〈사쓰마 하야토의 노래(薩摩隼人の唄)〉, 9일부터 〈청춘만함장식(青春満艦飾)〉 〈작은 도회지의 여자(小都会の女)〉[메트로]

▲고가네자[마키노, 정원 1,136명] 입장료 50전 균일. 31일부터 1월 3일까지 〈나그네의 가을비 내리는 길(旅鴉時雨街道)〉 〈춤추는 부채(舞扇)〉 〈위험지옥부대의 길(危険地獄隊道)〉[콜롬비아사], 4일~7일 〈결전 코진야마(決戦荒神山)〉 〈인술맹수국탐험[忍術猛獣国探検)〉 〈나의 탈주기(僕の脱走記)〉[메트로], 8일부터 〈아카가키 하라조(赤垣源蔵)〉 〈창잡이 가도(槍持街道)〉 〈질풍결사대(疾風決死隊)〉[콜롬비아사]

▲기라쿠칸[닛카쓰, 정원 1,050명] 입장료는 2층 70전, 1층 50전. 31일~4일 〈단게사젠

닛코의 권(丹下左膳 日光の巻)〉〈혼(魂)〉, 5일~9일 〈아라키마타우에몬(荒木又右衛門)〉〈꼭 두각시오페라(からくり歌劇)〉, 10일부터 〈구리야마 다이젠(栗山大膳)〉〈연애와 결혼의 서(恋愛と結婚の書)〉 결혼편

▲와카쿠사영화극장[PCL, 정원 1,055명] 입장료 50전 균일. 31일~3일 〈에도토박이 산타(江戸ッ子三太)〉〈텍사스 결사대(テキサス決死隊)〉[파라마운트사], 4일~8일 〈도쿄랩소디(東京ラプソディ)〉〈석양의 절벽(赤陽の断崖)〉[유나이티드], 9일부터 〈신혼의 겉과 속(新婚うらおもて)〉〈슈발리에의 부랑아(シュヴァリエの放浪児)〉[도와]

▲나니와칸[신코, 정원 380명] 입장료는 2층 50전, 1층 40전. 31일~3일 〈노도의 선두(怒濤一番乗り)〉〈미인국 엿보기(美人国のぞ記)〉〈초인 대 화성인(超人対火星人)〉 전편, 4일~8일 〈구라마 덴구 소지로의 두건(鞍馬天狗宗十郎の頭巾)〉〈육지의 흑조(陸の黒潮)〉, 9일부터 〈다테경염록(伊達競艶録)〉〈하녀의 일기(小間使日記)〉〈초인 대 화성인〉 후편.

▲단성사[각 사 특약] 31일 〈절정시대(有頂天時代)〉[RKO] 〈보도의 청춘(舗道の青春)〉[콜롬비아사] 〈미인국 엿보기〉[신코], 4일 〈쇼 보트(ショウ―ボート)〉[유나이티드사] 〈육지의 흑조〉[신코], 9일 〈샤크섬의 탈옥(虎鮫島脱獄)〉[폭스], 〈다테경염록〉[신코]

이상과 같이 쇼치쿠, 닛카쓰, 신코 등은 내지와 동시개봉한 신선한 프로그램으로 예상 대로의 공방전을 전개했는데, 첫 번째 주는 기라쿠칸[닛카쓰]이 매상에서 1위를 차지했다. 올해는 그 근처에 메이지자[쇼치쿠]가 개관하니 많이 힘들 것으로 예상되는데, 〈단게 사젠〉의 매력으로 정월의 관객을 완벽하게 끌어들여 근소한 차이로 메이지자를 눌렀다.

메이지자는 지난 12월 29일부터 신춘의 흥행에 나서 새로운 후발주자의 힘으로 세밑의 관객을 모았는데, 신년에 들어서면서 50전 균일, 학생은 30전 균일[1할5부 할인의 전매권이 발매되었다]을 끝까지 관철했기 때문에 입장인원은 많아도 매상에서는 닛카쓰에 졌다.

와카쿠사영화극장은 언제나 내지와 동시에 PCL영화를 개봉하여 평판이 좋았는데, 올해도 서양영화를 선택하여 하루 4번 흥행에 오전 9시까지 입장하면 30전 균일가격으로 모든 석을 개방한다는 대대적인 서비스를 한 결과 설날은 총매상이 2천 원에 이르렀으니, 이제 한숨을 돌려도 될 정도까지 이른 것은 정말 대단하다고 할 수 있다.

고가네자도 신축된 호화영화전당이라는 매력으로 앞의 세 관에 지지 않을 성적을 올렸다. 다른 각 관도 신춘흥행에서 모두 기록을 깨는 성황을 보이고 있다.

설날에는 요금을 아무리 비싸게 받아도 관객이 들어온다는 흥행방침을 선뜻 버리고

내지와 동시에 새로운 영화를 개봉한데다가 저렴한 요금으로 이 기록을 깨는 대성황을 이룬 것은 정말 기쁜 일이다.

조선총독부 경무국에서는 국산영화를 옹호한다는 입장에서 지난 쇼와 9년에 영화취체규칙을 공포하고 쇼와 9년, 10년에는 한 달 동안 영화상설관에서 상영하는 모든 영화의 4분의 1을 국산영화로 해야 한다고 정하고, 11년에는 3분의 1을 국산영화로 해야 한다고 했는데, 올해 이후에는 2분의 1을 국산영화로 상영해야 한다. 이로써 양화전문상설관은 드디어 반도에서 자취를 감추게 되며, 어떤 상설관이든지 적어도 국산영화를 반 이상 상영해야 한다.

－경성 야마구치 도라오

1937년 2월 상순(191호) 4~5쪽

만·선·영화·잡감(滿·鮮·映畵·雜感)
: 일본영화의 대륙정책은 언제 확립될 것인가

"자네 꽤 바쁜 데도 만주나 조선까지 자주 나가지? 선만이 그렇게 좋은 곳이던가? 아니면 돈이 되는 곳이던가?"

"그렇게 오해하면 안 되네. 우리들은 만주나 조선을 영화계의 입장에서 보고 있는 것이지, 그렇게 좋은 곳인지 돈이 되는 곳인지 이런 점에서 시찰하고 있는 건 아니라네. 현재 일본영화계의 꽉 막힌 상태를 타개하는 데에는 동아시아가 있어야 한다고 인식했기 때문이라네."

"그래도 자네는 이번으로 만주에 가는 게 네 번째지 않은가. 영화인 중에서도 열심히 가는 편이지."

"만주가 재미있는 곳이기는 하다네. 광막한 평원에 계속되는 대륙의 정서는 다른 사람들은 몰라도 나한테는 성격에도 맞으니까."

"어떤가? 일본영화가 대륙에 진출할 계획의 전망이 조금은 보이는가?"

"음, 이게 어렵다네. 그리고 멀리 보는 게 필요하지. 중요한 건 이건데, 이는 좀 이해하기 어려운 문제지. 제일 이해를 많이 해야 하는 군부, 아니 관동군도 단순히 형식론에 구애받아 영화에 대한 진정한 국책을 세우고 있지 않다네."

"그런가. 그럼 이번 만주국의 영화국책회사의 계획은 자네의 기우를 일소했겠지?"

"아냐. 그렇지도 않네. 영화는 변통이 자유롭다는 것에 묘미가 있다네. 통제하거나 중압하거나 또는 트러스트를 하면 퇴보는 할망정 진전은 없지. 특히 대륙영화정책의 시점에서 보자면 더욱더 그런 생각이 드네."

"잠깐만, 자네는 만주를 중심으로 동아대륙의 영화계의 장래를 보고 있는가? 이거 재미있는데. 그 논리를 꼭 들려줬으면 해. 진지하게 들을 테니까 말일세."

"내가 이토 한니(イトウハンニ)⁶⁶는 아니지만 아시아의 대중은 수억 존재하지. 나는 수억의 민중에게 보여줄 만한 영화에 대해 생각한다네. 지금은 서로 하찮은 일로 다투면서 오늘밖에 없는 것처럼 에너지를 소모하는 시대가 아니라네. 나는 또 가까운 시일 내에 대만에 갈 예정이네. 그리고 거기에서 또 북지나, 중지나, 남지나에도 가 볼까 하고 생각 중이라네. 영화계의 선배들은 오직 현실에 허덕이고 있을 뿐이야. 그들이 언제나 돼야 우리들의 이런 심경을 이해해 줄지 모르겠군. 역시 서정(庶政)을 일신할 새로운 간부가 등장하지 않으면 도저히 이런 목적을 이해하지 못할 걸세. 아, 또 이야기해 뭐 할까!"

신경역 앞의 야마토호텔에서 일본의 정국이 점점 험악해져 총사직인가, 의회 해산인가라는 뉴스를 듣고 자극을 받아 급히 돌아와 보니 생각한 대로 히로타(廣田) 내각은 총사직, 우가키 카즈나리(宇垣一成) 대장에게 천황명이 내려지고, 우가키 씨의 내각공작은 군부의 반대로 무산되었으며, 하야시 센주로(林銑十郎) 대장에게 천황명이 내려지는 등 경황이 없었다. 이런 상황 속에 돌아와 보니 정국뿐만 아니라 영화계에도 드디어 모리타(森田) 신내각이 성립되어 닛카쓰가 재생을 향한 첫발을 내디뎠으며, 쇼치쿠키네마는 흥행 부문에서 합병을 해 쇼치쿠콘체른이 일대 자본재벌로 성립하려 하고 있었다. 게다가 기존 회사의 지반에 끼어든 도호(東宝)영화가 배액 증자를 감행, 드디어 대립구조가 되었으니 말 그대로 일촉즉발이며, 지나의 정국처럼 눈이 돌아갈 정도로 분주하다.

실제를 보면 이번 만주여행은 좀 무리한 스케줄이어서 어떻게든 비행기나 특급 아시아호(特急アジア號)의 신세를 진다고 해도 8일 동안에 선만여행을 끝내는 것은 불가능한 일이었다. 무엇보다 비행기 왕복에, 차로 이동하는 시간에, 배로 이동하는 시간으로 약 5일간은 제약을 받게 되니, 활동할 수 있는 범위는 겨우 72시간밖에 없었다. 그 72시간 중 대련에서는 전후 6개의 회합에 출석해 48시간을 사용했으니, 이번만큼은 아무리 여행길에 다소 자신이 있는 나지만 중간에 포기하지 않을 수 없었다. 그러나 겨우 3일간

---

66   이토 한니(伊東阪二)는 1920년대부터 세기의 사기꾼으로 그 이름을 알렸는데, 그 한편으로 근대화된 동양문명이 세계를 석권한다는 '신동양주의'를 제창하기도 했다

의 시간으로 경성, 봉천, 신경, 하얼빈, 대련의 5개 도시에서 전후 10여 회의 회합을 가 졌으니, 내가 생각해도 그 스피드에 놀랄 따름이다.

그런데 무엇보다도 만주 각 도시의 관주들이 우리들의 사명을 이해하고 우리들의 무 리한 주문을 들어줘서 시간을 잘 조정해준 것에 깊은 감사를 드린다.(4쪽)

특히 경성에서는 소노다(園田) 씨, 오카자키 군, 이시바시 씨에게 신세를 졌고, 봉천 에서는 하마구치 씨, 신경에서는 이시모토, 두 분의 노장 유아사 씨, 시로타 씨, 하얼빈 에서는 콜롯토 씨, 대련에서는 구라시게, 오가사와라, 로, 후지자키, 미나미 씨 등 모든 이들에게 많은 걱정을 끼쳤다. 특히 이번에는 본사의 가타야마(片山) 군과 동행을 했으 니, 내가 단독 행동을 취할 경우에는 안내를 의뢰하거나 해서 신세를 많이 진 것에 대 해서도 깊이 감사하고 있다. 누군가가 한 말은 아니지만 처음에 "통신사의 주간 정도에 우리들이 모여서 환영할 필요가 어디에 있는가! 오히려 그들이 우리들한테 인사하러 와 야지"라고 말했던 것을 회상하면서 나는 만주영화계가 반드시 순조로운 상황에 있는 것은 아니지만, 그럼에도 불구하고 우리들에 대한 호의를 두세 번이나 보여준 것에 심 심한 감사의 마음을 표하는 바이다.

언뜻 생각해 보면 우리들은 식민지의 사람들이나 그 영화계라는 관념에 대해 자신들 의 밖에 두고, 그들이 매우 조잡한 생각을 할 것 같다고 오해하곤 하지만, 그들은 어느 내지영화계에도 지지 않을 정도로 열의와 연구심으로 가득 차 있고, 신사적 태도를 유 지하고 있다. 구라시게 다다오(倉重忠夫) 군은 그 전형이라고 해도 될 것이다. 올해 정 월흥행에서 대련의 닛카쓰관이 프로그램 편성상 도키와자(常磐座)에게 한 수 뒤진 것을 스스로 인정하고, 기록에 오점을 남기게 된 것에 대해 크게 자중하고 자성하는 마음도 좋은 태도이다. 흥행계도 스포츠맨십처럼 이런 경우에 단적으로 나타나는데, 나카노 관 주는 이런 보물 같은 매니저를 가지고 있는 것만으로 행운아라고 하지 않을 수 없다.

그리고 이번에는 또 나카노 씨 부부가 여러 배려를 해주었는데, 특히 나를 위해 1월 20일에 요동호텔에서 열린 환영회에 출석해주기도 했다. 나카노 씨가 이런 공개영화석 상에 나온 것은 내가 알고 있는 한 처음이다. 이것도 이번 여행의 수확 중 하나였다.

대련은 영화적 도시라고 할 수 있는데 시내 그 자체가 문화적이며 이국적이고 영화 를 중심으로 생각할 수 있는 도시이다. 시내 어디를 가더라도 위로는 만철 총재로부터 회사의 급사에 이르기까지 영화에 대한 화제만 가지고 있으면 말 그대로 얼마든지 활보할 수 있는 곳이다.

특히 대련의 영화인들은 만주국의 개발과 함께 만주의 문호로서 각 사 모두가 노련하고 우수한 인재를 보냈을 정도이니, 인재도 갖추어져 있고 그 수도 거의 내지와 같으며, 내지와 같은 모습의 본사 또는 출장소, 대리점도 존재하는데 모두 본 지사의 영업부급의 배치이다. 나는 이번 여행에서 내지에 있는 오다케(大竹) 씨와 아미도리(網鳥) 씨만은 만날 수 없었지만, 그 이외의 거의 모든 사람들과 만날 수 있었고 간담회도 가졌는데 활기에 있어서는 대련을 따라갈 곳이 없다. 비즈니스와 교제를 혼동하지는 않지만 그래도 실로 유쾌한 기분으로 이야기할 수 있는 것이 무엇보다 좋다.

대련의 영화인들에게는 음침한 진탕싸움이 없는 것이 무엇보다 좋았다. 예전에는 꼭 그렇지도 않았지만 나카노 씨가 끼어들면서 흥행적으로도 배급적으로도 사라진 것 같다. 사적 감정의 대립이나 끝없는 음모작전술만은 대련영화계에 결코 생기지 않았으면 한다. 아니, 대련뿐만 아니라 만주 전국, 일본 전국도 그렇게 됐으면 좋겠는데, 흥행계에 오래된 전통이 아직 남아 있는 곳에서는 그렇게 쉽게 잘되지는 않는다.

대련 영화계는 지금은 고인이 된 네기시 고이치(根岸耕一) 씨가 유랑의 몸을 정착시키고, 만주영화협회의 진흥을 꿈꾸었던 곳인데 네기시=이토 요시(伊藤義)=마쓰오 고마오 군 등 일관해서 훌륭한 중심인물들이 있었기에 오늘날이 있는지도 모르겠다.

내가 지금 만주국영화국책회사의 토픽에 대해서 많은 것을 쓸 자격은 없지만 2월 중순이 되면 관동군의 정식 발표가 있을 것이므로 나는 거기에서 계획의 내용과 구체적인 방책을 제시하겠다. 그러나 일본영화계의 내일을 말할 때 방화의 대륙정책―묘한 단어지만 현재 국가의 외교정책과 부합하니 이 단어를 사용하겠다―의 확립을 기하는 것이 무엇보다 급선무일 것이다. 단지 만주국 영화국책이라는 작은 범위가 아니라 진정으로 방화기업이 발전하기 위해서는 10억의 아시아 민중의 가슴에 일본영화를 인식시키는 것이 무엇보다 급선무이다.

올해는 나도 신변잡일을 조정해서 이 아이디어를 위해 많이 건투하고 싶다. 그 결과가 어떻게 될지는 하늘에 맡기고 아시아의 영화문화운동의 첨단을 달리고 싶다.

그런데 내가 대륙으로 나가면 불가사의하게도 꼭 내지에 무언가 큰일이 생긴다. 지금으로부터 20년 전에는 큰 소동이 벌어져 내가 하고 있는 일을 비롯하여 일본의 전 산업이 뿌리부터 흔들린 적이 있는데, 쇼와 10년 2월에는 사이토 내각의 데이진(帝人) 사건, 쇼와 11년 2월에는 2.26사건, 올해는 또 이 정변이다. 미신을 믿는 건 아니지만 우리들은 세상의 추이를 보며 분위기를 조금 파악할 수는 있으니 일종의 예상이라도 할 수 있는 것이다. 또 가까운 시일 내에 지나와 만주로 건너가는데, 사회 정세에 무언가 변화가 있을 것 같다[쇼와 12년 1월 27일].

-이치카와 사이

1937년 2월 상순(191호) 6쪽

만선영화의 두 번째 보고

이치카와 주간이 「만·선·영화·잡감」에서 첫 번째 보고를 집필하고 있으니, 나는 두 번째 보고서로서 간단하게 만주와 조선영화계의 인상과 초고속 유선형 여정을 보고하도록 하겠다.

1월 13일에 오사카를 출발, 조선의 부산에 도착한 것은 14일 오후 6시 30분, 여기에서 만선영화계를 방문하는 첫 번째 일이 전개되었다.

쇼와칸의 사쿠라바 후지오 씨, 호라이칸의 다나카 후지오 씨, 아이오이칸의 하시모토 세이지 씨를 방문, 부산영화흥행계의 근황을 듣고 당일 밤 경성을 향해 출발.

경성에서

일만열차 '노조미'의 뛰어난 속력은 느꼈지만 창밖은 캄캄한 어둠의 장막이어서, 모처럼의 남조선의 풍물에는 접하지 못했다. 단지 열차 속에 있는 사람들의 웅성거림이 약진하고 있는 조선의 발랄한 생동감을 느끼게 했다. 15일 오전 8시 경성 도착, 먼저 도착한 이치카와 주간과 본사 경성통신부원 야마구치 도라오 씨와 함께 영화배급 조선지사와 영화관을 둘러봤다. 전날 14일에는 이치카와 주간의 경성 방문을 기념해서 하세가와초(長谷川町)의 카게쓰(花月)에서 조선영화계의 당면문제에 대한 간담회가 열렸다. 당일 출석자의 이름은 고인문 씨[조합장], 후지모토 쇼조 씨[부조합장], 오카사키 도시오 씨[닛카쓰 출장소], 다카다 씨[상동], 데라다 씨[쇼치쿠 출장소], 고이와 씨[유나이티드 출장소], 소노다 미오 씨[다이토 출장소], 기쿠치 씨[신코 출장소], 니시다 노보루 씨[마키노 출장소], 우라노 씨[메트로 출장소], 이토 씨[RKO 출장소], 이치카와 사이 씨[본사 주간], 야마구치 도라오 씨[본사 통신원].

15일에는 메이지자 관주 이시바시 료스케 씨의 환영연에 초대를 받아 다음날 16일 오전 3시에 출발하는 '히카리'에 탑승하여 봉천으로 향했다. 특히 단성사의 박정현 씨가 조선영화계에서 활발히 움직이고 있는 것이 인상에 남았음을 덧붙여 두겠다.

봉천에서

국경을 넘어 저 멀리 봉천에 도착한 것은 16일 오후 4시. 역 앞에 신토미자 주인인 하마구치 가타 씨를 포함한 봉천영화계 제씨가 마중 나와 주셔서 몸 둘 바를 몰랐다. 바로 숙소 야마토호텔로 갔다.

오후 7시부터 야마토호텔에서 하마구치, 나카노 두 간사가 간담회를 열었다. 출석하신 분들은 다음과 같다. 봉천의 전 영화계가 총동원되어 기탄없이 의견교환이 이루어졌다.

하마구치 가타 씨[하마구치체인 주인], 후루우치 히데야스(古内秀和) 씨[신토미자 선전부]나카노 다카나리(中野隆成) 씨[쇼치쿠], 가사시마 미쓰고로(笠島光五郎) 씨[도에이(東映)출장소장], 히라타 나가토(平田長登) 씨[유나이티드 지사장], 가쓰라 시로(桂詩郎) 씨[봉천좌], 이케다 야스시(池田壽) 씨[교에이상회(共榮商会)], 요지자키 다미노스케(吉崎民之輔) 씨[아시아맥주주식회사(亜細亜麥酒股份有限公司)]

신경에서

17일 오후 4시에 국도 신경에 도착. 전체적으로 봤을 때 시내도 시민들도 발랄하여 건설약진의 공기를 느낄 수 있었다. 우리들은 즉시 장춘좌에서 유아사 초시로 씨, 데이토키네마에서 시로타 간조 씨를 방문, 다음날 8일 오후 1시부터 와카나(若菜)에서 신경영화인들의 지지하에 간담회를 열었다. 출석하신 분들은

기시모토 아사지로(岸本朝次郎) 씨[기시모토 체인 주], 기시모토 이사오 씨[기시모토 체인], 유아사 초시로 씨[장춘좌 주], 시로타 간조 씨[데이토키네마 주], 고가 야스타로(古賀廉太郎) 씨[장춘좌], 야마모토 사다하루(山本貞治) 씨[아사히자], 니시다 리시치 씨[풍락극장], 도세이 야스히로(稲西康宏) 씨[신코], 고바야시 이치조(小林市蔵) 씨[마키노토키]

나는 18일 오후 9시 30분의 '아시아'를 타고 남하하여 대련으로 갔다. 이치카와 주간은 더 북상하여 하얼빈으로.

대련에서

초특급 '아시아'의 속도는 굉장하다. 차체는 폭이 넓어 피곤한 내 몸이 조금이나마 쉴

수 있었다. 식당의 백인계 러시아인 소녀도 무언가 내 여수를 자아낸다. 어두운 밤인데도 불구하고 장대한 무순(撫順)의 노천굴도 거대한 구멍을 보였다. 일본의 영화계는 왜 이런 소재를 망각하고 있는 것일까. 오후 9시 반에 대련에 도착하여 요동호텔로. 다음 날 19일 이치카와 주간은 하얼빈에서 바로 대련으로 남하하여 신경에서 온 기시모토 씨, 봉천에서 온 하마구치 씨와 같이 도착. 20일 오후 8시부터 대련에서 만주 전역의 영화인이 총동원되어 대간담회를 개최하기로 했다. 그리고 이치카와 주간은 이 대회에서 나온 모든 의견을 가지고 다시 신경으로 돌아가서 만주국 당국에 영화국책에 대해 제의했다. 그날 밤 회합은 치외철폐 및 만주영화국책에 중대한 진언을 시도하려는 준비 작업으로 시종 긴장된 모습이었다.

출석하신 분들은

나카노 쓰네스케(中野常助) 씨[닛카쓰칸 주], 구라시게 다다오 씨[닛카쓰칸 지배인], 오가사와라 라이온 씨[데이코쿠칸 주], 고이즈미 도모오(小泉友男) 씨[도키와자 주], 고이즈미 고로(小泉五郎) 씨[도키와자], 후지자키 요시오 씨[닛카쓰], 하타 준치(畑順治) 씨[마키노 토키], 엔도 고지(遠藤晃司) 씨[신코], 히로키 세이이츠(廣木精逸) 씨[도와], 가네코 데쓰타로(金子哲太郎) 씨[유나이티드사], 마쓰모토 게이조(松本慶三) 씨[메트로], 가사시마 미쓰코로 씨[도에이], 다우라 사다지 씨[폭스], 히라타 나가토 씨[유니버셜], 류 리(リューリ) 씨[메트로], 구도 요기치(工藤與吉) 씨[산에이샤], 가네노(金野) 씨[파라마운트 사], 마쓰모토 미쓰쓰네(松本光庸) 씨[만주일일신문사], 나카노 다카나리 씨[쇼치쿠], 기시모토 아사지로 씨[기시모토 체인 주], 하마구치 가타 씨[하마구치 체인 주].

도쿄에

21일, 이치카와 주간은 다시 신경으로 돌아갔다. 나는 그와 헤어져 대련부두에서 도쿄로. 만주영화계 각위의 절대적인 호의에 감사하면서 귀로에 올랐다.

－가타야마 도모노리片山友德

1937년 2월 상순(191호) 34쪽

경성：작년도 흥행조사, 영화는 단연 톱

설날부터 6일까지의 기간 동안 경성 부내만 하더라도 무려 60만여 명의 관객이 있었으며, 여기에 6만5천여 원이라는 막대한 황금이 쏟아졌으니, 쇼와 12년의 반도의 경기는 보증수표라 하겠다.

총독부의 조사에 의하면 작년 중의

흥행일수는 39,129일

입장인원은 12,874,827명

입장료는 3,193,991원

이 중 영화흥행은

입장인원 8,983,647명

입장료는 2,072,160원

연극의 입장인원 2,471,424명, 입장료 761,426원, 그 외 흥행이 입장인원 1,598,756명, 입장료 360,405원이므로 영화가 단연 톱이었다.

그리고 재작년에 비해 입장인원은 2,603,625명, 입장료는 732,435원으로 둘 다 격증했으며, 최근의 흥행가는 모두 비약적으로 활황을 보이고 있다.

재작년 11월, 조선 경성의 고가네초에 기공한 고가네자는 1년의 공사기간을 거쳐 작년 가을에 낙성했다. 건평 293평, 총건평 601평의 내진내화철근철골콘크리트의 벽돌구조이며 르네상스식으로 지어졌다. 정원 1,130명, 관주는 도쿠나가 구마이치로 씨이며, 마키노 개봉관이다. ••

●●사진
새로 단장한 고가네자

1937년 2월 상순(191호), 도쿄영화신문 쇼와 12년 2월 5일(86호) 3~4쪽
조선내외영화배급 : 올해 새 중역 결정

조선에 결성된 내외영화배급조합은 올해 새 중역을 선거한 결과 다음과 같이 결정했다.

조합장 – 고인문 씨[도와상사], 부조합장 – 후지모토 쇼조 씨[PCL]

회계 – 우에다 도라오(上田虎雄) 씨[메트로]

조선총독부 취체법 개정 : 4월 1일부터 실시

총독부의 오랜 현안이었던 「흥행및흥행장취체규칙」이 드디어 개정되기 시작하여 오는 4월 1일부터의 회계연도를 기해 실시하기로 했으며, 이미 개정안은 완성되었다. 주 개정안의 골자는 영화흥행의 취체상에 관한 전 도의 통일 및 영사기사의 시험제도, 흥행시간의 엄수 등이며 최근 부상하고 있는 영화관의 발달과 더불어 크게 주목할 만한 일이다.

그리고 현재 전 도의 영화관은 내선 합쳐서 총 98관인데, 이는 전년도보다 2개관이 증가한 것이며, 이 중에서 쇼와 11년 중에 새로 개축한 곳은 17군데에 달한다.(3쪽)

단성사, RKO·FOX를 독점

경성부 수은동의 단성사는 올해부터 RKO사 작품을 한 달에 3편, 폭스사 작품을 한 달에 2편씩 독점개봉하기로 하는 계약을 성립했다.

1937년 3월 상순(193호) 18~19쪽

내지업자는 조선영화계를 재인식하라,
특히 배급시스템의 기계화를 지적하다

기계화된 배급방법

본지에서 재삼 자유프로그램에 대한 의견이 게재되었는데 상설관 입장에서 자유프로그램을 요구하는 것은 매우 당연한 일이다. 이런 일이 문제가 되는 것조차 불가사의할 정도라고 할 수 있다. 그러나 불가사의한 일이 태연하게 일어나는 곳이 영화계이다.

자유프로그램과 동시에 문제가 되는 것은 배급시스템의 자유성이다. 영화의 '자유거래시장론'은 이상론에 지나지 않지만, 이런 이상론에 포함되어 있는 정신을 실세로는 활용해야 한다. 자신의 계통관에 '장사가 되지 않는 조건'을 강요하는 것은 이만저만한 오류가 아닐 수 없다.

우리 관은 다이토, 신코, 마키노, PCL, 양화는 파라마운트, 유니버셜, 유나이티드, 산에이샤 계통영화를 상영할 수 있으므로 관의 실정에 입각해서 프로그램을 취사선택하고, 자유로운 상영을 충분히 시도할 수 있는 것이다.

조선흥행계는 경성부를 제외하고는 각 도시에서 1주일 흥행을 할 수가 없다. 최고로 해야 5일 흥행이다. 또 내지인과 함께 반도인도 관객 측으로 동원해야 한다. 이 때문에 프로그램 편성 시에는 매우 곤란함을 느낀다. 이 곤란한 조건에 맞추기 위해서는 방화 4사, 양화 4사의 계통영화에 의한 자유로운 프로그램 편성이 절대적으로 필요하게 된다.

부산에 살고 있는 인구는 약 20만으로 그중 일본인은 4만5천 명. 관람층 대상은 3만 명이다. 게다가 서부에 편재하고 있는 흥행지구는 시 전역에서 관객을 끌어들이기 위해 편도 10전의 시내 전차비도 고려해야 한다. 따라서 3만 명의 일본인 관객수를 절반인 1만5천 명으로 기초해서 계산을 해야 한다. 게다가 이 1만5천 명의 관객을 쇼치쿠 계통의 아이오이칸, 닛카쓰 계통의 호라이칸과 당 관의 세 관에 배분해야 하는 실정이다. 참고로 올해 1월 이후에 히트한 프로그램을 소개하겠다.

1월 4일~7일	〈텍사스 결사대〉	[파라마운트사]
	〈다테경염록〉	[신코]
	〈에도토박이 산타〉	[PCL]
1월 8일~10일	〈정글의 여왕(ジャングルの女王)〉	[파라마운트사]
	〈형의 생일(兄の誕生日)〉	[신코]
	〈복수 히자구리게(仇討膝栗毛)〉	[신코]
1월 15일~17일	〈거인 대 화성인(巨人対火星人)〉	[유니버셜(그사)]
	〈육지의 흑조〉	[신코]
	〈부두의 마천루(波止場の摩天楼)〉	[대도]
2월 5일~8일	〈샴페인 왈츠(シャンパンワルツ)〉	[파라마운트사]
	〈여인애수(女人哀愁)〉	[PCL]
	〈아카가키 하라조(赤垣源蔵)〉	[마키노]
2월 11일~15일	〈언덕의 한 그루 소나무(丘の一本松)〉	[파라마운트사]
	〈심장이 강하다(心臓が強い)〉	[PCL]
	〈공중쾌속왕(空中快速王)〉	[유니버셜(그사)]
2월 19일~22일	〈장군 새벽에 죽다(将軍暁に死す)〉	[파라마운트사]
	〈호쾌남일대(豪快男一代)〉	[신코]
	〈염복좌관사무라이(艶福左官侍)〉	[마키노]

이상과 같이 흥행기간은 3일에서 5일 동안이다. 이 사이에 다이토영화의 전 프로그램

을 한 달에 4번, 10전 흥행으로 시도했다. 양화와 다이토영화로 반도인 관객들을 다수 끌어들일 수 있었다. 일본인 관객이 많이 없으니, 반도인들로 커버해야 한다. 또 토요일, 일요일을 겨냥해서 PCL 2편에 양화 한 편을 프로그램으로 하여 인텔리 반도인들과 일본인 관광객들을 끌어들이기 위해 노력하고 있다.

조선의 배급사정

조선의 실제 영화배급에 대해 간단하게 말하자면 방화는 도쿄, 게이한신(京阪神)에서 상영된 후 약 12주 내지 15주 이후에 들어온다. 요컨대 만주에서 누락된 것이 조선에 돌게 되는 것이다.

조선에서의 배급순서는

닛카쓰는 경성 – 평양 – 부산 – 대구

신코는 경성 – 부산 – 대구 – 원산 – 평양

쇼치쿠는 경성 – 부산 – 평양

이상의 순서를 밟아 1주일 동안의 프로그램을 짜서 기계적으로 돌리게 된다. 경성 이외의 도시에서는 3일에서 5일의 상영기간이 없음에도 불구하고 1주일 동안의 기간을 책상 위에서 예정하고, 각 도시의 상황과 관의 현실을 무시하면서 기계적으로 돌리고 있는 배급현황은 별로 의미가 없다. 예를 들면, 신코 계통의 경우에(18쪽) 다섯 번째 도시인 평양에 신코 계통의 유슈칸(優秀館)이 신설되었을 때에도 이 기계주의를 그대로 적용해 신선하고 새로운 영화관의 싹을 제대로 키우려고 하지 않았다.

양화와 PCL영화는 이 점에서 매우 자유로운 편이다. 부산에서조차 도쿄, 게이한신에서 상영되기 이전에 미리 상영되기조차 한다.

양화와 방화의 경우 배급의 자유에서 차이가 있다고 하더라도 방화의 기계화된 배급 시스템은 비난을 받지 않을 수 없다. 이와 동시에 방화 각 회사의 반성을 촉구하는 바이다.

자유로운 배급, 자유로운 프로그램 편성이 있어야만 이런 곤란한 조건을 가진 반도의 영화관은 번영할 것이다. 내지업자는 이 섬을 잘 인식하여 배급시스템의 기계화를 다시 재고해주기를 절실하게 바라는 바이다.

– 부산 쇼와칸 주 사쿠라바 후지오

필승을 기대하는 비책
:고가네자, 닛카쓰의 조선 전역 개봉관이 되다

신춘 영화흥행전도 1월 말경에는 각 관 모두 저조한 기미였는데 2월에 들어서면서 와카쿠사영화극장의 〈새로운 땅(新しき土)〉을 비롯해 각 관 모두 야심에 찬 프로그램으로 새롭고 화려한 경쟁전의 강도를 높이고 있다.

▲메이지자[쇼치쿠 보합] 1일부터 〈꽃바구니의 노래(花籠の歌)〉〈대장 부리바(隊長ブーリバ)〉, 9일 〈추원(秋怨)〉〈춤추는 해적(躍る海賊)〉[RKO], 16일 〈2대째 야지기타(二代目彌次喜多)〉〈밤하늘을 가다(夜の空を行く)〉[도와], 22일 〈백만장자 아들(長者息子)〉〈연애무적함대(恋愛無敵艦隊)〉〈지옥에의 도전(地獄への挑戦)〉[메트로]

▲와카쿠사영화극장[PCL, 서양영화] 3일부터 〈새로운 땅〉[도와]〈언덕의 한 그루 소나무〉, 10일부터 〈장군 새벽에 죽다〉[파라마운트사]〈풍류엔카대(風流え演歌隊)〉[PCL] 16일 〈마즈루카〉[도와]〈그대와 가는 길(君と行く道)〉[PCL], 19일 〈지나 램프의 석유(支那ランプの石油)〉[워너]〈화석의 숲(化石の森)〉[워너], 24일 〈넝마와 보석(襤褸と宝石)〉〈심장이 강하다〉[PCL]

▲단성사[양화, 신코] 6일부터 〈남장(男裝)〉[RKO]〈남자 견제(男子牽制)〉[MGM]〈풍류 노래하는 사무라이(風流小唄侍)〉[신코], 9일 〈춤추는 해적〉[RKO]〈호쾌남일대 전편〉[신코], 14일 〈기적인간(奇蹟人間)〉[유나이티드]〈폭풍의 전첩기(嵐の戦捷旗)〉[구미]〈호쾌남일대 후편〉[신코], 19일 〈격노(激怒)〉[메트로]〈사랑의 꽃바구니〉[FOX]〈동부암흑가(東部暗黒街)〉[신코], 24일 〈가르시아의 전령(ガルシヤの傳令)〉[FOX]〈폭풍(暴風)〉[신코]〈반도의 무희(半島の舞姬)〉[신코]

▲기라쿠칸[닛카쓰 보합] 3일부터 〈나의 동경지도(僕の東京地図)〉〈기모노 모습의 변재천 소승(振袖姿弁天小僧)〉, 10일 〈옆집의 부인(隣の奥さん)〉〈복수금지령(仇討禁止令)〉〈여자 드라큘라(女ドラキュラー)〉[67][유니버셜(그사)], 17일 〈동쪽의 다테오(東の伊達男)〉〈다카하시 고레하루의 자전 전편(高橋是清の自伝 前篇)〉, 24일 〈아가씨와 부랑아(お嬢さんと浪人)〉〈다카하시 고레하루의 자전 후편〉

67　　원제는 〈Dracula's Daughter〉(1936)

▲고가네자[마키노자] 2일부터 〈해골대명해결편(どくろ大名解決篇)〉〈인간개조(人間改造)〉[유니셜(그사)] 〈맥주 백마대 전편(驀走白馬隊 前篇)〉〈연애의 다듬잇돌(恋愛の砥)〉[재상영] 〈유령초특급(幽霊超特急)〉[콜롬비아사], 16일 〈신의 나라의 마를 베는 검(神州斬魔剣)〉〈2층의 신부(二階の花嫁)〉〈신마 렉스의 복수(神馬レックスの復讐)〉[전편], 20일 〈야규의 두 개의 모자(柳生二蓋笠)〉〈에도에서 자란 축제의 사시치(江戸そだちお祭り佐七)〉〈전선에 숨다(戦線に伏ゆ)〉[신코] 〈맥주 백마대 후편〉[마키노] 〈신마 렉스의 복수 마지막 편〉

▲나니와칸[신코 보합] 4일부터〈남자의 길(男の道)〉〈와야 하는 세계(来るべき世界)〉[유나이티드], 10일 〈호쾌남일대 전편〉〈나루토의 비첩(鳴戸秘帖)〉, 14일 〈무도전래기(武道傳来記)〉〈호쾌남일대 후편〉〈나는 군인(僕は軍人)〉[워너], 19일 〈동부암흑가〉〈석양의 절벽(赤陽の断崖)〉[유나이티드], 23일 〈폭풍우몬포물첩(暴風右門捕物帖)〉〈눈 오는 밤의 수수께끼(雪夜の謎)〉

이상과 같이 각 관 모두 필사적으로 공방전에 비책을 짜서 호화스러운 프로그램으로 필승을 기하고 있는데, 와카쿠사극장 제1주 〈새로운 땅〉은 타 관을 완전히 리드하여 조선 전역에서 흥행이 시작된 이후의 획기적 성적을 기록했다.

즉, 〈새로운 땅〉 첫날을 내지 상영일보다 하루가 빠른 3일을 첫날로 했고 첨부 영화에 파라마운트사의 〈언덕의 한 그루 소나무〉로 학교단체 등에 인연이 있는 녹기연맹에게 전매권을 사게 하여 입장료는 어른 1원 균일, 학생 70전 균일로 뚜껑을 열었다. 〈언덕의 한 그루 소나무〉는 9일부터 단성사, 메이지자 동시 개봉의 RKO 〈춤추는 해적〉보다 먼저 상영해서 총천연색영화를 별로 보지 않는 팬을 만족시키기에 충분한 것이었고, 오히려 〈새로운 땅〉보다 호평을 얻었다. 8일간 총 수익은 1만6천 원대를 돌파하여 조선 전역에서 보기 드문 매우 좋은 성적을 거뒀다.

메이지자는 쇼치쿠영화의 매력과 서양영화를 혼합해 상영하여 이 업계를 항상 리드해온 일인자의 관록을 보여줬다.

고가네자도 3월 1일부터 닛카쓰 조선 전역 제1개봉장이 되어 〈고이치 단베(小市丹兵衛)〉(41쪽) 〈욕조의 신부(浴槽の花嫁)〉, 콜롬비아 〈대도회의 진율(人都会の旋律)〉을 프로그램으로서 보여주고 있는데 앞으로 메이지자, 와카쿠사극장과의 대항전이 볼 만할 것이다. 종래 계통관계가 그다지 좋은 편이 아니었던 도쿠나가 씨의 힘을 발휘할 절호의 찬스가 왔다고 할 수 있겠다.

－야마구치 도라오

1937년 3월 하순(194호), 도쿄영화신문 쇼와 12년 3월 20일(89호) 3쪽

이왕 전하 니시카와(西川) 발성 시찰

소형영화에 조예가 깊으신 이왕 전하께서는 3월 13일 니시카와 발성연구소를 시찰하셨다. 니시카와 유타카(西川豊) 씨가 발명한 국산 16밀리 발성영화의 상황을 보시고 여러 가지 질문을 하셨다.

1937년 4월 상순(195호) 12쪽

조선의 도호 배격은 실정 무시라는 비난

조선의 실정을 보면 4사의 출장소에서 본사의 명령을 실행하려고 해도 지방영화관은 이틀에 한 번 프로그램을 바꾸기 때문에 4사가 공급하는 영화의 양은 문제가 될 정도로 많이 부족하다. 그래서 도호영화와 서양영화의 도움을 얻어야만 장사가 되므로 [도호를 배격하는] 4사에 전면적으로 협력하기는 곤란하다고 한다.

게다가 조선에서는 올해부터 영화통제를 실시해 전 프로그램의 2분의 1은 무조건 방화를 상영하게 되었는데, 4사가 강제로 상영을 하지 않으려면 총독부령을 위반하는 것이 되므로 총독부에서도 이 문제를 주시하고 있다.

따라서 조선영화배급업조합에서는 가까운 시일 내에 임시총회를 열어 대책을 마련하려고 하고 있다.

조선 함흥부 함흥극장으로부터의 내전(來電)

포악무도한 4사에 대항하는 귀 잡지의 당당한 태도에 감탄하는 바이며 앞으로도 건투하시기를 빕니다.

4사 협정은 형법 제223조 위반

쇼치쿠 계열 4사가 이번에 낸 성명서는 형법 제223조의 강요죄에 해당합니다. 즉, 「생명, 신체, 자유, 명예 또는 재산에 대해 위해를 가하려고 하는 것을 협박이라고 하며 또한 폭력을 청부하려는 사람들, 또는 폭행으로 사람들이 의무를 수행하지 못하게 하는 것 또는 당연한 사람들의 권리를 방해하는 이는 3년 이하의 징역에 처한다」라는 범죄에 해당한다고는 알고 있지만, 잘 연구하셔서 귀사가 이들에게 충고를 했으면 합니다. 고소하는 이들이 아직 없을 때 4개사가 이를 그만두었으면 합니다.

－조선 함흥부 기라쿠칸喜楽館 기획부企画部

교육영화 점점 활발해지다
: 문부성 외곽단체, 영교중앙회의 탄생

문부성에서는 교육영화에 대한 전국의 요구에 자극을 받아 이 발달을 촉진하여 전국 각 지역 및 6대 도시에 각각 영화를 교부하고 공영하는 등의 시설을 만들어 왔다. 그런데 최근에 문화영화의 강제상영이 문제가 되면서 우량영화의 필요와 그 공영에 관한 조직을 서둘러 정비하고 있다.

이들 각 지역 또는 시에 교육영화의 배급을 원활하게 하기 위해 드디어 문부차관 가와하라 슌사쿠(河原春作) 씨를 회장으로 하는 문부성 외곽단체 사단법인 영화교육중앙회를 조직하고 최근에 그 발표를 하기에 이르렀다.

신년도 20여만 원의 예산을 획득한 문부성의 적극적인 영화제작과, 이 영화교육배급기관인 중앙회의 활발한 활동이 기대된다.

특히 〈오우미의 성인 나카에 후지키 선생님(近江聖人藤樹先生)〉을 완성한 문부성에서는 PCL에 위탁 중인 〈니노미야 손토쿠(二宮尊徳)〉도 가까운 시일 내에 완성할 예정이다. 그리고 새 의사당의 준공에 따라 공민교육자료로 사용할 영화 〈의회의 이야기(議会の話)〉를 제작 중이며, 지난 제70회 제국의회 개원식의 행렬 모습, 의회 실황 등을 촬영했다.

나고야시(名古屋市) 교육영화협회에서는 동시에 범태평양평화박람회가 개최되는 것을 기회로 전일본영화교육대회를 개최하기로 했다. 4월 18일, 19일 이틀 동안 열리는 이 대회는 이번 여름에 도쿄에서 열리는 세계교육대회와 함께 뜻 깊은 자리가 될 것으로 기대된다.

도쿄시에서도 12년도 시의 소학교 영화교육비로서 1만8천6백 원을 계상하고 그 구체적인 안을 구상하고 있는 중이다.

이에 따르면, 도쿄 시내의 소학교를 각 구의 블록으로 나누어 각 블록에 교재영화도서관 하나를 설치하여 필름의 무료 대여를 실시한다는 것으로 현재 그 세부 실시사항을 검토 중이다.

또 조선에도 조선교육영화연맹이 결성되어 반도 전역의 중학교, 소학교의 가맹을 촉구하고 있다. 실시될 예정의 세부사항을 보면, 먼저 각 학교에 영사기를 구입하게 하고 필름은 연맹에서 교재로 적합한 것을 선정하고 구입하여 각 학교에 제공하며, 지리·역사·이과를 영화교재를 보면서 해설하게 하는 것이다. 앞으로는 뉴스, 그 외 흥미 있는 영화를 보는 과외수업도 행하게 할 방침이다.

오사카부 교육회에서는 한발 더 앞서 16밀리나 토키를 병용하는 영화교육이 실시되고 있다.

그리고 신학년부터 각 학과목을 영화화하고 이를 보편화하기 위해 위원회를 개최하여

학교영화교육연구기관을 각 도시구에 설치하고 조성에 힘쓸 것, 학교영화교육상황을 수시로 조사할 것, 학교들이 뜻을 모아 필름을 공동으로 구입하고, 공동으로 제작할 것[한 학교가 부담하는 비용은 30원에서 50원 정도이며, 학교를 1백 개 단위로 묶을 것]

등을 협의하고 각 시군부에 지방출장을 가서 영화교육의 이론과 실제에 대한 교육이 시작되었다.

영화교육을 위해서는 제국교육회의 적극적인 활동이 요구되었는데, 드디어 제국교육회에서도 영화교육부를 만들어 영화교육운동에 참가하게 되었다. 우선

학기마다 한 번씩 우수영화 감상회를, 매달에 한 번 교육영화시사회를 개최하고 이에 따라서 전문적 권위자와 실제로 현장에 있는 사람들의 강연과 연구발표를 실시하며 우수한 교육영화를 각 지역의 교육회에 추천한다.

이런 일들부터 착수하게 되었는데 그 견실한 발전을 희망하는 바이다.

1937년 5월 상순(197호) 11쪽

선만은 닛카쓰 계열 몰락의 조짐
: 쇼치쿠 견고하고 도호가 진출

4개 회사 대 도호의 갈등에서 가장 타격을 많이 받은 것은 닛카쓰 계열이며, 그 다음은 신코 계열의 전향이 눈에 띄는데, 선만 방면에서는 대련의 닛카쓰관이 도호로 전향한 것을 필두로 몰락이 현저하게 눈에 띄고 있다.

대련의 닛카쓰관이 도호영화를 상영해서 좋은 성적을 보였고, 닛카쓰는 그 개봉이 도호관으로 되어 있어서 의기가 올라가지는 않았다고 하는데, 봉천에서는 신토미자가 도호로 전향했고 닛카쓰는 미나미자로 떨어졌으며, 신경에서는 쌍락극장(雙樂劇場), 신경 키네마가 도호닛카쓰 동시병영의 변칙으로 닛카쓰의 기세는 좋지 않다.

조선에서는 경성 와카쿠사극장이 도호를 옹호하면서 조선 전역에서 자신들의 그 패권을 주창했으며 지방에서는 신코, 닛카쓰의 하향세를 극복하지 못하고 있다. 쇼치쿠 계열은 각지에서도 의연하게 강고한 입장에 있어 오사카 지사는 노력하는 방법이 확실히 다르다고 말하고 있다.

1937년 6월 상순(199호) 30~31쪽

영화관의 선전의 실제
: 조선어 토키 〈타비지(旅路)〉[68]의 상영에 조선어를 사용한 특이한 선전

••

●● 사진
고주칸(吾嬬館)의 조선어 광고지

신시가지 내의 영화 흥행

도쿄 시내라고 해도 몇몇 놀이시설을 둘러싼 지역, 즉 도시가 팽창하면서 급격하게 인구도 증가하고 있고 발전하고 있는 외곽 지역에서의 영화 흥행은 그 지역이 발전함

68　　　조선에서의 개봉명은 〈나그네〉(1937)이다.

에 따라 좋은 성적을 거두고 있다. 그러나 한편으로는 그 지역 발전과 동시에 발달한 교통기관은 그 지역의 관객들을 쉽게 놀이시설로 끌어들이고 말았다는 것도 또한 엄연한 사실이다.

이 외곽지역의 영화 흥행자가 끌어들일 수 있는 관객은 그 영화관 근처의 사람들뿐이며, 또한 그 사람들을 확실하게 흡수할 수 있다면 그것으로 충분하며 그 영화관이 얻을 수 있는 최상의 성적도 그 정도일 것이다.

자신의 영화관으로 사람들을 어떻게 끌어들일 것인가, 그 지역 내에서 어떻게 해서 영화를 보여줄 것인가. 이는 가장 심각한 문제이며, 또한 이에 대해 신중하게 연구되고 있다. 프로그램 연구는 물론이고 요금도 서비스도 크게 고려해야 하지만 그중에서도 그 효과가 중대함에도 불구하고 연구되지 않는 것이 선전방법이다.

영화관에는 그 지역에 상응하는 선전이 필요하며, 또한 그 영화관만이 만들어내는 색깔이 있어도 된다. 그 지역색과 관객과 프로그램을 잘 생각해서 선전에 뛰어들어야 한다. 선전방법으로는 포스터, 전단지라는 상투적 수법에서 더 나아가서 경제적이고 가장 효과적인 수단을 생각할 필요가 있다. 이들은 언뜻 생각해 보면 당연한 것처럼 생각되지만 오히려 실상은 그 반대인데, 의외로 이 방법을 시행하고 있는 영화관이 적다. 또한 그 포스터나 전단지의 배포 방법 등은 거의 천편일률적인데, 여기에서는 어떤 아이디어도 찾아볼 수 없다. 정말로 당연히 해야 할 것, 당연히 하고 있어야 할 것들이 실제로는 시행되고 있지 않은 것이다.

〈타비지〉의 특수 선전

고토(江東) 지역은 도쿄 외곽 중에서도 공장지대로 공장노동자가 절대다수를 차지하는 특이한 지대인데, 이곳 영화관이 시행한 선전 방법 중에서 성공한 예를 들어보기로 하겠다.

신코영화의 조선어 토키 〈타비지〉의 상영에서 항상 배부하는 전단지에 이번에는 조선어 선전문을 넣은 것이다. 영화관 관계자는 "조선어 전단지는 우리가 처음일 것"이라고 말했는데, 그 진위는 둘째치고서라도, 아는 반도인에게 의뢰하여 반도인들이 많이 거주하고 있는 곳을 특히 중점적으로 그 전단지를 배부하게 한 방법이다.

이 방법이 딱 맞아떨어져서 시내 어느 곳에서도 관객이 없었던 〈타비지〉로 굉장한 성적을 거두었다. 이 지역은 시내에서도 반도인이 꽤 많은 지역이다. 이를 겨냥해서 반도인들에게 전단지를 배부한 것은 정말 대단한 선전이라고 할 수 있다.

포스터의 게시장소

그리고 이 관은 선전에 대해서 무척 열심히 연구를 하여 최근에 포스터 등을 5백 장 정도 인쇄해서 영업직원들에게 맡겨서 부근에 붙이게 했는데, 지금은 사무직원들도 하나가 되어 인근의 지도를 만들고 이를 적절하게 인원수로 할당했고, 각자 분담구역을 만들어 그 구역 내에 가장 효과적인 장소에 게시한 후, 그 게시장소를 지도에 기입하고 나중에 적당하지 않다고 느껴지는 곳 또는 효과가 적을 것 같은 가옥 등에 붙인 포스터는 다음에는 철회했다. 그리고 다른 영화관이 많이 붙인 곳은 피하고 가능한 한 자신들의 영화관 포스터만 눈에 띄는 곳 등 각종 연구를 계속하고 있다.

이 연구결과 5백 장의 포스터도 약 150장으로 줄여서 적은 수의 포스터를 보다 효과적으로 사용하여 비용과 시간을 절약했다.(30쪽)

전단지의 배포

전단지를 배포할 때에도 단지 각각의 가옥 입구에 던져 넣어 쓰레기처럼 취급되어 사람들이 보지도 않고 버리지 않게 하라는 주의를 듣고 나서, 각 가옥을 방문할 때에는 그 집의 문패나 간판 등을 한 번 보고난 후 "○○씨, 안녕하세요, ○○관입니다, 한번 보러 오세요"라고 말하며, 집에 있는 사람들에게 직접 건넸다.

이 방법은 잠시 수고를 한 덕분에 매우 좋은 효과를 얻었다.

광고는 한두 장의 전단지의 가치보다도 그것이 읽히지도 않고 버려지는 것이 결국 그 몇 배 몇십 배의 낭비인데, 이로 인해 초래되는 손실을 생각하면 이 정도의 수고는 필요하지 않을까 싶다. 실상 이 영화관 관계자들은 "열심히 하면 이 정도 수고에는 시간이나 비용이 많이 들지 않는다"고 말한다.

알기 쉬운 현상공모

그 외에도 가끔 뉴스에 최근 상영한 영화에 관한 알기 쉬운 현상공모를 내걸어 당선자를 다음주에 초대한다든가, 전단지에 인쇄한 사진을 잘라서 가지고 오게 하여, 주소별로 관객들의 많고 적음을 파악하는 것 등도 간단한 관객 유인 방법이다.

영화관에 대한 인상을 남겨주다

이렇게 해서 그 지역의 관객들에게 상영하는 영화의 내용과 좋은 점, 재미 등을 강조하고 충분하게 생각하게 하여, '○○관의 영화 ○○○'라는 문장이 즉시 머릿속에 떠오를 만큼 강한 인상과 재미를 부여해야 한다. 포스터나 전단지는 단지 상영하는 영화를 통고만 하는 것이 아니다. 그 이상의 역할을 해야 한다. 결국 때와 장소를 막론하고, 마지막의 그리고 최대의 필요조건은 연구이며 열의이고 노력이다.

－우메무라 쓰요시梅村侃司

1937년 6월 하순(200호), 도쿄영화신문 쇼와 12년 6월 20일(95호) 2쪽

〈오야케 아카하치(オヤケアカハチ)〉 조선에서 상영금지

도호 발성영화 〈오야케 아카하치〉는 조선 내에서 상영불가로 되었다.

1937년 6월 하순(200호) 21쪽

먼저 필요한 편수를 보내라

이번 도호 대 4개 회사의 대립 문제에 관해 각 신문은 모두 흥미 본위의 기사를 게재해 지도적이고 비판적 기사가 없음은 유감이다. 지방관에서는 이런 4개 회사의 횡포와도 같은 작전으로 인해 생존을 위협받고 있는데, 구체적으로 말하자면 10편의 프로그램이 필요한데 4편의 프로그램을 배급하고 게다가 우수한 작품성으로 보자면 도호와 대항할 수 있는 회사는 쇼치쿠뿐이라는 실정에 있으면서 다른 회사를 배격하는 것은 불합리하다.

도호와의 병행상영에 대해서는 지금까지 알고 있었으면서도 갑자기 배격하고 있고, 이를 빌미로 해약하겠다는 것은 불법임은 물론 손해배상도 청구할 수 있다. 귀 잡지가 공명한 여론을 지도해야 한다.

－조선 기라쿠칸주

1937년 6월 하순(200호) 33쪽

한케이신(京阪神) 주요 영화관 정세

신코 오사카 2번관에서 조선영화 〈타비지〉 개봉

신코 계열 2번관인 오사카 시내의 다마즈쿠리자(玉造座), 이로하자(いろは座), 유라쿠

자(有楽座)의 세 관은 개봉계열관들이 〈요시다 귀하(吉田御殿)〉를 계속 상영하고 있으므로 그 대신 신코와 조선의 합동영화 〈타비지〉를 10일부터 개봉했는데, 일요일(13일)은 마침 조선의 명절에 해당하여 각 관 모두 보통이 아닌 성황을 이루었고, 특히 조선일보사와 타이업한 다마즈쿠리자는 대성황이었다.

－이마이今井 생生

1937년 6월 하순(200호) 37쪽

【조선】

조선총독부에서는 원래 영화 및 레코드에 대해서는 단순히 보안경찰상으로 본 검열만 시행하여, 우수교화영화의 추천에 대해서는 지극히 소극적인 태도를 보였다. 그런데 최근에 영화 및 레코드가 일반사회에 미치는 영향이 막대함을 감안하여 사회교화상 우수한 작품은 적극적으로 인정하거나 또는 추천하기로 했다. 이는 학무국에서 입안 중인데 안이 완성되었으므로 가까운 시일 내에 공포하고 시행할 예정이다.

동 규정에 의하면 이는 총독부 부내의 관계자들에 의해 조직된 교화영화위원들이 검정을 하여 인정되는 것으로 일반상영을 권하게 된다.

1937년 7월 하순(202호) 89쪽

조선 내에서 문제
:총독부도 불만의 태도

조선배급업조합은 조선에는 특수한 사정이 있기 때문에 4사 협정에 의한 도호 배격이 불가능한 이유를 4사에 건의했는데, 닛카쓰, 쇼치쿠, 신코의 각 출장소 주임들은 본사의 명령을 엄중히 지키라고 하면서 거절했다.

한편 총독부가 쇼와 8년 10월 1일에 현행영화통제령을 공포할 시에, 있어서 대일본활동사진협회에서는 구와노(桑野) 이사를 일부러 파견해서 국산영화를 조장하기 위해 방화 강제 통제령을 진정한 점을 볼 때, 오늘날 일부 방화의 상영을 저지하는 강압수단을 집행하여 업자들이 방화 부족으로 통제령을 위반할 불안한 상황에 빠지게 되므로 이 문제에 대해 주시하고 있다.

1937년 11월 상순(209호) 40~41쪽

경성 기신양행(紀新洋行)의 활약
: '효'를 높게 주창하는 조선어판 〈심청〉 완성

경성업계에서 활발한 움직임을 보이며, 그 발전하는 모습에 일반인들이 주목하고 있는 기신양행의 영화제작부가 감독 안석영(安夕影), 주연 김소영(金素英), 조석원(曺錫元), 창(唱) 이소향(李素香)[69], 김소희(金素姬)를 스탭으로 하여 제작 중인 〈심청〉이 이번에 영화관에서 개봉하게 되었다.(40쪽)

이 〈심청〉이란 영화는 동양도덕의 근원인 '효'를 높게 주창하는 것으로 조선어 전 발성, 국어 자막판 10권으로 되어 있으며 벌써부터 그 상영이 기대된다.

그런데 이 영화를 완성한 동 사는 파라마운트영화를 배급하면서, 이후에도 이런 종류의 조선영화를 제작할 것이라고 발표하여 이후의 발전이 기대된다.

1937년 11월 상순(209호), 도쿄영화신문 쇼와 12년 11월 5일(103호) 2쪽

조선 전역에 시국영화 : 뉴스영화의 상영을 장려

조선총독부는 시국 정세를 감안하여 흥행자들에게 뉴스영화 및 문화영화 등을 상영할 것을 장려하기로 하고, 지난번에 흥행자 및 배급자 측과 여러 가지로 교섭을 했다. 이번에 총독부의 경찰부는 각 도 경찰부에게 시국영화, 뉴스영화의 상영을 적극적으로 추장(推奬)할 것을 시달하고, 이에 대한 편의도 도모하게 하기 위해 여러 방법을 고려 중인데, 이로써 각 신문사의 뉴스영화 상영관도 점차 증가하는 경향을 보이게 되었다.

1937년 11월 하순(210호), 도쿄영화신문 쇼와 12년 11월 20일(104호) 3쪽

도호 조선에 후지모토 씨 부임

도호영화의 조선배급소는 업무가 점점 확대되고 있는데, 이와 맞물려 11월 1일부터 동

---

69   원문에는 '창리(唱李), 소향(素香)'으로 되어 있으나 오식으로 보인다.

사의 직할배급소가 되었으며, 소장을 후지모토 쇼조 씨로 하고 회계에 야마자키 나가도시(山崎長利) 씨, 영업에 노노무라 고헤이(野々村康平) 씨, 선전에 마루야마 소지로(丸山惣二郎) 씨가 임명되었다.

1938년 2월 하순(216호), 도쿄영화신문 쇼와 13년 2월 20일(109호) 4쪽

내선이 손을 잡은 〈군용열차〉 준비를 위해 다니구치 씨 경성에

도호영화가 조선발성영화제작소와 제휴한 첫 작품 〈군용열차〉에는 도에이의 감독, 배우도 출연하게 되었는데, 이들이 조선에 건너가기에 앞서 그 준비를 위해 기획과의 다니구치 센기치(谷口千吉) 씨가 2월 5일 도쿄를 출발하여 경성으로 갔다.

이 영화는 지원병제도가 실시된 조선의 실정을 배경으로 하면서 중대임무를 맡은 철도원을 다루고, 반도의 충심을 그린 것인데 현지의 명배우 문예봉(文藝峰)을 비롯하여 왕평, 김영식 등이 출연한다. 그리고 앞에서 서술한 것처럼 도에이에서도 응원이 오는 등 대작이 완성될 것 같다.

1938년 4월 상순(219호)

〈한강〉 광고

〈한강〉
반도의 신예 방한준(方漢駿) 감독
반도영화인들이 지금 영화제작을 위해 굉장한 기세로 일어섰다!!
기존 영화계를 압박하는 신흥세력!
여기에 진실한 내선융화의 결실이 맺어진다!!
반도영화제작소 작품
도와상사 제공

1938년 4월 하순(220호)

〈군용열차〉 광고

〈군용열차〉

원작 – 이규환 씨

각색 – 기쿠치 모리오(菊地盛央) 씨, 조영필 씨

연출 – 서광제 씨

촬영 – 양세웅 씨

반도의 샛별 – 왕평 씨, 문예봉 씨, 독은기 씨

도호 – 고바야시 주시로(小林重四郎), 사사키 노부코(佐々木信子)

도호·성봉영화원 제휴 제1회 작품

대륙으로 가는 다리, 반도에 지원병 제도가 발포되었다!

반도의 길목을 지키는 철도종사원들의 열성으로 군용열차는 달려간다.

강한 드라마와 반도의 독특한 풍경

반도 영화계의 혈기와 도호의 강고한 악수

진지하면서도 이색적인 영화가 드디어 결실을 맺었다!

1938년 5월 하순(222호) 14~15쪽

문화영화 : 조선의 영화 이용 상황

1

　조선은 지나사변 발발 이후 위아래를 막론하고 일대 쇼크를 받아 일본정신을 각성함과 동시에 시국을 잘 인식하여 현재는 약진하고 있는데, 이는 조선에 산 지 20년이 지나는 우리들이 봐도 경이할 정도의 일이다.

　최근에는 내지에서 조선을 방문하는 인사들도 격증했는데 이들의 마음속에 오늘날 약진하고 있는 조선의 모습이 확실한 인상을 남기고 있고, 내지와 비교해도 조선 쪽이 오히려 긴장하고 있음을 보면 역대 총독들의 고심한 흔적이 점차 결실을 맺고 있음을 상기시켜준다.

특히 故 사이토(齋藤) 총독은 반도문화를 보급하는 데 철저함을 기하면서 영화를 이용하는 데 힘을 기울였고, 총독부 내에도 영화를 이용함에 있어 통일을 도모해, 관방 문서과에서 이를 시행하게 되면서부터 조선의 영화문화운동은 급전개를 보였으며, 총독부 각 부국(部局) 내는 물론이고 전 13도에 이르기까지 비상한 발달을 보여 오늘날과 같이 영화를 이용하는 일들이 보급되기에 이르렀다. 그 결과 13도 모두 영사반의 설비를 가지게 되었으며, 그 활동범위는 여기저기 확대되고 있다.

그리고 현재 제작된 영화의 재고가 679권 277,000여 미터에 이르는데, 쇼와 12년에는 경성부 직영의 영사회가 3,914회, 각 도는 무려 수천 회에 이르렀으며 그 보급 상황은 내지와 비교해도 손색이 없을 것이다.

2

그리고 이번 지나사변으로 만들어진 국민정신작흥방침에 근거하여 각 관계자가 협의 하에 조선 각 도에서 영화를 이용할 때 서로 통제와 연락을 하게 했다. 특히 13년(1938 년) 이후 토키를 보급하기 위해 각 도에 전부 35밀리 표준형 토키영사기를 보급하기로 하고, 이를 궁리한 끝에 도쿄올키네마사가 발견한 올폰을 구입하여 이를 취급하는 실습 및 이용 방법에 대해 협의했다. (14쪽)

••

이 사진은 그 취급 강습이 끝났을 때 기념으로 촬영한 것인데, 이렇듯 기계를 통일하면 기술자의 입장에서도 매우 편리하며 필요에 맞춰 부품 등을 준비할 때에도 대리점에서 풍부하게 그리고 많이 준비할 수 있으니 고장이나 부품의 교환 등에 대한 서비스도 철저하게 기대할 수 있게 된다.

단순히 기계뿐만 아니라 필름 그 이외 것들에 대해서도 앞으로는 될 수 있는 한 총독부에서 통일된 연락을 하여 구입 편의를 도모함으로써 보다 더 좋은 영화를 많이 이용하는 방법에 매신할 것이다.

무엇보다 조선의 오지에 가면 아직 전기가 보급되지 않은 곳이 많아 발전기를 지참해야 하는데, 이런 점은 내지의 각 지역의 영화반들이 도저히 상상할 수도 없는 고난이다. 그러나 이런 고난을 극복하는 것에서 그 영화에 대한 매력과 효과를 얻을 수 있으

●● 사진
조선총독부에서 강습 수료 후 기념촬영－쇼와 13년 3월 20일
왼쪽부터 △이인섭(李仁燮)[평안남도(推獎)] △이노우에 고타로(井上幸太郎)[경상남도] △강성순(康聖淳)[동] △박성원(朴聖元)[황해도] △다카히라(高平)[경기도] △아라키 마사하루(荒木政治)[충청북도] △김경하(金景河)[본부 문서과] △후카사와 히사조(深澤久三)[평안북도] △미야카와 소노스케[선만활동사진상회] △마토노 사토루(的野悟)[충청남도] 두 사람을 사이에 두고 △고미치 사토루(講滿悟)[충청남도] △×× △오나베 류이치(尾鍋隆一)[전라북도] △×× △×× △아베 사카에(阿部榮)[강원도] △김정기(金精氣)[함경남도] △앞줄에 앉아 있는 사람이 쓰모리 이사오 씨

며, 여기에서 막대한 수확을 얻을 수 있다는 것도 실증되었다.

다행히도 조선의 영화운동은 앞으로 각 방면의 이해와 지원으로 한층 더 깊어지고 확대되기 시작했으니, 곧 그 실적을 올릴 수 있을 것이다.

최근에 이탈리아의 사절들이 조선을 방문했는데, 오사카 등지는 우리 영화반의 활약으로 즉시 카메라에 담아 일행이 만주국을 통과하고 대련을 떠나기 전인 지난 5월 13일 대련 야마토호텔에서 시사회를 열었고, 이탈리아에 선물로 증정할 수 있었다. 이런 일들은 실로 영화 이용을 한층 더 촉진시켜야 한다는 것을 각 방면에 널리 알리는 좋은 기회였다.

－조선총독부 촉탁 쓰모리 이사오津村勇

1938년 6월 상순(223호)

〈군용열차〉 광고

〈군용열차〉
반도의 스타들 도쿄로 상경!
드디어 완성 임박

원작－이규환
각색－기쿠치 모리오, 조영필
연출－서광제
촬영－양세웅
반도의 샛별－왕평, 문예봉, 독은기
도호－고바야시 주시로, 사사키 노부코

문예봉 양 일행 도쿄 상경!
〈군용열차〉 녹음을 위해
이미 보도한 대로 도호는 반도에서 유일하게 성실한 영화인들이 모인 성봉영화원과 제휴하여 제1회 작품으로 반도의 충심을 담은 애국영화 〈군용열차〉를 제작하기로 결정. 4월 하순에 조선에서 촬영을 종료하고 도쿄로 돌아와 정리를 서두르고 있는데, 지난 5월 17일 오후 4시 40분 도쿄역에 도착하는 열차로 상경한 문예봉 양을 비롯한 주요배우 및 조선악사 일행을 맞이하여 도호 도쿄촬영소에서 녹음하기로 결정. 그리고 이 〈군용열차〉는 조선어 전발성. 일문 자막을 넣어 개봉은 6월 중순이 될 예정이다.

도호·성봉영화원 제휴 제1회 작품

1938년 6월 상순(223호), 도쿄영화신문 쇼와 13년 6월 5일(116호) 3쪽

"조선영화" 약진:〈군용열차〉 등 속속 발표, 반도의 문예부흥시대

최근에 조선에서는 사상통제의 입장에서 영화를 상영할 때 외국영화를 통제하도록 했는데, 쇼와 10년 10월부터 프로그램의 3분의 1을, 작년 10월부터는 그 2분의 1을 국산영화로 한정시킨 결과, 의외로 방화 배급 부족을 초래하여 조선영화의 제작과 기획을 촉진시켰다. 그리고 이번 사변은 이런 상황에 더욱더 박차를 가해 최완규(崔完圭) 씨를 중심으로 하는 이창용(李創用) 씨 등의 고려영화사 〈한강〉은[70] 5월 4일 경성에서 개봉되어 많은 호평을 받았다. 그리고 신코키네마와 손을 잡고 〈타비지〉를 완성한 성봉영화는 이번에는 도호와 손을 잡고 시국영화 〈군용열차〉를 촬영하는데 이미 야외촬영과 세트 촬영을 끝내고 상경했으며, 5월 24일부터는 기누타스튜디오(砧スタヂオ)에서 녹음에 들어가 늦어도 6월 상순에는 완성된다고 한다.

이 두 영화제작단체 외에 천일영화사는 최인규(崔寅圭) 씨가 중심이 되어 〈도생록(圖生錄)〉을 제작하고 있으며, 지난봄에 자본금 50만 원으로 만들어진 조선영화주식회사도 또한 오영석(吳榮錫) 씨를 중심으로 제1회 작품 〈무정(無情)〉이란 대작을 제작했다. 그리고 이창용 씨가 독립하여 상해에 있는 명감독 전창근(全昌根) 씨와 콤비로 〈복지만리(福地萬里)〉라는 초특급작품에 착수한다. 그리고 〈심청전〉을 발표하고 나서 기신양행에 틀어박힌 이기세(李基世) 씨가 뜻을 같이 하는 이들 몇 명과 함께 조선문화영화의 제작에 나서 이색적인 작품을 제공한다고 하니 올 여름부터 가을 사이에 반도의 영화가 두드러지게 나타나 내지영화계에 활기를 불어넣을 것 같다.

---

70   1938년 4월 상순(219호)의 〈한강〉 광고 지면에는 '반도영화제작소'라고 기록되어 있다.

〈군용열차〉 광고

〈군용열차〉

원작 – 이규환

연출 – 서광제

각색 – 기쿠치 모리오[71], 조영필 촬영 양세웅

도호·성봉영화원 제휴 제1회 작품[일문자막 첨부]

왕평·문예봉·독은기

[도호] 고바야시 주시로

[도호] 사사키 노부코

조선총독부 영화검열 통계표

조선영화제작계는 최근에 작년 가을 상영 할당율의 변경, 지나사변의 영향, 내지자본의 협력, 조선영화인의 진지한 활약 등에 의해 눈부실 정도로 약진하고 있는데, 현지 영화들 중 내지에는 도에이 〈군용열차〉와 도와상사가 배급하는 〈한강〉, 〈도생록〉 등이 개봉될 예정이다.

제작계를 움직이게 한 이런 원인들은 또한 조선영화의 흥행계에도 활기를 불어넣었는데 이는 숫자로 나타난 조선총독부의 활동사진 '필름' 검열통계표 쇼와 12년의 통계[12년 4월 1일~13년 3월 31일]를 봐도 알 수 있으며 동년도 검열총수는 13,256권 2,887,932미터에 달한다. 이 중에서 극영화는 10,898권 2,482,360미터, 실사영화는 2,358권 405,572미터이며, 극영화를 방화, 양화로 나누면 방화는 7,557권 1,669,619미터에 대해 양화는 3,341권 812,741미터로 할당제의 변화를 명확하게 나타내고 있다.

---

71   원문에는 기쿠치 모리후미(菊地盛夫)로 오식.

방화		양화	
△쇼치쿠	1,364권 320,568미터	△유니버셜사(그사)	331권 78,774미터
△닛카쓰	1,094권 272,291미터	△폭스	197권 48,768미터
△신코	1,230권 290,576미터	△파라마운트사	382권 94,128미터
△다이토	761권 157,662미터	그 외 미국물	1,871권 451,197미터
		미국물을 제외한 외국영화	12,341권 812,741미터

1938년 7월 하순(226호, 일본영화의 대륙발전호)

〈군용열차〉 광고

〈군용열차〉 8월 제1주
도쿄 공개!

원작 – 이규환
각색 – 기쿠치 모리오, 조영필
연출 – 서광제
촬영 – 양세웅
도호영화 성봉영화원 제휴 제1회 작품
문예봉
왕평
독은기
[도호] 고바야시 주시로
[도호] 사사키 노부코

반도영화의 중앙 진출!
공개무대에 등장한 〈군용열차〉에 박수를 보낸다!!

1938년 7월 하순(226호, 일본영화의 대륙발전호), 도쿄영화신문 쇼와 13년 7월 20일(118호) 2쪽

쇼치쿠도 조선영화계와 제휴하나
:조선의 감독 10명이 모여 일본영화감독협회에 가입

최근에 조선영화계는 실로 눈에 띄게 약진하고 있는데, 지난 가을 10월에 방화와 양화의 상영 할당량 개정[2분의 1을 방화로 상영하게 한 일], 지나사변의 영향, 내지자본의 협력, 조선영화인의 진지한 활약 등의 원인으로 조선영화계의 약진이 왔다고 볼 수 있다. 그런데 이 중에서도 영화계에서 내지자본이 협력한 예를 보면 도호가 성봉영화원과 제휴하여 〈군용열차〉를 제작하고 최근에 개봉하기에 이르렀다. 그리고 쇼치쿠 측에서도 치바 기치조(千葉吉造) 씨 등에 의해 조선영화주식회사와의 제휴가 비밀리에 계획되고 있는 것 같은데, 조선을 무대로 하는 내지영화자본의 움직임은 조선영화관의 동향을 배경으로 주목되는 바이다.

또한 조선영화인들도 진지하게 활약하고 있는데, 현지 영화감독 10명이 일본영화감독협회에 가입하여 경성에 조선지부를 설치하게 되었는데 조선의 특수사정에 의해 자치제를 하게 되었다. 그 이름은 다음과 같다. 괄호 안은 최근의 작품명.

서광제 〈군용열차〉　　　　윤봉춘 〈도생록〉　　　　김유영 〈애련송〉
이규환 〈타비지〉　　　　　안석영 〈심청전〉[72]　　　박기채 〈무정〉
방한준 〈한강〉　　　　　　안철영 〈어화〉　　　　　안종화 〈인생항로〉
전창근 〈복지만리〉

1938년 10월 상순(231호) 2~3쪽

조선의 영화검열의 특수성

내선융화를 위한 검열제도

조선에 영화검열제도가 만들어진 것은 다이쇼 15년(1926년)으로 그 이전에는 각 부와 도의 경찰부에 개별로 검열제도가 있었습니다.

72　　　원문에 〈심청전〉으로 표기되어 있음.

조선총독부의 관할하에 특별히 영화검열제도가 설치된 이유는 영화가 민중에게 미치는 영향의 중대성을 고려해서이며, 조선의 특수사정에 맞춰 입안된 것입니다.

현재로는 내선일체가 강조되어 사상적인 의혹은 거의 일소되었지만 그래도 특히 현재의 중대시국을 감안하면 더 많은 노력을 기울여야 할 필요가 있다고 생각합니다.

그러므로 내선융화라는 목적에 맞지 않다고 의심이 들 경우에는 아무리 훌륭한 예술성을 지닌 영화여도 어쩔 수 없이 거부해야만 할 경우가 있습니다.

그 일례로서 〈인생안내(人生案內)〉[73]를 들 수 있습니다. 아시다시피 〈인생안내〉는 예술적으로 우수한 영화이며 문부성에서도 추천한 작품이지만, 조선에서는 검열로 기각되었습니다. 그 이유는 러시아의 국내 정서를 호소하는 부분이 조선민중에게 영향을 끼친다고 판단되었기 때문입니다. 이런 의미에서 〈툴쿠시브(トゥルクシヴ)〉[74]와 같은 기록영화도 검열에 통과되지 않았습니다.

그 외에 민족의식이나 민족에 대한 압제를 과장한 것 같은 영화도 검열을 통과할 수 없습니다. 예를 들면 아일랜드, 폴란드, 핀란드 등의 독립 문제를 다룬 극영화가 이에 해당합니다.

〈걸식 학생(乞食学生)〉이나 〈알프스의 창기대(アルプス槍騎隊)〉 등의 영화는 반리 문제를 다룬 것이므로 괜찮을 것이라고 생각하실지도 모르겠지만 대국적 시점에서 검열을 통과하지 못했습니다.

러시아혁명과 연애를 중점적으로 다룬 〈갑옷 없는 기사(鎧なき騎士)〉는 내란을 보여주는 게 괜찮은가라는 관점에서 논의에 들어갔는데, 이 영화는 결론적으로 혁명의 비참함을 강조하는 것이었으므로 검열이 통과되었습니다.

내지에서 당당하게 공개된 영화가 조선에서는 허가되지 않는 것에 대해 영화 배급에 관련하는 많은 분들이 안타까움을 표하며 의문점도 가지고 있으리라고 생각되지만, 조선의 특수사정을 생각하시고 우리 검열당사자들의 입장을 이해해주셨으면 합니다.

조선에서는 어떤 영화가 환영받는가?

예전에 조선대중들은 양화를 좋아하고 방화를 싫어하는 경향이 있었습니다. 특히 일

---

73   원제는 〈Road to Life〉(1931), 구 소련의 첫 번째 토키영화다.
74   원제는 〈Turksib〉(1929). 러시아의 투르게스탄과 시베리아를 잇는 투르구시브 철도 건설에 관련된 실화를 소재로 한 영화이다.

본영화 중에서도 시대극은 잘 모르기 때문에 환영받지 못했습니다.

그래서 지금까지 조선영화관의 흥행은 상영영화의 대부분이 양화에 한정되어 있었습니다. 이는 조선 인구 2천만 명 중 내지인은 그 10분의 1인 2백만 명에도 달하지 않으므로 반도인을 충분히 끌어들이지 않으면 흥행에서 채산이 맞지 않기 때문입니다.

문화교육적 측면에서도 이런 상황은 안 되겠다고 하여, 쇼와 9년에 이에 대한 취체규칙이 만들어졌습니다. 상영영화 중 반드시 4분의 1은 일본영화를 상영해야 하는 것입니다. 그리고 점차 그 비율이 높아져 3분의 1이 되었고, 쇼와 12년부터는 한 달에 상영하는 영화의 총미터수의 2분의 1은 일본영화를 상영하도록 했습니다.

방화의 현대극이나 양화의 일본판 등이 이해될 수 있을까라는 걱정도 있었지만 그런 걱정은 절대로 할 필요가 없었습니다. 지금은(2쪽) 일본어 교육도 널리 퍼져 있으므로 대체적인 내용을 이해하기는 어렵지 않습니다.

현재 조선의 대중이 기뻐하는 영화를 보면 음악물 같은 순수오락영화가 가장 환영받는 것처럼 보입니다. 이런 경향은 살벌하고 오직 자극으로 가득 찬 내용의 작품보다는 음악극이나 연애물로 대중의 정조를 융화하고 싶다는 교화적 의도에서 순수오락영화를 일찍부터 들여온 것에도 그 이유가 있을 것입니다.

예전부터 양화를 접할 일이 많았던 반도인은 방화에 대해서는 현대극 쪽을 환영합니다. 시대극이 환영받지 못하는 이유는 난해하다는 이유 외에 이런 이유도 있다고 생각합니다.

관객층도 지금은 많이 비슷해져 영화에 대한 비평의 눈도 겉으로 발표되지는 않지만 상당히 높은 레벨의 감식정도를 가지고 있습니다.

양화에 대한 감식안 등은 내지의 관객층보다 오히려 더 높지 않을까 생각합니다.

조선의 영화흥행은 다른 그 어느 곳보다도 경성이 가장 좋고 성적도 수위를 차지하고 있습니다. 경성에 이어서는 부산, 평양 등으로 최근에는 함흥이 약진하고 있습니다.

영화에 의한 대중의 변화

원래 조선에서 나고 자란 대중은 소박하고 순정적이므로 어떤 의미에서 보면 시대사상(時代思想)[75]을 가지고 있어 강자를 존경하는 경향이 있습니다. 만주사변을 하나의 계

---

75   사대사상(事大思想)의 오기로 보인다.

기로 하여 조선의 대중의 의식도 크게 각성되었습니다. 뉴스영화 등을 볼 때에도 모자를 벗어 경의를 표할 만한 장면에서는 물론 경의를 표하고 있으며, '우리들은 황국신민이다'라는 관념이 특히 영화를 통해서 강조되고 있는 것을 알 수 있습니다.

지도에서도 알 수 있듯이 조선반도의 한 도라는 것은 내지의 규슈 정도에 필적하는 넓은 지역을 가진 곳도 있으므로 그중에는 오지여서 아직 교육의 손길이 닿지 않는 곳도 있습니다.

이런 지역 사람들은 영화로 지도교화를 시행하는 것이 가장 효과가 있습니다. 특히 함경남도 근처는 사상적으로도 문화적으로도 미개한 사람들이 많이 살고 있는 지역이므로, 그런 사람들에게 영화를 보여줄 경우에는 단순히 사람을 모아서 영사를 하고 해설자가 해설을 하는 것만으로는 효과가 없을 것이라고 생각되어, 더 적극적인 자세로 임해 모르는 점은 직접 상세하게 해설하는 방법을 택하고 있습니다.

어떤 때는 사변뉴스를 보여주니 용감무쌍한 황군의 진격 양상을 보아도 우선 그것이 어떻게 촬영되는지 궁금해 하고, 영화 그 자체를 처음 보는 사람들이므로 "황군병사들만 나오는데, 지나병사가 안 나오는 것을 보면 이건 연습장면인가요"라고 하는 사람도 있었습니다. 이런 사람들에 대해서는 잘 알아들을 수 있도록 설명을 하여 납득을 시킵니다.

그러나 또한 이런 드문 현상과는 반대로 뉴스 중에서 반도의 부인들이 역지 등에서 애국부인회 또는 국방부인회 등의 앞치마를 입고 헌금을 모집하는 바지런한 정경을 보고 감격하여 즉시 그 자리에서 헌금을 모았다는 기쁜 실화도 있습니다.

이런 이야기들은 영화가 대중에게 미치는 교화력이 얼마나 큰가를 여실하게 보여주는 가장 현저한 예라고 생각합니다.

조선영화의 제작에 대해서

이른바 조선영화라고 하는 작품들도 2~3편 내지에 소개되어 최근에는 〈어화(漁火)〉 등을 쇼치쿠가 배급하여 다소 호평을 얻었다고 하며, 또한 도호와 성봉영화원[현재는 조선영화주식회사로 합병]이 협동제작한 〈군용열차〉도 소개되었는데 〈어화〉 등은 조선에서는 아직 개봉되지 않았습니다.

조선영화에서는 제작기구라고 하더라도 예전에는 자본주 밑에서 감독, 카메라맨, 배우가 모여 영화를 한 편 만들면 해산하는 상태였습니다.

그리고 필름의 소유권은 자본주가 가지고 있었습니다. 이런 제작기구는 역시 인재의 부족이라는 결점을 가지고 있습니다.

최근에 비로소 내지의 영화회사가 진출하기도 하여 조선영화에도 서광이 보이기 시작했는데, 조선에서 조선영화는 절대적 흥행가치를 가지고 있으며 원래 조선이라는 지역은 내지보다도 외국지향적 풍경으로 가득 차 있는 곳이므로 이런 점에 영화회사가 주목하여 더 적극적으로 수출을 위한 조선영화를 제작하면 좋겠다고 생각합니다.

오늘날 문화영화의 진전과 맞물려 조선에도 문화영화를 제작하려는 기획이 진행되고 있는데 내지의 영화계에서도 조선의 특수사정을 이해하려고 노력해주길 바랍니다. [글의 책임은 기자에게 있습니다(文責在記者)]

－조선총독부 도서과 필름검열계 이케다 구니오池田國雄

1938년 10월 상순(231호) 32쪽

편집후기

오랜만에 조선총독부영화검열계 이케다 구니오 씨를 만나 조선영화의 최근 동향 및 내지, 만주, 지나의 영화연계에 대해 이야기를 나누었다. 앞으로 본사는 영화국책에 관한 사명으로 점점 분주해질 터인데, 이로써 앞날이 빛날 것임을 자각하고 더 많이 노력하여 세계 첫 번째의 선구자가 되어 영화를 기조로 하는 국운이 앞으로 나갈 수 있는 추진력이 되기를 기대해본다.

－소후케草深

1939년 1월 하순(238호), 도쿄영화신문 쇼와 14년 1월 20일(129호) 1쪽

미국영화 8사, 조선에서도 높은 보합률
:조선총독부, 경쟁 방지를 위한 간담회

8개의 미국영화사는 새로운 거래규정을 체결하고 내지상영관에 높은 보합율의 거래를 요구함과 동시에 조선의 각 대리점에도 요금을 종전보다 10수할 정도 증가한 높은 보합율을 요구해 왔기 때문에, 조선총독부 영화관계당국에서는 업자를 보호조성한다는 입장에서 대리점과 영화관 등의 관계자를 모아 서로 쓸데없는 경쟁을 하여 미국 본사 측의 의도에 편승하지 않도록 하는 내용의 간담회를 했다.

"조선내외영화배급조합 결성되다"
: 재조선내외영화배급업자를 모아 하나로 만들 강력한 단체

조선에서는 5년 전부터 이미 영화통제가 시행되어 왔는데, 최근 미국영화회사가 하려고 하는 높은 요금 문제 등에 관한 대책을 마련하고, 영화계의 진정한 발달을 도모하기 위해 조선총독부 인가하에 재조선내외영화배급업자를 하나로 모아 '조선내외영화배급조합'이 결성되어 주목을 끌고 있다.

그 사업내용을 보면 상설관 및 지방순회업자가 계약 위반 등 조합원에게 손해를 끼쳤을 때, 조합원들은 분쟁이 끝날 때까지 당 가해자에게 배급을 하지 않고 원만하게 해결되지 않았을 경우에 조합원들이 그 해결을 위해 노력한다고 되어 있다. 반대로 조합원이 상설관에 손해를 끼쳤을 경우에도 조합이 결의하여 이를 처리할 것을 규정하고 있다. 또한 조합원이 당국에 영화의 검열을 신청할 경우에는 조합을 통해 할 것을 규정하고 있으며, 그 한편으로 조합은 총독부 도서과에 '조합원 중 조합규약을 위반한 자가 당국에 검열을 신청한 경우 당국이 영화검열을 거부해도 이의 없음'이란 내용의 청원서를 제출했으므로 영화배급업자는 조합에 가입하지 않고서는 영업이 불가능할 정도의 강력한 조합이다. 그런데 조합 임원은 다음과 같다.

조합장 와타나베 쇼타로(渡邊庄太郎)[닛카쓰출장소장], 부조합장 이창용[고려영화사 대표], 동 이기세[기신양행 영화부, 평의원], 야마모토 기지(山本季嗣)[RKO 배급소], 동 데라다 미츠하루(寺田光春)[쇼치쿠 배급소], 동 우라노 하지메[도와상사 지사장], 회계 소노다 미오[대도 배급소], 상담역 이데 이사오(井出勇)[총독부 사무관], 동 후쿠에 가요시(福江鹿好)[총독부 이사관], 동 와케지마 슈지로[경성흥행협회장], 동 미치오 미네지로[아이오이칸 관주], 고문 마쓰모토 헤이치(松本兵一)[변호사]

경성:신춘 일찍부터 호조를 보여

경성의 영화흥행계의 정월 흥행은 근래에 없었던 온난한 기후로 각관 모두 작년보다 증가하는 양호한 성적을 거두었는데, 그중에서도 고가네자[닛카쓰 개봉]는 〈로이드의 이

집트박사(ロイドのエヂプト博士)〉〈아카가키 하라조〉[21일부터 1월 3일까지] 〈로이드의 이집트박사〉〈야지키타의 여행기(彌次喜多道中記)〉[4일부터 7일까지]의 프로그램으로 입장료 50전 균일, 입장자수는 설날 6천5백 명, 2일 5천 명, 3일 6천 명, 4일 5천5백 명으로 타관을 누르고 제일 성적이 좋았다.

예년에 없었던 호황을 누리고 있는 경성의 신춘영화흥행은 4일부터 둘째 주로 들어가 쇼치쿠 개봉 메이지자는 4일부터 8일까지[입장료 50전 균일] 〈어머니의 노래(母の歌)〉〈밀턴의 행운아(ミルトンの幸運児)〉로 타 관을 리드하는 성적이며, 7일과 8일 양 일은 특히 시모가모(下加茂)의 스타가 실연하는 〈봄 무용의 자태를 그린 에조시(春姿踊り絵草紙)〉[76]를 첨가해 점점 인기를 모으고 있다.

실연 일행은 야마지 요시토(山路義人), 미쓰카와 교코(光川京子), 지가 후지코(自河富士子), 야마토 히사노(大和久乃), 모가미 요네코(最上米子) 등이다.

와카쿠사극장은 8일부터 12일까지 콜롬비아의 〈붉은 장미 행진곡(紅薔薇行進曲)〉〈에노켄의 빈틈없는 시대(エノケンのがっちり時代)〉, 어트랙션[77]은 나카가와 사부로(中川三郎)의 탭댄스.

고가네자는 8일부터 12일까지이며 RKO의 〈라디오의 가희(ラジオの歌姫)〉, 닛카쓰의 〈조국의 신부(祖国の花嫁)〉〈구라마 덴구(鞍馬天狗)〉.

－야마구치 도라오

1939년 2월 하순(240호) 31~32쪽

경성: 신코개봉관의 행방

신코개봉관은 어디로

지난번에 나니와칸이 도호로 전향하면서 신코키네마는 경성개봉관을 잃게 되었는데 이 때문에 현재 경성흥행계는 쇼치쿠[메이지자], 도호[와카쿠사영화극장], 닛카쓰[고가네자]의 3자 대립상태로 되었다. 게다가 2번관은 도호계가 나니와칸·게이류칸을, 닛카쓰계가 기라쿠칸, 쇼치쿠자가 신도미자(新富座)·도카극장을[31쪽] 가지고 있어 신코 계열은 개봉, 2번관 모두 완전히 쫓겨나게 된 상황인데 곤경에 처한 신코키네마에서는 개봉관

---

76 에조시(絵草紙)는 에도시대에 유행했던 그림이 있는 목판인쇄의 총칭.

77 Attraction, 영화 상영과 함께하는 짤막한 무대 공연을 가리키는 말.

획득을 위해 맹렬하게 물밑 작업을 개시하여 앞에서 기술한 와카쿠사극장 및 기라쿠칸 등에 대해 교섭을 계속하고 있어 그 결과가 주목되는 바이다.

유나이티드의 분규 해결

도호가 유나이티드영화 조선배급권을 획득했는데 전 대리점 이창용 씨의 권리 획득을 위해 들고 일어선 경성영화배급업자조합에서는 총독부 도서과에 이 사실 관련 서류를 구비하여 신청했다. 이 때문에 유나이티드사 제공의 〈스텔라 댈러스(ステラダラス)〉의 검열이 곤란해질 것으로 예상되는데, 신임 도호배급소장 이시하라 류조(石原隆三) 씨가 바쁘게 뛰어다녔고 유나이티드 본사가 조합에 대해 유감의 뜻을 표명한 것으로 일단 이 문제는 일단 안정되어, 〈스텔라 댈러스〉는 무사히 검열을 통과했으며 현재 상영 중이다.

-Y. S 生生

1939년 3월 하순(242호) 33쪽

도쿄 주요영화 개봉 흥행 정세

반도의 인기물 '조선악극단' : 3월 중순부터 요시모토체인에 출연

반도악단에서 선풍적 인기를 모으고 있는 '조선악극단'은 반도예술을 소개한다는 사명을 띠고 3월 초순 대거 상경, 3월 11일부터 아사쿠사(浅草) 가게쓰(花月)극장을 비롯하여 전국의 요시모토체인에 출연하게 되었다.

이 극단은 이난영(李蘭影) 등 반도의 인기가수, 무용가에 CMC밴드로 조직되어 조선무용, 서양무용, 조선민요, 유행가 등 이색적인 작품들을 소개할 예정인데, 봄의 쇼 업계를 들뜨게 할 것으로 기대되고 있다.

그런데 공연 예정을 보면 도쿄를 비롯하여 오사카, 나고야, 교토, 고베를 돌아 다시 상경하여 마루노우치(丸の内)에서 공연을 할 예정이다.

1939년 3월 하순(242호) 34～35쪽　　[각지 흥행가 통신]

경성 : 양화 제한 약정(34쪽)

경성흥행협회에서는 지난번부터 외국영화의 제한상영에 관해 가부를 협의해왔는데 이번에 드디어 전 협회원의 총동의를 얻어 '이런 시국이니 외국영화의 상영은 될 수 있는 한 피하자'는 약속을 하고 3일 오이시 협회장[아사히자], 마지마[기라쿠칸], 이시바시[메이지자]의 두 부협회장은 협회를 대표하여 총독부 경무국 도서과에 이 의향을 진정했다.

　당국에서는 흥행협회의 이해 깊은 자발적 신청을 크게 기뻐하여 고려하겠다는 뜻을 대표자에게 전했는데, 경성흥행협회의 당사자들의 이번 의사 표시는 겉으로는 국책에 순응하겠다는 것으로 보인다. 그러나 일본영화에 비해 외국영화는 막대한 권리금을 필요로 하여 작년 같은 경우 메이지자[쇼치쿠], 와카쿠사[도호], 고가네자[닛카쓰]의 3관에서 연 35만 원이라는 거액의 개봉권리금을 지불했던 것을 보면 올해는 약 3배에 이르는 고액의 권리금이 예상되므로 이번에 될 수 있는 한 제한하기로 한 것이다.

경성 고가네자[닛카쓰] 이동

고가네자의 경영자 고인문 씨는 경영권을 오다 유키치 씨에게 넘겨주었다.

　도쿄 후지흥행부[마쓰오 구니조(松尾国三) 씨]는 예전부터의 소문대로 경성극장[흥행주 와케지마 슈지로 씨]을 매수하여 3월 1일 각 방면 관계자를 초대해 공개했다. 그리고 와케지마 씨는 경성흥행협회장을 사임하기로 하였으므로, 임원 개선 결과 회장에는 아사히자의 오이시 사다시치 씨, 부회장에는 기라쿠칸의 마지마 우메키치, 메이지자의 이시바시 료스케 씨의 2명이 당선되었다.

-야마구치 도라오

1939년 5월 상순(245호) 24〜25쪽　　[각지 흥행가 통신]

경성:마찰하는 영화계

〈마르코 폴로의 모험(マルコポーロの冒険)〉 분규

　도호가 조선에서 배급을 하기로 했던 유나이티드의 〈마르코 폴로의 모험〉은 원래 유나이티드영화를 조선에서 배급했던 고려영화사 이창용 씨가 이의를 신청하여 조선 전역의 영화배급단체인 조선내외영화배급조합의 위원회에 자문을 구했는데 동 위원회는 검열신청서에 서명을 거부하여 분쟁이 야기되었다. 유나이티드 영업부장 나카니시(中西)는 즉시 조선에 와서 조합위원회에 출석해 여러 가지를 설명했지만, 위원회 측은 유나이티드가 이창용 씨와의 계약을 깨고 도호와 계약을 단행한 것은 위법이라는 매우 강경한 입장이다. 한편, 유나이티드 측에서는 이창용 씨와의 계약을 인정하지 않아 결국 해결이 되지 못했다. 나카니시 영업부장은 새로운 타협 조건을 제출했는데 이것 또한 해결에는 이르지 못한 채 동 씨는 일단 귀경했다.

경성 와카쿠사극장 전향 문제

와카쿠사도호영화극장[오카모토 세이지로 씨 경영]이 도호에서 신코로 전향하였는데 다시 전향하여 도호계로 복귀한 사건은 계약 위반이라고 하여 신코키네마로부터 고소를 당했다. 이에 조선내외영화배급업조합은 그 조합규정 제16조에 의해 동 극장에 영화의 배급정지를 결의했다.

이 문제에 대해 도에이[78] 본사에서는 "15일의 조합회의에서(24쪽) 배급정지를 결의한 것 같은데 극장에 큰 영향은 없을 것이다. 이 문제도 곧 해결될 것이다"라고 말했다. 그런데 제16조란 '상설관, 지방순회업자가 계약위반 등 조합원에게 손해를 끼쳤을 시에는 전 조합원은 그 사건의 해결 때까지 배급을 하지 않는다'는 규정이다.

고가네자의 〈공습(空襲)〉 성황

고가네자에서는 4월 5일부터 10일간 경성부 방호단, 애부·국부 양 부인회 후원하에 닛카쓰 〈공습〉, 동 〈초하치로의 창권(長八郎槍卷)〉을 개봉 상영, '경성 공습 우라시오(浦潮)로부터 2시간'이라는 선전을 하며, 5일째 일요일에는 6,821명의 입장인원수를 기록하였는데, 이 10일 동안의 인원수는 51,128명에 달했다.(25쪽)

영화관 신개축 일람

조선 인천영화극장－종래 극장으로서 허가받았기 때문에 한 달에 15일 동안의 흥행이었는데 근일 내에 장내를 개장하여 영화상설관으로서 허가를 받을 예정이다.

---

78   원문에서도 도에이(東映)이지만, 문맥상 도호로 보인다.

1939년 5월 하순(246호), 도쿄영화신문 쇼와 14년 5월 20일(146호) 5쪽

대극장 5월 무대에 〈반도의 무희〉 첫 공연

센니치마에대극장(千日前大劇場)에서는 〈봄의 춤(春のおどり)〉에 이어 5월 4일부터 반도문화의 정수인 아악과 무용의 어트랙션을 내지에서 처음으로 상영하게 되었다.

1939년 5월 하순(246호) 32쪽

경성 : 새로운 유력회사 탄생

국민정신총동원하의 비상시국에 대응하여 내선일체의 정신, 반도문화의 진수를 영화로 세계에 선양하고, 잘못된 인식을 정정하여 성전을 달성하고, 더 나아가 국제친선에 이바지하기 위해 이번에 일본문화영화주식회사와 협력하여 조선문화영화협회가 설립되었다.

동 협회는 조선의 산업 및 흥업 개발영화, 교육문화관람영화의 제작 및 판매의 업무를 담당함과 동시에 조선 산업 고유의 지반을 확립하면서, 동시에 영화 자체의 새로운 판로를 개척하기 위해 견실한 경영방침을 수립하여 영화보국의 결실을 맺기로 했다.

본사를 경성부 난잔초(南山町) 3-19에 두고 이미 가사이 이츠오, 야마나카 유타카(山中裕), 야마가미 노리오(山上紀夫), 사사키 모쿠로(佐々木杢郎)의 제씨로 진용을 굳혀 이후의 사업에 대해 만전을 기하고 있다.

이미 제1회 작품으로 조선총독부 지도후원하에 〈국기 밑에서 나는 죽으리라(国旗の下に我死なん)〉의 촬영을 개시했다.

1939년 6월 상순(247호) 4~5쪽　　[수필(隨筆)]

대륙의 화제
★만선에서는 쇼를 바라고 있다★

봉천, 신경, 평양, 경성, 부산 등 대륙에서 20일 정도 어트랙션을 하고 왔다. 대륙에서 어트랙션에 대한 열망은 상당한데, 그렇다고 해도 만선에 가서 제일 먼저 느낀 점은

우리들의 동료들이 너무 지나친 행동을 하고 있다는 것이다.

내가 갔을 때에도 쇼지타로(東海林太郎) 씨 같은 이들과 만나서 충돌하고 말았다. 나는 여기에서 앞으로 만선에 가는 어트랙션은 콘서트처럼 따로따로 사람들을 모아 가는 것만으로는 관객들을 끌어들이지 못하며, 하나의 쇼 형태로 일관성 있게 하지 않으면 결코 성공할 수 없다고 하는 체험을 얻었다. 쇼지 씨 일행과 충돌했을 때 우리들은 쇼 형식으로 변경해서 성공할 수 있었으므로 이에 대해서는 확신을 가지고 말할 수 있다.

저쪽 사람들이 아무리 어트랙션과 같은 것들을 원한다고는 하지만, 물밀듯이 밀려와서 아무 의미도 없이 노래나 춤을 따로따로 나열하는 것을 보고 나서는 곧 질리고 만다. 이를 쇼의 형식으로 호화롭게 하나로 정리해서 보여주는 것이야말로 앞으로 만선에서 어트랙션이 성공할 수 있는 길이다. ••

●● 사진
최근의 이나바 씨

저쪽 사람들이 음악에 대해 지니는 감각은 결코 우습게 볼 게 못된다. 특히 조선 사람들은 이런 감각이 매우 발달해 있어 재즈에 대해서도 스윙이 아니면 받아들이지 않으며, 유행가 등으로는 쉽게 질리고 만다.

조선에서는 어린아이들이 아침부터 질리지도 않고 3번의 흥행을 보고 있는 것을 보고는 놀랐지만, 그 아이는 음악 그 자체를 태어날 때부터 좋아했을 것이다. 따라서 귀는 매우 발달해 있다.

탭이나 가락에 대한 박자 등 이해력도 빠르며, 도쿄 사람들도 익숙해져 있지 않으면 이해하지 못하는 중심부분을 확실하게 이해하고 있으며, 가끔 무대를 향해 추임새를 넣기도 하는데 그 모양이 위화감 없이 잘 어우러지니 상당한 수준이다.

만주에서도 코믹풍을 좋아하는데 개그에 대한 감각은 매우 예민하여, 도쿄 등지에서도 웃음을 자아내는데 한참 시간이 걸리는 것 같은 새로운 말장난 같은 개그에도 웃어야 할 곳에서 금방 웃어준다.

그러나 이렇게 바쁜 일 중간 중간에 짬을 내어 즐기러 온 사람들이기 때문에 '절대적으로 좋은 작품'이 아니면 받아들여지지 않는다. 좋은 어트랙션이라면 작품과 하나가 되어 즐기지만, 반대로 재미없는 것이라면 야유를 보내며 소란을 피운다.

이런 감수성이 강한 사람들은(4쪽) 이쪽이 노력해서 좋은 작품을 가지고 가면 매우 기뻐하니 그 가치가 있지만, 재미없는 작품을 가지고 가면 가차 없이 돌아보지도 않으니 유단(油斷)할 수 없다.

그런 의미에서 우리들은 적어도 하루 전날에는 도착해서 그곳 무대를 연구하고 허술함이 없도록 노력했다. 이는 매우 좋은 결과를 낳았고 그 쇼를 살리는 데에도 도움이 되었다. 이 노력을 하지 않은 이들은 무대를 활용하지 못한 채, 일관성이 없는 작품을 만들어 실패해 버렸다고 하는데, 우리들은 조명 하나에도 결코 소홀히 하지 않았다.

2~3원이라는 높은 요금을 지불해야 하는데도, 신기한 작품의 경우 곧 1만 원이 된다. 이를 빌미로 좁은 무대에서 시간 때우기 같은 작품을 공연해서는 나중에 갈 곳이 없어진다.

도쿄 사람들이 익숙해져 있는 니치게키(日劇)[79] 또는 데이게키(帝劇)[80]의 호화로운 쇼의 느낌을 그대로 대륙으로 가지고 오기를 그 사람들은 바라고 있다. 매우 유명한 예술가들이라면 몰라도 보통으로 유명한 사람들을 그저 그렇게 나열만 해놓은 작품에는 반드시 질리고 말 것이다.

하나로 통제된 작품을 가져가야 한다. 도쿄에서 프로듀스를 하고 나서 가지고 간 것

●● 사진
춤을 추는 이나바 씨

같은 도쿄의 감각이 넘쳐나는 작품을 원한다. ●●

극단적으로 말하자면 발레를 예로 들어 보자. 하얼빈 주위에는 기술이 뛰어난 백인 계열 러시아인 댄서들이 많다. 따라서 단지 발레만 가지고 가면 아무리 뛰어난 작품이어도 신기하게 봐주지 않는다. 한 작품 한 작품의 기교보다는 그것을 아름답게 하나로 만들어내고 내지 대도회지의 감각이 와 닿는 작품이어야 한다.

어트랙션에서 대륙은 전도유망한 즐거움이 있는 무대이므로, 우리들은 이에 대해 재미없는 작품을 나열하여 이런 즐거움을 깨는 일은 없어야 할 것이다.

그런 의미에서 봉천을 중심으로 하여 20명 정도의 쇼를 편성해 보고 싶다. 니치게키에 관객이 들지 않을 때 근처의 현을 돌면서 계산을 맞춘 것처럼 봉천을 중심으로 움직이면 충분히 해나갈 수 있을 것이다.

저쪽에서 니치게키식으로 그때그때 장소에 맞춰 쇼를 할 수 있는 것은 대륙극장정도인데, 나머지 극장은 무대가 좁아서 하기 힘들다. 앞으로 신설되는 각 관은 이런 점에 주의해야 할 것이다. 만주인 대상의 쇼도 필요하니 대륙에 남겨진 화제는 매우 많다 하겠다.

－이나바 미노루稲葉實

---

79   일본극장.
80   제국극장.

호출박스 폐지: 경성도 도쿄처럼

최근에 조선에서는 시끄러울 정도로 호출제한에 대해 이야기하는 사람이 많다. 실제로 영사 중에 찰칵찰칵 거리는 것을 좋다고 할 사람은 없으니 각 관 모두 원칙적으로는 호출을 거부하고 싶지만 최근에는 군업무(軍務) 공용의 호출 같은 어쩔 수 없는 상황도 있어서 전화의 호출은 거부하고 호출용 박스는 사용하지 않으며, 휴게시간 중에 마이크를 통해 방송하기로 했다.

도쿄의 일류관에서는 이미 이렇게 실행하고 있는데 모든 관에서 이를 실행해 줬으면 좋겠다. 한 사람을 위한 서비스 때문에 1천 명, 2천 명의 사람들의 기분을 저해하는 것은 좋지 않다. 우선 호출박스는 기분을 저해하는 것뿐만 아니라 호출을 한 사람을 데리러 가는 사람도 필요하니 경제적으로도 폐지하는 것이 낫다.

그러나 이런 일들은 철저히 하지 않으면 호출을 부탁하려던 관객에게 불쾌함을 줄 수 있으니 미리 프로그램의 한쪽에라도 게시를 한 후에 앞으로 조금씩 대상관객을 훈련시키면 될 것이다.

1939년 8월 상순(251호)

〈국경〉 광고

〈국경〉
살아온 현실에 직면할 정도의 리얼리즘의 승리
이 영화의 주제는 영겁의 고뇌를 감수하고 희생 속에 살아가는
고귀하고도 보편적인 인간정신이다!

감독 – 최인규
원작 – 최애작(崔愛作)
각색 – 유치진(柳致眞)
촬영 – 황운조(黃雲祚)[81]

---

81   원문에는 황운상(黃雲祥)으로 표기되어 있음.

주연 – 김소영, 최운봉(崔雲峰), 이금룡(李錦龍)

천일영화사 제작

산에이샤 제공

〈한강〉 광고

〈한강〉

7월 19일 개봉

히비야(日比谷) 영화극장

호평

오래간만의 반도영화로서 대단한 반향입니다!!

여름에 어울리는 자연영화로서 상영을 추천합니다!!

도와상사

방한준 감독 작품

백운행(白雲行) 원작 / 양세웅(梁世雄) 촬영

이금룡, 윤봉춘(尹逢春), 구자연(具紫燕), 현순영(玄舜英), 최운봉, 김일해(金一海) 주연

1939년 8월 하순(252호) 2~4쪽

조선영화의 장래 : 그 사활은 바로 지금부터…에 있다

20년의 회고

되돌아보면 조선영화20년사는 신랄한 가시밭길이었고 그 초창기부터 제작과 배급의 양쪽에 관계해온 나 같은 사람들은 새삼스럽게 가슴에 감개가 밀려오기도 한다. 그것은 먹느냐 먹히느냐의 피비린내 나는 역사이기도 했다.

처음 극영화가 나타난 것은 다이쇼 11년 하야카와 마쓰지로(早川松次郎)라는 영화관 경영자가 기획한 〈춘향전〉이었다. 우리들의 모습이 스크린 속에서 춤추고 있다는 것 외에 내지의 주신구라처럼 어린이들에게까지 넓게 알려진 것이었으니 그 완성도는 둘째치

고서라도 일반인들에게 상당한 반향과 자극을 주었다.

이것이 직접적 계기가 되어 부산 주재 내지인들이 법정액 10만 원을 출자하여 조선키네마주식회사를 만들었는데, 이를 효시로 우후죽순처럼 실로 50여 개의 단체가 나났다가 사라지고, 떴다가 가라앉거나, 떠내려가거나 하면서 변화하는 가운데 오늘날까지 18년이라는 흔적을 이어 왔으며, 그동안 무성 95편과 발성 18편을 세상에 내놓았다. 이에 들어간 제작비는 70만 원 정도라고 추정하면 무리는 없을 것 같고 관계자들도 다 합치면 1만 명을 돌파할 것이다.

게다가 나를 수심에 잠기게 하는 것은 이 20여 년간 같은 길을 걸었던 동지들의 행방이다. 초기 프로듀서로서 파란과 고생과 싸우면서도 응당한 보수를 못 얻은 채 이역으로 사라진 윤백남 씨. 그리고 견실한 감독으로 기대되었던 이경손 씨도 지금은 남쪽 끝 태국에 살고 있다고 한다. 그리고 영화계의 기린아로 생각되었던 나운규 씨의 요절이야말로 인재가 동이 난 이 업계에 정말 안타까운 일이라고 생각한다. 나운규야말로 조선 영화의 명맥을 부지해온 사람들 중 한 명인 것이다.

내지까지 유행한 아리랑의 노래는 실은 그의 히트영화 〈아리랑〉의 주제가이다. 생산자의 아픔, 건설자의 고민, 이런 것들은 어떤 사회에도 존재하는 것이지만 조선에서는 여러 의미에서 각도를 달리 봐야 하는 것들이다.

조선영화의 숙명성

조선에 신문학이 두각을 나타내고 나서 30년이 지났지만 아직 세계 수준의 반열에 끼지 못하고 있는데, 하물며 18살을 금방 지난 영화가 어떻게 크게 성장할 수 있겠는가라는 말을 최근의 영화평론 속에서 들을 수 있다. 이는 지금까지 조선문화의 일반적 흐름과 그것이 배경으로 삼는 사회일반적 흐름, 다시 말하자면 객관성과 연결시켜 생각해 본다면 경솔한 판단이 아닌가 싶다.

지금까지 조선영화는 생산도 배급도 방목 상태였고, 그 자체가 끝없이 무질서하고 통제도 없었을 뿐만 아니라 조선이라는 판로, 즉 지역의 한계성[현재 영화관 수 100] 때문에 영화가 기업으로서 과연 성립은 하는 것인가라는 우려도 생겼다. 하지만 그것보다도 큰 문제는 반도 국민의 80퍼센트가 농민이라는 것과 그들 대부분이 영화는 물론이고 문학도 포함한 문화라는 것으로부터 거의 소원한 상태에 있다는 점이다.

2,300만 명 중의 80퍼센트, 1,840만이라는 절대다수가 영화하고는 상관이 없는 다른 세계에서 살고 있는 것이다.

그럼 조선영화는 누가 소비하는가 하면 경성의 17만 시민을 포함하여 조선 전역의 중소도시 4백만 정도의 시민들에 의존하고 있으니 그 불안함은(2쪽) 비할 데 없을 것이다.

특히 쇼와 10년의 토키시대에 들어서면서 이전에 한 편에 3~4천 원 또는 5~6천 원으로 만들 수 있었던 무성영화가 토키시대가 되면서 그렇게는 되지 않았다. 단번에 1만 5천 원에서 2~3만 원을 필요로 하여 생산비용은 갑자기 무성물의 거의 10배가 되었는데도 회수할 길은 여전히 한정된 채이다.

●● 사진
최근의 이창용 씨

토키시대의 엄습을 받아 업계에는 잠시 위기설까지 대두했는데 시간이 지나면서 그것도 결국 해결되었다. ●●

소생의 시기가 오다

지나사변 발발 이후 우리나라의 영화정책에 관한 방침의 하나로서 나온 양화 수입금지는 필연적으로 국산영화열을 고양하게 했는데, 이로써 일본영화제작계는 역사적 전기를 앞두게 되었으며 이 전체적 동향의 일환인 반도영화계가 그 대국에서 제외될 리가 없었던 것이다.

드디어 우리 회사는 산에이샤의 위탁배급으로 5편의 조선영화를 내지에서 상영하게 되었고, 〈타비지〉에 이어 최근에는 도와상사가 〈한강〉을 히비야영화극장에서 개봉했다. 또한 우리 회사의 배급부는 만영을 통해 조선영화를 만주에서 활발하게 상영하는 등 조선작품이 조선 이외에서 상영할 수 있는 본격적 궤도를 생각할 수 있게 되었는데, 이 새로운 현상은 조선영화 그 자체의 실력과 공적에서 오는 것이 아니라 영화국책으로 초래된 수동적인 것이다.

희망은 가질 수 있으나 안도할 수는 없다.

문제는 지금부터다

'하늘은 스스로 돕는 자를 돕는다'라고 한다. 그러니

하나, 조선영화가 조선 외로 진출하려면 먼저 예술적으로 뛰어나야 한다.

둘, 조선 내의 영화보급방침.

셋, 영화법이 시행되어 영화통제가 실시되면 어떻게 될 것인가.

이 세 항목에 걸쳐서 상당히 긴밀한 분석을 하고 규명하는 일 없이는 조선영화 발전책도, 그 장래에 대한 전망도 생각해 낼 수 없을 것이다.

현 상황 다시 보기

자본과 근대산업의 적자인 영화생산이 무자본 상태 속에서 이루어진다는 것 자체가 애당초 모순적인 이야기다. 대부분이 수공업적으로 분산에 분산을 거듭해 제작과 배급을 해왔고 이런 형태는 뒤떨어져 있는 방식이므로 침체될 수밖에 없었는데, 이 상황을 잘 타파하여 대자본의 출현과 이에 맞물려 그 대자본을 잘 요리하고 잘 소화시킬 인사들의 구성—다시 말해 개인적 의견을 피력하자면 약 3년간은 오직 인재양성에만 전력을 쏟아야 한다.

그리고 현역 영화인을 살펴보면 10명 내외의 감독과 4명의 촬영기사, 믹서 1명, 약 5천 명의 남자배우, 20명이 조금 안 되는 여자배우—이 중에서도 중요한 역할을 하는 시나리오라이터는 전무라고 해도 좋을 정도인데 대부분의 경우 감독이 각색을 겸한다는 오래된 습관을 버려야 한다. 그리고 유능한 각색가를 배출하기 위해 시나리오연구회 등이 나오기를 나는 소망하고 있지만, 이보다도 먼저 이 사람들이 모여 만든 18편의 영화를 검토해 보면, 먼저 안심하고 원정의 먼 길을 떠나보낼 만한 작품이 없다. 나는 기법의 결함을 지적하고 있는 게 아니다. 예술성의 로컬이라고 부를 만한 것이 없음을 절실하게 느껴서이다.

기구의 자본화와 인재의 강화[바로 경질을 하는 것이 아니라], 이것이 맞물려 병행할 때 비로소 진정한 다시 서기가 실현된다.

선내 영화 보급은 문화영화로부터

농업지 반도에서 영화 보급을 말할 때 80퍼센트를 차지하는 농민을 제외할 수는 없다. 그들의 영화 상상력과 문화감각을 육성함과 동시에 건전한 오락을 만들어 보여줘야 한다는 점을 생각해야 하는데, 건전한 오락이란 항상 생활상의 필요에 부합되는 것이어야 한다.

예를 들면 미나미 총독의 제안에 의한 면양장려라든가 그 외 잠업, 벼농사 등의 농산업의 질적 개량과 능률적 생활에 필요한 정신을 실천하며 각성하는 것에 적극적 효과를 주는 방법으로서 지금까지 영화의 기능을 간과해 온 것은 아니지만, 지금 현재 문화영화를 응용하는 것이 타당하며 실용적일 뿐만 아니라 이런 점이 반도의 문화영화에 부과된 사명이라 하겠다.

그리고 한편 중소도시에서는 영화관의 증설운동을 일으켜 완전한 개봉관이 지금의 3배인 적어도(3쪽) 300곳을 유지하지 않으면 조선 내 영화기업의 자급자족은 아마 힘들 것이다.

영화출판간행물의 급선무

영화에 관한 전문지로서는 『영화시대』라는 월간지가 있을 뿐인데 그 내용이 유치하기 이를 데 없어 논의조차 할 수 없다. 그 외 영화일반의 보고서와 약간의 평론은 잡지, 신문 등의 저널에 투고하여 간신히 형태를 유지하고 있을 뿐이다. 앞으로는 이 점에 더 노력하여 이론, 계몽, 자료 등 실제성을 가진 내용물을 연달아 발행하여 업계 발전에 더욱더 박차를 가하는데 크게 활용할 수 있도록 해야 할 것이다.

조선영화와 언어의 문제

국어 통일은 내선일체의 실제적 지름길이니 이에 수긍하는 점도 있지만, 그 실천방법에서 이미 조선 측 소학교의 3학년 이상의 상급 과정은 과목에서 조선어를 제외하고 있다. 그런데 조선영화에서도 조선어 대화를 사용할 수 없는가라는 가설을 생각해 보자면, 언문조차 이해하지 못하는 80퍼센트의 문맹이 어떻게 영화를 해독할 수 있겠는가라는 의문이 떠오르게 된다. 또한 사실상 조선언어를 제외하는 것은 동시에 조선의 풍속과 동작까지 거세하는 결과를 낳게 하니 이렇게 되면 영화가 그들을 교화시키기 전에 지금보다 영화가 더 멀게 느껴져 영화로부터 단절되고 결국에는 영화의 사회성에 대한 실망을 피할 수 없게 될 것이다.

물론 도회를 중심으로 한 4백만 여의 소비자를 대상으로 영화의 언어를 국어로 통일하는 일은 지금도 자연스럽게 시행되어지고 있으며, 그들이 관람하는 영화의 6~7할이 국어물이고 그 나머지 양화도 자막만으로 이해하며 즐긴다고 한다. 나는 영화에서 언어를 통일하는 것에 반대하는 것은 결코 아니다. 단지 조선의 지식층과 문맹계급의 차이를 비교해 볼 때 아직 시기상조라고 느낄 따름이다. 다행히도 이 문제에 대해서는 아직 내 귀에 들어오지 않았으니, 이렇게까지 언급하는 것도 아마 내 기우에 지나지 않을 것이며 그럴 것이라고 바라고 싶다.

영화법과 조선영화의 장래

우리 업자들은 10월에 시행되는 영화법령에 대해 여러 의미에서 환영해야 한다.

그러나 사회일반의 무이해, 즉 봉건적 잔재로 인해 영화의 발달을 저해하거나 또 제작계와 배급계 자체의 무질서와 무조직, 게다가 군소경영의 분산 상태에서부터 자본 집중과 기업화를 위한 업계 통제를 기하고 있어, 오히려 이번 통제는 조선 같은 특수사정을 가진 곳에서는 학수고대되는 측면도 있다.

과거 조선영화의 방목적 상태가 기업적으로도 예술적으로도 무엇을 만들고 무엇을 남겼는지 역사에 비춰 봐도 현 상황대로는 떠올릴 수 있는 작품이 없다는 것은 충분히 알 수 있을 것이며, 영화법에 의해 자본과 인재의 집중 및 업계의 대동결합이 강력하게 이루어져 이번에야말로 조선영화계가 봉건적 형태로부터 자본화하고 기업화하게 되리라고 나는 믿는다.

그러나 나는 제작 부분에 관련된 주요기술자는 80퍼센트까지 조선의 산수와 풍토에 내면적인 통찰력을 가지고 이해력이 투철한 사람이어야만 된다고 감히 주장하는 바이다.

참고로 말하자면, 나는 영화의 통제로 작품의 질이 독일영화처럼 훼손되는 부주의함을 낳을 수도 있을 것이란 우려도 해봤지만 이는 내가 생각이 많은 탓과 터무니없는 우견에서 나온 생각이었다.

그러나 작품의 질적 문제는 기업에 민감하게 영향을 끼치는 것이므로 작품의 질과 이익의 일관성에 대해 장사꾼인 우리들로서도 한 번은 생각해봐야 할 것이다.

－경성 고려영화사 이창용

1939년 8월 하순(252호) 4~5쪽

기로에 선 조선영화

최근의 영화계의 침체는 내지, 조선, 외국물 할 것 없이 모두의 정열을 느낄 수 없게 만들었는데 영화에 대해서는 한마디 하고 싶다. 가슴속에 쌓여 있는 것을 토해내어 단순히 생리적으로라도 정리를 하고 싶은 기분도 있다.

조선의 민중은 영화로 문화를 호흡하고 있다고 해도 과언이 아니다. 나이든 사람도 젊은이들도 그나마 영화관의 밤을 즐기면서 시세에 뒤처지지 않으려고 하고 있다. 영화계 전체적 입장에서 보자면 이런 현상만으로 만족하겠지만, 조선에는 향토예술로서의 영화가 있다. 그 흥망여하에는 이런 확증된 존재만으로는 풀리지 않는 여러 문제들이 있었다. 발생사적으로 보면 역사가 길지만, 토키만 보자면 내지가 약 850편인데 비해, 조선은 약 15편이다. 조선 사람들이 말하기를 이 발전과정은 제작기술사를(4쪽) 크게 단축시킨 것이라고 하는데 그 말이 사실이 아니라고는 할 수 없다. 우리들은 더 많이 역사를 단축시켜, 즉 다시 말하자면 내지가 15편째 작품을 만들었을 때보다 조선이 15편

째를 만들었을 때의 작품이 더 진보해 있다는 확신을 실현시켜주었으면 하는 바람이다. 그럴 뜻만 있는 것이라며 비웃을 생각은 추호도 없다.

예전에 외화의 수입금지가 거론되었을 때, 즉 재작년부터 작년에 걸친 이때, 지금이야말로 조선영화의 진가를 발휘할 때라고 하며 조선영화계는 활발하게 움직이기 시작했다. 〈군용열차〉를 계기로 여러 가지 기획이 여러 곳에서 만들어져 조선영화의 앞날은 화려한 듯 보였다.

이 기획들이 실제로 성공했다면 조선영화는 전혀 무의미한 존재가 아니라 사변하의 영화계에 유효한 기여를 했을 것이다. 내지영화회사의 부족을 보완한다는 점에서 조선인이 만들어낸 생산품을 그리고 사상을 표현하는 매체로서 내지와 보조를 맞추면서 약진할 수 있었을 것인데, 언제부터인가 그 기운이 사라져 버렸다. 내지에서 개봉된 조선영화는 〈한강〉, 〈군용열차〉, 예전의 〈타비지〉 등의 몇 편에 지나지 않으며 지금은 그 존재조차 묵살당하고 있다. 외화의 수입이 금지되고 조선영화가 대두되는 희망의 시대에 조선영화계는 "조선영화는 조선인의 손으로"라는 슬로건을 내걸고 인적 요소도 자본의 계통도 형성되어, 걱정하는 우리들을 뒤로 하고 훌륭한 이론적 근거를 가지고 나타났었다.

이때 나타난 이론들은 결코 거짓이 아니었다. 많은 진리가 이렇게 나타나지만 그 진리가 반드시 실천된다는 확증은 없다. 진리가 반드시 실천된다면 바람직하겠지만, 실정은 그렇지 않은 것이다. 이 눈물겨운 아름다운 슬로건도 중도에 변경해야만 하는 많은 문제에 당면했다. 이를 예상했다는 듯이 방관만 하고 있어서도 안 된다. 그래서는 너무나도 비통하다. 조선영화제작에는 내지계 자본의 원조와 인재의 보완이 없으면 성립되지 않는다는 일부 인사들의 가설을 뒷받침하면서 이 문제는 끝나버렸다.

이런 변경을 필요로 하는 사태에 직면하면 필연적으로 협력을 구해야 한다. 협력의 손은 어디에서부터 뻗쳐 나오는가. 이를 지금에 와서 말할 필요도 없을 것이다. 그러나 실정은 협력 그 자체도 통상의 방법으로는 형태도 없이 사라질 정도이다.

이렇게 해서 조선영화제작의 슬로건은, 좋은 영화를 만들고 싶다, 그리고 그렇게 만들어진 영화로 조선영화를 인정받았으면 한다, 그리고 좋은 영화를 만들기 위해서 일반 대중적인 이른바 돈을 버는 영화도 만들어 그 기구의 경제적 기초를 만들어야 한다는 통상적인 궤도로 돌아왔다. 좋은 영화는 만들어야 한다. 그것을 만들기 위한 기초로 대중지향적인 작품을 만들어 재정상의 부족을 메워야 한다는 것은 기업으로서는 당연하지 않은가. 이 생각에 도달한 것이 조금 늦은 감이 있다. 이는 기업이 생겼을 때 우선적으로 생각해야 하는 점들이다.

한편 조선영화는 프랑스의 제작기구와 비슷해 단일프로덕션제도이며 영화를 만들 때에도 풍격(風格)이 있는, 즉 상업주의적 중압을 가지지 않아 각자 의지대로 작품을 만들고 이를 제공한다. 이런 발상 그 자체는 내지보다 유망하기도 한데 그 프로덕션제도의 우위성도 이 경제적 사정 앞에서는 가면을 벗어버렸다.

그러나 아직 이 프로덕션제도는 적당한 인재를 얻기 위한 유일한 희망으로 남아 조선영화의 장래를 지탱하고 있다.

다음으로 최근에 많아지고 있는 의견은 조선영화의 전멸론이다. 그 내용을 보면, 내지어가 이렇게 보급되어 의복 등은 다르지만 습관도 익숙해졌으니 감정도 대체적으로 내지와 비슷해졌다고 생각하면 무엇을 바라며 외롭게 조선영화를 지킬 필요가 있을까, 힘들게 조선영화를 지키기보다 모든 지위를 내지영화에 위임하고 조선영화는 물러나야 한다, 그러니 그 존재의 필요를 인정하지 않겠다는 논의이다. 이 속에는 가까운 시일 내에 시행된다고 하는 영화법의 제한을 생각한 비관론도 숨어 있다.

조선 전역의 내지화는 사변 후의 특수한 상황으로 대국적으로 보면 정말 좋은 일이지만, 조선이라는 특수한 지역의 감정을 고의로 없애고 전멸론으로 가는 것과는 조금 차이가 있다. 생각해 보면 오늘날과 같은 조선영화는 존재할 가치도 없을 것이다. 사상의 진보도 없으며 감정의 고양도 없는데다가 특수성을 고려한 풍습을 보여주는 것도 아니다. 기술적인 면을 보면 내지영화의 초기작품에 해당하는 것이 많아 사용된 필름만 아깝다는 것이다. 비록 조선인 각자가 본다고 해도, 조선 내에서의 영화 수입이 한 편의 제작비를 보완하지도 못하는 상황에서는 제작하는 즐거움은 있어도 즉시 경영의 고통과 마주해야 한다. 이런 상황에서는 이를 포기하는 것도 무리는 아닐 것이라는 논의이다. 현실적으로 이 논의의 9부 정도는 인정하는 바이다.

조선영화는 특히 지금 위험한 기로에 서 있다. 누군가의 커다랗고 따뜻한 손이 없다면 영원히 사라져버릴 것이다.

그래서 우리는 생각해 본다. 앞에서 이야기한 것처럼 기업적 상업론은 둘째치고서라도 조선영화는 조선의 특수성을 활용하는 특색 있는 소품 정도로 그 존재의 의의를 가져야 한다. 관객이 없다고 하더라도 착실한 소규모의, 주로 지방색을 살린 특색 있는 제작이라면 성장할 수 있지 않을까 싶다. 비웃는 자가 있으면 비웃게 내버려두고 성실하게 제작하다 보면 기술적으로도 익숙해지고 방법도 익숙해져 어느 정도 인정받을 기회를 만들 수 있지 않을까. 이런 입장에서 보면 조선의 프로덕션제도도 살릴 수 있을 것이다. 이 프로덕션이 조선의 몇몇 회사에 속할 필요는 없다. 내지의 어느 영화회사에 속해도 상관없다고 생각한다.

조선영화의 내용은 이상적으로 말하자면 내지와 협력한 30년간 그 힘들었던 세월을 극복한 오늘날을 그리거나 그 동안의 사람들의 심리를 그려내, 내지뿐만 아니라 만주나 북지에서도 상영할 수 있는 특이한 것이었으면 한다.

－미즈이 레이코

1939년 8월 하순(252호)

〈국경〉 광고

〈국경〉
만선국경에 사는 생의 고통에 허덕이는 사람들을 그려냈으며,
최고의 예술의 경지를 개척한 문제작!
감독 － 최인규
원작 － 최애작
각색 － 유치진
촬영 － 황운조[82]
주연 － 김소영 최운봉 이금룡
천일영화사 제작

1939년 8월 하순(252호) 32쪽

편집자석

지난달은 새로운 지나영화계에 대해서 가와기타(川喜多) 씨의 주옥같은 글을, 그리고 이번 달에는 조선영화계에 대한 이창용 씨의 주옥같은 글을 게재하게 되어 매우 기쁘다. 그리고 미즈이 여사의 원고도 또한 한쪽에서 본 조선영화계를 말해주고 있어 재미있었다.

---

82   원문에는 황운상(黃雲祥)으로 표기되어 있음.

1940년 2월 하순(264호) 30쪽

경성 : 조선영화인협회 발회

예전부터 창립 준비 중이었던 조선영화인협회에서는 지난 2월 11일 황휘(皇輝) 있는 2600년의 기원절 당일, 오전 1시부터 경성 타이헤이도오리(大平通り)의 조선일보사 강당에서 경축할 만한 발회식을 거행하고 선언문 낭독 및 그 외 임원을 결정했다.

1940년 4월 상순(267호) 38쪽

경성 : 고가네자 분쟁 해결

경성부에서는 1월 이후 고가네마치의 고가네자를 둘러싸고 계속 분규 상태에 있었는데, 이번에야 비로소 해결되어 소유자 다무라(田村) 씨가 현재 경영자인 오다 유키치 씨에게 6만5천 원을 건네주었고, 4월부터는 다무라 씨가 직영하기로 했다.

한편 조선총독부에서는 지난 3월 7일 오후 3시부터 영화연구회가 개최되었다. 노부하라(信原) 문서과장의 소개로 이전부터 조선을 방문 중이던 국제영화통신사 사장 이치카와 사이 씨의 열정이 담긴 '동아의 영화정책에 관해서'라는 한 시간에 걸친 유익한 강연이었다. 출석자는 각 국으로부터 모인 30여 명이었고, 대단히 성공적 모임이었다.

1940년 4월 상순(267호), 도쿄영화신문 쇼와 15년 5월 5일(267호[83]) 2쪽

대륙으로 가는 전진기지 조선영화계 들썩이다

조선에서는 '영화령'이 발령되어 '시행규칙'을 입안 중이었는데, 3월 중에 발령되어 4월부터는 시행될 것으로 보였는데, 당국에서는 입안에 대단히 신중한 자세를 취해, 발령은 6월이 될 것으로 보인다.

---

[83] 「도쿄영화신문」의 호수는 「국제영화신문」과 차이를 보였는데, 「국제영화신문」 1939년 6월 하순호(248호)에서 「도쿄영화신문」이 148호였음을 마지막으로, 같은 해 7월 초순호(249호)에는 「도쿄영화신문」이 게재되지 않았고, 「국제영화신문」 8월 상순호(250호)부터는 「도쿄영화신문」도 이에 맞춰 250호로 표기되기 시작했다. 이후 「국제영화신문」이 폐간될 때까지 「도쿄영화신문」의 호수는 「국제영화신문」과 동일한 호수를 사용했다.

이곳에서는 이 '영화령'의 실시로 각종 움직임이 예상되는데, 지금도 현지에서는 우리나라가 대륙으로 가는 전진기지라는 입장에서 전체적으로 활기를 보여주고 있고, 당연히 영화계도 활기에 차 있어, 조선영화는 앞으로 내지로 많이 이입될 것 같다.

1940년 5월 상순(269호) 45쪽

경성 : 경성의 화제

도쿄에서도 화제가 되고 있는 고려영화사의 〈수업료〉가 드디어 완성되어, 4월 22일 메이지자에서 유료 시사회가 개최되었는데 매우 좋은 성적을 거두었다. 이런 유료 시사회는 흔치 않은 일인데 그 성적에 대해 각 관이 주목하고 있다.

요시모토가 경영하게 된 고가네자에는 〈다니구치 마타지악단과 요시모토 스윙쇼(谷口又士楽団と吉本スヰングショウ)〉 12경이, 〈속 덴구회장(続天狗回狀)〉 〈돌격은 지금부터다(突撃はこれからだ)〉와 함께 상연되어 많은 인기를 모으고 있다.

요시모토흥업이 대륙으로 진출하면서 생각지도 않던 이런 호화쇼를 접하게 된 팬들은 매우 즐거워하고 있으며, 요시모토흥업의 밴드가 너무 인기가 좋았기 때문에 계속해서 만주까지 돌게 되었는데 이 때문에 도호영화의 출연 시간을 맞추지 못해 트러블까지 일으킬 정도였다.

그리고 작년 11월 상순에 기공한 새로 증축하는 총독부 영화검열실 건물은 드디어 지난 4월 10일 쓰쓰이(筒井) 도서, 요시카와(吉川) 보안의 두 과장과 검열실의 전 직원이 출석하여 준공식을 거행했으며, 이틀 내로 현재 구관 내에 있는 검척실, 검청실을 이전하게 되었다.

1940년 6월 상순(271호)

〈수업료〉 광고

순진한 동심을 그린 반도의 글짓기 교실!
조선영화 최고의 걸작이 준비되었습니다!

〈수업료〉

마음 착한 내지인의 선생님과 순정한 반도 아동의 마음의 교류는 필히
여러분의 마음을 사로잡을 것입니다.
총독부 모집 작문 제1당선작의 영화화!

고려영화사 제작
이창용 기획
야기 야스타로 시나리오
최인규·방한준 협동감독

우스다 겐지(薄田硏二)
정찬조
김신재(金信哉)
전택이 주연
도와상사·내지 배급권 획득!

1940년 6월 상순(271호) 39쪽

경성 : 2부 흥행제의 파란

조선의 경기는 일반적으로 대단하다. 특히 영화는 제1의 오락물로 각 지역에서 크게
번창을 하고 있다. 특히 경성은 경성 고가네자가 요시모토, 도호의 공동경영이 되면서
더욱더 활기에 차 있다.

정원이 정해져 있는 영화관에 너무 많이 들어가게 되니 이번에는 그 혼잡을 완화하고
소방위생의 입장에서 주야의 2부제 실시가 논의되었는데, 이를 둘러싸고 지난 8일 마쓰
카네(松金)에서 경성흥행협회의 임시총회가 열렸다. 여기에서는 상당한 반대 의견도 나
와 마찰이 있었지만 결국 관할경찰서의 지시안에 따라 15일부터 2부제를 실시하기로 되
었는데 결과적으로는 6월 1일로 연기되었다.

이 안의 결점은 밤에는 괜찮지만 낮 동안은 손님이 격감하기 때문에 이를 계속 시행

하게 되면 협회를 탈퇴하는 자도 나올 우려가 있다.

그리고 고가네자, 즉 다시 경성다카라즈카극장으로 등장한 동 극장의 중역진은 다음과 같이 결정되었다.

사장 하타 도요키치(秦豊吉), 전무 하야시 히로다카(林弘高), 전무 나나미 미츠마사(那波光正), 하야시 마사노스케(林正之助), 감사역 온다 다케이치(恩田武一), 마나베 하치요(眞鍋ハ千代), 상담역 요시오카 시게사부로(吉岡重三郎), 요시모토 세이(吉本せい)

지난번에 쇼치쿠의 시미즈 히로시(清水宏) 감독이 경성을 방문했다. 이는 문화영화 〈경성〉을 찍기 위해서인데 각 도시를 그린 문화영화가 연이어 나오는 것이 주목된다.

부산:〈타잔〉 마찰을 빚다

메트로 〈타잔의 맹습(タ-ザンの猛襲)〉은 조선 각지에서 여러 가지로 문제가 되고 있는데 부산에서도 쇼와칸과 쇼치쿠칸 사이에 동 영화의 맹렬한 쟁탈전이 일어났다.

이 영화는 일단 아이오이칸에게 주기로 하여 아이오이칸 상영으로 결정되었지만, 지금까지 메트로영화는 반드시 쇼와칸에서 상영되어 왔던 것만큼 더 문제가 되었다. 이에 메트로배급회사 이시바시, 쇼와칸 사쿠라바, 아이오이칸 미치오의 3명이 협의를 거듭한 결과 3자가 협조하기로 하여 5월 22일부터 5일 동안은 호라이칸을 더한 부산 3관에서 일제히 상영하기로 결정, 흥행의 총수입 중에서 모든 영화비용을 제외한 순수익을 부산충렬탑건축위원회에 헌금하기로 했다.

1940년 6월 하순(272호)

광고

시즌을 기다리는 3대 예술편!
우스다 겐지 우수영소년 문예봉 주연
〈수업료〉
야기 야스타로 시나리오 / 최인규·방한준 공동연출
고려영화사 제작 / 이창용 작품

샤를르 스파크 시나리오

〈산호초(珊瑚礁)〉

장 가방, 미셸 모르간 주연 / 모리스 그레이즈 감독

프랑스 ACE 초대작

LE RECIF DE CORAIL

막스 하르베 불후의 명희곡의 영화화

크리스티나 제다바움, 헤르만 브라운, 오이겐 크레브아 주연

테아 폰 하르보 여사 각색

〈청춘(青春)〉

JUGEND

도와상사·독일 토비스영화

도와상사 영화부 제공

1940년 7월 하순(274호), 도쿄영화신문 쇼와 5년 7월 20일(274호) 3쪽

조선의 영화령 시행세칙 : 드디어 7월에 발령하다

올해 1월 이후 조선의 영화령 시행세칙의 발령은 자주 화제에 등장했는데 쉽게 구체화되지 않았고, 특히 경무국이 특수사정을 고려해 입안에 고민을 하고 있었는데 이번에 겨우 안이 완성되어 드디어 7월 상순을 기해 발표, 시행하게 되었다.

동 조항은 조선의 제작업에 대해 특수한 지령을 부여함과 동시에 상영프로그램에 국산영화할당제를 덧붙인 것으로 다른 것은 내지와 거의 대동소이하다고 한다.

1940년 7월 하순(274호) 64쪽

원산 : 봉공일 활용

이곳도 드디어 영화시즌을 맞이하여 각 관 모두 대작을 경쟁적으로 상영하기 위해 활기에 차 있다. 그러나 북선의 타도시에 비해 당국의 단속이 엄중하여 각 업자 모두 곤

란해 하고 있는데, 이 때문에 업계의 발달은 매우 늦은 감이 있다.

이곳에는 다이쇼칸(大勝館)[쇼치쿠, 닛카쓰, 양화], 엔잔칸(元山館)[도에이, 신코, 양화], 유라쿠칸(遊樂官)[도에이 2관, 다이토]의 3관이 있는데 아직 조합도 없지만 각 관은 서로 보조를 맞추고 있다.

이곳에서는 1일의 봉공일에는 시국영화를 넣어 요금 30전까지라고 못을 박아 영화를 상영하게 하는데, 영화 상영을 다른 업계와 마찬가지로 취급하니 정말 영화관을 운영하기가 힘들다는 평판이다.

1940년 8월 하순(276호) 31쪽

조선 : 뉴스배급 해결

〈일본뉴스〉의 조선 배급은 지금까지 뉴스 배급을 행해온 『아사히(朝日)』의 도와상사, 『오사카마이니치(大阪每日)』의 시호 씨, 『요미우리(読売)』의 고(高) 씨 및 동맹의 『경성일보』의 4자 합작으로 진행되어 왔는데 결국 성공하지 못했다.

그러나 이미 소문처럼 『경성일보』가 이를 행하기로 결정했다.

즉, 일본뉴스사에서는 지사를 설치할 때까지 당분간 조선 전역의 배급을 총독부에 일임했는데, 총독부는 『경성일보』에 이를 행하게 하게 한 것으로 그 사이의 경과에 다소 의문을 가지는 이도 있었지만, 이로써 꽤 마찰이 심했던 이 문제도 해결, 이미 6호부터 이런 형태로 배급되고 있다.

－야마구치 히사시山口久

1940년 8월 하순(276호)

〈수업료〉 광고

여기에도 우리들의 소년시절에 보았던 꿈과 눈물이 있다!
〈수업료〉 SCHOOL-FEE

출연
우스다 겐지[신쓰키지극단(新築地劇団)]

정찬조, 복혜숙, 김종일(金鐘一), 김신재 독은기, 전택이, 최운봉, 김일해, 김한, 문예봉

원작은─『문예』소재
우수영 소년의 총독상 획득
주옥의 작문
시나리오는─『영화인』소재, 야기 야스타로의 야심작
감독은─반도의 신예 최인규·방한준
경성고려영화사 제작·도와상사 제공

1940년 8월 하순(276호)

〈수업료〉 홍보기사

조선의 영화인이 내지의 여러분들에게 보내는 진심의 꽃다발!

〈수업료〉
도와상사 배급·경성고려영화사 작품

조선영화계가 처음으로 완성한 가작 〈수업료〉를 조심스럽게 소개해드리겠습니다.

조선영화의 역사는 이미 무성시대로부터 20년 이상의 세월을 세고 있지만 이것이 내지에서 화제가 된 것은 〈타비지〉 이후일 것입니다. 〈한강〉[방한준 감독], 〈국경〉[최인규 감독]의 두 작품이 나타나서 겨우 조선의 토키도 어떤 깊이 있는 방향성을 보게 되었습니다.

내지영화인들이 새로운 영화의 세계로서 반도를 주시하는 것도 있어, 내선협동작품으로 〈군용열차〉가 나타났고 도호의 〈오쿠무라 이오코(奧村五百子)〉는 대규모의 로케이션이 이루어졌습니다. 무라야마 도모요시(村山知義)에 의해 제작된다는 소문이 있는 〈춘향전〉도 있고, 반도의 대표적 스타 문예봉이 오후나(大船)영화에 출연한다는 계획도 있어 겨우 내선영화인의 교류가 많아졌습니다.

〈수업료〉는 조선총독 작문상에 〈고지마의 봄(小島の春)〉 〈불타는 하늘(モ燃えゆる空)〉 〈끝없는 전진(限りなき選進)〉으로 정평이 나 있는 야기 야스타로 씨가 각색한 것인데 야

기 씨는 이 영화에서 내선어의 대사를 교묘하게 융합시키고 있습니다. 이는 일본영화의 한 부분으로 발전해야 하는 조선영화의 장래에 큰 시사를 던져주고 있다고 생각합니다.

감독 최인규와 방한준 이 둘은 현재 조선영화의 대표적 감독이라고 할 수 있습니다. 최 군은 〈국경〉, 그리고 지금은 〈집없는 천사〉 제작 중. 방 군은 〈한강〉 외에 〈성황당〉이 있습니다.

신쓰키지(新築地)극단의 총사(總師) 우스다 겐지 군을 영입하여 주연을 맡게 하고, 그 외에도 말 그대로 조선영화의 올스타 캐스트입니다. 문예봉에 대해서는 새삼스레 소개할 필요는 없겠지만 그 외에도 모두 중견의 수완 좋은 연기자들이 출연하고 있습니다. 주역의 우영달 소년으로 분한 정찬조 소년만은 사범부속소학교 6학년으로 솔직한 연기를 보여주고 있습니다. 물론 이 소년의 영화 출연은 처음입니다.

조선영화는 적은 자본과 가난한 설비 속에 탄생한, 아직 영화 1학년입니다. 유치할지도 모릅니다. 그러나 닳지 않은 순진함이 있습니다. 어떤 이는 조선영화를 체코영화 같다고 말합니다. 이 땅에서 나온 영화에는 소박한 정취가 풍기고 있습니다. 우리들이 대륙영화로 가기 위한 징검다리로서도 잊어서는 안 되는 것이 조선영화입니다.

〈수업료〉는 조선이 낳은 최초의 아동영화입니다. 이는 〈글짓기교실(綴方教室)〉이며 〈홍당무〉이며 〈흐름〉입니다. 여기에도 우리들의 소년시절의 애달픈 추억이 있습니다.

너무 슬픈 눈물 때문에 이것은 학동의 진심을 그렸음에도 불구하고 비일반용 영화로 인정되었습니다.

| 영화 〈수업료〉 원작 작문 조선총독부학무국장상 |

수업료

전라남도 광주기타초北町 공립심상소학교 4학년 우수영

요즘은 그렇지도 않지만, 최근까지 저는 수업료 납입일이 가까워지면 마음이 왠지 불안하고 즐겁게 놀지도 못하고 제대로 공부도 못했습니다. 드디어 납입일이 되자 선생님께서 수업료를 모으신 후에 "수업료를 가져 오지 않은 학생 일어서 봐"라고 말씀하시자 저

는 갑자기 머리가 텅 비었고, 창피해 하면서 겨우 일어섰습니다. 일어선 학생들에게 그 이유를 물어보시는 동안 저는 항상, 선생님께서 모처럼 매일 칭찬해주셨던 일들이 수업료 때문에 다 없어졌다고 생각되어 선생님의 얼굴을 올려다보는 것조차 무서워졌습니다. 이런 것을 생각하는 사이에 어느새 제 차례가 되었고 대답하는 목소리가 작아져서 꾸중을 듣기도 했습니다.

때로는 "자네만 수업료를 내면 우리 학급은 완벽한데 말이야"라고 말씀하신 적도 있는데 이럴 때는 선생님이나 친구들에게 정말 뭐라 할 말이 없어서 교실에서 뛰쳐나가고 싶을 정도였습니다.

대체로 우리 학급은 매달 수업료를 내지 못해 일어서는 학생들이 대여섯 명 있지만 저는 올해 봄 무렵부터 다섯 달 동안이나 계속해서 일어섰습니다. 김 군은 3학년 때 늦게 내는 편은 아니었는데 형이 저번부터 일을 그만두었기 때문에 늦게 내게 되었다고 합니다. 할머니는 매달 초에 입버릇처럼, "이번 달은 어떻게 할까" "아버지가 송금해주면 좋을 텐데"라는 말로 걱정해주시지만 때로는 하루에 한 끼의 식사를 때우기도 힘들 정도이니 좀처럼 목돈도 마련할 수 없고, 아버지 쪽에서도 결국에는 한 푼도 보내오지 않게 되었습니다. 그래서 저는 납입일이 되면 창피해서 학교에 가지 않은 적이 한두 번 있었습니다. 그러던 어느 날의 일입니다. 아버지와 어머니는 놋쇠로 젓가락이나 숟가락을 만들어 시골을 돌며 행상을 하고 있는데 올해 봄에 집을 나가서 5개월 가까이 되도록 돌아오시지 않고 있으며, 돈도 편지 한 장도 보내오지 않습니다. 집에는 올해 75세가 되는 할머니와 제가 있을 뿐입니다. 할머님은 연세가 있으신데다가 매일 쓰레기를 주우러 나가시는데 식사를 거를 때가 많아 결국 앓아눕고 말았습니다. 지금까지는 할머니가 매일 쇠붙이를 주워다 팔아서 쌀을 샀고, 제가 매일 학교에서 돌아와서 장작을 가져오거나 해서 근근이 살아왔는데 이렇게 되어 버렸으니 어쩔 수가 없게 되었습니다. 그 후부터 저는 창피함을 무릅쓰고 가끔 다른 집에 식사를 구걸하러 다니게 되었습니다.

이를 알게 된 옆집 유 씨(柳さん)라는 사람이 사는 부잣집에서 자기 아이에게 공부를 가르쳐주라고 하면서 가끔 밥이나 반찬 등을 보내줬습니다. 그러던 중에 걱정하던 수업료 납입일이 다가왔습니다.

이번 달로 3개월 치나 미납인데, 이번에도 수업료를 장만하지 못했으므로 나는 왠지 창피함이 들어 학교에 가고 싶지 않았습니다. 이를 알고 병석에 계신 할머님께서는 저를 베게 밑에 부르셔서는 "장성(長城)의 숙모님 집에 가서 수업료 할 돈을 조금만 받아 오너라"라고 말씀하셨습니다. 저는 그 이야기를 듣고 할머님께서는 병환 중이신 것도, 식사 걱정도, 집세 독촉도 잊고 수업료만 걱정해주시는구나라고 생각을 하니 갑자기 눈에 눈물이 가득 차 올랐습니다. 이럴 때에 아버지와 어머니가 계시면이라고 생각하니 더더욱 슬퍼져서 드디어 큰 소리로 울고 말았습니다. 할머님 눈에서도 커다란 눈물방울이 두세 줄기 흘러내렸습니다. 그런데 장성까지는 6리나 됩니다. 저는 여러 가지를 생각한 끝에 장성행을 결심했습니다. 그리고 곧 기분을 가다듬고 친구들에게 들키지 않게 살그머니 집을 나와 장성을 향했습니다. 길은 언젠가 할머님과 같이 간 적이 있어서 익숙했습니다. 하늘은 매우 맑았고 가을바람이 산들산들 불었습니다. 지나가는 사람들이 많아서 적적하지는 않았지만, 단지 자동차가 지나가면서 심하게 먼지를 일으키는 것과 저 또래의 어린애가 자동차 안에서 빈 캐러멜상자를 던진 것이 괘씸했습니다. 처음에는 꽤 씩씩하게 걸었는데 중간 정도까지 가니 점점 다리가 아파서 잘 걷지 못하게 되었습니다. 그러나 저는 이것이 선생님께서 언제나 말씀하시던 인고(忍苦)의 단련(鍛鍊)이라고 생각하면서 계속 걸었습니다.

장성의 숙모님 집에 도착한 것은 오후 5시경이었습니다. 이 숙모님은 먼 친척에 해당하는 사람인데 우리들에게는 정말 친절하게 대해 주십니다. 저에 관한 일을 모두 이야기해 드리니 숙모님은 금방이라도 울 것 같았습니다. 그날 밤은 거기서 머물고 그 다음날 아침 돈 2원50전과 쌀을 석 되 정도 받고, 더욱이 자전거까지 태워주셔서 광주에 돌아왔습니다. 집에 도착하니 할머님은 저에 대해 많이 걱정하셨는지 매우 기뻐하셨습니다. 할머님의 병환은 조금 좋아져서 자리에서 마음대로 일어나실 수도 있었습니다. 그로부터 3일 후에 3개월 치의 수업료를 가지고 학교에 갔을 때는 어쩐지 기분이 개운했고, 선생님이나 친구들도 한층 더 그립게 보였습니다.

그날 방과 후 청소가 끝나고 선생님께서 저를 교실로 불렀습니다. 교실은 아주 고즈넉했으며 서쪽 창문 유리에 석양이 가득 비추고 있었습니다. 저는 무슨 일일까 하고 궁금해 하며 조용히 선생님 앞에 가서 서니, 선생님은 상냥하신 목소리로 다음과 같이 말씀하셨습니다.

"우 군, 자네 집 일은 선생님이 잘 알고 있어. 자네는 학교 공부도 잘하고 학급을 위해서도 열심이었는데 집에 돌아가서도 착한 일을 하고 있었군. 친구에게 물으니 할머님이 병환이셔서 다른 집에 식사를 구걸하러 간 적도 있다지? 정말인가?"

선생님께서는 이렇게 말씀하시고 잠시 동안 제 얼굴을 쳐다보셨습니다. 저는 그렇게 슬프다거나 창피하지는 않았지만 저도 모르게 눈에서 눈물이 조용히 떨어졌습니다. 잠시 후에 선생님께서는 교탁 안에서 저금통 비슷한 것을 꺼내고 다시 이야기를 계속하셨습니다.

"울 일이 아니야. 자네는 정말로 훌륭한 생도다. 그런 일은 조금도 창피한 게 아니에요. 학급 친구들은 어제 자네를 위해서 학급회의를 열어 그 '우정함(友情箱)'이라는 것을 만들었어. 친구들은 지금부터 한두 푼이라도 남은 돈을 여기에 넣어서 자네 수업료로 한다고 하네."

이 이야기를 듣고 저는 정말로 어떻게 해야 좋을지 몰랐습니다. 단지 제 눈앞에는 친구들의 얼굴이 신들처럼 고귀하게 보였습니다. 그래도 친구들은 오늘 아침 저에게 이런 일들을 조금도 이야기해주지 않았던 것을 생각해 보면 한층 더 고귀하고 아름답게 생각되었습니다.

'우정함'은 검은 도기였고 커다란 배 정도의 크기였습니다. 그 위에는 '우정함'이라고 명확하게 써져 있었습니다. 집으로 돌아와서 할머님에게 이 이야기를 말씀드리니 할머님은 매우 감동하셔서 친구들이나 선생님에 대해 몇 번이나 칭찬하셨습니다. 이런 일들이 있고 나서 2, 3일 지나자 아버지로부터 기쁜 편지가 도착했습니다. 돈도 5원 보내주셨습니다. 그리고 음력 8월의 추석[84]까지는 돌아오실 수 있고, 옷도 한 벌 사주신다는 것이었습니다. 계신 곳은 전라북도의 어느 시골입니다. 오랫동안 어머니가 병환을 앓으신데다가 물건들이 잘 안 팔려서 돈이 생기면 편지를 쓰려고 생각하다가 늦어졌다는 것도 써 있었습니다.

다음날 선생님께 이를 말씀드리니 선생님께서도 매우 기뻐해주셨습니다. 그리고 나서 아버지와 어머니가 돌아오신 것은 8월 추석 3일 전이었습니다. 요즘은 전쟁으로 쇠붙이를 만들 수 없어서 아버지는 놋쇠젓가락이나 숟가락을 만들 수 없습니다. 그래서 행상을 가실 수 없으시지만 어떤 일을 해서라도 열심히 수업료를 장만해주시겠다는 것이었습니다. 그래서 요즘은 수업료에 대해서는 걱정을 하지 않고, 2학기에도 가장 좋은 성적을 받고 싶다고 생각하여 열심히 공부하고 있습니다.

－『문예(文藝)』에서 전재

84 원문에서는 오봉이지만 문맥상 추석으로 번역했다.

〈수업료〉 광고

수업료
야기 야스타로 각색
최인규·방한준 감독
우수영 소년의 총독상 획득 작품

우스다 겐지
정찬조·복혜숙
김종일·김신재
문예봉·전택이
공연

〈고지마의 봄〉의 야기 씨가 반도영화에 던진 돌멩이! 대단한 반향!
우리들의 소년시절의 꿈과 눈물의 명작!
근일 개봉
도와상사·고려영화사 작품

경성:양화 상영금지는 당분간 유보

경성흥행협회에서는 지난 8월 29일 총회를 열어 양화 상영금지 문제를 협의했는데, 극영화 및 문화영화를 막론하고 모두 상영을 금지하기로 결의했다. 협회 임원은 30일 도청 및 각 경찰서를 방문, 이런 결의문을 제시했는데 그 후 총독부 도서과와 협회 임원이 간담한 결과 11월 1일에 금지를 단행하는 것을 일단 연기하여 현재 계약이 끝난 상태의 작품은 상영하기로 했다. 그러나 계약되어 있는 영화들은 현재 9편에 지나지 않으므로 사실상 이 9편의 상영이 끝나는 3~4달 후에는 양화는 자취를 감추게 된다.

그리고 자숙하는 흥행방법에 대해 이후 신중하게 협의할 예정인데 우선 영화령이 규정하는 범위 내에서 각자 시행하기로 했다.

-S. K. 생生

1940년 10월 상순(279호)

〈복지만리〉 광고

만선일체! 양자가 손을 잡은 대륙영화의 새로운 영화!
여기에 진실한 개척자의 생명이 흐르고 있다!!
〈복지만리〉
조선영화 창립 이래의 촬영비, 2년 여에 걸친 제작일수!
만선 전역에서 감행한 대 로케!

고려 측
진훈(秦薫), 심영(沈影), 주인규(朱仁奎), 박창환(朴昌煥), 이규설(李圭卨),
송창관(宋創冠), 전옥(全玉), 유계선(劉桂仙), 김동규(金東圭), 전택이(全澤二)

만영 측
진진중(陳鎭中), 왕근파(王根波), 이영(李映), 왕미운(王美雲), 장상(張翔),
장혁(張奕), 훈파(薰波)
공연(共演)

전창근 시나리오·감독 이명우(李明雨) 촬영
고려영화협회·만주영화협회 제휴 작품

〈집없는 천사〉 광고

불행한 소년들의 무리! 집 없는 천사를 어떻게 구해야 할 것인가.
생생하게 사회문제에 답하는 조선영화의 다부진 진전

〈수업료〉〈국경〉의 최인규 감독

조선총독부 촉탁의 니시키 모토사다(西龜元貞)
가나이 세이이치(金井成一) 촬영, 이토 센지·김준영(金駿泳) 음악

〈집없는 천사〉
문예봉, 김신재, 김일해, 홍은순(洪銀順), 곽도식(郭道植), 진훈, 이상하(李相夏),
윤봉춘, 김유호(金裕虎), 남경치(南慶治), 황상돈(黃常敦),
시라카와 에이사쿠(白川榮作), 방준모(方俊模)
전택이, 유현(柳玄), 박창혁(朴昌赫), 김한(金漢), 이금룡, 안복록(安福祿),
야스다 다이조(安田泰蔵), 고기봉(高奇峰), 백란(白蘭), 박춘자(朴春子),
난조 유미(南條由美), 기타미 아이코(北見愛子)

〈수업료〉의 기획자 니시키 모토사다가 다시 문제로 삼은
반도의 부랑아 교화 문제!! 반도영화가 생긴 이후의 올 스타 캐스트!!

1940년 10월 하순(280호) 34~35쪽

경성：효과 높이는 방공훈련

지난 10월 1일부터 5일간에 걸쳐(34쪽) 진행된 군민일체의 실전적 방공 연습에, 전 조선에서 처음으로 영화관 피난훈련이 메이지자에서 행해졌다.

훈련 4일째의 오후 8시 57분 부근의 거래소에 폭탄이 떨어졌다는 상정하에 때마침 초만원이었던 관객들은 메이지자 특설방호원의 지도하에 질서정연하게 장외로 피난했다. 9시에 위기가 사라져 관객은 다시 관내로 돌아와 상영이 계속되었는데 이 사이는 겨우 3분간으로 실로 방호단원의 지도도 순서정연하게 완벽했다고 감시하러 왔던 혼마치서의 다나카 경무주임은 절찬할 정도였다. 끝나고 나서 다나카 지배인의 인사가 있었고, 상설관과 관객이라는 입장을 떠나서 방공의식을 표명한 것은 감격적 장면이었다!

방공 연습 중에는 각 관 모두 완비한 시설하에 개관했는데 성적이 좋지 않을 거라고 예상했던 것과는 달리 모두 보통 이상의 좋은 성적이었다.

－가나모리 유조金森祐三

내지자본 조선·대만에 진출

각 영화사는 배급망을 확충하고 강화하기 위해 지금까지 직영관의 획득에 힘을 기울여왔는데, 최근에는 그 총구를 조선과 대만 등으로 향하고 있는 상태이다. 다이토에서는 종래의 조선, 대만의 위임배급을 규슈 지사의 도배급으로 하기로 하고 이미 현재 계약되어 있는 소노다상회와 절충을 개시했다. 한편 도에이에서도 타이베이의 국제관을 직영관으로 경영하고 조선에서도 이미 직영관이 내정되어 있는데, 내지자본의 진출에는 많은 이들이 흥미를 가지고 지켜보고 있다.

경성 : 와카쿠사극장 분규 해결

올해 2월 와카쿠사영화극장이 도에이를 떠나 신코키네마와 계약을 맺음으로써 도에이는 위약금 5만 원을 청구했다. 이 때문에 동 극장을 둘러싸고 도에이 대 신코의 대립이 격화하여 이후 동 극장은 다시 도에이로 복귀하기로 결정하자마자 이번에는 신코로부터 일부 청구로서 7만 원의 소송이 오사카 지방재판소에 제기되었다. 이후 동 극장 오카모토 세이지로 씨는 경성 안도 이지오(安藤一二夫), 오사카 이리에 신타로(入江真太郎)의 두 변호사를 대리인으로 하여 소송 중이었는데, 이번에 화해가 성립하여 오카모토 씨는 신코에게 1만5천 원의 위약금을 지불하게 되었으며 9개월에 걸친 분규도 해결을 보기에 이르렀다. 동 사건은 경성 영화계 최초의 거액 소송 사건으로서 분규 발발 이후 각 방면으로부터 주목을 받았다.

조선에서의 다이토영화의 직영관의 귀추가 주목된다. 그러나 문제는 동 규슈 지사가 위임, 배급 계약자와의 계약만료를 기해 직접 배급을 하려고 하는 것이다. 이토 동 지사 영업부장은 지난 10월 25일 경성에 이르러 현 계약자 오카다 씨와 원만한 해결을 보기 위해 절충을 했는데 아직 문제는 해결되지 않았다.

－Y. H. 생生

신흥영화(新興映畫)

신흥영화사

/

프롤레타리아영화(プロレタリア映畫)

프로키노 출판부

조선영화에 대해서

••

●● 사진
〈아리랑〉의 한 장면. 나운규(羅雲圭)
와 신일선(申一仙)[여]

조선 현대문학의 새로운 운동[3·1운동이라고 한다]은 다이쇼 8년[1], 다시 말하자면 저 만세사건 당시에 그 여명기를 맞이했다. 영화는 훨씬 이보다 뒤늦은 최근에야 어느 정도의 수준에 달했다. 조선 전국을 통틀어 제작소는 대여섯 군데 정도인데, 이도 피억압국의 참담한 경제 상태로 지속하지는 못하고 있다. 내가 조선에 있을 당시[1924~1928년 초기]를 생각해 보면, 조선키네마프로덕션 외에 작품을 계속 발표하는 곳은 없었다. 적어도 이 프로덕션의 중심인물 나운규가 조선영화계의 대표자임에는 틀림없을 것이다. 조선키네마프로덕션에도 어떤 사정이 생겨 나운규는 얼마 후에 독립하였으며, 이후 나운규프로덕션을 만들었다.

조선에서 새로운 영화운동의 서막은 〈춘향전〉 및 〈심청전〉으로 열렸지만, 두 작품 모두 조선고대문학, 아니 전설에 가까운 내용을 영화한 것이어서 촬영기사의 노력을 제시한 수준이었다. 물론 그 영화들을 제작(131쪽)하기 시작하면서, 조선민족은 '우리 영화'를 가지게 되었다. 문학의 영화화, 특히 조선과 같이 중국사상을 많이 함유하는 문학을 이 시대의 민족에게 어떻게 보여줄 것인가는 깊이 생각해야 하는 일인데, 이들 두 작품은 제작자가 그런 문제를 염두에 두지 않고 만든 것이므로, 그 내용의 가치에 대해서는 여기에서 서술할 필요를 느끼지 못하겠다.

나운규가 주연한 영화는 다음과 같다.

〈아리랑〉〈풍운아〉〈들쥐〉〈금붕어〉〈잘 있거라〉〈옥녀〉〈사나이〉 등. 아직도 제작된 작품은 매우 적으며 〈잘 있거라〉에서 〈사나이〉[1928년 10월 개봉] 사이에는 반년의 시간이 있었으니, 두세 가지 작품이 빠져 있을 수도 있는데, 여기에서 간단하게 그에 대한 인상을 적어 놓겠다.

나운규는 활동사진 배우들 사이에서 흔히 볼 수 있는 호남도 악한의 얼굴도 아니다. 그의 약간 밋밋한 얼굴에 대해 조금 익숙한 사람들은 조선인 특유의 얼굴이라고 할 것

---

1   1919년

이다. 게다가 너무 어두운 그의 표정도 음산한 지하실의 분위기이다. 또렷하게 움직이는 눈동자, 움푹 들어간 볼, 크게 벌려진 입, 그 속에서 언제나 뾰족하게 정렬된 치아, 조금 허약하게조차 보이는 중간 체격이면서도 종종걸음과 큰 보행을 재주 있게 구별해서 사용하는 양 다리. 그래서 그에게는 〈아리랑〉의 백치나, 〈풍운아〉 〈들쥐〉의 부랑자 등이 가장 잘 어울리는 역이었다. 만약에 조선에서 탄생한 영화에 대해, 파리인들의 낙천주의나 황금주의의 범람을 요구하는 관객이 있다면, 우리들은 영화 이야기를 하기 전에 정치의 초보 지식부터 설명해야 할 터인데, 다행히 이런 여유로운 생각은 아무도 지니고 품고 있지 않은 듯하다.

나운규의 용모는 배타적이고 너무 제한이 많아, 배우로서의 포용성이 모자라는 것도 사실이다. 이는 그의 단점이라고도 할 수 있는데, 이후 조선영화가 발전할 방향을 생각할 때, 이런 그의 결함이 민족영화의 궤도를 왜곡시킬 수 있을까? 나는 아니라고 본다. 오히려 나운규가 가진 부랑자적인 측면이야말로 보다 많이 필요하게 되리라.

나운규의 미소는 가장 특징적인 것이지만, 내가 볼 때에는 조금 난용되는 것 같다. 게다가 몸동작에서 어느 정도는 미국인을 모방한 과장된 표현이 모든 영화에서 눈에 거슬렸다. 그의 연기는 이제부터이다. 인간적으로 나운규가 노력가인 만큼, 우리들이 그에게 거는 기대도 크다. 관객이 거의 없는 무대극을 번영시키려고 하는 노력은 내가 조선에 있을 때 이미 〈매맞는 그들〉의 무대를 공연한 것으로도 알 수 있다. 그의 영화를 보면서 내가 고민하게 된 점은 그를 제외한 배우들이 항상 아마추어 이하의 연기 정도밖에 못한다는 것이다. 그래서 관객은 어느 장면을 보더라도 나운규가 초조한 연기를 지속하는 것을 강요당하고 있다고 느낀다. 예를 들면 〈금붕어〉에서 상대역을 했던 여배우 김정숙(金貞淑) 등의 병자에 가까운 빈약한 육체—서양복식이 한층 더 나쁜 인상을 준 것 같지만—는 단지 그에게 끌려다닌 것에 지나지 않았다. 오히려 신일선은 김정숙보다 젊지만(132쪽), 기술도 확실하고 연기도 자연스러웠다.

언젠가 미국 잡지 『Asia』에서 인도의 여배우 부족에 대한 기사를 실었다[아마 〈아시아의 빛〉의 주연에 관한 문장이었다고 기억한다]는데, 조선에서는 유교의 영향을 받은 전통적 도덕관이 이런 여배우 부족을 초래한 것 같다. 어찌 됐든 이는 개척기의 현상인데, 나운규의 임무는 여기에서 실로 중대하며, 얼마 동안은 그의 노력에 정비례한 결과를 쉽게 얻을 수 없어도 참아야 할 것이다.

촬영기술에 대해서 말하자면 물질력이 빈약한 이유도 있어, 매우 열악하다고 할 수 있다. 현 상황에서는 영화의 스토리에서 조선영화의 미래를 약속하는 새싹을 발견할 수

밖에 없다. 물론 다른 나라들처럼 조선에서도 영화는 그 영업 가치에 의해 좌지우지되고 있으며, 내용 또한 일반민중의 프티부르주아적 향락에 그 중심을 맞추고 있는데, 아무리 그렇게 침투를 당하더라도 그들의 머릿속에서 조선민족 전체가 무거운 짐을 지고 있는 현재의 식민지적 상황이 없어지지는 않을 것이다. 다른 열강국민들은 이성적 의식에 의존해 획득한 것을, 그들은 거의 선천적이라고 할 수 있는 끈질김을 가지고 어떤 반역적인 감정을 확실하게 침투시켰다. 이런 의욕은 다른 여러 기술상의 미비한 문제로 가득한 그들의 영화를 기술적으로 탁월한 외국 작품과 대립하게 하여, 때로는 민중들이 그들의 영화에 훨씬 강하게 매료되는 원동력을 발휘했다.

그런데 〈풍운아〉[이 영화는 가혹한 검열제도 때문에 거의 3분의 1이 절단되었다]의 주인공에게 해피엔드는 존재하는가? 근로학생의 협동생활의 장면, 그중에서도 특히 그 조선가옥의 좁은 정원에서 고학생들이 춤추고 노래하는 그 장면. 나에게는 지금도 그 음악이 귓가에 들려온다[여기에 그 악보를 게재하지 못하는 것은 유감이다]. 그리고 방랑자인 주인공은 서양문화의 급속한 홍수 속에, 제국주의의 폭풍우에, 허약한 몸을 지리멸렬하게 파멸시켜야 했던 조선민족 내부의 배신자들—부르주아생활의 단면—을 북풍처럼 차갑게 폭로하여 다시 국경을 넘는 방랑에[실은 다시 혁명을 준비하기 위해] 나서고 만다. 한편 영화의 내용은 대부분 평범한 연애와 활극 등이었지만, 아마 관객들은 〈풍운아〉에 담긴 의욕을 보면서 그들의 내재적 열정이 올바른 방향으로 가고 있음을 느꼈을 것이다. 그는 항상 방랑자, 무숙자, 도둑, 광인, 말더듬이 등을 주연으로 연기했는데, 주로 음탕한 여자를 매개로 하여 부르주아층에 접근한다. 동양척식주식회사 등이 거대하게 조직한 ××에 의해, 매일 착취되는 농민[조선민족의 물적 자원은 농업뿐이다], 그리고 1년에 2~3만을 세는 만주 및 내지 이민 발생지의 현 상황을 배경으로, 힘들게 '그들의 적'을 풍자하고 경멸한다. 흥행을 기초로 하며, 일본제국의 검열제도 밑에서 제작되는 그들의 영화에서 유감이지만 사실상 이 이상의 폭로나 프로파간다를 포함할 수는 없을 것이다. 적어도 당분간은 조선민족도 이 현실을 참아야 하리라.

그러나 우리는 현재 조선 내에서 일본의 부르주아신문에 대항하여 3개월, 한 달 등의 연속 발행 금지(133쪽)를 참아내면서, 부단히 간행을 지속하고 있는 두세 개의 조선글의 일간신문을 알고 있다. 이를 생각할 때 영화의 확립도 어느 정도까지는(최근 나운규프로덕션도 자본 부족으로 해산한 것 같다) 가능할 것이다. 일간신문의 중요한 역할과 거의 같은 역할을 영화도 할 수 있다는 것을 조선민족이 하루라도 빨리 인식해주는 것이 지금 중요한 급선무가 아닐까 싶다.

버나드 쇼가 어리석게도 유럽 각국의 영화에 대한 관객의 수준이 연애물이나 에로스물 이상으로 발달한 것을 증명하기 위해, 픽포드나 채플린이 얼마나 환영받는가를 말한 적이 있는데, 동양의 한 식민지인 조선민족은 일찍부터 훨씬 앞서 가고 있던 것이다. 이는 일본 내지에서는 흥행영화와 프롤레타리아영화가 아직 같은 수준으로 대중성을 가지고 있지는 않은 현상보다 더 여러 의미에서 주목할 만한 현상이라고 생각한다. 조선 내에서 나운규의 영화에 숨은 반역성은 항상 대중성을 대표하고 있다. 그리고 그의 영화가 경성, 평양, 부산 이 세 도시 이외의 상영관에서도 상영될 때 그 반향과 침투력은 상상 이상의 것이 될 것이다.

물론 흥행자의 손을 거치지 않고도 조선프롤레타리아영화제작은 발전해야 하고 당연히 그래야 하지만 이는 일본의 동지들과 공동이 아니면 성취할 수 없을 것이다. 이에 이르기 위한 과정으로서 우리 일본인은 지금보다 더 조선영화에 대해 깊게 관심을 가질 것과 그들의 가슴속에서 끓어오르는 억눌린 정열을 인지하는 일이 요구된다.

－고오리야마 히로부미郡山弘史

1930년 3월(2~3호) 66~77쪽

신흥영화 좌담회

출석자	××	이시가와 오사무石川修	도아	사쿠라 후지코櫻富士子
		이보쿠 소지로黒木草二郎	××	기노 후나코木野芙奈子
	도아	아라이 시게아키新井重明	조선신흥영화예술가동맹	김유영金幽影
	도아	오카다 시즈에岡田静江	신코에이가	야마무라 요조山村躍三
	도아	단 도쿠에이團徳營	동	노다 다다오野田忠夫
	××	다케하라 레이지武原禮治		

야마무라 그럼 지금부터 시작하겠습니다. 좌담회니까 기탄없이 터놓고 이야기해 주길 바랍니다. 그 전에 먼저 이야기하고 싶은 게 있습니다. 실은 오늘 닛카쓰(日活)의 쓰지 기치로(辻吉郎), 오코우치(大河內), 후시미(伏見), 우메무라(梅村)등이 모여서 좌담회를 열었으면 해서, 조감독의 ××군에게 이를(66쪽) 전하게 했는데 쓰지 씨는 "『신코에이가』에 글을 쓰거나 좌담회 따위에 출석하거나 하는 것은 회사가 강하게 금지하고 있어서…"라며 거절했습니다. 저는 이를 실로 괘씸한 일이라고 생각하면서 분개했는데, 이런 이유로 급히 이 좌담회를 열게 되었고 여러분을 부르게 되었습니다.

단	쓰지 씨가 그런 사람이었나요?
야마무라	그런데 쓰지 씨 개인으로서는 "꼭 출석하고 싶다고 생각하고 있다"고 했습니다.
노다	그런데 ××란 놈은 반동의 아버지 격이죠?
이시카와	정말 그렇습니다. 사실을 말하자면 놈은 적색과 백색을 구분조차 못하면서 잘난 체하는 덜 떨어진 어린애입니다.
일동	맞아요.[웃음]
야마무라	시작은 본지 2월호의 LMN의 「읽을거리의 스튜디오, 뉴스」의 그거였죠?
노다	어쨌든 ××단체에 돈을 꽤 주지 않았습니까?
이보쿠	닛카쓰만 그런 게 아닙니다. 센본(千本)팀의 '아라토라(荒寅)'라는 오야붕은 닛카쓰, 마키노(マキノ), 도아의 세 회사에 걸쳐 활동하고 있다고 합니다.
야마무라	그래도 그중에서 가장 심한 곳이 닛카쓰죠?(67쪽)
아라이	도아는 중역들 속까지 들어와 맘대로 설치는 상황이니까요.
다케하라	물론 닛카쓰는 3.15로 두 사람의 전위분자(前衛分子)를 만들어냈으니 그만큼 심하다고 할 수 있겠죠.
이보쿠	촬영회사가 왜 폭력단과 사이좋게 지내냐고 한다면 이렇습니다. 촬영지에서 폭력단의 하청업체들이 촬영을 방해하니까 회사가 폭력단에게 돈을 준 것이 발단이긴 하지만요.
야마무라	그래도 지금은 물론 그 이유가 달라졌겠죠.
이보쿠	그건 그렇죠.
노다	영화종업원을 계속 말도 못하고 앞도 못 보는 사람으로 취급하기 위해 ××한 돈으로 폭력단을 부른다는 게 이유일까요.
아라이	어쨌든 센본의 오야붕은 하루에 5백 원의 수입이 있다고 합니다.
단	회사에서 나오는 건가요?
아라이	그야 다른 노동자들 몫을 가로챈 돈도 넣어서 그렇습니다.
이시카와	닛카쓰는 오야붕, 스파이 등 여러 반동분자들의 소굴이에요. 전에 배우 간사 중에서도 오야붕이 있던 시절에는 모두들 그 오야붕을 내쫓기 위해 결의문에 연서를 하고, 소장에게 그것을(68쪽) 내밀자 "음. 모두가 서명했으니 이번만은 특별히 너희들의 소원을 받아줄게"라는 이유로 그 오야붕이 해고되었지만요.

기노	오코우치가 비겁한 흉내를 낸 것은 그때였어요.
노다	무슨 말이죠?
이시카와	그건 이렇습니다. 그 결의문을 가지고 간 위원이 오코우치, 구즈키(葛木), 야마모토(山本) 등의 간부 4명이었는데, 정작 때가 되자 오코우치가 숨어 버렸습니다. 그래서 뒤에서는 소장의 오른팔이 됐고 그걸로 크게 체면이 섰다고 하지요. 나중에 오코우치를 잡고 규탄하자 그는 아무렇지 않게 "나는 영화종업원 동료들의 배신을 항상 보고 있어. 그러니 내가 한 번 배신 행위를 했다고 그렇게 정색하고 화를 내지 마"라고 지껄였으니 정말 어처 구니없는 놈이에요.
야마무라	이런 일화도 있어요. 언젠가 『오사카마이니치신문(大阪每日新聞)』에 에구로 오사무(江黑修) 씨가 썼는데요, 어떤 팀 전원이 오코우치에게 기부금을 받 으러 갔는데, 오코우치는 "나는 종교단체에는 기부하지만 사상단체에는 호의를 가지고 있지 않다"라며 거절했대요. (69쪽)
사쿠라	음, 오코우치 씨가 그런 사람이었네요.
기노	그런 놈은 우리들 프롤레타리아의 적이에요.
일동	맞아요.
기노	아무튼 월급이 3천 원, 한 편에 배당이 7천 원이라고 하니까, 그래도 대단 히 훌륭한 배우네요. 그러니 최근에는 이상하게도 안정적으로 자리도 잡 아 중역스러운 얼굴을 하고 있으니, 토할 것 같아요.
노다	실은 기노 씨 채인 거 아니에요?
기노	이상하네. 누가 그런 놈을. 저는요, 계급적으로 가장 각성한 전투적 투사 가 아니면 사랑도 결혼도 안 합니다. 예컨대 아사이 하나코(淺井花子) 씨의 남편 같은 분이라면 몰라도요.
야마무라	그렇겠죠. 그럴 거라고 생각하고 싶네요.
이보쿠	네기시(根岸) 씨가 사오십 명의 종업원을 해고할 때 주판으로 월급을 계산 하면서 이 사람과 이 사람을 해고하면 월급이 얼마 남는다 따위를 계산했 다고 합니다.
이시카와	소장이 종업원들에게 "너희들은 기껏해야 1전5리로 어떻게든 되겠지" 따위 의 말을 한 것이 그때예요. (70쪽)
다케하라	맞아요. 그런 일도 있었네요. 그때 해고된 사람들이 스튜디오에 불을 질렀

다는 유언비어가 퍼지는 바람에 마치 기다렸다는 듯이 개들과 함께 손에 곤봉을 들고 스튜디오를 비상경계하는 소동은 일본에서 그 최초라고 하겠지요.

노다 　이건 다른 이야기지만 영화인만 한 룸펜은 없지요.

이보쿠 　그건 슬픈 사실이네요.

노다 　그건 대학을 졸업한 지식인들과 마찬가지로 끊임없이 생활이 위협받고 있어서예요. 그렇지만 한편으로 그들은 또한 예술가지요. 문화적인 샐러리맨이라는 의식을 가지고 있어요. 그래서 현실의 자신을 직시할 수 없어서 결국 룸펜이 되고 마는 것이죠.

아라이 　그래요. 말단 배우가 공장 노동자보다 훨씬 싼 월급으로 일하면서도 조합 결성이 안 되어, 서로를 배신하기도 하고.

야마무라 　그건 그들의 예술가라는 자존심이 여러 면에서 화근이 되어, 언제까지나 개나 고양이 같은 생활에 만족하면서 자기도피를 하고 있기 때문이죠. 그렇게 해서는 언제까지나 가난한 사람은 구제받지 못하죠.(71쪽) 회사가 배불러 가는 것을 보고 있는 것과 같은 거예요. 여기서 먼저 그들은 스스로의 입장을 확실하게 인식할 필요가 있어요.

이보쿠 　제가 제일 강조하고 싶은 것은 영화인은 다른 공장 노동자보다는 파업을 일으켜서 훨씬 ×할 가능성이 많다는 것입니다. 왜냐하면 영화회사는 매주 일정하게 몇 편인가의 신작을 자신들의 특별계약관에서 상영해야 하니, 만약 파업을 하면 회사에 치명적 손해를 주게 됩니다. 제사(製絲)회사에서는 누에를 거둬야 할 때에 파업을 하면 반드시 이깁니다. 누에를 방치하게 되면 나방이 되어버리니까요. 그런데 영화 쪽은 그 ×곳을 매주 잡고 있으니 그만큼 가능성이 높다고 생각합니다. 이를 종업원들이 명확하게 알고 있었으면 좋겠어요.

야마무라 　그러니까 결국 서로의 이익을 획득하기 위한 조합이 필요하다는 것이죠. 제1의 영화종업원노동조합은 강한 탄압으로 부서진 상태이지만, 현재 조금씩 그 세력을 회복하고 있는 중입니다. 그렇기 때문에 ××××××××××××××××××××××.

단 　대체 닛카쓰에서 가장 낮은 월급은 얼마인가요?

이시카와 　처음엔 25원인데 두세 달 지나면 1백 원정도지요.(72쪽)

야마무라	저는 작년 말에 남녀배우를 도아에 입사시켰는데 나중에 그 둘에게서 월급을 듣고 깜짝 놀랐습니다. 15원이라고 하더군요.
단	도아에는 현재 10원을 받는 연구생도 있어요.
야마무라	5원을 받는 사람도 있다고 들었습니다만…….
아라이	그건 근처에 사는 아역들한테 한 달에 두세 번 나오는 보수로 준 것이죠. 지금은 15원이 최저라고 생각하는데요.
이보쿠	아니에요, 내 친구는 현재 10원에 일하고 있어요.
다케하라	이런 상황이 된 것도 매일처럼 회사에 밀려와서 공짜라도 좋으니 써줬으면 좋겠다고 하는 영화팬들 때문이에요.
야마무라	그런 사람들은 철저하게 혼내줄 필요가 있어요. 왜냐하면 회사는 그것을 구실로 삼아 배우들의 월급을 줄이니까요. 줄이지 않아도 월급이 겨우 50원 정도까지 오르면 금방 해고하고, 싼 월급으로 일해 줄 새로운 배우를 채용하니까요.
노다	실제로 프티부르주아 팬들은 영화 그 자체뿐만 아니라 영화종업원의 생활에도 해를 끼치네요.
야마무라	이번에는 중간착취에 대해 한번 이야기해보도록 하죠.
단	닛카쓰에서 촬영지에 나오는 도시락은 매우 맛이 없다고 정평이 나있죠.(73쪽)
이보쿠	그 이유 중의 하나는 예전부터의 습관인데, 회사가 50전의 도시락비를 받았으면서도 실제로는 20전의 도시락을 주기 때문이에요.
아라이	실은 저도 그런 일을 가끔 봅니다. 촬영지 매니저의 착취도는 꽤 막대한 것이지요.
다케하라	예전에는 조감독이 했었는데 지금은 마키노도 출사회계(出写会計)를 두고 있다고 합니다. 어찌 됐든 조감독이 힘든 것 같아요.
기노	닛카쓰의 출사회계인 ××라는 놈은 그렇게 번 돈으로 첩을 두고 있다고 합니다.
이보쿠	가부키 시대부터 내려온 습관이지요.
야마무라	아니에요. 그들의 월급이 낮은 것도 원인이에요. ××는 다르지만요.
아라이	그런데 영화인들은 이를 알고 있으면서도 별로 신경을 안 쓰는 것 같아요.
이보쿠	그런 점에서 그들은 실제로 포기하는 경향이 있어요.
이시카와	착취가 너무 심하니 둔해졌겠지요.(74쪽)

이보쿠	그럴지도 모르겠네요.
기노	내 경험으로는 여배우 간사가 역시 중간착취를 했던 것 같아요. 야간수당 같은 건 이쪽에서 청구하지 않으면 못 받지요. 그 말을 잠깐 꺼내기가 힘들고 마음 약한 사람들은 눈물을 흘리기까지 하죠.
이시카와	당신은 그 점이 제일 화가 나는 부분이지요?
기노	예. 당연하죠.
일동	[웃음]
사쿠라	도아에서는 관계자가 통계를 내고 있으니 그 점에서는 안심이긴 해요.
김	조선에서는 출자자(出資者)가 직접 촬영지에 관한 돈을 내게 되어 있어요. 중간착취를 할 사람을 둘 만한 돈이 없어서요.
다케하라	그럼 문제는 그런 중간착취자를 철폐하는 것입니다. 그렇게 하려면 역시 현 상황을 철저하게 폭로해야 합니다.
이보쿠	아니에요. 여러분도 잘 알고 있겠지만 예를 들어 나중에 스타라도 되었을 때 너무 용감하게 하면 곤란하니 아무래도 굴종적이게 되고 마는 거예요.
야마무라	지금은 시모가모(下賀茂)가 중간착취가 가장 심하죠?
이보쿠	닛카쓰 이야기인데 저는 출사회계가 감독에게 돈을 주는 것을 봤어요. 확실히 공동착취를 하고 있는 거지요.
사쿠라	폭력단이나 그런 중간착취에게 쥐어 짜인 돈은 상당히 크지요.
오카다	우리들도 그런 중간착취 때문에 맛없는 도시락을 먹어 온 것이지요.
기노	예, 그렇지요.
노다	울며 겨자 먹기 식이네요. 다음에는 프로영화에 대해 이야기하고 싶은데요.
이보쿠	프로영화를 부르주아회사가 만드는 소위 프로영화와 16밀리로 찍는 진짜 프로영화의 두 가지로 나눌 필요가 있어요.
노다	물론 프로영화가 두 가지로 있을 이유가 없으니 본질적으로는 나눌 수 없죠. 그러나 여기서는 편의상 역시 이보쿠 씨가 말하는 대로 두 가지로 나누는 쪽이 좋겠다고 생각합니다.
아라이	요컨대 지금까지 진짜 프로영화가 없었고 또 프로영화 이론은 상당히 어려우니, 여기에서는 부르주아회사에서 만드는 영화부터 이야기를 하면 어떨까요?
노다	그럼 진짜 프로영화 쪽은 다음 기회에 하고, 소위 말하는 프로영화라는 것

에 대해 이야기해볼까요?

이보쿠　아라이 씨 앞에서 이야기하기는 좀 그렇지만 감독만큼 횡포한 존재는 많지 않지요.

아라이　그건 사실입니다. 배우 쪽에서도 여러 구실을 만들어서 일을 게을리 하기도 하는 것도 그 이유지요.

다케하라　그렇게 하는 것이 프롤레타리아영화를 만드는 거라고 말하는 사람들도 있으니까요.

이시카와　프로영화다 뭐다 해도 우선 감독이 그런 상태이니 프로영화도 뭐도 아니에요.

이보쿠　〈오오카정담(大岡政談)〉[2]을 촬영하러 구라마에 갔을 때, 아무리 기다려도 도시락이 안 나왔어요. 겨우 나온 것이 3시 정도였죠. 그래서 모두 불평을 하니 이토 다이스케(伊藤大輔) 씨가 "마치 말처럼 행동하는군. 먹이를 안 주면 안 움직이니"라고 했죠. 그 말을 듣고 모두 화가 났지만 그래도 거기서는 그걸로 끝났어요. 그런데 조금 시간이 지나니, 아무래도 안 되겠다 싶어 아무도 일을 진행시키지 못했어요. 그런데 이토 씨가 자꾸 뭐라고 하니까 제가 "저희들은 말이니 감독님 같은 인간의 신경은 지니고 있지 않죠"라고 말한 적이 있죠.

야마무라　그래요? 명감독이니 뭐니 해서 일부 사람들로부터 추앙받고 있는 것 같은데(75쪽) 인간적으로는 영점이네요.

다케하라　저는 또 『신코에이가』의 1월호에 게재된 스즈키 주키치(鈴木重吉) 씨의 회담이 불만이에요. '영화는 오락물이다' 따위를 말하는 사람이 〈무엇이 그녀를…〉[3]를 찍었다고 생각하니 그 이유를 아무래도 모르겠어요.

야마무라　그러니 완성된 작품이 모든 걸 해결해 주는 것이지요.

김　그런데 〈무엇이 그녀를…〉은 좋았잖아요?

2　〈신판 오오카정담(新版大岡政談)〉을 말한다. 『오오카정담(大岡政談)』은 1927년 10월부터 『도쿄일일신문』에 연재되었던 소설이다. 무라이 데이키치(邑井貞吉)의 강담(講談)인 『오오카정담』을 원작으로 하야시 후보(林不忘)가 소설화했다. 마키노(マキノ)프로덕션, 도아키네마, 닛카쓰(日活)의 세 회사가 1928년에 이 연재소설을 원작으로 한 영화를 각각 만들었는데 소설에서는 조역이었던 '단게사젠(丹下左膳)'을 주인공으로 만들었다. 영화가 성공을 거두면서 이후 『오오카정담』을 원작으로 만들어지는 영화들은 〈단게사젠〉이라는 이름으로 개봉되었다. 이 세 편의 영화 중에서 가장 성공을 거둔 영화는 닛카쓰가 만든 〈신판 오오카정담 제1편(新版大岡政談第一篇)〉이었고 감독은 이토 다이스케(伊藤大輔), 주연은 오오코치 덴지로(大河内伝次郎)였다.

3　무엇이 그녀를 그렇게 만들었는가(何が彼女をそうさせたか)〉(1930년, 데이코쿠키네마)

오카다[4]	상업영화로서는 그렇지요. 그러나 프롤레타리아영화로서는 아직이에요.
이시카와	그리고 프롤레타리아의 진실된 생활에 대해 더 많이 알아야 한다고 생각해요.
오카다	동감이에요.
야마무라	그래요. 〈무엇이 그녀를…〉의 스즈키 주키치 씨의 대실패는 결정적으로 이데올로기의 문제라고 생각합니다. 그렇지만 그래도 프롤레타리아영화라는 이름을 붙였으면서 저런 반동영화를 만들어버린 스즈키 씨의 반동성은 봐줄 수가 없어요.
다케하라	정말 그래요. 저런 달콤한 인정극으로 만들어버리면 안 되지요. 도입부터 싫증이 날 정도로 감정적이잖습니까?
야마무라	제1주역인 나카무라 스미코(中村すみこ)의 마음의 움직임, 심리적 전환조차 전혀 표현되어 있지 않아요.
이시카와	원작에서 중요한 부분은 다 빼버린 영화가 저렇게 아무렇지도 않게 반동의 모습으로 시장에 나왔어요. 의식이 있는 노동자라면 이 영화를 마지막으로 이런 프롤레타리아작가의 이름을 빌린 영화를 보려고 하지 않을 거예요.
다케하라	정말 맘이 안 놓이는 감독이에요.
야마무라	그래도 뭐랄까요? 그 영화에서 뜻밖의 수확은 캐스팅이겠지요. 배우는 모두들 무난하게 연기를 했어요. 그중에서도 제일 빛나는 이가 다카쓰 게이코(高津慶子)예요.
김	그런데 아무래도 부르주아영화회사가 만드는 경향영화에는 한계가 있고, 그 이상을 넘는 건 불가능해요. 〈무엇이 그녀를…〉의 경우에도 그 점을 참작해야 하지 않을까요?
노다	물론 그것이 진정한 프로영화가 아니라고 해서 경향영화의 이런 경향을 조장하지 않아도 된다는 법은 없습니다. 그러나 그 때문에 잘못을 방임해 두는 것, 또는 방임하지 않더라도 묵인하고 마는 것은 명확하게 잘못된 것이지요. 그래서 문제는 영화비평의 새로운 기준이 필요하다는 것이죠.

---

4   문맥상 원문의 異田는 오식으로 추정됨.

아라이	어쨌든 더욱더 의식을 지닐 필요가 있어요.(76쪽) 감독도 시나리오라이터도.
이보쿠	단지 프롤레타리아의 생활을 묘사했다는 것으로는 아무것도 안 돼요. 그 것을 의식적으로 통일하고 의식적으로 기능하게 하는 일이 중요하지요.
노다	그럼 이제 시간이 별로 없으니 이 문제는 미비하지만 이 정도로 하고 다음 엔 현행악인 검열제도에 대한 비판과 대책에 대한 이야기를 하도록 하죠. 최근에는 좌익극장이나 여기저기서 다시 아우성이 들려오고 있고, 라이온 수상이 문예가협회의 간사를 초대했다는 이야기도 들립니다. 지금 여기서 검토해 보고 구체적 안을 짰으면 합니다만.
아라이	현재로서는 검열이 도쿄에서만 행해지고 있어요. 따라서 교토나 오사카에 있는 제작자는 여비나 다른 사정으로 그 검열장소에 들어가지 못하니 검 열관은 맘대로 잘라버리죠. 최근에 교토에 지부를 만든다는 이야기도 있 는데 그렇게 되면 조금은 편해지겠죠.
단	회사에서는 제작자가 잘린 부분에 대해서 항의를 하는 것을 기뻐하지 않 으니까요.
김	나중 일을 생각하니까요.
이보쿠	정부의 검열뿐만이 아니에요. 회사의, 아니 ××의 검열까지 있어요. 내가 만든 〈가사바리겐포(傘張劍法)〉는 4번이나 ××의 검열을 받았어요.
노다	사장의 취향에 맞지 않기라도 한대요?
이보쿠	맞아요.
노다	독일에서는 검열관에 자유주의자들이 매우 많다고 해요. 일본도 적어도 그 정도까지 됐으면 해요.
이보쿠	타이틀에 번호를 넣어서 자른 부분을 제시하는 것도 한 방법이라고 생각 합니다.
김	타이틀뿐만 아니라 장면에도 적용하면 좋겠네요.
다케하라	장면에는 못 넣지 않을까요?
이시카와	못 넣을 것까진 없죠.
이보쿠	〈아스팔트〉[5]에는 타이틀에 번호가 들어가 있었죠.

---

5   〈Asphalt〉(Joe May, 1929년, 독일)

이시카와	옛날 프랑스영화는 전부 번호가 들어가 있었어요.
단, 아라이	맞아요.
노다	감독이나 시나리오라이터가 미리 검열을 예상해서 역으로 암시하는 것 같은 방법을 생각하는 것도 필요해요.
아라이	몽타주 기법도 많이 필요하지요.
아라이, 노다	정말 감사합니다. 그럼 이것으로 폐회하도록 하겠습니다.

1930년 3월(2-3호) 112~114쪽

조선의 프롤레타리아영화운동

새해 일찍부터 영화동맹의 교토 지부에 신흥영화예술동맹의 서울키노영화공장 촬영감독 김유영(金幽影) 씨가 방문했다. 김유영 씨는 '일본의 동지들과 깊은 친교관계를 맺고, 교토의 각 영화촬영소의 견학을 목적으로' 일본에 왔다.

우리가 조선영화운동의 상황에 대해 거의 모르고 있는 것과는 달리 김 씨는 일본의 부르주아영화제작소의 상황뿐만 아니라 우리들의 프롤레타리아영화동맹의 상황도 잘 알고 있었다.

본지 신년호에 고오리야마 히로부미 씨가 조선영화에 대해 소개를 했는데, 나는 김유영 씨로부터 들은 조선의 프롤레타리아운동의 근황을 여기에 간략하게 소개하려고 한다.

현재 조선의 대표적인 영화제작소는 조선극장 내 키네마부의 조선키네마와 1928년 9월에 창립한 서울키노영화공장의 두 곳밖에 없다.

나운규프로덕션[본지 신년호 131쪽 참조]도 지금까지 주로 상업영화 제작을 해왔지만 경제적인 곤란뿐만 아니라, 주연자 나운규의 룸펜성이 원인이 되어 영화인들로부터 거의 지지를 받지 못하고 있고 배우로서의 인기도 거의 실추되고 있으며, 오늘날에는 지속적인 제작이 이루어지지 않아 해산 상태이다.(112쪽)

조선키네마에 대해서 말하자면, 일본의 부르주아제작소와 마찬가지로 빈약한 조직 밑에서 조금이라도 돈을 더 벌어들이는 상업영화를 만들려고 분주해 하고 있는 것뿐이며, 이 제작소에서 우리들이 바라는 영화 및 영화운동이 나오는 일은 결코 기대할 수 없을 것이다.

다음으로 서울키노영화공장에 대해서 기술하기 전에 이 영화공장의 촬영감독이며 다난한 조선영화계의 지도자 김유영에 대해서 이야기해보도록 하겠다.

그의 첫 번째 감독 작품은 조선영화예술가협회 시대에 『중외일보』 지상에 연재된 영화소설 〈유랑〉[7권]을 한창변(韓昌變), 조경루(趙慶婁)가 주연을 맡고, 민우양(閔又洋)이 카메라를 담당하여 제작한 것이었다.

조선영화예술가협회가 해산된 직후에 그는 일당들과 함께 새로 탄생한 서울키노영화공장으로 들어가 〈혼가〉[13권]를 제작, 완성했다. 이 영화의 주연배우 임화(林和)는 조선 유수의 프롤레타리아 시인이며 그의 작품은 이미 『센키(戰旗)』[6] 지상에도 소개되었다.

김유영이 감독한 작품은 현재까지 이 두 편뿐이지만, 우리 일본 내지에서는 상상 이상의 정치적·경제적 압박을 받으면서도—〈유랑〉은 프롤로그 1권을, 〈혼가〉는 13권 중에서 실로 4권이 검열 가윗날의 화를 입었다—조선영화계를 위해 기개만장의 기를 내뿜으며 일반대중으로부터도 비상한 기대를 받기에 이르렀다.

그의 〈유랑〉 〈혼가〉의 내용은 ××의 가윗날 때문에 주인공을 니힐리스틱하게 또는 전체 테마를 무정부주의적으로 왜곡할 수밖에 없었는데, 그 작품의 여러 곳에 ××제국주의에 억눌리고 있는 식민지 사람으로서 그들 천이백만 씨족의 ×압에 대한 강렬한 반역의 정신이 교묘하게 짜여 곳곳에 산재되어 있다.

"현재 조선의 영화관객은 그런 ×역적인 무엇인가가 영화에 숨어 있지 않는 한 화제로 삼지 않을 정도로 의식수준은 향상되어 있다."(113쪽)

이 김유영의 말은 반대로 조선민족이 얼마나 ××제국주의의 끊임없는 ×취와 ×압하에 있는가를 증명하는 것이며, 앞에서 쓴 나운규의 인기가 부진한 원인도 우리 일본 키네마스타들의 그것과는 의미가 많이 다를 것이다.

조선프롤레타리아영화운동은 이상과 같은 내용처럼 주관적 상황 속에서 의식적인 전위영화인들에 의해 나오기 시작했다.

신흥영화예술가동맹의 조직이 그것이다. 이 동맹은 김유영의 제창에 의해 작년 12월 14일에 만들어져 전 조선의 거의 모든 전위적 영화인이 가맹했고, 강공한 조직과 함께 비범한 권위를 가지고 있다.

동맹은 서무, 촬영, 출판, 연구의 네 분야로 나뉘며 촬영부 감독으로서는 김유영, 기

---

6   1928년에 나프(전일본무산자예술단체협의회)의 기관지로서 창간된 문예잡지이다. 고바야시 다키지(小林多喜二)의 『게공선(蟹工船)』이 연재되었다.

사는 민우양, 배우부에는 앞에서 이야기한 임화, 김정희(金貞姬) 등이 있으며, 출판부에서는 올해 2월에 『영화가(映画街)』가 창간되기에까지 이르렀다.

신흥영화예술가동맹의 강점은 그들의 손안에 서울키노영화공장이 있다는 것이며, 제작영화는 바로 조선 내에 배급되고 상영된다는 것이다.

조선프롤레타리아영화운동은 정치적 ×압과 극도의 검열의 손이 예상되는 한 ×합법적 활동은 허용되지도 않을 것이며[이 점은 우리 일본프롤레타리아영화동맹의 창립 당시와는 다르다], 당연히 앞으로 진행되어야 할 방향으로 현재 진행 중이며, 앞으로는 그 합법성의 범위를 대중의 힘과 함께 넓혀 가면서 진전시켜야 할 것이다.

1930년도에는 신흥영화예술가동맹의 최초의 사업의 성과를 우리들은 충분히 기대할 수 있지 않을까.

우리들은 프롤레타리아영화동맹의 멤버로서 식민지의 동지들과 굳세게 연대하여 프롤레타리아영화의 생산과 발표를 위해 끝없는 싸움을 계속해야 한다.

-우에다 이사오上田勇

1930년 3월(2-3호) 115~124쪽

조선영화의 제 경향에 대해

1

제국주의시대에 식민지 또는 반식민지는 항상 그 문화적 지위에서도 야만적이고 미개한 지위에 놓여 있다. 조선에서도 병합 이래 지배적 국가의 고도한 경제적 ××, 문화적 시설 및 그 독자적 발달에 대한 저해는 모든 방법을 동원하여 여전히 충실하게 이루어지고 있었다.

그것이 저 1919년 3월의 국민적 ××에 의해서 조선민족이 ×으로 싸워 쟁취한 몇 가지 자유[이것이 그들이 소위 말하는 '문화정치'인 것이다—조선글로 된 신문과 그 외 출판물의 허가 등]. 그것은 조선에서 새로운 모든 문화운동을 배출하게 했다.

그러나 영화의 탄생은 모든 사정, 즉 일본영화가 발달하지 못했고, 세계영화도 오늘날과 같은 전성기에 이르기 전의 유년시대에 지나지 않았던 점 등으로 인해 훨씬 늦은 1923~1924년경 처음으로 당시 유행하던 신파 연쇄극에 사용되었던 것이 그 효시이다.

그 이후 모든 영역에서 새로운 문화운동이 가속적으로 발전했고 급격한 제 정세(115쪽)도 변화함에 따라 영화도 독자적으로 발달하게 되었고, 지금은 식민지조선이 낳은 새로운 문화 중에서도 주목할 만한 것 중의 하나가 되었다.

그러나 이런 상황도 피억압국의 경제적 빈약함, 정치적으로 가해지는 모든 ××, 비교할 수 없는 가혹한 식민지적 ××제도에 의해 그 지속성과 발달은 극도로 늦어지고 있다.

그래도 조선영화는 억압받는 민족의 감정을 그 작품 속에 담는 한편, 분화되고 변해가는 계급관계까지도 명확하게 표현하기에 이르렀다.

그러므로 지금 여기에서 조선영화의 발달사를 보기 드물게 여기며 소개하기보다도, 미약하나마 그것이 가진 제 경향을 서술하는 것이 보다 더 의의가 있으리라고 생각한다. 본지 신년호에 고오리야마 히로부미라는 사람이 소개한 조선영화에 대한 기사에서 여러분들은 식민지조선에도 영화가 존재하고 있다는 것을 알았겠지만, 나는 그 보기 드문 단편적 소개보다도 보다 더 기뻐해야 할 일, 즉 조선의 프롤레타리아트와 농민들이 진정한 '우리들의 영화'를 가지게 되었다는 점을 전해주고 싶다.

2

앞에서도 말했듯이 조선영화, 즉 조선사람들이 나오고 조선의 의상과 배경 등이 스크린 위에 나타나는 최초의 영화에 대해서는, 신파연쇄극의 무대에 영사된 기술은 물론 내용조차도 논할 필요도 없는 것이었다. 그러므로 우리들이 먼저 생각해야 하는 영화들은 일정한 극적 내용을 가진 모든 이야기물에서 출발해야 한다.

우선 첫 번째 경향으로 보기를 들 수 있는 것은 조선영화 스스로의 시초였던 고대전설을 영화화한 것이었다. 이런 영화들은 지금으로부터 6, 7년 전에 영화상설관 주인들의 영리적 계획에 의해 만들어진 것인데, 고대 연애 이야기 〈춘향전〉과 효녀 이야기인 〈심청전〉 〈장화홍련전〉 등을 시초로 하며, 이후에 제작된 몇 가지 영화들이다. 그러나 이들은(116쪽) 여기에서 논하기에는 기술적으로도 내용적으로도 너무 유치한 권선징악의 원시적 표현에 지나지 않았다. 물론 이들 영화가 생산된 연대가 영화가 시작된 가장 초창기시대인 것도 그 이유 중의 하나라고 할 수 있겠지만, 보다 더 근본적인 이유로는 이런 영화들이 부지한 상설관흥행사의 계획이었다는 점을 들 수 있겠다.

그 이후 조선에는 소위 소부르주아의 신극운동이 대두되었고, 그 직접적 반영으로서 현대의 생활을 내용에 담는 획기적 현상이 나타났다.

그러나 이 주목할 만한 영화들은 영리에 빈틈이 없는 일본의 부르주아지에 의해 개봉된 것들이었다. 그것은 당시 신파로 인기를 모았던 남자배우 안종화(安鐘和)와 여배우 이월화(李月華)를 중심으로 하는 일좌와, 이전부터 신파와 신극운동에 관여해 온 윤백남(尹白南)[7]을 촬영감독으로 영입하고 일본에서 몇몇 기사를 데리고 와서 설립한 부산의 조선키네마주식회사였다.

이는 부산시 외곽에 소규모 스튜디오를 가지고, 기업적 조직에 의해 계획적으로 일을 추진하기 시작했다. 그리고 〈해의 비곡〉이라는 제주도를 배경으로 하는, 신물 나는 신파 연애물을 만들어 그 프린트 중 한 편을 일본에도 수출했다. 그러나 그들이 주목했던 일본 수출로 인한 이익은 완전히 실패로 끝났으며, 두세 편의 검극풍 고대물과 〈신의 장(神의 粧)〉이라는 현대물을 마지막으로 경제적으로 파탄하고 말았다.

그러나 이 최초의 현대극물의 출현은 일반민중에게는 적지 않은 호기심과 관심을 불러일으켜 당사자들에게 큰 자극을 주었다.

그리고 이 회사의 해산 후, 경성에는 이 회사의 감독이었던 윤백남을 중심으로 하여 백남프로덕션이 생겼고 또한 순문화적 견지에 입각한 계림영화협회도 생겨 각각 작품을 제작하게 되었으며, 그 한편으로 상설관인 조선극장의 경영자인 일본인 하야카와(早川)라는 자가 동아문화협회라는 것을 만들어 현대물을 시도하기도 했다.(117쪽)

그러나 이 모든 영화들이 당시 조선문학의 경향으로 유행하고 있던 자연주의적인 저속한 연애물이었던 것은 당시의 객관적 조건이었으므로 어떻게 할 수 없는 부분이었다.

계림영화협회의 제1회 작품 〈장한몽〉은 일본의 오자키 고요(尾崎紅葉)의 〈곤지키야샤(金色夜叉)〉의 번안물이었고, 동아문화협회의 〈비련의 곡〉은 어느 부르주아적 자유연애관을 가진 부호의 아들과 기생과의 슬픈 사랑의(?) 결과를 감상적인 방법으로 그린 것이었으며, 백남프로덕션의 〈개척자〉는 조선 최초로 순문예작품을 영화화했음에도 불구하고 전자들과 큰 차이가 없었다는 점을 보아도 모든 것은 명확하다. 그렇지만 이들 작품이 가진 자연주의적 내용조차도 항상 몰락해가는 소부르주아의 비애와 동일민족 내에서 분화하는 부르주아계급의 자유주의적 사상이 낡은 봉건적·가장적[8] 사상과 갈등하고 있는 점을 표현하고 있던 것은 간과할 수 없는 사실이었다.

이는 이들 작품이 다소 무지한 일반대중에게 관심을 불러일으켰고, 어느 정도까지는 이런 성질의 내용이 받아들여지고 있었던 점을 보면 분명해진다.

이로부터 2~3년간, 즉 1927년경까지 조선영화가 걸어온 도정이라는 것은, 조선민족

---

7   원문에는 윤백남의 성이 갑(甲)으로 되어 있는데, 이후에도 모두 갑으로 표기되어 있어 윤(尹)으로 수정했다.
8   가부장적

내에서는 급격한 계급적 구성이 변화한 것과 일본제국주의의 조선에 대한 경제적 ×× 에 대한 시련의 기간이었다.

2~3년 전까지는 진보적 성질이었던 자유주의적 사상, 연애관 등은 그 의의가 약해졌 고 이제 관중의 흥미나 관심으로부터 멀어지기 시작했다. 이는 조선키네마회사에서 나 와서 윤백남프로덕션에서 일하고 있던 나운규가 중심이 되어 일본상인의 자본으로 세 워진 조선키네마프로덕션 제1회작 〈농중조〉가 악평과 함께 좋지 않은 성적으로 받아들 여졌으며, 마찬가지로 부산에 있던 이경손(李慶孫)의 작품(118쪽) 〈봉황의 면류관〉이 또한 같은 결과를 가져왔다는 것으로 한층 더 명백해졌다.

자유주의적 연애비극은 관중에게는 하나의 희극이었다. 이렇게 예전부터 전해 내려 오는 연애비극형 조선영화는 어떤 막다른 지점에 당면해 있다.

3

그러나 이후에 주목할 만한 것은 몰락해가는 농촌 생활을 내용으로 하려는 경향과 1919년의 3월 ××을 명료하지는 않지만 작품에 넣으려고 하는 영화들이 나왔다는 점 이다.

전자의 부류에 속하는 성질의 것으로 최초에 나온 것은 나운규의 작품이다. 〈아리랑〉 이 그것이다. 이 영화는 조선에 예부터 내려오는 민요 '아리랑'을 영화화 한 것으로 도 회의 학교교육이 낳은 젊은 광인을 주인공으로 해마다 빈궁해지는 농민의 생활, 지주 와의 부단한 갈등을 배경으로 연애를 넣어, 마침내는 이 주인공이 젊은 연인들을 위해 지주의 앞잡이를 ××해서 경찰에 끌려가는 것으로 끝난다. 물론 이는 얼핏 보면 저속 한 연애와 값싼 로맨틱한 감격으로 일관되어 있지만, 많은 환희의 목소리 속에 받아들 여진 것이었다. 그리고 이 영화에서는 기술적으로도 이전보다 어느 정도의 진전을 보였 고, 아름다운 자연 촬영과 어우러진 점은 조선영화의 우수한 부류에 속한다[이 영화는 야마니양행(ヤマニ洋行)에 의해 일본에도 왔다].

〈아리랑〉 이후 나운규는 자신이 감독과 주연으로, 앞서 이야기한 조선키네마프로덕션 에서 〈풍운아〉〈들쥐〉〈금붕어〉 등을 발표한 후 경영주 일본인의 손을 떠나 자신의 제 작소 나운규프로덕션을 차리기에 이른다.

그러나 나운규가 자신의 프로덕션을 가진 이후[1929년경](119쪽) 〈잘 있거라〉〈옥녀〉〈사 나이〉〈두만강을 건너서〉 등 10편 이상을 만들었음에도 불구하고 그 2~3년 동안의 시 간 경과와 작품 수에 비해서 어떤 질적 방면의 발전은 거의 이루어지지 않았다. 단 〈두

만강을 건너서〉만이 고국에서 쫓겨나 만주 벌판에서 살면서 방황하는 조선민족의 민족적 비애를 가장 평범한 방법으로 보여줬다는 점밖에 주목할 만한 점을 보여주지 못했다.

또한 이런 경향의 작품으로 후자의 3·1운동을 직접적 테마로 만든 계림영화협회의 〈먼동이 틀 때〉가 있다. 이는 3·1운동의 후일담과 같은 것으로, 3·1운동에 참가한 한 투사의 출옥일로부터 전개되는 애수적 회고와 운명적 사건들—투옥에 의해 파괴된 가정, 헤어진 아내와 그 연적과의 성적 갈등, 젊은이들의 연애, 파고다공원에서의 ××의 추억[여기에서는 ××한 검열의 ××로 그 흔적도 없지만], 아내와 연적과의 우연한 만남, 그리고 살인자가 다시 그를 감옥으로 보낸다—은 로맨틱과 인도주의적 관념으로 작품에 일관되어 있다. 작품 속에서 3·1운동에 대해 충분하지 않고 철저하지도 않지만, 작품상에 표현한 것으로 잊을 수 없는 영화였다.

앞에서 보기를 든 모든 작품이 가진 값싸고 로맨틱한 민족적 애수와 감격적 경향은 이들 이외의 작품에도 일반적 경향으로 표현되었다.

그러나 이런 경향들은 모두 조선영화의 발달에서는 방계적 계통에 속하는 경향이라고밖에 할 수 없다.

4

이런 피억압민족의 비진보적 우울의 흐름으로 관철된 조선영화의 경향은 이제 조금씩 그 역사성을 잃어버리기 시작했다. 이는 너무나도 급격하게 높아진 민족주의적 운동과(120쪽) 소작쟁의, 파업 등의 움직임과, 문학의 영역에 나타난 프롤레타리아운동의 높은 물결에 의해 영향을 받았기 때문이다.

1928년부터 문학계의 경향은 조선프롤레타리아예술동맹을 중심으로 하는 프롤레타리아파의 세력 증대와 문단에서의 번성이었고, 영화에서도 그 비프롤레타리아적, 소부르주아적, 보수적 관념을 공격하는 일부터 시작되었다.

이렇게 해서 조선민족은 처음으로 영화도 프롤레타리아트와 농민들의 것이어야 함을 강조하게 되었다.

이로써 조선영화는 그 내부에서 명확하게 분열된 두 가지 경향을 받아들이게 되었다. 그것은 이론적 방면에서는 프롤레타리아영화운동의 높은 물결과, 작품평에서는 무자비한 공격이 주된 직접적 원인이며 이는 각 영화제작단체에도, 또한 작품 속에도 반영되었다.

우선 영화단체의 새로운 주요 경향은 조선영화예술협회라는 신흥 대중을 그 목표로 하여 조직된 새로운 단체에 의해 나타났다. 이는 그 협회 밑의 영화연구소의 교육방침, 그리고 또한 강사와 구성원의 대다수가 조선프롤레타리아예술동맹의 사람들로 구성된 것을 봐도 명확한 일이다.

그리고 조선에서 진정한 프롤레타리아영화운동의 전위들이 이 협회연구소에서 부화되기 시작했다. 이 협회는 1928년 3월 처녀작 〈유랑〉을 세인들의 많은 주목과 기대 속에 발표했다.

이 작품은 일찍이 조선글 신문 『중외일보』에 연재된 소설로 앞에 서술한 것 같은 농촌몰락현상을 주제로 한 8권짜리 영화였다.

스토리는 몇 년 전 조선의 농촌에서 쫓겨나 원대한 희망을 품고 만주에 건너간 한 청년이 다시 자신의 나라로 돌아오면서부터 시작되는 이야기이다. 지주와 빈농과의 노골적 갈등, 그 속의 주인공의 생활, 의례적인 삽화적 러브스토리(121쪽)와 농촌청년을 모은 계몽적 사업을 지주가 방해하는 것 등으로 이야기가 전개되며, 이 땅에서 한 가족이 다시 유리되고 쫓겨난다는 농촌경제의 파멸상을 그리고 있다. 물론 전반적 내용에서는 이전의 다른 작품들과 큰 차이는 없을지도 모른다. 그렇지만 의식적으로 표현하고 있는 지주의 악당 면, 주요한 장면 구성에서 로맨티시즘과 애수를 배제한 점은 특히 주목할 만한 새로운 경향이다. 그렇지만 이 작품에 가해진 식민지××의 가위는 언어로 ×할 정도로 ××했다. 그러나 이 작품으로 신인감독 김유영은 좋은 출발을 했다.

이와 같은 경향의 작품으로, 같은 1929년 말에, 앞에서 이야기한 협회연구소 출신의 한 청년 강호의 손으로 만들어진 남향키네마의 〈암로〉라는 농촌 작품도 매우 주목할 만하다. 지금까지 지주라면 단지 지주, 소작인이면 단지 소작인으로서 관념적으로만 취급했던 것을, 이 작품 속에서는 자본주의 문명이 농촌으로 침입하면서 나타나는 낡은 생산방법의 경쟁 실패가 확실하게 의식적으로 묘사되고 있다. 새로운 정미기와 낡은 물레방앗간의 대조와 이에 의한 농촌경제생활의 파탄 등이 이 영화 속의 많은 결함에도 불구하고 진보적 역사성을 느끼게 했다.

이런 주목할 만한 경향이 나타나기 시작하는 한편으로, 앞에서 이야기한 나운규나 그 외 일파는 이런 역사적 흐름에서 점점 멀어지기 시작했다. 결국 나운규프로덕션의 〈옥녀〉 〈두만강을 건너서〉 〈사나이〉 〈벙어리 삼룡〉 등의 작품이 지닌 반동성과 넌센스적 내용 등이 조선영화의 위기를 명백하게 이야기해주고 있다고 할 수 있다. 그뿐만 아니라 이론적 방면에서는 프롤레타리아적 견해와 이 예술적 타락의 길을 재촉한 일파의 주장이 서로 충돌하면서, 조선영화의 내용적 동요와 위기는 그 내부에 심각한 두 가지 경향의 분열을 초래했다. 그리고 이 상반된 경향은 그 방계적 부산물로서 〈낙화유수〉라는 신파물—뒤마 원작의 〈춘희〉의 영화화 같은 저속한 영화가 제작되어 그 흥행중심의 공허한 내용과 그 노골적 반동성이 점점 중심이 되었다.(122쪽)

이후에는 조선영화예술협회의 프롤레타리아적 경향을 지니는 김유영 일파가 '서울키노'라는 이름으로 발표한 〈혼가〉와 김영환(金永煥)이라는 활동변사의 손으로 만들어진 〈약혼〉이 1929년의 중요한 작품이었다. 전자인 〈혼가〉는 내용적으로는 이렇다 할 만한 것은 별로 없지만, 화면구성의 역학성과 선명한 몽타주기법으로 젊은 감독 김유영의 새로운 진보를 선보였다. 그러나 후자의 〈약혼〉은 프롤레타리아적 경향의 작가 김기진(金基鎭)의 원작소설을 영화화 했음에도 불구하고 조악한 미국적 취미와 서툰 각색이 범작을 낼 수 없게 만들었다. 단지 여기에서 '나웅(羅雄)'이라는 훌륭한 배우를 발견할 수 있었다. 그리고 〈약혼〉 상영 첫날은 좌익영화인들이 극장 내에서 대중적 야유를 보내기도 했다. 그러므로 조선의 프롤레타리아트는 고오리야마 씨가 말하는 '국민적', '민족적'이라는 이름만으로 그 반동성을 방치하지는 않는다.

이렇게 하여 1929년이 지나기까지 조선영화의 일반적 경향은, 신흥프롤레타리아트운동의 하나로 영화운동을 시작하는 한편, 기존의 영화의 일부를 반동적 타락의 길로 빠지게 만들었다. 이에 대한 프롤레타리아파의 투쟁은 집요한 이론적 공격과 자체 내의 조직적 결합의 촉진으로 나타났다.

5

이런 중요한 역사적 움직임에 당면한 조선의 영화는, 1929년 말에 이르러 프롤레타리아영화운동의 조직적 주체를 결성하기에 이르렀다. 그 주체는 '서울키노'의 김유영과 '프롤레타리아예술협회'의 멤버인 대여섯 명의 남자배우들이 조직한 '신흥영화예술가동맹'이다.

이 단체는 식민지 관헌의 ××한 ××제도와 경제적 무력 등의 모든 불리한 조건 속에서 영화를 프롤레타리아의 것으로 하기 위해 자신들의 계급성과(123쪽) 그 정치적 속성을 대담하게 조직체로 만든 것이다.

그러나 우리들은 조선의 검열제도를 염두에 두어야 한다. 이는 일본에서도 ××한 것은 물론이지만, 조선에서 그들은 공공연히 '너희들 따위가 영화를 만드는 것조차 건방져'라며 철저하게 ××를 인표하고 있다. 그러나 그들은 총독부 내 영화부의 손으로 총독부의 정치적 선전영화를 만들어 빈틈없이 민중에게 ××를 기울이고 있는 것이다.

그러므로 이 '신흥영화예술가동맹'이 진정하게 활발한 투쟁을 전개하여, 극히 ××한 검열의 가위에 맞서려면 일본프롤레타리아영화동맹의 직접적이고 철저한 원조 없이는 이런 일들을 수행할 수 없다는 것을 우리들은 알아야 한다.

영화운동에서도 일본과 조선의 프롤레타리아트는 긴밀한 상호원조에 의해서만 내부 또는 외부의 적에 맞서 정신적으로 투쟁할 수 있을 것이며, 또한 그 승리까지도 확보할 수 있을 것이다.

－임화

1930년 3월(2-3호) 124～127쪽

보고

찬영회를 ××하기까지―조선영화인의 폭력결사단 사건의 진상

1월 3일부터 19일까지 경성의 각 신문지상을 통해 60여 명의 영화배우가 결사해서 각 신문사에 쇄도하여 폭력행위를 했다는 것과 찬영회가 해산했다는 사실이 보도되었다.

지금 그 사건의 전모를 생각해 보면 이는 단순한 폭력이 아니라 찬영회와 조선의 일반 영화인들과의 사이에 있던 오래된 숙원관계가 그 사건을 일으켰다는 점을 알 수 있다.(124쪽) 그 결과 견딜 수 없게 된 찬영회는 해체 성명을 냈다.

그렇다면 찬영회가 무엇이던가?

이는 조선의 각 신문사 연예부 기자들에 의해 구성된 반동단체이다. 그들은 조선민족의 입이며 눈인 보도기관의 신문을 이용하여 구미영화의 편을 들며 조선영화를 짓밟고, 나아가서는 대중을 기만하고 자신들의 배를 채웠다.

그럼 본론에 들어가기 전에 조선영화계의 현상을 개관해 보자. 조선영화계는 ××제국주의 ××한 경제적으로, 또한 정치적으로 중압되어 있는 다른 산업상태와 같이 지금 겨우 초창기를 벗어나려고 하고 있다. 따라서 영화선전, 비판, 영화계의 소식은 오로지 신문지상을 통해서만 보도되고 있었다.

그럼 찬영회의 사람들은 지금까지 어떤 역할을 해왔는가? 그들은 '조선영화를 위해'라는 달콤한 말을 한다.

가령 여기에 한 영화인이 빈곤과 싸우며 영화를 제작했다고 하자[그 내용의 시비는 둘째 치고]. 그들은 막대한 요리를 요구한다. 가련한 제작자는 빈곤해도 그 하늘과 같은

뜻을 배신하는 일 없이 있는 것 없는 것을 모두 모아 만찬을 그들에게 제공한다. 그렇게 하지 않으면 가는 곳마다 상영불가라는 선고를 받는다[선전과 비판의 붓이 무서워서]. 또한 구미영화를 상영하는 상설관도 그 하늘과 같은 뜻을 배신하면 선전은 물론이고, 훨씬 나쁘게 비판을 받아 적자흥행이 되고 말며, 여배우도 마찬가지이다[일반영화업자는 이에 익숙해져 있다].

우리 선량한 영화인과 극장인과 대중들은 오랫동안 이 악귀에 시달리고 기만당해왔지만 이제 이 악귀의 정체를 폭로할 때가 온 것이다.

짓밟혀온 영화인들 중에서 조금씩 반응이 일어났다.

그런데 불행히도 그 반응을 통일하고 전선으로 이끌어줄 전위분자가 없었다. 그래서 우리(125쪽) 신흥영화예술가동맹은 지난 12월 30일 영화인망년회라는 집회를 이용하여 다음과 같은 슬로건을 내걸었다.

하나, 신흥예술가동맹을 지지하라!

하나, 기만적 영화를 배격하라!

하나, 부정영화업자에게 도전하라!

하나, ××기관과 찬영회를 ××하라!

하나, 1930년을 맞이하여 무산파의 영화제작과 프롤레타리아 팬의 획득을 도모하라!

이 다섯 가지 슬로건에 의해 어디로 갈 것인지 분분하며 갈피를 못 잡던 영화인의 행동은 가장 먼저 '찬영회로 가자'로 통일되었다.

그리고 이번 영화인××사건이 일어났다. 이는 이후에 영화인들의 단결된 행동을 할 경우의 예비 시련과 대중에게 유리한 영화를 보여 줄 수 있다는 하나의 예언적 작은 투쟁이었다.

여기에서는 현재 조선의 모든 객관적 정세에서는 어떤 진영의 운동도[정치운동이든 예술운동이든] ××이외에는 철저한 효과를 보지 못하는 것처럼 이 사건의 조치도 ××× 하지 않으면 ××는 불가능하다는 것이 논의되고 결정되었다.

그래서 집회의 긴장된 분위기는 12월 30일 밤 11시부터 각 신문 연예부로 돌려졌다.

이로부터 경성의 부르주아신문을 놀라게 하여, ××행위는 위원을 선출하고 찬영회를 ××하고 있다는 등을 항의하며 3일 동안 계속해서 찬영회 해체를 요구했다.

마침내 1월 1일 찬영회는 어쩔 수 없이 해체 성명을 냄으로써 영화인의 승리로 돌아갔다. 조선영화노동자총연맹 만세를 외치는 소리는 대경성의 밤에 울려 퍼졌다.

그러나 다음날인 1월 2일 갑자기 그들은 ××이 되어 영화인 수십 명을 검거했다. 그리고 남녀배우, 기사, 감독을 심하게 ××했다[우리들은 이미 철창에 들어갈 것을 각오하고 있었다].(126쪽)

때도 때인 만큼 작년의 학생사건으로 조선전역이 처참한 분위기였던 때이고, 경성의 각 ××는 민족운동으로 구속검속된 투사[청년동맹원, 노동조합원, 신간회 회원, 중학생] 때문에 영화인을 구류할 장소가 부족해서인지 5명을 구류하고 나머지는 석방했다.

그 5명은 결국 검사국에 호송되었지만 불기소로 석방되었다.

결과적으로 전술이 안 좋았던 부분도 있었지만, 조선영화계에서는 최초의 시련이었음에도 불구하고 일단은 약간의 수확을 거두었다.

우리들은 지금부터 앞에서 이야기한 다섯 가지 슬로건을 가까운 시일 내에 해결할 것이며 또한 이를 해결하기 위해 여러 가지를 생각하고 있다.

예를 들면 우리들은 일본의 영화인들에게 식민지의 노동자농민이 ××주의국가로 ××되어 끝없는 고통의 밑바닥에서 허덕이고 있는 불쌍한 모습과 그들에 대한 피×× 민족의 반항 등을 스크린에, 시나리오에, 꾸준히 발표하고 하루라도 빨리 식민지해방의 날을 쟁취하기 위한 무기로 필름을 대중 속으로 보내고—조선영화를 일본의 상설관에서 영사하는—비판을 받더라도—문제들에 대해 생각하고 있으며 또한 기대하고 있기도 하다.

드디어 ××의 날을!

××와 평화의 날을 일본의 형제들과 함께 기뻐하며 맞이할 것이다.

−김형용金形容

1930년 8월(창간호)⁹ 70~71쪽

조선

신흥영화예술가동맹은 지난달 24일 전국대회를 열어 해체하고 신설 조선프롤레타리아예술동맹 영화부에(70쪽) 가입했다. 영화부원은 프로키노와의 긴밀한 제휴를 바라고 있

---

9   1929년 9월 창간된 『신흥영화』는 일본프롤레타리아영화동맹의 준기관지 성격이었는데, 영화동맹의 역할이 커지면서 1930년 8월 『프롤레타리아영화』로 개제, 창간되었고 성격도 순수 기관지로 바뀌었다.

으며, 또한 프로키노 친구의 모임(プロキノ友の会)도 지지하고 싶다고 했다. 조선시나리오 작가협회가 프롤레타리아적 분자들의 주체적 활동으로 결성되었다. 조선의 프롤레타리아영화운동은 ××의 ×××에도 불구하고 매우 진전을 보이고 있다.

-서울키노통신

키네마주보
(キネマ週報)

키네마주보사

東亞キネマ 本社移轉

東亞キネマ本社は去る廿日等持院より大阪市東區久太郎町二ノ一一三への引越を了し新社屋にて營業を開始した。

松竹キネマ直營館の大擴張

松竹キネマにては年末を控へて直營支配勤ある可しと傳へたが、十五日に到り椎名兩常務、山本營業部兩常務協議の結果、同社營業部に、去る十日より出勤が、山始終京城府城址にて出發の際京城址にて撮

其他

（以下本文省略）

1930년 3월 28일(7호) 10쪽

진해참사의 원인 판명

이번에 진해에서 일어난 대참사의 원인에 관해 그 진상이 겨우 판명되었다. 즉, 영사에 사용된 영사기는 보통 시골의 상설관에서 사용하는 수동영사기였는데, 카본을 사용하여 1천 와트의 빛으로 영사하던 중에, 영사기 밑에 있던 감는 기계에 문제가 있어 충분히 감기지 않은 필름이 자꾸 밑으로 떨어지면서 흐트러졌다. 이것이 영사에 방해가 되자, 영사기 담당자 이시나베(石邊) 중사(軍曹)는 이를 고치려고 영사기를 회전시키고 있던 핸들의 손잡이를 멈추게 하고 고개를 숙였다. 이때 이시나베 중사가 광선 차단기를 닫고 필름에 광선이 방사되는 것을 막는 조치를 하지 않아, 1천 와트의 강력한 광선으로 순간적으로 필름에 불이 붙었으며 영사 중의 필름은 순식간에 다 타버렸다. 그리고 그 근처에 있던 필름 한두 권에도 불이 붙어[그중에는 뚜껑이 열려 있는 것도 있었다] 폭발했는데, 영사실은 기껏해야 담요를 사용하여 외부로부터 광선이 들어오는 것을 막았을 뿐인 시설로, 불가연물질로 지어진 곳이 아니었기 때문에 즉시 한쪽 면에 불이 붙었고, 영사실 밖에 있던 24권의 필름도 한 번에 폭발하여 끝내 큰 사고가 되고 말았다.

진해대참사의 판명된 원인을 보면 이번 대참사가 일어난 것도 매우 당연하다고 할 수 있을 정도이다. 군대여서 손쉽게 구할 수 있는 담요로 영사실을 만든 것 같은데 이런 무모한 설비는 금시초문이다. 영사에 대한 지식이 전혀 없는 사람이어도 이런 난폭한 일은 하지 않을 것이다. 그리고 기계를 다룬 사람이 영사기술에 매우 미숙한 자였음은 1천 와트의 조명을 사용하면서 광원과 필름 사이를 차단하지 않은 채 회전을 멈추고 늘어뜨려진 필름을 고친 것과, 사용하지 않는 필름통의 뚜껑을 열어 놓은 채로 있었다는 것을 보아도 쉽게 알 수 있을 것이다. 이런 모든 조건들이 큰 사고를 일으키게 했다고 할 수 있겠다.

내지에서는 필름을 노출하는 어반 바이크영사기를 사용할 경우에는 철판으로 부스[영사기실]를 설치하게 하여, 그 밖의 여러 가지 것들과의 접촉을 차단하고 있어 이런 대형 사고를 일으킬 여지조차 없게 하고 있다.

1930년 4월 11일(9호) 15쪽

〈잔다르크〉 조선에서 검열 수난

야마니양행(ヤマニ洋行)이 수입한 예의 〈잔다르크〉가 조선총독부의 검열에 걸려 결과적으로 이 지역의 흥행 권리는 수포로 돌아갔다.

즉, 내무성의 검열은 일본 본토와 홋카이도, 사할린까지만 그 효력이 있어, 조선 및 대만은 독자적인 검열을 하기 때문이다. 그런데 〈잔다르크〉는 결말 부분에서 대중들이 몰려드는 장면이 검열에 저촉되었다고 한다.

1930년 4월 25일(11호) 17쪽

조선 경성 교외에 거대한 스튜디오

최근 조선영화계의 발전은 매우 놀라울 정도인데, 많은 연구단체들도 생겨나 볼 만한 작품을 발표하고 있음에도 불구하고, 모두 자금난에 허덕이고 있는 상태이다. 그런데 이 경성의 교외에 동 지역의 재산가 양정환(梁正煥) 씨가 '동양영화제작사'를 창립하여 일대에서 부지 1만 평이라는 광대한 스튜디오를 건설하기로 하였으며, 그 준비도 순조롭게 진행되고 있다. 양정환 씨는 원래 이 지역의 '척식통신사(拓殖通信社)' 주간으로 문필계에서 활약하는 한편, 동양영화사를 경영하면서 국내외영화를 배급해 왔는데, 이번에 제작방면에도 손을 대게 되었다. 여기에서 제작된 작품은 조선은 물론 내지에까지 진출시키겠다고 계획하고 있다. 어쨌든 조선영화계에 대한 이런 대자본의 투입은 상당히 주목할 만한 것이다.

영화평론
(映畫評論)

영화평론사

東亞キネマ 本社移轉

東亞キネマ本社は去る廿日東亞キネマ本社より大阪市東區久太郎町二ノ一一三への引越を了し新社屋にて營業を開始した。

本社宣傳部は柳史、京都撮影所宣傳部より轉任所長に當ることとなつた。

松竹キネマ直營館……支配人の大……

松竹キネマにては……末を捨てて直營支……勤める可しと傳へ……が、十五日に到り……兩常務、山本營業部……結果、同社始つて以……送を斷行し大いに……振りを示した。

……勤かめのは淺草の旅……及び本鄉まけ……及び谷舘共に……

滿失婁

時て旅上げ

◇消息◇　◇人事◇

…（人事消息欄　多數の氏名記載あり）…

其他

…（各種消息記事）…

1937년 1월(19-1호) 95~102쪽

조선영화의 현상
:오늘날 및 내일의 문제

1

자신의 비참함을 다른 사람들에게 말하는 것은 조금 괴로운 일이다. 그러나 내일의 희망을 예지하면서 현 상황을 말할 때에는 어떤 종류의 홀가분함마저 느끼게 된다. 지금 비약하려고 하고 있는 조선영화의 현상을 말하는 내 기분 또한 그러하다.

물구덩이 속에 떠 있는 물거품―이것이 과거 15년 동안 조선의 군소영화제작의 흥망성쇠이다. 판로가 좁기 때문에 영화기업가들은 가난했고 아직 무성영화조차 완성도가 높은 작품은 없었음에도 불구하고, 백 몇십 편의 작품을 발표할 수 있었던 것은 오직 조선영화인들의 피와 고뇌가 있었기 때문이다. 그 강한 끈기는 높게 평가해야 하지만, 그 타성에는 신랄한 비판을 해야 할 것이다. 일부 진보적인 분자들이 제작한 이른바 이데올로기영화를 제외하고는 대체로 무의미하고 타성에 빠진 영화들이었음을 고백해야 하겠다.

조선의 영화사업은 경제적으로도, 예술적으로도 세계 어느 나라에서도 볼 수 없는 밑바닥단계를 헤매고 있다는 사실은 부인할 수 없는 사실이다. 영화제작기구는 대체로 개인적 제작이고, 고정된 기초 위에 서 있는 것도 아니었다. 이름을 날린 감독과 배우들이 부호들의 자제로부터 3~4천 원 단위의 자금을 빌려 야외촬영만으로 영화를 제작했다. 3년 전에 토키 스튜디오가 세워져 조선에도 토키영화를 제작할 수 있는 계기가 만들어졌지만, 그 경영방식은 부잣집 도련님들이 하는 식이어서 제작방식도 새로움을 취하지 않고 편안함만 추구하고 있다(因循固息). 현재 조선영화계는 첨예한 예술가들이 모인 곳이 아니다.(95쪽)

2

이런 극심한 빈곤 상황은 조선의 현재 상황과도 관련이 있다.

원래 영화제작이란 것이 소설이나 시를 창작하는 경우와 달리, 극도로 고도화된 기술과 복잡한 메커니즘과 대자본을 필요로 하는 것이므로 자본의 후원 없이는 생산될 수 없는 것이다. 그러나 조선의 어떤 기업가도 영화를 투자의 대상으로 삼지 않았다. 그래서 기업가들은 영화에 한 푼도 투자하지 않았던 것이다. 그렇기 때문에 영화기업은 다른 어떤 산업부문과 비교를 하더라도 뒤처지는 특수한 존재로 남겨진 것이다. 그렇다면 자본주의의 산물인 영화에 왜 기업가의 원조가 전무한 것일까.

그것은 요컨대 현재 반(半)봉건적인 일본자본주의가 이식된 형태라는 기형적인 조선 경제 발전과정에서 일어난 필연적인 결과이다. 반봉건적 잔재가 농후하기 때문에 새로운 자본주의적 기업정신이 결여되어 있고, 일반적으로 영화인이라고 하면 바로 광대라고 하는 조선 고유의 어릿광대를 연상하는 인습적 관념이 강하며, 영화에 대한 사회적 평가는 과소 내지는 경멸시되어[현재는 경멸까지는 아니지만 여전히 조악하다고 할 수 있다], 자본가의 진출을 촉진할 수 있는 사회적 기초가 확립되어 있지 않다. 이런 현상에 놓여 있는 영화계가 정치적 제약과 경제적 빈곤에 얼마나 허덕이고 있을지 상상하는 것은 그다지 어렵지 않을 것이다.

조선영화의 예술적·경제적 빈곤은 현재 세계 영화계가 가지고 있는 공통적인 고뇌의 한 부분이기도 한데, 조선영화의 경우에는 보다 더 많은 조선적 특수성과 정체가 있고, 그 빈곤함 속에서 너무나도 비참한 현상과 너무나도 고도의 기업을 필요로 하는 영화사업과의 사이에 끼여, 앞뒤가 막힌 채 꼼짝도 못하는 처지에 놓여 있다.

그러나 이런 비극적 상태의 한편에서는 영화사업의 필연적인 발전과 비약해야 할 지반이 굳어지고 있기도 하다. 죽음에 이르러 살 길을 찾는 것처럼 빈곤 속에 단련된 유능한 예술가들이 나타나고 있고, 외국영화에 의존해서 공급되어 온 배급과 흥행 등이 소극적이지만 눈에 띄게 증가하고 있으며, 영화통제안 실시 및 영화사업이 얼마나 유리한가에 착안한 선견지명을 가진 영화기업가들이 대두[조선영화주식회사의 창립]하고 있는 것 등이 그것이다.

3

영화 자체 내의 움직임에 눈을 돌려 보자.

외국예술을 말할 경우 양심적인 제작자의 예술적인 의욕이 기업가의 타산적인 영리욕으로 자주 저해를 받는다고 한다. 조선은 기업가의 간섭을 받지 않고 있음에도 불구하고 양심적인 작품은 아직 나오지 않았다. 극심한 경제적 빈곤과 기술의 열악함과 특수한 제약 때문에 오직 현재의 협소한 범위 내에서 저급한 취미의 산물로 만족해야 하는 상태이다. 아무런 면밀한 계획 없이(96쪽) 무작정 돈이 생기는 대로 바로 촬영에 들어가는 상태이니 배급이나 선전 쪽은 아무래도 신경을 쓰지 못하기 마련이다.

그러나 외국과 비교해 보면 대체적으로 내적인 면[이데올로기적으로는]이 외적[경제적]

인 면보다 앞서 있다고 할 수 있다. 단지 실제 경험이 적기 때문에 표현과 기술은 유치할 수밖에 없지만, 이는 외국영화나 그 이론에서 습득한 것이며, 무엇보다도 조선의 특수한 현 상황에서 규정된 것이다. 이런 상황은 외국영화계와 우리들의 상황이 다르지만, 그래도 외국처럼 크게 두 가지로 구별할 수 있을 것이다. 즉, 진보적 예술가들과 노후 거세군(老朽去勢軍)이 그것이다. 전자는 6~7년 전부터 급변하는 사회적 정세로부터 양성된 것이며, 영화를 프롤레타리아의 무기로 만들기 위해 영화제작에 종사한 이들[당시 영화의 역할에 대한 논의와 제작이 이루어졌을 때 적어도 영화가 표현하는 새로운 현실과, 영화가 현재 지니는 역할에 주의를 기울이면서 사회학적 입장에서 영화를 논하여 오랫동안 침체와 무지에 빠져 있던 영화계에 크게 공헌했지만, 현재는 시간이 지남에 따라 그 영향도 약해지고 있다. 또한 지금은 당시의 소박한 이론 및 제작에 대해 비판을 하면서 풍성하고 아름다운 예술적 창조에 빠져 있다]과, 예술을 이해하고 미에 대한 섬세한 감수성을 가지고 있는 성실한 영화인을 가리킨다. 후자는 퇴폐적이고 무지한 바보들의 존재를 가리킨다. 후자 중에서도 한때는 진취적 열정과 신선함을 가지고 뛰어난 영화를 만들어낸 적도 있었지만, 극도의 빈곤과 제약에 쫓기는 사이에 감정이 굳어져 오로지 비속한 흥행만을 노리면서 예전과 같은 정열을 담을 수 없게 된 만성적 불감증에 빠진 영화들도 있다.

현재 영화계의 움직임을 논하려고 하면 먼저 작품 및 제작자의 경향을 논해야 하지만, 영화의 역사가 아직 짧아 경향이 고정되어 있지 않으며, 내가 감히 논할 수 있는 일도 아니므로 여기에서는 지금 현재 활약하고 있는 기업가, 감독, 각색가, 촬영기사, 배우 등을 소묘하는 정도로 하겠다.

▲영화기업가

경성촬영소 경영자인 와케지마 슈지로(分島周次郎) 씨를 포함해서, 이번에 새롭게 창립할 준비에 들어간 조선영화주식회사 창립발기인인 경성 단성사 사장 박정현(朴晶鉉)[1], 경성건물주식회사 상무이사 박수경(朴受景), 빅터축음기 회사 전 문예부장 이기세(李基世), 실업가 남왕채(南迋彩), 광업가 남상일(南相一), 화가이며 시나리오 작가이기도 한 안석주(安碩柱), 경제학자이며 평론가인 최일숙(崔逸淑)[章][2], 흥주실업가 최남주(崔

---

1   원문에는 박창광(朴昌鑛)으로 표기되어 있으나 박정현(朴晶鉉)의 오식이다.
2   최장은, 『조선영화』(제1집, 1936년 10월, 조선영화주식회사)에 「조선영화기업론」(24~38쪽)을 기고한 바 있다.

南周), 조선국자주식회사(朝鮮麯子株式会社)[3] 사장 김사연(金思演) 등 9명이며, 프로듀서로서 종횡무진하게 그 수완을 발휘하고 있는 이는 최장, 이기세의 2명을 들 수 있겠다.

▲감독

앞에서 이야기한 것처럼 고정된 기반 위에 세워진 회사는 없으며, 전부 군소회사나 개인프로덕션이니 회사로 분류하기에는 변화가 많아 여기에서는 회사보다 감독 개개인을 예로 들어 이해해야 함을 양해해주기 바란다. 아직 영화계의 역사가 짧아 그 경향을 총칭할 수준까지는 이르지 못했다.(97쪽)

윤백남(尹白南)[4] 씨. 조선 유수의 대중소설가이며, 반(半)고전적 존재로 주목할 만하다. 영화계의 선구자이기도 하다.

이경손(李慶孫) 씨. 활동사진시기에서 영화시기로 들어선 유일한 감독이며, 그 예술적 치밀함과 열정으로 문예영화를 만들었고, 확고한 수완을 보여준 감독이다. 상하이에서 〈양자강〉이라는 영화를 만들기도 했는데, 양자강을 배경으로 펼쳐지는 지나인의 고뇌를 그린 거대한 작품이다. 현재는 홍콩에서 교편을 잡고 있다.

심훈(沈熏) 씨. 조선 유수의 소설가이며 견실한 감독이었지만, 안타깝게도 작년 9월에 향년 36세로 요절했다. 작품으로는 10년 전에 만든 〈먼동이 틀 때〉라는 다이쇼(大正) 7~8년도(1918~1919년)의 조선민족운동을 배경으로 한 청년의 기이한 운명을 그린 걸작을 발표했으며, 최근 자작소설 『상록수』의 영화화를 기획해 일반의 기대를 모았지만, 착수 전에 떠나버렸다. 애통하기 그지없는 일이다.

안종화(安鍾和) 씨. 조선적 정조가 풍부한 작품에, 수수하고 온건한 수완을 보여준 중견감독이다. 그 시적 정서가 가끔 비속하게 흐르는 경향이 있다.

나운규(羅雲奎) 씨. 조선영화사적 입장에서 누구보다 주목할 만한 감독이다. 조선영화 제작총수의 4분의 1은 그의 작품이다. 10년 전에 민요를 주제로 한 획기적 작품 〈아리랑〉을 발표하여, 농촌의 현실적 모습을 사실적인 수법과 경쾌함, 유머로 그려내 영화계를 압도시켰다. 혼자서 시나리오, 감독, 연기를 모두 했다. 영화의 역사에서 그의 공적을 간과할 수는 없지만, 그 후 작품을 만들 때마다 예전의 패기는 점점 사라졌다. 최

---

3   1935년에 설립된 누룩 제조판매회사. 서울 종로에 본점이 있었다.
4   원문에서는 윤향남(尹向南)으로 오식.

근에는 토키영화 〈아리랑 제3편〉을 만들었는데, 거칠지만 간결함과 유창함이 있어 대중의 흥미를 어느 정도 끌긴 했지만, 기대에는 훨씬 못 미쳤다. 그러나 지금부터 어떻게 새로운 방향을 개척해 나갈 것인가에 그의 생명이 달려 있을 것이다.

홍토무(洪吐無)[5] 씨. 연극계, 영화계를 전전하면서 안주하지 않는 옹고집 성격을 연상케 하는 그는 작품도 평범하지 않게 음영이 있는 내용이 많다. 최근 작품은 토키영화 〈장화홍련전〉인데, 토키영화에는 처음 손을 댄 것이니만큼 기대도 많이 했다. 그러나 그에게 토키는 무리였는지도 모르겠다.

이규환(李圭煥) 씨. 오랫동안 데이코쿠키네마(帝国キネマ)에서 스즈키 주키치(鈴木重吉) 씨 밑에서 감독 수련을 쌓은 그는 첨예한 감각과 박력은 모자란 감이 있지만, 뭐든지 해내는 포용력이 넘친다. 그 열기와 노력이 그의 장래를 엿보게 한다.

박기채(朴基采) 씨. 도아키네마(東亞キネマ)에서 감독 공부를 하고 돌아와서, 제1회 작품 〈춘풍〉을 발표한 젊은 감독이다. 영화의 섬세한 내용을 명확한 흐름으로 엮은 것과 사건을 잘 배치하는 것에서 그 소화력과 침착함을 볼 수 있다. 그러나 작품을 다루는 방식을 보면 아직 호소력이나 편집에는 미숙한 점이 많다. 그래도 아직 발전할 재능의 여유와 소질을 가지고 있는(98쪽) 감독으로서 기대되는 한 명이다.

강호(姜湖) 씨. 그는 7년 전에 〈암로〉〈지하촌〉 등의 프롤레타리아영화를 제작한 적이 있다. 그 작품들이 미완성 또는 성공하지 못한 영화로 끝나버렸고, 많은 작품을 발표하지는 못했지만 영화감독으로서 확고한 지반을 가지고 있다. 교묘한 줄거리와 사건을 배치하는 수완, 그리고 맺고 끊음이 분명한 간결한 커팅, 그리고 섬세함과 유창함은 그의 양심적 열정과 더불어 가장 장래를 기대하게 만드는 감독 중 한 명이다.

▲각본가(脚色家)

시나리오는 대체로 감독들이 겸임해 왔다. 최근에 각본의 중요성이 인정되기 시작했지만, 아직 그 빈약함에 고민하고 있다. 그 한편으로 열심히 잘하려는 시나리오 라이터가 계속 나타나고 있는 것도 사실이다.

안석영(安夕影) 씨. 화가이면서 소설가인 그는 각색가가 적은 영화계를 위해 끊임없이 노력하고 분투하여 완벽한 영역에 달한 각본으로 영화계에 많은 공헌을 했다. 그 재주

---

5   원문에는 홍장무(洪壯無)로 표기되어 있으나 홍토무(洪吐無)의 오식. 홍개명(洪開明)의 다른 이름이다.

가 많고 솜씨가 많은 점을 발휘하고 있지만, 잘못하면 예술의 한 장르인 시라는 옷을 빌려 장황하고 산만한 미적 표현을 하려는 경향이 나타나는 것은 아깝다. 화가인 그로서는 어쩔 수 없는 일이리라.

박완식(朴完植)[6] 씨. 경향영화가 유행했을 때 영화평론가였던 그는 시나리오라이터로서 장래가 기대되었지만 지금은 고향에 묻혀 지내고 있다고 한다.

박민천(朴民天) 씨. 수년 전에 『동아일보』 영화시나리오 현상모집에 1등으로 당선한 적도 있다. 그는 농촌의 현실감으로 가득 찬 소재를 다루면서도 이를 표현할 때 건강함과 그윽한 향기로 충만한 시나리오를 쓴다. 그러나 실제적 경험이 부족하기 때문에 전체적 구성이 산만한 것은 어쩔 수 없는데, 장래가 기대될 만한 풍부한 소질을 가진 각색가 중 한 명이다.

서광제(徐光霽) 씨. 영화평론가이다. 수수하고 견실한 시나리오로 평가받고 있는데, 현재는 영화의 후방에서 일하고 있는 듯하다.

김남천(金南天) 씨. 뛰어난 프롤레타리아 소설가 중의 한 사람이다. 최근 영화계에 뛰어들어 시나리오 작업을 했다. 소설적 수법에서 완전히 떠나 독자적 영화수법으로 임하려는 의지는 장래를 크게 기대하게 한다.

▲촬영기사

이필우(李弼雨) 씨. 유일한 녹음기사이다. 카메라맨으로서는 고참이며 기술도 확실하다.

이명우(李明雨) 씨. 그도 예전부터 일을 해 왔다. 카메라맨으로서는 제1급에 속한다. 경성촬영소 소속.

양세웅(梁世雄) 씨[신도 미노루(進藤實)]. 도아키네마의 상시 촬영기사로 활약했던 그는 조선에서 〈춘풍〉을 촬영했는데, 그 예술적 양심과 기술적 정교함으로 가장 우수한 카메라맨으로 인정을 받아 영화계의 자랑이라고 불리고 있다.

이 수준에서는 조금 뒤지지만 민우양(閔又洋), 손용진(孫勇進), 이신웅(李信雄), 한창섭(韓昌燮), 이창근(李昌根), 황운조(黃雲祚), 최태봉(崔泰峰) 씨 등이 있다.(99쪽)

---

6   원문에서는 박완환(朴完桓)으로 오식.

▲배우

이금룡(李錦龍) 씨. 유일한 성격배우이다. 노인 역부터 젊은이 역할까지 뭐든지 해내는 견실한 재능의 소지자이다. 인물의 성격을 표현할 때 그 정열을 안으로 삭이면서 특이한 광채를 낸다.

이경선(李慶善) 씨. 다혈질이면서도 차가움과 시원스러움을 가지고 있다.

김일해(金一海)[7] 씨. 조용하고 차분하지만 강한 힘을 주는 연기를 하는 이로서 장래가 기대된다.

김인규(金寅圭) 씨. 악역에서 다른 이의 추종을 불허한다.

윤봉춘(尹逢春) 씨. 노련하고 숙련된 연기로 많은 영화에 출연했다.

문예봉(文藝峰) 양. 화려함이 없는 대신 순수하고 수수하며 중후함으로 일관되어 있는 점이 그녀의 특징이다. 최근에 나온 거의 모든 영화에 출연하고 있다.

김연실(金蓮實) 양. 무대극에 익숙한 그녀는 능숙하고 완벽한 스크린 배우가 되고 싶어 하지만, 개성적 연기를 하지 못한다.

노재신(盧載信) 양. 토키 〈춘향전〉에서 하녀 역할을 하면서 데뷔했고, 그 솔직한 연기는 장래에 기대를 걸게 한다.

김소영(金素英) 양. 명쾌한 모던적 자태에서 나오는 근대적 명랑함과 시원시원한 건강함을 겸비한 유망한 여배우이다.

이외에 무대로 간 영화인을 제외하고도 백 수십 명의 인원수에 달하지만 일일이 열거하지는 않겠다. 조선영화가 시작된 이후 계속 밀려오는 추억들을 생각한 후에, 그 속에 얼마나 예술적 완성도와 인간적 수련과정이 있었는가를 생각해 보면 조금 슬퍼지기도 한다. 현재 배우들 중에는 외국 배우들과 견주어도 손색이 없는 뛰어난 예술가들도 있지만, 현재 상황에서 보면 기예의 신진들에게 자리를 내주어야만 하는 전환기에 들어섰다고 할 수 있다.

고뇌와 싸워온 신구영화인들이 기업가의 출현을 기다리고 있는 것은 사실이다. 영화는 그 무엇보다도 자본주의적 기업이라는 사실을 부정적인 의미로 보는 것은 아니다. 광범위한 의미의 기업성과 예술성의 통일을 믿는 바이다. 지금 조선에도 본격적인 영화 기업단체가 두세 군데 출현하려고 하고 있다. 그렇다면 기업성과 예술성의 통일을 꾀하

---

7   원문에서는 전일해(全一海)로 오식.

는 승자는 누구인가. 어떤 경우에도 그 당사자는 전자이다.

4

조선영화에서 토키는 외국과는 비교할 수 없을 정도로 비참한 모습이며, 게다가 8년 늦은 2~3년 전에 나오기 시작했다. 무성영화조차 아직 허덕이던 시절에 토키를 만든 것은 무엇보다도 경성촬영소[현재 토키제작소는 여기 한 곳밖에 없다. 나운규 씨의 토키프로덕션은 〈아리랑 제3편〉을 낸 후로 사라졌다]의 제작관계자 등의 큰 공적이라고 해야 할 것이다. 그렇지만 방침 없는 조직, 소화해내지 못한 토키예술, 비영화적 수법, 기술적 불비, 열악한 내용 등으로 관중에게 토키로서(100쪽) 본격적인 재미를 제공할 수는 없었다. 그러나 시험기의 토키로서 그 녹음기술 면은 뛰어났다고 할 수 있겠다.

토키작품을 살펴보면

〈춘향전〉	남녀노소를 불문하고 대중적인 열녀전
〈아리랑 고개〉	나운규의 무성영화 〈아리랑〉이 인기를 누리자 그 제목만 딴 것
〈장화홍련전〉	가정에 있는 부녀자들에게 잘 알려진 계모의 학대에 우는 자매를 그린 진부한 고대소설을 영화로 만든 것
〈홍길동 후편〉	일본의 〈구니사다 주지(国定忠治)〉처럼 대중적인 시대물. 이것도 무성영화로 전편을 제작해서 어쨌든 인기가 있었기 때문에 후편을 제작한 것인데, 둔갑술(忍術)영화 같은 유치한 내용으로 변질되었다.
〈미몽〉	교통선전영화라는 라벨이 붙은 유일한 현대물

등이다. 이렇게 시대극을 제작하는 것은 관중에게 낯설지 않다는 것, 시대고증에 속임수를 쓸 수 있다는 것, 적은 비용으로 의상과 소도구를 만들 수 있다는 것 등의 이유에 의한 것일 터인데, 작품이 나올 때마다 발전하기는커녕 오히려 천편일률적인 진부한 저급 취미로 타락했고 몰락의 길로 접어들었다[전에 한신(阪神)지방에서 상영되어 물의를 일으킨 〈홍길동 후편〉, 〈장화홍련전〉도 앞에서 이야기한 것과 같다]. 어떤 영화이든지 이런 문제들은 당시 조선영화계 전체의 관심을 끌었는데, 이런 이도저도 아닌 토키작품이 관중들에게 환영 받을 리가 없다.

이런 영화들은 과거 무성영화보다 훨씬 더 수준이 낮은 쪽에 속한다. 그렇다고 해서 조선의 시대물과 토키예술을 부정하는 것은 아니다. 오히려 시대물의 토키영화를 양심적으로 다루면서 광범위한 역사적 배경 속에 세계의 심장을 꿰뚫는 듯한 풍조를 민감하게 통찰하고 잘 잡아내어 조선의 독특한 정서가 가득한 생활을 그려낸 영화일 경우, 어디에 내놓아도 부끄럽지 않은 순수미로 넘치는 영화가 만들어진다는 것을 믿어 의심치 않는다. 단지 위에서 언급한 작품들은 비속한 관중의 주머니를 노린 저급하기 짝이 없는 내용을 다룬 어리석은 것들인 것이다.

한편 조선의 관중이 외국의 윌리 포스트[8], 르네 클레르[9], 뒤비비에[10], 자크 페데[11]등의 우수한 작품으로 높아진 안목을 가지고 빈약하기 그지없는 조선의 토키영화를 접했을 때 환멸을 느끼는 것도 무리는 아니다. 여기에 제작자들의 보통이 넘는 고뇌도 있겠지만, 좀 더 신중하게 기량 있는 영화인들을 망라할 만한 혜안을 가진다면 한층 더 뛰어난 영화도 나올 것이며, 또한 조선영화를 호의적으로 보려는 관중들도 그것을 외국영화와 비교하는 어리석음을 범하지 않을 것이다.

어찌 됐든 오늘날 영화는 늦어지기는 했지만 토키영화여야만 한다. 이는 무성영화보다도 표현영역이 풍부하고 매력적이라는 의미와 흥행적 의미라는 두 가지 점을 보면 그렇다. 무성영화가 흥행시장에 부활한다는 것은 이제 있을 수 없는 일이다.

그러나 조선에서는 그 변화가 급속하게 일어날 수 없는 중대한 문제가(101쪽) 있다. 그것은 조선의 관중들은 아직 무성영화에 만족하는 경향[이는 변사의 존재에 따라 다르긴 하지만]이 있는 것도 그 원인이지만, 무엇보다도 경제적 모든 문제가 그렇게 빨리 해결될 것 같지 않다는 것이다. 큰 기업적 영화회사가 출현해도 당분간은 토키와 무성영화가 병행되리라는 것은 현재의 군소프로덕션의 형세에서는 어쩔 수 없는 일이다.

5

영화가 발달하지 않았으니, 이에 관한 출판과 비평계의 침체는 당연한 것이다. 비평은 대개 과학적 비평이 아니라 인상비평이 만연하고 있거나 또는 실제적 문제에 관해서는 둔감한 탁상공론이다. 최근에 비평에 대한 과학적 기준이 논의되고는 있지만, 아직 그 기준이 확립되지는 못했다. 우선은 논의보다 작품을 제시해야만 하는 상태인 것이다.

월간 잡지로서는 조선영화주식회사의 기관지인 백명곤(白命坤) 씨 편집 『조선영화』와

---

8   Willi Forst
9   Rene Clair
10   Julien Duvivier
11   Jacques Feyder

김출영(金出影) 씨 편집 『영화시대』와 신악(申嶽) 씨 편집 『영화조선』 등이 있으며, 이론 및 비평은 전문잡지 이외에 문예잡지의 영화란 또는 신문의 그 난을 이용하고 있다.

이론적 연구는 외국물의 번역, 예를 들면 푸도프킨의 『영화창작론』, 『배우론』, 아른하임의 『예술로서의 영화』, 스포티스우드의 『영화의 문법』을 비롯하여 일본의 간행물, 주로 본 잡지[『영화평론』] 등에 의해 보충되고 있다.

6

지금 조선영화는 지금까지의 저기압에서 벗어나 일대 전환기를 이루려고 하고 있다. 증가하는 수요, 팽창하는 사회적 여론, 기업가의 출현, 양심적인 예술가의 배출 등이 이를 잘 말해 주고 있다. 영화인의 고뇌로 다져진 풍요한 지반 뒤에는 광맥이 숨겨져 있다. 기업가들이 이를 발굴하는 것은 처녀림에서 처음으로 도끼를 찍는 것과 같은 것일지도 모른다. 그러므로 절대적인 용기와 결단이 필요한 것이다.

조선영화가 빛나는 열매를 맺을 날도 그리 멀지는 않았다고 믿는다. 나는 그런 날이 하루라도 빨리 오기를 바라 마지않는 바이다.

부기

내 자신의 얕은 지식과 시일이 짧았던 관계로 조잡한 글이 되어 버렸다. 조선영화사와 맞물리면서 썼다면 현재 상태를 더 확실하게 알 수 있었겠지만, 여기에서 그럴 수 없었던 점에 대해 아울러 양해바란다.

－나웅羅雄

1937년 1월(19-1호) 103~107쪽

조선영화기업의 현 상태

1

현재 조선에 있는 영화제작 기업은 다른 어떤 산업과 비교해도 가장 빈약한 상태에 놓여 있다. 기업의 대상으로 영화제작사업에 대해 일반인들이 주목하고 이에 대한 구체적 검토가 진행된 것은 최근의 일이다.

그러나 이 땅에서 처음으로 영화가 제작된 것은 벌써 10여 년 전의 일이다. 그러나 또한 이 긴 세월 동안에 제작된 영화는 다 합쳐도 기껏해야 7~8편에 지나지 않으며, 더욱이 그 대부분은 다이쇼(大正)시대 초기[12]의 일본작품과도 비교할 수 없는 것들이었다. 이 사실 속에는 조선 특유의 많은 사정이 숨겨져 있다. 그러나 일반적으로 고도로 발달된 자본주의적 기계생산기구에서 영화제작 사업이 발전할 수 있다고 한다면, 이 조선에서 어떤 이유로 영화기업이 아직도 그 초보적 단계에서 정체되어 있는가를 쉽게 추측할 수 있을 것이다.

이렇게 해서 조선에는 아직도 확고한 기초 위에 세워진 영화제작소나 영화기업조직은 하나도 없다. 최근 각지에 소규모의 촬영소가 2~3군데 창설되었다는 뉴스는 가끔 귀에 들어오지만, 현재 작품을 계속 제작할 수 있을 정도의 설비나 자본을 가지고 있는 곳은 한 군데도 없다. 어느 독지가가 개인적으로 출자를 하거나, 또는 열의가 있는 영화예술가들이 합자를 해 극히 적은 비용으로(103쪽) 구식 카메라를 돌리고 있는 상태이다. 그래서 이런 비참한 조건에서 제작에 종사하고 있는 영화인들의 기술이나 그 작품을 가지고 조선영화의 기업화 운운하는 것은 오히려 어리석은 짓이다.

그래도 지금 조선영화사업이 기업대상으로 논의되는 것은 최근에 조선에서 영화의 배급과 흥행이 눈에 띄게 호황을 보이고 있고, 더욱이 조선영화취체부령의 발포에 의해 일반대중들이 조선영화도 많이 상영되기를 원하고 있으며, 그 밖에 현재 조선의 객관적 조건이 이 사업에 아직 유리하기 때문이다.

2

우선 조선총독부가 발표한 영화검열 상황을 보면 쇼와(昭和) 10년도(1935년)의 검열권 수는 14,668이며, 그 미터수는 3,334,895인데, 쇼와 8년도에 비해 약 2할, 쇼와 9년도에 비해 약 1할의 증가를 보이고 있다.

그리고 이들 숫자에서 가장 주목할 만한 점은 검열영화의 제작국별 표시인데, 쇼와 10년도 국산영화는 10,298권 2,257,041미터로 총수의 6할 7부를 차지하고 있고, 외국영화는 4,379권 1,077,854미터로, 총수의 3할 3부를 차지하고 있다. 그리고 전자가 매해 증가하고 있음에 반해 후자는 그만큼 점차 감소하고 있다. 이는 나중에 설명할 조선총독부의 영화취체령으로 당국에서 국산영화를 장려한 점이 반영된 것이다.

다음으로 무성영화에 비해, 발성영화가 격증하고 있다는 것이다. 여기에 번잡한 숫자

12　　1910년대 초반을 가리킨다.

의 인용은 피하도록 하겠다. 그러나 쇼와 8년도 중에 검열한 발성영화 수량은 무성영화의 2할 1부 정도, 쇼와 9년도의 그 비율은 약 4할에 지나지 않았지만, 쇼와 10년도에는 갑자기 8할 5부로 증가했다. 이는 현재 각국의 영화제작소가 발성영화 제작에 주력하고 있다는 사실을 말해주고 있는데, 이 발성영화의 출현은 나중에 서술하는 것처럼 조선영화제작기업에 중대한 암시를 주었다.

그리고 조선에서의 영화상영 상황을 보면 전 조선을 통해서 96개소의 흥행장 및 그 외 가설장을 합쳐 상영된 영화 수는 쇼와 10년도 중에 244,993권 55,985,886미터[12월분은 개산(槪算)계상]이며, 그 제작국별 표시를 보면 일본영화가 6할 9부, 외국영화 2할 7부, 조선영화가 4부의 비율이다. 이를 쇼와 7년도 국산영화 4할, 외국영화 6할의 상영율과 대비해 보면 여기에도 또한 조선총독부의 영화정책이 명백하게 드러나 있다.

3

현재 조선 내의 흥행장은 앞에서 이야기한 가설장을 제외하고 96개소에 달하지만, 그 중에 영화상설관은 겨우 그 반수인 48개소에(104쪽) 지나지 않는다. 이 영화상영관을 인구 비율로 보면, 구미는 5천에서 1만 명, 일본은 2만에서 3만 명에 한 관의 비율인데 비해, 조선은 50만 명에 한 관의 비율이다. 그리고 현재 48관의 약 반수는 일본인 관객만을 상대로 영화를 상영하고 있으니 조선인 상대의 영화시설은 실로 빈약하다 할 것이며, 대부분의 조선인은 아직 영화를 모른다고 할 수 있다.

그리고 조선 내의 영화관람자총수는 쇼와 9년도의 총계를 보면, 약 750만 명이라고 보고 있다. 이 숫자는 이미 예전부터 존재해 온 극장수용인원규정이나 흥행세 등의 관계로 흥행자들이 신고한 숫자에는 다소 차이가 있지만, 일본의 2억 2천만 명과 비교하면 너무나도 적은 숫자이다. 이 숫자로 1인당 영화관람 횟수를 계산해 보면, 겨우 3분의 1회에 지나지 않으며, 전 인구의 3분의 2, 즉 약 1억 5천만 명은 1년 동안 영화를 모르고 지내고 있다는 것이다. 구미에서 1년 동안 1인당 관람수가 40회에서 50회에 이르는 것과는 비교도 되지 않지만, 일본의 3회에서 4회와 비교해도 매우 비참한 상태이다.

영화시실이나 그 관람 횟수의 많고 적음은 그 땅의 일빈적인 경제 상대, 민족의 오락 취미, 대중의 생활양식, 영화사업의 발달 여하 등등에 의해 좌우될 것이다. 그리고 또한 그 사회의 문화나 생활상에서 영화의 발달이 어느 정도의 역할을 하는지는 쉽게 단정할 수 없다고 해도, 가장 대중적이라고 하는 영화로부터 조선인민들이 현재 얼마나 격리되어 있는지는 이상의 숫자로 대충 추측할 수 있으리라고 본다.

그런데 다른 나라의 이런 숫자들과 비교해 보면 이런 숫자는 실로 미미한 것이며, 조선에 있는 영화기업의 비관적 상황을 나타내는 재료에 지나지 않을지도 모르겠다. 그러나 해마다 발전하고 증가하고 있는 조선영화의 동향은 다음에서 설명하는 당국의 영화정책과 맞물려 앞으로 영화제작사업이 눈에 띄는 발전을 할 가능성을 예견하는 것이라고 생각한다.

4

영화가 가지는 문화적 사명감과 그 교화선전적 가치에 대한 평가는 국가의 중요정책의 하나로 자연스럽게 영화를 편입시키게 했고, 다른 산업이나 다른 예술과 비교해서 훨씬 더 엄중하게 국가가 조직적으로 통제하려는 경향이 세계적으로 유행하고 있는 것 같다. 구미는 둘째 치고 현재 일본에서도 영화에 대한 정부의 통제정책이 자주 신문지상에 보도되고 있고, 당국자와 영화제작회사 관계자의 회합도 있어 드디어 대일본영화협회, 국제영화협회 등이 조직되어 구체적인 활동으로까지 진전되고 있는데, 이 조선에서는 이미 이런 종류의 영화정책이 총독부령으로 발포되었다.

일본의 영화정책은 주로 일본정신에 관한 문제, 다시 말하자면 국민정신의 발양, 과학, 문화영화의 제작 등에 대한 국가적 통제가 그 주요 목표처럼 생각되고 있는데, 조선의 정책은 이런 이데올로기적 문제 이외에 국산영화장려라는(105쪽) 경제적인 의미가 많이 포함되어 있다.

조선의 영화취체령은 쇼와 8년 8월 7일부로 공포된 조선총독부령 제82호 활동사진취체규칙[13]이라고 하는 것인데, 이 취체령은 전문 13조항으로 되어 있으며, 성문상으로는 다이쇼 15년(1926년) 7월 총독부령 제59호 활동사진필름검열규칙에서 불비했던 점을 확장하고 개정하는 것 외에 다른 의미는 없다고 보이는데, 이 부령의 주요 내용을 보면 대체로 다음과 같다.

1) 조선민중에게 일본문화를 이해시키기 위해 국산영화를 혼합하여 상영할 것.
2) 사회교화의 우량영화에 대해서는 특수하게 편의적 취급을 하며, 경우에 따라서는

---

13   조선총독부령 제82호는 '활동사진영화취체규칙'이었으며, 쇼와 9년인 1934년 8월 7일에 공포, 같은 해 9월 1일부터 시행되었다. 최일숙의 착오다.

강제상영을 하게 할 것.

3) 수출과 이출영화를 허가제로 하여 조선문화가 조선의 밖에 잘못 전해지는 것을 방지할 것.

4)[14] 보건위생상의 입장에서 관객의 연령을 제한할 것.

그리고 이 세칙적 사항은 동년 8월 15일에 총독부로부터 각 도지사에게 통첩되었는데, 그중 가장 중요한 점인 국산영화와 외국영화를 혼합하여 상영해야 하는 비율은[한 달 동안 한 흥행에서] 쇼와 10년도는 외국영화 4분의 3 이내, 국산영화는 4분의 1 이상으로 하고, 쇼와 11년도는 국산영화를 3분의 1 이상, 더 나아가서는 쇼와 12년도 이후 이를 2분의 1 이상으로 규정하고 있다. 다시 말하자면, 금년도부터 조선의 각 영화상설관은 2분의 1 이상의 조선영화 또는 일본영화를 상영해야 하는데, 외국영화 상영이 제한되면서 국산영화는 그만큼 배급과 흥행이 확대되게 된 것이다.

5

이 영화취체부령에 의해 국산영화의 상영이 적극적으로 장려되고 있다고 해도 실제로 현재 조선영화는 그만큼의 작품을 제작하고 배급할 능력이 없다. 따라서 기존에 외국영화를 전문으로 상영해 온 조선인 관중을 상대로 하는 상설관은 주로 일본영화를 상영하지 않으면 안 된다.

현재 일본영화의 수준은 구미영화와 비교해도 거의 손색이 없을 정도로 발달했지만, 그래도 조선인 관중은 일본영화를 그다지 좋아하지는 않는다. 과거에 조선인을 상대로 하는 상설관이 일본영화를 상영해서 흥행 성적이 좋았던 적은 거의 없다. 따라서 조선 내의 서양영화배급업자나 극장 관계자들이 위와 같은 영화취체부령에 반대소리를 내고 그 실시를 연기해줄 것을 요구하고 있는 것도 무리는 아니다.

여기에서 일반관중들이 조선영화를 상영해줄 것을 요구했는데, 그들은 우수한 토키영화 시스템이나 광대한 세트에서 만들어진 구미나 일본영화보다도 오히려 아직 무성영화의 영역을 벗어나지 못한 저급한 조선영화에 흡족해 하며 그대로 받아주고 있는 것이다. 그리고 이런 현상은 조선영화가 토키화가 되면서 더 격심해졌다.

---

14   원문에는 3으로 되어 있음.

조선인들은 토키 기술의 발생으로 언어나 음악 등 자신들의 일상생활 모습이 있는 그대로 스크린에 표현되는 것을(106쪽) 매우 기뻐하며 즐기고 있다.

일반적으로 무성영화는 만인이 공통으로 가지는 감각으로 감상하는 국제적 예술이라고 하지만, 발성영화가 출현하면서 한 나라의 언어나 음악이 영화제작의 중요한 구성요소가 되었고, 그 국제성은 눈에 띄게 좁아지고 있는 것이 사실이다. 그리고 그런 국제성의 축소는 영화의 배급과 흥행에서 일부 관중들을 잃게 되는데, 이는 현재 조선의 영화사업에 있어서, 특히 제작방면에서 보다 더 큰 의미를 지닌다.

무성영화의 경우에도 그렇지만 특히 발성영화를 제작할 때에는, 다른 나라의 어떤 위대한 제작자라고 해도 조선인의 감각에 완전히 일치하는 조선영화를 제작하는 것은 불가능할 것이다. 최근에 일본영화에 조선인들의 생활이 나오거나 또는 조선인을 주역으로 해서 조선을 배경으로 하는 영화도 제작되고 있지만, 우리들 조선인이 보면 정말 바보 같은 작품들이라고밖에 생각할 수 없다. 조선에는 긴 역사가 있으며 오래된 전통이 있다. 이를 다른 나라 사람이 2~3달 정도 공부해서 조선영화다운 것을 제작하려고 한다면 매우 위험한 기획일 것이다.

이상과 같이 조선영화제작의 기업화는 현재 조선의 객관적 조건을 보면 확실히 유망한 사업의 하나이다. 다른 많은 산업에서 조선인 기업이 점차 쇠퇴해가는 현 상황에서 이 영화기업은 그 제작기술상에서 조선적 특수성이 있으며, 사실상 조선인에게 다시 없는 유리한 것이 아닐까 하고 생각한다. 게다가 일본처럼 각 영화회사들 간의 격렬한 경쟁도 없으니, 일반적으로 등한시되어 온 이 방면에 솔선해서 사업에 착수한다면 현재 경쟁이 없는 조선영화시장에 독점적 지반을 획득하는 것도 어렵지는 않을 것이다.

게다가 발전과정에 있는 조선의 문화산업 방면에서 앞으로는 영화를 이용하는 것이 활발해질 것이다. 조선총독부 사회사업의 하나인 활동사진반의 활동을 비롯하여 각국의 문화영화제작이 상당히 막대한 예산으로 계획되고 있으며, 민간의 각 회사에서도 각자 선전영화제작에 착수하고 있으니 조선의 영화사업은 앞으로 큰 발전을 예약하고 있다.

특히 조선의 고전음악과 무용, 풍광과 맑고 아름다운 각 지방의 자연경치, 조선 특유의 풍속과 습관, 그리고 미술공예 등등, 과거의 긴 역사적 유물 등이 뉴스영화로 또는 문화영화로 편집되어 대외적으로 널리 보이는 것도 먼 미래의 일은 아닐 것이다.

－최일숙

지원병

조선 동아영화, 제작 최승일(崔承一), 원작 박영희(朴英熙), 연출 안석영, 촬영 이명우, 배우 최운봉(崔雲峰), 문예봉, 전영옥(全映玉).

10년 전 미국인이 일본의 신파대비극을 보았다면 어떤 느낌이었을까. 아니, 그렇게 멀리 상상하지 않아도 된다. 매주마다 호가쿠자(邦樂座)[15]에 스스로 고급 팬이라고 자칭하는 아가씨를 시험 삼아 하룻밤 다이토(大都)의 영화관에 가둬 놓으면 대체 어떤 기분일까. 나는 이 〈지원병〉이라는 신춘의 조선영화를 보면서 모든 귀족적인 감정의 오만함에서 벗어나려고 애를 썼지만, 오지 말아야 할 곳에 온 것처럼 계속 있기에도 거북하고 몸 둘 곳도 없어 한시라도 빨리 이 상태에서 풀려나고 싶은 극심하게 고통스러운 기분이 드는 것은 어쩔 수가 없었다. 만약에 이 영화가 현재 조선영화의 일반적인 수준이라고 한다면, 유감이지만 조선영화는 내지영화보다 적어도 10년은 뒤쳐져 있다고 해야겠다. 덧붙여 지금 생각나는 것은 우리들이 볼 수 있었던 조선영화 중에서 오직 하나 뛰어난 작품이었던 〈나그네〉의 꾸밈없이 정직하고, 유치하지만 끈질기며, 풍화된 토착민들 그 자체의 모습의 한 부분을 알게 해주었던 독특한 매력이다.

이 영화는 한마디로 말하자면 아니나 다를까 삼각관계의 신파극이며, 주인공이 숙원이었던 조선의 지원병제도의 실현과 함께 응모하여 출정한다는 영웅적인 요소가 이질적으로 섞여 있음에 지나지 않는다. 이 영화를 계속 보다 보면 배우들은 하나같이 무표정이고 기쁘거나 슬플 때 약간 얼굴 표정을 바꿀 뿐 그 외에는 변화가 없으며, 컷 하나하나가 상당히 늘어져 있어 가끔 관객을 생각한 듯한 이동 신에서도 답답할 정도로 완만함을 보였다. 조선의 실상에 어두운 나는 글자 그대로 감정이 없는 이런 무료함이 어디까지 민족적 성격에 뿌리를 두고 있고, 어디까지가 기술적인 졸렬함에 유래하고 있는지를 분석할 수 없었다. 단, 〈나그네〉를 하나의 기념비로 생각해 볼 때 이 또한 너무나도 한심한 모습이다. 게다가 〈나그네〉 이후의 과거 조선영화에 대해 하나의 충고의 형태로 과거 조선영화에 대해 말을 해왔듯이, 조선의 아름다운 풍경을 단순히 많이 넣는 것만으로는 결코 해결할 수 없는 문제라고 생각한다.

---

15   현재 도쿄 마루노우치의 피카디리극장.

그런데 이 영화에서 언문 자막은 조선어를 모르는 나에게는 그렇지 않아도 감정이 느껴지지 않는 이 영화의 무미건조함을 조장하면서 졸렬함도 있었다. 지금은 구체적인 예를 들 수는 없지만 심하게 거친 직역이었고 마치 회화체가 아닌 듯한 어구가 아무렇지도 않게 늘어져 있었다는 것만은 확실히 기억하고 있다.

-시미즈 아키라清水晶

東亞キネマ 本社移轉

東亞キネマ本社は去る廿日大阪市東區久太郎町二ノ一三への引越を了し新社屋にて營業を開始した。

松竹キネマ直營舘

支配人の大…

松竹キネマにては…

本社宣傳部長は…京都撮影所より轉任…所宣傳部は柳武史…が當ることとなつた…

東亞キネマ本社は去る廿日大阪市東區久太郎町…等持院より大阪…

（横濱常設館）…
（新宿松竹館）…
（横濱常設館）…
△羽衣舘同田島鎭雄…
◇一（鋼版）△新潟松竹…
△新宿松竹館同辰巳圭助…
△新宿松竹會計…
△辰巳圭助同梅谷劇場…
△總谷劇場…
△辰巳圭助（南座）…

▲田松竹（柏崎）…

近阪間好之助氏の來礼に依つて去る八日三社の意見渡つて資本十三萬五千圓とした。尚廿九日本社創立總會を開く筈。

◇圓島太郎氏（内務省映畫檢閲官）
今同東京府北多摩郡三鷹村宇牟禮
△古野英治氏（松竹下加茂撮影所）

영화평론
(映畫評論)

영화일본사

鮮で旗上げ

滿失妻

劇『金剛蔦』（八卷）の撮…

別報の如く、兩國日…

日活直營舘人事異動…

三七九へ轉居

下加茂撮務部長木村一馬氏の推擧…

▲下・ド・コクレン氏（ゞ社東洋支社長）七日午後三時横濱埠頭…
△田村幸彦氏（キネマ旬報社）七日…
△伊賀just氏（前フォックス大阪支店長）今回フォックス本社詰とな…
△小石榮一氏（帝キネ監督）若水絹子と結婚し京都洛西太秦井戸ヶ尻一五にト居す…
△鮫島三郎氏（武藏野商會支配人）市…
△小泉良夫氏（スタッフフィルム社）…
△米田治氏（帝キネ宣傳部）京都市外上京區等持院南町一四〇番地に移轉…
△曾根田映氏（新フォックス社大阪支社長）二日退任…
△松田定次氏（キネマ監督）『柳浪横濱ゝ最後に同社を退社…
△山本嘉一氏（日活撮影所京市上京區衣笠衣笠山王町一二（電上九六…
△川田芳子氏（松竹蒲田）東京市外…
△廣瀬恒美氏（松竹映畫）京都市上京區北野白梅二六に移轉…
△蒲田野白梅氏（蒲田俳優）東京府ゝ移轉…
▲齊藤達雄氏（蒲田女優校前へ移轉…
▲荏原郡矢口町道塚二三六に移轉…
▲青木鶴子夫人（早川雪洲夫人）十三日朝橫濱港着のエムプレス・オ
▲岡崎萬砂雄氏（メトロ東本社）…
▲佐藤虎之助氏（同右）廿二日限り退社…
▲松本田三郎氏（アシャ映畫）大阪…
▲木村一馬氏（松竹京都撮影所）十五日より帝キネ太秦撮影所企畫部に轉社…
△中元俊一氏（帝キネ撮影所人事部長）アシャ映査に入社…
▲武田晃氏ゝキネマ週報社に入社…
▲柳風氏退社を願いで演藝映畫部…
▲稻垣浩雄氏（大毎「映畫欄」編輯）今回東京日日詰となり十八日着任…
▲人見直善氏（東京毎夕學藝部長）…
▲平尾郁次氏（時事新報社）前任秋…
▲村茂氏（東京演藝通信社）今回…
▲石井文作氏（萬朝報編輯員長）今度市外池上町德持四〇九に移轉…
△伊東恭雄氏夫人逝去ゝ大毎映發部員同氏の伊東恭雄の此後はゝ夫人を失ひ廿日自宅にて告別式を執行…
◇ビクター神奈川新工塲落成祝賀
　昨秋以來鶴見にあつた横濱市外神奈川區守尾町のビクター新工場は此程落成成り、來る十二月五日午前十時より同新工場に於て落成祝賀の式を舉行…
▲映畫通信報創刊ゝ歐米映畫社部通信創刊として月一回府下下原郡蒲田上町六ニ八に創刊ゝ井上猛社より發行ゝ益興信所内新創刊・共他の主宰する映畫興業興信所から同所ゝ来る十五日より發行ゝ

집없는 천사

이 영화를 연출한 최인규는 본인의 말에 의하면, 이 영화가 세 번째로 감독한 작품이라고 하는데, 내가 보기에 세 번째 작품치고는 대단한 재능을 지닌 것 같다. 첫 번째 작품인 〈국경〉, 두 번째 작품인 〈수업료〉와 비교하면, 이번 작품에서 그는 이전의 두 작품에서 보여준 것보다 몇 단계 진보하고 있다.

이 영화가 다루고 있는 소재가 특별히 새로운 것은 아니다. 이전에는 소련의 〈인생안내(人生案内)〉, 최근에는 〈미가에리의 탑(みかへりの塔)〉에 이르기까지, 영화 속에서 몇 번이나 다루어진 소재이다. 중국영화에서도 〈길 잃은 어린 양(迷途的羔羊)〉이 그런 종류였으며, 프랑스의 〈창살 없는 감옥(格子なき牢獄)〉도 이와 일맥상통하는 점이 있다. 그럼에도 불구하고 이런 종류의 영화들이 온갖 촬영소에서 제작되고 있는 것은, 이런 소재가 사회에서 중요한 위치를 차지하고 있기 때문일 것이다. 이는 또한 비참한 환경에서 나고 자란 자들에 대한 세인의 인도적 관심을 불러일으키기 위한 작가의 욕구이며, 호소이기도 하다. 그리고 교화사업이란, 결국 인내력과 더불어 진정한 인간애와 이해력을 가진 사람들이 실행할 때 그 진정한 효과를 볼 수 있다는 사실을 화면 속에서 확실하게 보여주고 있다. 이 화면들은 이런 일들이 모든 사회시설 속에서 얼마나 곤경에 처해 있는지 그러나 실질적으로는 얼마나 의의 있는 일인지를 보여준다.

그런데 여기에 전개되는 이야기는 대부분의 소재를 실화에서 가져온 것이다. 경성의 홍제외리 방수원(方洙源) 씨의 부랑아교화사업인 향린원의 경영을 소재로 하고 있다. 이곳의 사회적 공헌에 대해서는 반도에서 상당히 주목받고 있는 듯한데, 이는 신문지상을 떠들썩하게 한 것만 봐도 대강 짐작할 수 있다. 무엇보다 먼저, 실제로 있었던 이런 소재를 다루어 한 편의 영화 내용에 담은 제작 당사자의 일에 대한 적극적인 태도는 인정해야 할 것이다.

이야기의 시작은 경성의 번화가에서 들개처럼 불쌍한 모습으로 꿈틀거리는 부랑소년들의 집단을 소개하면서 시작된다. 그들은 인정에 빌붙어 살아야 하는 거지들이다. 그들을 그대로 방치해도 좋은가. 악에 물들기 쉬운 어린 소년들이 이런 환경에서 제멋대로 성장하는 것은 상상하는 것만으로 전율이 생긴다. 헤아릴 수 없을 정도의 사회악의 씨앗이 그들의 몸속에 소굴을 이루고 침식하기 시작하는 것은 정말 어쩔 수 없는 것이다. 이때 그들을 그런 환경에서 멀리 떨어지게 하고 수용한 후에 자애 넘치는 곳에서 키울 수 있는 시설이야말로(86쪽) 한시라도 빨리 필요한 것이다. 이는 새삼스레 말할 것도 없이 이 사회의 긴급한 바람이지만, 실제로 그 바람에 응답하는 이상적 공공시설은 없다. 이것이 우리나라의 현실이다. 이럴 때 비록 개인의 입장이긴 하지만 과감하게 그 일을 해주는 사람이 나타나면 누구나 그 사람에 대해 신뢰와 존경의 마음을 가지게 되는 것은 당연한 일이다. 우선, 이 영화에 등장하는 방성빈 목사는 그런 사람이다. 그리고 교화사업에 철저한 그의 헌신적 행위와 성과가 이야기를 형성해 나간다.

사실을 모르는 우리들은 영화 속의 이야기가 향린원 그 자체와 어느 정도 차이가 있는지 모른다. 그러나 이것은 그다지 중요한 문제가 아니라고 생각된다. 여기에서 중요한 것은 영화가 향린원에서 일어난 일들을 어떻게 표현하고 있는가라는 점이다. 예술적으로 잘 묘사되어 있는지 아닌지, 보는 사람의 폐부를 찌르는 힘을 가지고 있는지 아닌지이다.

바꿔 말하면 이는 작품의 가치를 검토하는 것이기도 한데, 연출자인 최인규를 비롯하여 그를 둘러싼 제작 스태프의 수완이 여기에서 문제가 된다. 이 비평의 머리말에서 나는 최인규에 대해 얕잡아 볼 수 없는 재능을 가진 사람이라고 썼는데, 이런 평가에는 이 작품에 들어가기 전에 겨우 2편밖에 창작한 적이 없다는 단서를 붙였다. 이 단서를 빼고 이 비평을 읽는 경우에는 적지 않은 오해가 생길 수도 있다. 이 점에 대해 독자들에게 미리 양해를 구한다. 시나리오에 대해서도 마찬가지다. 이 시나리오는 〈수업료〉의 기획자인 니시키 모토사다(西亀元貞)가 썼는데 영화의 구성을 보면 매우 양심적 구성처럼 보인다. 서도(書道)에서 주창하는 언어나 글자 하나 획 하나를 소홀히 하지 않는다는 문장을 생각나게 하는 구성법이다.

다시 말하자면 시나리오를 쓴 니시키 모토사다도, 이에 근거해서 연출한 최인규도 신인이면서 처음부터 끝까지 노력하여 성실하고 꼼꼼하게 이 한 작품에 임한 모습이 명확하게 느껴진다. 용의주도한 그 행동의 결과로 완성된 이 작품은 지금까지 반도영화에서는 아직 없었던 중량감을 지니고 있다. 앞에서 얕잡아 볼 수 없다고 한 것은 이 점을 내가 느꼈기 때문이며, 만약 스태프들이 이런 경향을 심화하여 기법을 연마해 간다면 종래의 조선영화에는 없었던 어떤 부분이 개척될지도 모르겠다고 생각했다.

그러나 반면에 이 영화에는 이런 점이 단점이 된 곳도 있다. 예를 들면 전체의 구성이 너무 도리를 강하게 지키며 원칙적이기 때문에 생략을 하면 오히려 생기가 생길 부분을 상세하게 그려 시퀀스에서 시퀀스로 이동하는 변화(抑揚)를 평면화시켜 버린다. 이는 경험이 부족한 사람들의 작업에서는 어쩔 수 없지만, 이후에는 이런 호흡을 잡는 법을 충분히 연구했으면 좋겠다. 전체적으로는 각 컷이 너무 긴 것 같은데, 이는 예를 들면 만주영화가 일본 내지의 영화와 비교했을 때 컷이 긴 것과 마찬가지이다. 반도에서는 컷이 길어야 하는 사정이 있는 것일까. 만약 그렇다면 내지에서 공개할 때에는 다른 길이로 수정할 필요가 있지 않을까. 이 작품 속에서 비가 계속 내리는 정경의 하나로 강물의 흐름에 카메라를 맞춘 곳이 있는데, 쇼팽 곡의 긴 반주와 함께 너무 긴 장면이었다.

또 첫 장면에서 카페 내부의 묘사는 유치했다. 좋았던 부분은 1권의 첫 부분, 경성의 거리 촬영, 이사 행진을 하며 나팔을 부는 부분, 제일 끝의 난투 부분, 다리가 무너져 악당들이 물에 빠지는 부분 등과, 향린원이 외곽에 세워진 후의 소년들의 집단생활 묘사 등이었다. 소년들은 하나가 되어 숙달된 지도를 받고 있다. 우동을 뽑는 기계를 두고 장난을 치는 장면은 재미있었다. 어른 역할의 배우들은 열심히 연기를 한 탓인지 너무 딱딱해져 버린 부분도 있었지만, 방성빈으로 분한 김일해와 그 매형 안인규로 분한 진훈(秦薫)[1]이 비교적 좋은 편이었다. 방성빈의 아내로 이해심 없는 여자를 연기한 문예봉은 손해 보는 역할인데도 거절하지 않고 이 역을 받아들인 점에 감동했다. 그 외에 문을 지키는 소년 류키치(龍吉) 역의 이상하(李相夏), 그 누나로 김신재(金信哉)가 활약한다. 시미즈 히로시(清水宏) 작품의 〈친구(ともだち)〉에 나온 소년도 부랑아의 한 사람으로 나오는데 꽤 다부진 얼굴을 하고 있으며 여기서도 호연이다.

그리고 카메라는 신코키네마(新興キネマ)에 있던 가나이 세이치(金井成一)[2]가 담당, 음악은 이토 센지(伊藤宣二)와 JODK[3]의 김준영(金駿泳)이 맡았다.

누구나 이 영화를 보면 내용과 기술 면에서 조금씩 향상되어 가는 반도영화의 발전상을 느낄 것이다. [경성고려작품·도와상사(東和商事) 제공]

ー이이다 고코미飯田心美

---

1   원문에서는 태훈(泰薫)으로 오식. 강홍식의 다른 이름.
2   김학성(金學成)의 일본 이름.
3   1927년 개국한 경성 라디오 방송국.

〈집없는 천사〉 광고

강한 사랑 밑에서 거리의 부랑아들이 향린원을 만들었다.
불량소년이나 불령(不逞)한 어린이들이 있을 수가 없다!

내지영화를 압도한 반도영화의 정열!

신예 최인규 연출
각본 — 니시키 모토사다
촬영 — 가나이 세이치
음악 — 이토 센지, 김준영
주연 — 문예봉, 김일해, 윤봉춘(伊逢春), 김신재, 진훈, 김우호(金祐虎)

〈집없는 천사〉

제작 이창용
고려영화 제작
도와(東和)상사 제공

반도영화를 위해

　　조선의 영화제작기구는 고아키네마(興亞キネマ)[4]보다 심각한 상태인 것 같다. 조선영화계를 견학한 사람들은 이런 곳에서 어떻게 영화를 만드는지 모르겠다고 입을 모아 이야기한다. 1년 동안 제작된 극영화는 10편 남짓, 그것도 대중의 생활 속에 영화문화가 들어가 있지 않은 곳에서는 공개를 해도 결과가 좋지 않아 제작자는 끊임없이 경제적인 불안에 시달리고 있다고 한다. 이번에 조선에도 제작 통제가 발포되었고, 그 결과 군소 영화회사가 기업으로 합쳐져 통제회사를 만든다고 하니, 여기에서 비로소 영화를 제작

할 수 있는 정상적인 궤도가 조선에 마련되었다고 할 수 있을 것이다.

오사카 등의 삼류관에서 개봉되는 조선영화는 마치 고쿠토키네마(極東キネマ), 젠쇼키네마(全勝キネマ) 등 신체제가 시작되면서 망한 회사들이 잘 만들었던 둔갑술영화와 비슷한 것이 많다. 이런 영화들은 조선인 이외의 관객들에게는 오락으로서 아무런 효과를 지니지 못하는 저급한 관객 우롱 작품들이었는데, 영화문화가 빈곤하고 추운 이 나라에도 이런 종류의 영화로는 도저히 안 되겠다고 생각하는 성실한 영화청년들이 나타났다. 사업 형태가 아직 미비한 영화계 사정을 보면, 이런 믿음직스러운 영화인들은 상업주의의 중압으로 예술적 성향이 무시되고 있는 내지보다도 어쩌면 조선에 더 많이 있을지도 모르겠다. 기술은 유치하고 설비는 불량하지만, 영화제작에는 무엇보다도 예술적인 순정과 의지가 중요하다. 조선영화에는 관객의 흥미를 자아내는 부분이 부족하다고 하지만, 내지의 영화에는 없는 신선함을 가지고 있는 것은 이런 이유일 것이다.

조선민족은 총 2천만 명 이상에 이르고 있다. 조선은 대동아공영권의 한 부분이니 새로운 향토문화, 즉 영화는 없어도 된다는 정치이론은 없을 것이다. 1천3백만의 인구밖에 없는 아르헨티나조차 1년에 50여 편의 극영화를 만들고 있으며, 영화관의 기구나 설비에서는 일본 정도는 비교가 되지 않을 정도라고 한다. 지금은 전쟁 중이어서 영화문화 따위는 어떻게 되든지 상관없다고 한다면, 일본에서 훌륭한 영화문화가 수립되는 것은 영원히 불가능할 것이다.

조선에 성실한 영화청년이 많이 존재한다는 것은 향토문화로서의 영화를 가지고 싶다는 2천만 민족의 예술적 본능의 표현이며, 그들의 소원이기도 하다. 영화가 아직 사

---

4   고아키네마를 이해하려면 우선 마키노토키제작소의 역사를 이해할 필요가 있다. 마키노 마사히로(マキノ正博)가 치도리흥업과 제휴하여 1935년 마키노토키제작소를 만들었다. 이 마키노토키제작소의 설립에 따라 마키노토키촬영소가 생겼는데, 마키노토키제작소는 점차 번창하여 1936년에는 마키노토키주식회사로 발전한다. 하지만 1937년 해산, 도호 계열의 이마이영화제작소(今井映画製作所)가 마키노촬영소를 매입하게 된다. 1940년에는 쇼치쿠가 다시 매입하여 쇼치쿠우즈마사촬영소(松竹太秦撮影所)가 되었다. 쇼치쿠우즈마사촬영소는 일본 특수촬영프로덕션(日本特作映画プロダクション)으로 지정되었다. 한편 1927년에 시대극영화 스타였던 이치카와 우타에몬이 설립한 이치카와 우타에몬프로덕션이 나라현의 아야메이케(あやめ池)에 촬영소를 만들었는데, 1936년에 이치카와 프로덕션은 쇼치쿠에 흡수되었고, 아야메이케촬영소는 폐쇄되었다. 그런데 이치카와 우타에몬의 형인 야마구치 덴류(山口天龍)가 1936년 5월에 이 촬영소를 부활시키면서 젠쇼키네마(全勝キネマ)를 만들었다. 1940년에는 젠쇼키네마도 쇼치쿠에 흡수되었고, 1941년에는 그 이름을 고아영화주식회사로 개칭했다. 그리고 같은 해 아야메이케촬영소에 있던 스태프들이 쇼치쿠우즈마사촬영소로 옮겨오면서 쇼치쿠우즈마사촬영소는 고아영화촬영소라는 이름이 되었다. 같은 해인 1941년의 영화통제에 의해 고아는 흥행을 주로 하는 고아흥행주식회사로 변경되고, 제작과 배급은 쇼치쿠가 전적으로 담당하게 되었다. 그리고 최종적으로 촬영소의 이름은 쇼치쿠우즈마사촬영소로 개칭되어, 이후 쇼치쿠의 두 번째 촬영소로 이용되었다.

업주의의 독에 물들지 않은 상태의 조선에서는, 영화통제도 비교적 원활하게 이루어질 것이다. 총독부가 경제자금을 빌려줄 정도의 적극성으로 반도영화문화를 수립했으면 좋겠다.

그런데 도와상사가 2편의 조선영화를 수입했다고 한다. 〈수업료〉와 〈집없는 천사〉―둘 다 최인규의 연출 작품인데 작년의 내지영화와 비교해서 보자면, 주니어 베스트 10에 들어갈 만한 우수한 작품이다. 전자는 〈글짓기교실(綴方敎室)〉 같은 내용, 후자는 〈인생안내(人生案內)〉와도 비슷한 작품, 둘 다 사회성 있는 테마를 다루고 있는 것이 큰 특징이다. 구경거리의 영역을 넘지 않는 외국영화나 야담과 싸구려 동화책을 제재로 하는 저속한 내지영화보다 영화의 사회적 기능을 인식하고 있는 점은 관객에게 충분한 호소력을 가지고 있다고도 평할 수 있다. 느린 템포와 거친 카메라 등 내지의 제1급 영화와 비교하자면 결점은 많지만, 조선영화로서는 훌륭한 수확이라고 비평가들이 이구동성으로 말하고 있다.

그런데 이 영화들이 왜 영화관에서는 상영되지 않았을까. 우선 흥행자의 입장에서 보자면, 조선영화는 아직 관객들에게 신용이 없고 또한 이른바 오락미가 결여되어 있다든가 흥행적인 불이익을 초래한다는 점을 들 수 있다. 그런데 이런 바보 같은 호경기에 관객들을 모으면 사회문제를 일으킬 정도로 돈을 벌 수 있는 시대에, 흥행자가 좋은 영화를 보여주기 위해서는 희생을 조금 각오하는 정도의 문화적인 마음가짐을 지니는 것이 당연할 것이다.

조선영화가 아직 관객에게 낯설다는 흥행적 결함을 내포하고 있다면 대대적인 선전을 하면 된다. 이는 단순히 자신의 영화관의 영리를 위해서가 아니라 조선영화의 내지 보급을 위해서이다.

그 결과 조선영화가 흥행에 성공하게 되면, 그 이윤은 조선의 영화제작자보다도 도와상사의 주머니에 들어가 버릴지도 모른다. 그러나 이 문제는 별도로 하더라도 내지인이 조선영화를 보는 것을 좋아하고, 반도영화인이 향토와 내지인을 위해 영화에 정진하도록 하는 기운을 촉진하는 중요한 지점에 영화관은 위치하고 있다.

민족의 교류협화에 찬동하는 힘을 영화관이 내포하고 있음을 흥행자가 자각하지 않으면, 국가봉공이나 국가정책에 대한 보좌에 흥행자들이 공헌할 수 있는 부분은 아주 미비할 것이다.

－모모타로桃太郎

1941년 7월(1~7호) 44~60쪽

특집：조선영화의 현 상황

반도의 영화계에 너무 무심하지는 않은가?
반도영화는 창설 20년, 좋지 않은 조건 속에서도 쉬지 않고 과감하게 싸워왔다.
지금이야말로 우리들은 반도영화계에 모든 협력과 이해의 눈을 기울여야 할 것이다.

반도영화에 대해서

반도영화에 대해 이야기할 때 제일 먼저 염두에 두어야 하는 것은 반도영화는 일본영화라는 것, 바로 이것이다. 그리고 반도영화를 일본영화라고 확실히 인식하는 것, 모든 것은 여기서부터 출발해야 하며, 실제로 출발한다고 나는 믿고 있다.

이렇게 이야기하는 나에게 사람들은 말할 것이다. 반도영화가 일본영화란 것은 당연한 것이며, 반도영화가 일본영화가 아니라고 할 사람은 한 명도 없을 것이다. 이 사실을 새삼스럽게 인식해야 하는 둥 이런 따위 대체 무슨 말을 하는 거냐고.

그렇다. 나는 사람들의 이런 짜증을 흔쾌히 받아들인다. 그러나 왜 내가 이와 같은 폭언을 했겠는가. 여기에서 나는 어떤 체험을 말해야겠다. 예전에 영화에 관한 연감을 편찬한다는 어떤 기획이 있었다. 그 사전회의에 나도 참석하게 되었다. 그리고 회의가 진행되면서 각종 통계나 조사까지 이야기가 나왔다. 나는 그 이야기들이 내지영화에 한정되었다고 생각했기 때문에 반도영화도 넣어야 하지 않을까라고 한마디 했다. 그러자 그럼 아예 만주영화도 넣어 대륙영화란으로 만들어야 한다고 그 자리에서 즉시 반응을 보인 사람이 있었다. 이 사람이 어떤 감정으로 이런 이야기를 했는지 나도 잘 모른다. 아마 부주의에서 나온 말일 수도 있다. 그러나 아무리 부주의였다고 해도 이는 들어서 흘려버릴 수 있는 말이 아니다. 그리고 아마도 이 사람은 순간적으로 일본영화를 일본영화와 반도영화를 나누고, 그 다른 한편으로 만주영화와 만철영화를 혼합해 버렸을지도 모르겠다. 이상은 연감 편찬에 있어서 내가 경험한 하나의 사건이다. 그러나 이와 비슷한 일이 다른 상황에서도 일어나고 있지는 않은지. 나는 그런 상황이 일어나지 않기를 바랄 뿐이다.

나는 앞에서 반도영화는 일본영화라고 했다. 그러나 실제로 현 상황을 보면, 반도영화는 일본영화의 특수한 부분 이상을 차지하고 있지 않다. 반도에 영화가 생겨난 이래 이미 몇 해나 지나갔는데도, 아직 반도의 영화는 강하게 그 존재를 주장하지 못하고 있다. 일본영화라고 말할 때에는, 내지영화가 거의 대부분을 차지하고 있다. 수년 전, 기회가 있어 경성을 방문했을 때 내가 통감한 것은 영화가 존재한다는 것을 반도에 인식시켜야 한다는 것이다. 다시 말하자면, 현재 반도의 영화를 강하고 크게 만드는 게 아니라 그 훨씬 이전의 영화들의 존재를 먼저 인식할 필요가 있다는 것이다. 그 영화들의 존재 이후, 반도에는 영화를 둘러싼 움직임이 있었고, 또한 지금도 움직이고 있다고 생각한다.

그러나 지금도 나는 생각한다. 영화가 존재한다는 것을 반도에 인식시켜야 한다고. 그런데 최근의 사회의 활발한 움직임과 더불어 반도에서는 이미 우리가 모르는 사이에 영화 존재의 기초가 확립되고 있을지도 모르겠다. 만약 그렇다면(44쪽) 나는 더 바랄 것이다. 반도의 영화여, 훨씬 크게 되라.

나는 반도영화인들의 진지함을 알고 있다. 그리고 또한 그 재능에 대해서도 기대를 하고 있다. 그러나 여기에서 나는 반도의 영화인들에게 충고를 하나 하고 싶다. 만약 이 충고가 망언이라면 나는 즉시 사죄하고 철회하겠다. 그 내용은—그대들은 너무 서두르고 있지는 않은가. 그 때문에 경쟁을 하고, 다른 이들보다도 자신이 먼저 앞으로 나가야겠다고 생각하는 건 아닌가. 나는 그대들이 하나가 되었으면 한다. 반도영화는 아직 크지 않으므로.

나는 지금 반도영화인들의 진지함을, 그리고 그들에게 재능이 있다고 말했다. 여기에서 나는 이 점에 대해 간략하게나마 말해야겠다.

반도인들도 모두 영화를 만들고 싶어 한다. 영화를 사랑하고 믿고 있는 것이다. 그러나 그 영화는 어떤 과정에서 나오는가. 내가 듣기로는 다음과 같이 만들어진다고 한다—반도에는 이렇다 할 훌륭한 영화제작회사가 없었다. 그러나 때마침 자본가가 나타나거나 자본가를 발견했다. 그러자 한 편의 영화제작이 시작되었고, 제작되었다. 그러나 이 상황이 오래 가지 못했다. 그런데 이런 자본가마저 나타나지 않는 경우에는, 또는 발견할 수 없었을 때 어떻게 했을까? 영화제작의 스태프 중 한 명이 또는 몇 명이 자신들의 돈을 출자한다. 그리고 여기에서 한 편의 영화제작이 시작되고, 제작된다. 그러나 이 상황도 오래 가지는 못했다.

요컨대 영화를 만들고 싶다, 그러나 돈이 없다, 돈이 수중에 있을 때에는 영화를 만든다. 그리고 돈이 없을 때에는 기회를 기다린다는 것인데, 이런 반도의 영화 상태는 프랑스의 영화계를 조금 연상시킨다. 프랑스에서는 어떤 영화에 대한 기획이 생기면[대부분의 경우 영화감독이 만든다] 자본주를 찾아 나서고, 다음에 스태프가 갖추어지고 그 후에 촬영이 시작되는 사례가 매우 많다. 그리고 어떤 경우에는 한 영화를 제작하기 위해 회사가 설립되고 영화가 완성되면 그 회사는 해산되는 일조차 있다―여기에서 여담을 하나 말해야겠다. 우리나라의 일부 비평가 중에는 한 영화를 위해 한 회사가 설립되어 이것이 완성되면 회사는 해산하는 게 프랑스영화의 상식이라고 믿는 이가 있는 것 같은데 이는 결코 상식이 아니다. 단지 이런 사례가 많을 뿐이다.

그러나 반도영화의 현 상황을 보면서 프랑스영화의 그것과 바로 비교할 수는 없다. 앞에서도 내가 특히 '프랑스의 영화계를 조금 연상시킨다'고 하며, 그 안에 일부러 조금이라는 단어를 사용한 것은 이 때문이다. 프랑스 영화계에는 반도와는 비교되지 않을 정도로 자본가의 수가 많다는 것이 다른 점 중 하나이다. 게다가 이런 독립제작자들과는 별도로 기초가 상당히 탄탄한 영화회사도 몇 개 있다는 것이 또 하나. 그리고 크고 작은 임대스튜디오가 얼마든지 존재한다는 게 또 하나. 그 외 아직 세려고만 하면 몇 개 더 다른 보기를 들 수 있다. 반도영화에는 이런 세 가지 점이 결여되어 있다. ●●

반도영화가 성장하기 위해서는 기초가 탄탄한 영화회사가 만들어져야 한다. 이미 있는 영화제작사들은 더 크게, 그리고 그 기초를 더욱더 탄탄하게 다져야 한다. 이를 위해서는 반도의 위정자들이 그 힘을 빌려주는 것도 필요할 것이며, 내지의 영화회사가 더욱더 노력하는 것도 바람직하다고 할 수 있다. 나는 반도영화에는 그만큼의 가치가 있다고 생각한다. 그런데 반도의 영화촬영소의 빈곤함이야말로 빨리 적절한 방책을 세워야 하는 긴급사항이다. 프랑스에는 독립제작자를 위한 크고 작은 임대스튜디오가 얼마든지 존재한다. 그리고 그 대부분은 훌륭한 설비들이 완비된 것들이다. 그리고 이탈리아에는 무솔리니의 의지를 받들기 위해 치네치타[5]가 세워졌다. 이것은 임대스튜디오용으로 만들어졌는데, 이탈리아정부는 그 위풍당당한 설비를 자랑하고 있다고 한다. 자본과 사람이 있어도 촬영소가 충분하지 않으면 좋은 영화는 만들 수 없다. 나는 앞에서 반도에는 기초가 탄탄한 영화회사가 만들어져야(45쪽) 한다고 했는데, 물론 모든 사람들이 한 회사에 소속될 필요는 없다. 또한 어떤 영화회사가 훌륭하

---

5   Cinecitta. 1937년 무솔리니가 로마에 설립한 유럽 제일의 국영촬영소.

고 커다란 촬영소를 만들어 그것을 자기 회사를 위해 사용하는 한편 독립제작자들을 위해 임대하는 방법도 좋을 것이다. 다시 프랑스의 예를 들자면 프랑스에는 완전한 임대스튜디오도 있지만, 이와 동시에 제작회사 소유이면서 임대스튜디오로 활용할 수 있는 촬영소도 존재한다.

이상과 같이 반도사람들은 역경과 분투하며 영화를 만들고 있다. 그 역경이 어느 정도인지는 반도에서 1년 동안 제작되는 영화의 양이 너무 적은 것을 봐도 상상이 갈 것이다. 그리고 영화에 대한 열의에 불타면서도 사람들은 계속해서 영화를 찍을 기회를 갖지 못하고 있다. 모든 일이 그렇듯이, 일이란 경험과 수련을 쌓아서 완성해 가는 것이다. 그러나 반도의 영화작가들에게는 그 기회가 별로 없다. 그렇기 때문에 그 작품에서 미숙함과 미비함을 찾아낼 수 있다. 그러나 이와 동시에 나는 가끔 이 사람들 속에 번뜩이는 재능과 좋은 소질을 발견하곤 하며, 또한 그 작품이 그 사람들에게는 겨우 두 번째, 세 번째 작품이었음을 알고 나서는 일찍부터 상당한 기법을 가지고 있는 것에 놀라기도 한다. 영화 사업이 부진하기 때문이라고 하며 이 사람들이 기회를 잡지 못하고, 그 재능도 빨리 개화하지 못하는 것은 안타까운 일이라고 하지 않을 수 없다.

우리나라의 영화관객은 내지에서 만든 영화는 별도로 치더라도 구미의 영화는 보지만 반도영화, 만주영화, 그리고 아마도 지나영화에 대해서도 그렇지 않을까 생각되는데, 이들 영화에 대해서 깊은 관심을 가지고 있지 않는 것처럼 보인다. 이에 대해서는 여러 가지 측면에서 생각해봐야 하며, 또한 고찰해야 할 문제이다. 그렇기 때문에 지금 이 문제에 대해 논의를 전개해 가는 것은 피하도록 하겠다. 여기에서는 반도영화의 내지 진출에 대해서 내가 평소부터 생각해온 점에 대해 그 일부분을 말하도록 하겠다. 미리 양해를 구하자면, 여기에서 내가 이야기하는 부분은, 내 생각의 일부분에 지나지 않으며 모든 생각을 말하는 것은 아니라는 점이다.

요컨대, 좋은 영화라고 하면 사람들이 반드시 보게 되는 것, 이는 너무나도 자명한 이치이며, 이 말은 너무 간단하기는 하지만 문제는 바로 이 점이다. 그러나 어떻게 해서 좋은 영화를 만들어낼 것인가. 이것은 반도인들의 노력을 기다리고, 또한 반도의 위정자 및 내지의 영화업자들의 노력을 기다려야 할 것이다. 그러나 아무리 좋은 영화가 만들어진다고 해도 그것이 한 편이나 두 편의 적은 편수라면 큰 효과는 생각할 수 없다. 좋은 영화가 선두에 서고, 될 수 있는 한 많은 영화가 연이어서 내지로 나오게 해야 한다. 영화의 진출은 하루아침에 이루어지는 것이 아니다. 그러기 위해서는 영화 이외의 외부적인 조건도 물론 필요하다. 그러나 그런 영화들이 집요하게 진출을 저해 받는 상황이 지속되고 있다. 일반인들에게 관심을 가지게 하고, 그 관심을 높이게 하기 위해서는 이 이외에는 방법이 없다고 생각한다. 미국영화가 전성기였던 시대에 유럽영화가 어떻게든 그 사이에 끼어들었고, 드디어 미국영화와 어깨를 견주게 되었는데 사람들은 이를 생각해볼 필요가 있다.

또 하나는 반도영화의 소재에 대한 문제이다. 지금까지 반도영화라고 하면 농촌영화 내지는 향토영화의 범주에 들어가는 것들이 주로 만들어져 왔다. 이는 돈이 없고 촬영소가 갖추어지지 않았다는 두 가지 이유에서 대부분 야외촬영을 해야 하는 작품들만 선택되었다고 생각하는데, 이런 반도영화가 농촌영화 내지는 향토영화였다는 것, 여기에 상당한 문제가 있다고 본다. 나는 이런 작품들 이외에 영화에서 반도의 문화를 보고 싶다. 그것이 전통문화여도 좋겠지만, 현재를 비추는 것이라면 더 좋을 것이다. 그리고

일반관중들도 나쁘게 말하자면 가난한 한촌의 모습보다 반도에 이런 새롭고 생동감 있는 문화가 있다는 것을 아는 것이 더욱 즐겁고 또 강한 힘도 느껴질 것이다. ●●

고려영화의 〈집없는 천사〉는 내 이런 희망이 매우 많이 들어간 작품이었다. 그리고 마찬가지로 고려영화의 제작기획에 올라 있는 전의 작품과 같은 작가(니시키 모토사다)의 글에 의한(46쪽) 〈춘향야화(春香夜話)〉는 이런 의미에서 내가 기대하고 있는 작품이기도 하다. 〈춘향야화〉는 "조선연극사에서 신극단이 아직 그 전문극장을 가지지 못했던 이른바 '유랑극단'이었던 시절에 있었던 하나의 삽화"를 이야기하면서 신극에 관련한 사람들의 여러 가지 모습을 그려내고, 그 한편으로는 〈춘향전〉을 극중극으로 하여 매우 효과적으로 살려냈다.

마지막으로 언어의 문제이다. 언어가 국어가 아니란 것이 내지에 진출하는 데 큰 장애가 되지 않겠는가라고 생각하는 사람도 있지만 나는 그렇게는 생각하지 않는다. 언어를 있는 그대로 나타내는 것, 그것이 가장 좋은 게 아닐까라고 생각한다. 강제로 모든 대사를 국어로 할 필요도 없으며, 반도어로 할 필요도 없다. 이는 오히려 너무 작위적이라는 느낌이 든다.

반도에서 일상적으로 이루어지는 대사들, 예를 들면 〈수업료〉처럼 국어와 반도어를 자연스럽게 둘 다 넣는 것, 이런 것들이 좋지 않을까.

*이상으로 글이 길어졌지만 나는 공부한 게 별로 없어, 최근의 반도영화의 동정에 대해 아는 것이 적다. 독단과 과문에 의한 망언이나 오판이 많이 있을지 모르겠다. 이에 대해서는 가차 없는 질타와 교시를 바란다.

−우치다 기미오內田岐三雄

조선영화잡감:〈수업료〉〈집없는 천사〉의 다음에 오는 것

조선영화는 재미없다고 한다. 우선 비전문가가 보기에도 빈약한 세트, 야외촬영 비용의 절약이 눈에 띄는데, 이에 유치한 촬영기술, 열악한 연기 지도, 빈곤한 시나리오가 더해지면 더 이상 할 말이 없어진다. 그런데 이런 점들은 대자본이 투여되면 일단은 해결되는 것들이다.

현재 조선영화제작자는 촬영소 설비는 물론이고 배우를 양성하고 지도하는 기관조차 가지고 있지 않다. 이런 상황에서는 우수한 영화가 만들어질 리가 없다. 게다가 자본을 투입하려고 하는 곳도 없다. 채산이 맞지 않기 때문이다.

내지영화가 일본 전국에 배급되고 있음에 비해, 조선영화의 관객층은 반도의 일부에 국한되어 있다. 내지영화가 1억 대중—아무것도 모르는 아기들도 포함하자면—을 대상으로 하고 있는데, 조선영화는 그 2할에도 미치지 못하는 대중들을 목표로 하고 있다. 한 편의 영화에 많은 경비를 투자하면 채산이 맞지 않는 원리이다. 그러므로 싼값의 영화를 만든다. 우수한 작품은 만들어지지 않는다. 그리고 조선영화는 재미없다고 단정하는 말들을 듣게 된다. 이렇게 해서 조선영화는 스스로 정체 상태에 빠져 망연자실하고 있다.

그런데 최근 조선영화계는 제작자도 연출가도, 좋든 싫든 진지한 방향으로 나가면서 이런 국면들을 타개하게 되었다. 그리고 내지영화에서 보면 극히 미비하기는 하지만—처음부터 영화제작의 수량이 적었다고 할지도 모르겠지만—몇몇 작품들이 포기하지 않는 노력의 결정체가 되어 세상에 나왔다. 〈수업료〉는 내지에서도 평판이 좋은 것 같고, 경성다카라즈카극장(京城宝塚劇場)에서 있었던 〈집없는 천사〉의 유료시사회는 관객들이 줄을 섰는데 그 열이 여러 거리를 가로지를 정도였다. 그 후 리샹란(李香蘭)의 미성—아니, 얼굴이라고 해야 할지 모르겠다—을 보려고 메이지자(明治座)에 밀려든 관중들이 교통정리를 하는 무서운 경찰들에게 신세를 진 부끄러운 일이 있기는 했지만, 이는 전대미문이었다. 이 영화의 호평은 선전의 힘이 크게 작용했다는 것도 사실일 것이다. 그러나 앞에서 이야기한 것 같은 불명예스러운 정의를 철회하기 충분한 얼마간의 요건에 맞는 발전상이 보이는 것도 사실이다.

〈수업료〉와 〈집없는 천사〉가 조선영화의 대표작이긴 하지만 그 전부는 아니다. 두 작품이 둘 다 고려영화협회의 이창용, 아니 히로카와 소요(廣川創用)의 기획, 최인규의 연출인 것을 보면, 이 두 영화로 조선영화를 논할 때 여기저기서 상당한 불만이 나올 것이다. 이들 영화는 기존의 관념에서 생각해 보면 조선영화로서는 우수한 작품들이다. 그러나 필자는 이 영화들을 높게 평가하여 칭찬해서는 안 된다는 것을 잘 알고 있다. 그래서 필자는 이 영화들이 그 제작의도에서 조선영화의 특수성을 명확하게 주장하지 않았던 점에 대해 이야기하도록 하겠다. 이렇게 이야기하는 것은 조선영화의 나갈 길을 이런 점들에서 이 영화들을 통해서 느꼈으며 기대도 하고 있기 때문이다. 여기에서 말하는 조선영화의 특수성이라고 하는 것은 지금 조선영화가 가진 제작 스태프, 혹은 캐스트, 시나리오 구성에 의한 로컬 컬러의 연출이 아니라 한발 더 나아가 소위 '조선의 영화'라는 의욕하에 조선인을 대상으로 제작하는 영화의 성격을 말한다. 이 성격은 조선의 언어, 풍속, 습관을 바탕으로 하여 과거 수백 년에 걸쳐 고정화된 사상을 내용으로 결정된다.

최근 조선인의 풍속과 습관을 보면 내지인이 양복을 입듯이 특히 일부 유식유한층에서 현저한데, 양복을 입는 이들이 늘어나고 있다. 경성의 혼마치(本町)거리를 걷는 조선의 여인들을 보면 의복은 저고리와 치마를 입고 있지만—이것도 형태나 색채는 이전과 다르다—파마머리에서 발끝까지 어디에도 조선색은 없다. 이런 사람들이 영화의 관객층을 구성하고 있다. 따라서 영화제작자들은 이 점을 의식하고(47쪽) 있고, 제작태도에도 이런 점들이 표현되고 있다. 그러나 일반적으로 문학작품도 그렇지만 영화제작자들이 즐겨 그리려고 하는 것은, 대중의 과반수를 차지하는 노농계급의 생활이며, 연출가가 예술적인[?] 야심을 품고 있을수록 조선영화의 특수성을 강조하려는 경향에 빠지기 쉽다.

그리고 현재 조선문학의 특질을 이런 점들로부터 구하면서, 이런 종류의 작품을 장려하고 있는 내지의 잡지사도 있다. 예로부터의 조선의 언어, 풍습, 사상을 엄수하는 것이 조선의 살 길은 아닐 것이다. 오늘날 정부가 문화정책의 하나로 주장하는 국민영화가 어떤 내용을 가지고 있는지에 대해서 여기에서 논하지는 않겠다. 그러나 필자는 현재 조선의 위정자들이 내선일체를 슬로건으로 내세우고 그 시정이 이를 기조로 하고 있는 실정에서 영화도 또한 그 방침에 순응하여 제작해야 한다는 것은 당연하다고 생각하며, 또한 이렇게 해서 조선영화의 정체국면도 타개할 수 있다고 믿는다.

원래 2천만 민중을 대상으로 기획된 영화가 1억 대중을 대상으로 만들어진 영화에 대항할 수는 없다. 조선영화가 반도에서 머뭇거리고 있는 한 대자본을 가진 내지영화를 모방하는 일조차 불가능하다. 어떻게 해서든지 1억 대중을 대상으로 해서 영화를 제작하지 않으면 앞으로 조선영화에 발전을 기대하기는 어렵다. 조선영화가 나갈 길은 오직 이것 하나뿐이다.

그렇다면 그 방책은 어떠한가. 이는 조선영화의 특수성을 망각한 작품을 만들어내는 것이다. 조금 구체적으로 말하자면 먼저 내선에 공통적인 테마를 다루는 것이다. 무릇 인정이란 동서양을 막론하고 모두 같아서 우리들이 구미영화를 보고도 희로애락의 감정을 느끼지만, 그래도 역시 어딘가에 풍속과 습관을 달리 하기 때문에 이해할 수 없는 차이를 느끼기도 한다. 그런데 내지의 영화관객층은 서양영화와 같은 느낌을 조선영화에서 받을 것이다. 왜냐하면 내지에서 조선의 풍습은 구미의 그것과 같은 수준 아니면 그 이상으로 이해되고 있지 않기 때문이다. ●●

●● 사진
〈수업료〉의 한 장면

〈성황당〉이라는 영화가 있었다. 아마 방한준의 연출이었을 것이다. 줄거리는 지극히 통속적이었고 내지인이 이해할 수 없을 정도는 아니었지만, 상당한 야심작이었음에도 불구하고 연출자는 그 안에 로컬 컬러를 묘사하려고 해서 내지 측 관객층이 성황당에 대한 이해가 없음을 고려하지 않고 제재를 안일하게 다뤘기 때문에, 엉성한 영화가 되어 버렸다. 이것이 신예연출가가 가지는 제작상의 고민이다. 그러나 이 고민은 이런 특수한 풍습을 소재로 하고 있기 때문이며, 이를 깨끗하게 단념할 때 비로소 해결된다. 〈수업료〉도 〈집없는 천사〉도 이 점에서 성공했다.

다음으로 로컬 컬러의 문제인데 조선영화는 조선민중의 생활묘사를 기조로 하고 있는 이상 조선 특유의 풍습과 습관이 그려지는 것은 당연하다. 만약 제작스태프가 반도인이라고 해도, 또한 조선에서 촬영된다고 해도, 조선을 배경으로 하여 조선민중의 생활을 그리지 않은 것은 조선영화의 범주에 들어가지 않을 것이다. 따라서 지방색을 내는 것은 조선영화의 특수성을 강조하는 것처럼 생각되기 쉽고 여기에 모순이 생겨 문제가 복잡해진다.

그러나 지방색은 어디까지나 지방색이어야 한다. 조선을 배경으로 한 조선민중의 생활을 그리는 것에서 자연스럽게 배어 나오는 것이 지방색이며 그 생활에 날카로운 메스

를 더해 그 풍습을 면밀히 그리려고 하면 조선영화의 보편성이 사라진다. 지방색은 향기라고 해도 좋을 것이다. 그리고 언어의 문제인데, 오늘날 영화가 모두 토키로 된 이상 최대의 문제는 여기에 있다. 〈나니와의 여자(浪花の女)〉에서 간사이(関西) 방언, 〈말(馬)〉에서 도호쿠(東北) 방언을 빼면 이 두 영화의 세평은 어쩌면 오늘날과 같은 호평은 아니었을지도 모른다.

이렇게 생각하면 조선영화도 조선어 녹음을 해야 한다고 주장할 것이다. 그러나 조선어는 방언이 아니다. 방언은 관객들이 다소 이해를 하지만, 조선어는 외국어와 똑같은 조건에 있다. 영화에서 지방색을 그려내더라도 모두 그대로는 아니며 관객들이 이해하기 힘들 것 같은 부분은 사용하지 않거나 새로 고친다. 〈말〉이 그 좋은 예이다. 이 영화는 이와테(岩手)현의 언어 그대로는 아니다. 그렇다면 규슈(九州) 지방의 사람들도 이해할 수 있다. 그러나 조선어의 경우는 1억에서 2천만을 뺀 나머지 8천만에게는 생소함 그 자체이다.

현재의 조선영화는 서양영화와 마찬가지로 자막을 화면의 오른쪽에 이중인화를 하고 있다. 〈수업료〉나 〈집없는 천사〉에서 느낀 것(48쪽)은 조선어 회화 중에 국어(國語)가 나온다는 점인데 이 경우에는 자막이 없다. 회화 중에 내선 양쪽 말이 사용되는 것은 일부 조선인의 생활상의 실제이며, 국어 보급의 한 보기라고 생각한다. 필자는 앞으로의 조선영화를 생각해 국어로 녹음해도 좋다고 생각한다.

조선영화가 내지에 진출할 때 언어상의 장애는 당연히 제거되어야 한다. 조선인들 스스로 국어를 이해하고 있으며, 아마도 영화를 보러 가려는 이들은 대부분 국어를 이해하고 있을 것이다. 앞에서 이야기한 〈수업료〉나 〈집없는 천사〉의 국어 회화의 부분에는 조선어 자막이 들어가지 않았다. 그럴 필요가 없기 때문이다.

현재 경성의 쇼치쿠(松竹)계 메이지자(明治座)나 도호 와카쿠사극장(東宝若草劇場)에서 그 관객층을 보면 과반수가 조선인임을 보고 놀라지 않을 수 없다. 그래서 〈나니와의 여자〉나 〈말〉과 같은 영화들도 인기가 있는 것이다. 조선영화가 국어토키영화여서 나쁠 리가 없다. 혹자는 국어를 이해하지 못하는 조선인은 곤란하지 않은가라고 할지도 모르겠다. 그러나 이 점은 필요에 따라 조선어판을 만들면 해결된다. 현재의 관객층이 부자유를 느끼지 않는 이상 내지 진출이라는 새로운 진로를 희생할 수는 없다. 영화를 보고 싶지만 말을 모르겠다고 하면 국어를 익히라고 하자. 이는 대단한 국어 장려책이다. 다소 지나친 감은 있지만 당국이 국어 보급을 장려하고 있는 이때 영화제작자가 이를 위해 노력하고 있다는 본보기도 되니 괜찮은 이야기이다.

원래 내선일체란 무엇인가. 내선일체는 한마디로 말하자면 내선의 구별을 없애는 것이다. 원래 내선인은 풍속과 습관이나 언어와 사상이 다르다. 이를 하나로 해서 조선인에게도 적용하고 내지인에게도 적합한 하나의 풍습, 사상을 새로 창조하자는 것이 아니다. 조선인이 가지는 풍습, 사상은 물론 모든 생활내용을 풍부하게 함과 동시에 순화시켜 물질적으로도 정신적으로도 내지인처럼 하자는 것이다. 조선인들에게 황국신민으로서의 자각과 자랑을 부여해 이를 실천시키자는 것이다. 내선일체는 단순히 내선의 통혼은 아님과 동시에 조선영화도 단순히 내선의 양쪽 두 배우들이 공동으로 출연하면 된다는 식의 어물쩍한 방식은 안 된다. 물론 이것도 하나의 방법일 것이다. 또한 내지자본의 투입도 크게 고려해야 할 것이다.

그런데 필자가 앞에서 조선영화의 나아갈 길로서 내선일체의 이념을 높게 제창하면서, 지금 다시 충고를 하는 것은 다른 게 아니다. 대정익찬회문화부(大正翼贊會文化部)의 선봉을 받들자는 것은 아니지만, 조선에서 국민영화가 제작되기를 바라기 때문이다. 조선의 국민영화란 무엇인가. 이는 내선일체, 황국신민으로서의 생활의 기쁨을 느낄 수 있는 분위기를 조성하는 영화이다.

그래도 잘 모르겠다는 독자가 있다면 본문을 지금 처음부터 다시 읽어주시길 바란다. 되풀이해서 말하지만 조선영화의 나아갈 길은 이외에 없다. 내지영화가 자본주의적이고 다작태작임에 비해, 최근 조선영화에서 느끼는 것은 진지함 그 자체이다. 예전처럼 감상적인 것들은 사라지고 그 소재도 사회적으로 건전한 것들이다. 매우 기뻐할 만한 현상이다.

〈수업료〉나 〈집없는 천사〉는 내지영화에 편성되어도 모든 점에서 아무런 손색도 없는 가작이며 또한 필자의 의견에 가까운 방향을 제시해 매우 바람직하게 생각하고 있다. 지금 한 발을 전진 아니 이 상황을 더욱 철저하게 만들어주지 않겠는가. 2천만 민중을 대상으로 한 기존의 고식적인 제작태도를 버리고, 1억 민중의 품속에 뛰어드는 기개를 지니지 않겠는가. 구체적 방책 등은 여기에서 문제로 삼지 않아도 좋다. 결국은 각 제작업자와 연출가의 결의에 달려 있다.

〈수업료〉와 〈집없는 천사〉를 지양할 때 조선영화의 내일의 비약이 있을 것이라고 생각한다. [2601년[6] 6월 9일][필자는 육군 중위, 경성사단 전 보도부장, 현재 조선총독부조선

---

6   2601년은 황기(皇記)식 표기.

－구로다 쇼조黒田省三

내선 두 영화계의 교류에 대해

1

내선영화계의 교류는 어떤 의미에서 이미 시작되고 있다. 예를 들면 〈수업료〉에서 야기 야스타로(八木保太郎)가 시나리오를, 우스다 겐지(薄田研二)가 연기를, 〈친구(ともだち)〉에서 시미즈 히로시(清水宏)가 연출을, 그리고 고려영화의 최근작 〈빛이여 영원히(光り永遠に)〉에서도 시미즈의 조선 방문이 예정되어 있다고 한다. 이런 점에서 아직 얼마 되지 않은 조선영화계에는 물론 아직까지 내지의 영화계로부터 협력을 바랄 정도의 위대한 작품은 없지만 가까운 장래에 반드시 실현될 것임을 나는 믿어 의심치 않는다.

장혁주(張赫宙)의 『가토 기요마사(加藤清正)』가 올바른 시대영화로 다뤄지는 것도 시간의 문제일 것이며 김사량(金史良)의 『빛 속으로(光の中に)』가 과장된 멜로드라마에 포화 상태를 느끼고 있는 뜻 있는 제작자들이 다루는 것도 또 시간의 문제일 것이다. 또한 내선 간의 거리를 단축하는 소재의 배출이나, 너무나도 순수하고도(49쪽) 순수한 반도의 지방색을 그린 아름다운 영화가 내지의 영화관에 등장하는 것도 시간의 문제일 것이다.

2

현재로서는 내지의 많은 영화인들이 조선의 풍토와 풍속을 모르고 있으며, 마찬가지로 조선의 영화인들도 또한 내지의 풍토와 풍속을 모른다.

그러므로 서로 간에 도움이 되는 의견 교환도 하지 않은 채, 영화적 소재는 반도의 땅속 깊이 매몰된 채이다. 예를 들면 사과로 유명한 남선의 대구에는 전 조선 굴지의 시장이 선다. 이 시장의 장관은 보는 사람의 눈과 귀를 유혹한다. 5리나 10리가 넘는 산속에서 고개를 넘어 또는 근처 동네에서 각각의 환경이나 운명을 짊어진 사람들이 모여든다. 무려 몇만 명이 넘는 사람들의 무리, 그중에는 반도인은 물론이고, 만주인 지나인도 있고, 외국인도 있으며, 내지인도 있다. 언어가 안 통해도 거래는 성립하고, 이번엔 물물교환도 이루어져 도둑이 횡행하고 싸움을 하는 일대 군중극을 연기하기도 한다. 이는 그대로 하나의 큰 액션드라마가 아니고 무엇이겠는가.

또 북선의 함흥이란 곳에는 구 정월의 15일이 되면 예부터 다리 건너기라는 연중행사가 있어 마을의 남녀노소가 몇만 명이나 모여 성천강(城川江)이라는 큰 강에 놓인 다리를 건넌다.

따라서 다리 양옆에는 대목이니 만큼 물건을 파는 상인들의 열이 계속 되는데 이들은 모두 다리를 중심으로 펼쳐진다. 마치 어느 나라의 신이 물길을 연 밤을 생각나게 하는데, 더군다나 이것이 반도인만큼 기이한 면모를 보여준다. ••

이야기가 옆으로 새니 이상의 두 가지 예만 적어놓겠는데, 이런 수많은 영화적 소재는 때가 오면 반드시 발굴될 것이다. 그리고 내선 두 영화계가 협동체가 되어 왕성하게 교류하는 것이 그 기회가 되고, 조선영화계가 활발한 걸음을 보여주는 것도 그 기회가 될 것이다. 어쨌든 반도인의 생활을 기조로 하는 작품일수록 반도에서 생을 누리는 사람들의 협력이 필요해진다.

••● 사진
〈집없는 천사〉의 한 장면

3

스태프의 협력과 교류는 결국은 제작자들 간의 교류이며 양자의 긴밀한 협동정신은 새로운 일본영화에 참신한 기풍을 불어넣을 것이라고 나는 믿고 있는데, 과연 이를 받아들이는 관객은 어떠할까.

반도에서 내지영화의 흥행 상태를 보면 이들은 거의 120%정도 소화되고 있다. 얼핏 보면 난해해 보이는 시대극영화조차 일부 반도인들 사이에서는 열렬한 지지를 받고 있다. 이런 상태가 내지의 영화회사들이 지금 바로 반도영화계에 진출하여 조선영화를 제작해야 한다는 기운을 적극적으로 조성하지 않는 이유이다. 만약 여기에 조선영화를 제작하려는 기운이 있다고 해도 스태프들 간의 교류로 아직 충분히 융통할 수 있기 때문이다.

그렇다면 상황을 바꾸어 내지의 조선영화는 어떠한가. 〈수업료〉와 〈집없는 천사〉급의 작품조차 빛을 볼 기회를 못 보고 있다. 그 이유를 생각해 보자.

원래부터 빈약한 설비, 내러티브의 결여, 어두운 내용을 다룬 점, 그리고 반도영화에 반드시 나타나는 현실적인 면을 다룬 점 등을 생각할 수 있지만, 그래도 필자는 논하고자 하는 근본적 문제는 내지의 영화관객, 바꿔 말하자면 일반관중들에게 조선에 대한 인식이 결여되어 있다는 점에 있다고 지적하고 싶다.

우선 일반 내지인은 조선을 너무 모른다. 무엇보다도 알려고도 하지 않는 무관심 상태이다. 나는 오늘날까지 16년 동안 내지에서 보낸 영화생활을 되돌아봤을 때, 매일 아침 우리 집에 배달되어 오는 신문 한 장에 조선의 실정이 획기적으로 보도되고 있다는 강한 인상을 받았던 적이 한 번도 없다. 이렇듯 내지에는 조선의 사정이 전달되고 있지 않다.

오늘날 조선인이라고 하면 내지에 노동하러 오는 사람들, 이들이 조선인들의 전부라고 간주되고 있으며, 이 조선인관은 실제 조선을 모르는 대다수의 일반대중들에게 강한 인상을 주고 있는 것도 사실이다.

시험 삼아 시모노세키(下關)에서 해협을 건너 조선에 한 발을 디뎌보라. 아침 7시와 정오에는 온갖 거리와 마을에 사이렌이 울리는 것을 알 수 있을 것이다. 아침 사이렌은 황거요배(皇居遙拜)의 사인이며 정오는 영령의 기복과(50쪽) 황군의 무운장구를 비는 사인이다. 내지인도 반도인도 엄숙하게 머리를 숙이는 경건(敬虔)한 모습을 그대는 목격할 수 있을 것이다. 이런 훌륭한 현실을 나는 내지 사람들에게 보여주고 싶다.

눈앞에 있는 최하층계급의 사람들로 전체를 판단하는 게 아니라 올바른 실정을 통해 무지한 이런 계급의 사람들을 이끄는 일이야말로 대국민의 긍지의 척도여야 할 것이다.

반도에서 활발하게 타오르고 있는 내선일체운동도 부산에서 바다 하나를 건너 시모노세키에 내리면 그 목소리는 두 번 다시 들리지 않는다.

내지의 어떤 사람들은 '내선일체는 이제 옛날이야기야'라고 한다. '조선은 괜찮아. 잘하고 있어'라고 하는 사람이 있다. 과연 그런가. 반드시 그렇게 낙관하는 것이 옳은지 어떤지. 실제 조선을 천천히 걸어보면 아직도 관심을 요하는 많은 문제가 놓여 있음을 알 수 있다.

사정을 모른 채 행정의 표면에 나타난 사항만으로 사물을 판단해서는 안 된다. 이런 내지동포의 무관심은 결코 현 상태로 방임해도 좋은 종류의 성질이 아니다.

내지에서는 만주사변이라고 하면 그 준비의 기초를 이루는 조선을 뛰어넘어, 만주만을 논하고 지나사변이 일어나자 전진기지인 조선이나 만주를 잊어먹고 지나 문제만을 말한다. 대동아공영권에서 남양(南洋)에 대해 떠들면 지나를 잊는 꼴이다.

여기에서 내선 양 영화계의 교류 문제에 국한해서 생각해도 결국은 영화가 일반대중을 대상으로 하는 이상 일반대중들의 조선에 대한 인식을 무시할 수는 없다. 이 때문에 영화와 이론에 의해 이 잘못된 인식을 바로 잡아가는 것이 우리에게 당면한 문제일 것이다.

4

일반적으로 영화뿐만 아니라 조선에서 예술 방면의 동향은 매우 활기찬 움직임을 보이고 있다.

경성에서 5일 동안 밤낮으로 공개된 무용 〈부여회상곡〉을 봐도, 음악보국주간의 3일 밤낮에 걸쳐 상연된 조선음악, 방악(邦樂), 양악의 음악회 성과를 봐도, 게다가 국민연극인 현대극장의 신극 〈흑룡강〉을 봐도 그 완성도는 둘째치고 성대한 행사가 꼬리에 꼬리를 물고 행해지고 있다는 그 자체에 내지의 영리일색의 흥행에 익숙해져 버린 눈을 깨끗하게 씻을 수 있었다.

조선이라는 여유 있고 느긋한 장소만이 보여줄 수 있는 독특한 예술의 경지를 깊이 느낄 수 있었다.

게다가 이들은 모두 순수하게 일본인으로서의 훌륭한 국가의식을 지니고 만들어진 것으로 싸구려 속임수나 단순한 임시변통의 태도 따위는 찾으려야 찾을 수도 없었다.

영화에서도 조선은 처녀지이다. 오늘날 영화가 단순히 자본가를 위해서나 개인주의적 예술가를 위해 존재하는 것이 아닌 이상 당연히 국가의식의 노선에 따라야 한다. 국민의 요구는 정치력만으로는 해결할 수 없는 점이 있다. 앞으로 새로운 조선영화에서도 조선당국의 정치력의 힘이 미치지 않는 곳을 영화의 힘으로 보완하고 국민의 의욕을 충족시켜 가야 한다. 이 점에서도 내선 두 영화계의 교류는 그들의 장단점을 서로 기탄없이 맞추어 보고, 보다 나은 일본인이 되기 위한 반도 융합을 준비하는 것이 가장 중대한 안건일 것이다.

－히나쓰 에이타로日夏英太郎

2601년 6월 3일 경성에서

조선영화의 소재에 대해서

　조선영화도 다이쇼 10년(1921년)에 제작되기 시작하여 현재까지 무성 약 100편, 발성 약 20편의 극영화가 만들어졌다. 그런데 지난번 언문종합잡지 『삼천리』 6월호의 「조선영화 특집」에서 문단인이 뽑은 지금까지의 작품 베스트 10이 발표되었다. 그 내용을 보면

〈아리랑〉[나운규]	〈무정〉[박기채]
〈수업료〉[최인규, 방한준]	〈오몽녀〉[나운규]
〈심청〉[안석영]	〈성황당〉[방한준]
〈나그네〉[이규환]	〈집없는 천사〉[최인규]
〈한강〉[방한준]	〈청춘의 십자로〉[안종화]

[괄호 안은 연출]

　이상의 순위가 타당한지 아닌지는 차치하고, 여기에서는 편의상 이 순서를 따라 조선영화의 소재에 대해 고찰해 보도록 하겠다.

　〈아리랑〉은 일찍이 다이쇼 15년(1926년)에 발표된 것으로 당시로서는 걸출한 작품이었음은 두말할 나위도 없으며, 이것은 또한 조선영화의 하나의 원형을 이룬 작품이기도 했다. 어떤 마을에 미쳐 있는 오빠[나운규 자신이 연기]와 가련한 그의 여동생이 가난하게 살고 있었다. 여동생에게는 사랑하는 애인이 있었는데, 호색한인 지주가 빌린 돈 대신 그녀를 첩으로 삼겠다고 하며 데려갔다. 오빠는 그 동생을 구하러 가서 지주를 살해하고 만다. 서로 끌어안고 우는 동생과 그 애인을 뒤로 하고 미친 오빠는 경관의 손에 끌려간다.

　이 대략적 줄거리처럼 정신이상, 빌린 돈, 팔려가는 몸, 살인, 경관의 구속 등의 참담한 설정들을 가진 작품이 실연물(失戀物)과 함께 조선영화의 주를 이룬다.

　예를 들면 발성에서도 졸작(51쪽) 〈사랑에 속고 돈에 울고〉[이명우]로부터 〈아리랑 3편〉[나운규], 〈국경〉[최인규] 그리고 수작 〈나그네〉까지가 이 계열의 작품이다.

　이런 영화들이 대중들의 마음속에 파고들어, 조금이라도 그 공감을 얻고 있다면 여기에는 단순히 신파비극으로 끝나지 않는 큰 문제가 시사되어 있다.

〈오몽녀〉는 눈이 보이지 않는 늙은 점쟁이가 가진 그 양녀에 대한 애욕을 다루고 있다. 이 딸은 상습절도범으로 시장의 물건이나 어부의 생선을 훔치는데 아름다운 그녀에게 마음이 있는 가게 주인들이나 젊은 선주들은 그냥 눈감아주고 있었다. 그녀는 어느 날 언제나처럼 해안의 어선에 생선을 훔치러 숨어들었는데 그대로 젊은 선주를 위해 앞바다로 노 저어 나간다.

이것은 쇼와 11년(1936년)의 토키 초기영화로서 나체가 나온 건 아니지만, 양부의 애욕 묘사는 당연히 상당부분 검열의 가위를 피하지 못했다.

나운규는 〈아리랑〉을 처녀작으로 하고, 이 〈오몽녀〉까지, 그동안 약 20편의 작품을 발표, 조선영화발달사상 잊을 수 없는 커다란 발자취를 남기고 쇼와 11년에 작고했다. 그가 손을 댄 작품을 보면 어떨 때는 낭만적 현실 도피이며, 어떨 때는 마키노조(マキノ調)의 유치한 활극이었는데, 그 형태를 바꿨다고는 해도 그가 가지고 있던 것은 결국 '약자에 대한 영웅주의'[7]였다.

그리고 여기에 첨가할 내용은 조선영화의 초창기에 제작 추진의 협력자들이었던 내지인들에 대해서이다. 감독으로 하야카와 마쓰지로(早川松治郎), 다카사 간조(高佐貫長), 카메라맨으로 오오타 도(太田同), 니시카와 히데히로(西川秀洋), 가토 교헤이(加藤恭平)를 비롯하여 스도(須藤), 미야시타(宮下), 미야카와(宮川), 하마다(濱田)[닛카쓰], 배우로서 주삼손(朱三孫)의 이름으로 완전히 조선인이 된 오사와 요시오(大澤善夫)가 있다. 이들의 협력이 없었다면 조선에서의 영화제작은 이렇게 시작되지 못했을 것이다. 그 후 경성에서 프로덕션[이것이 고려영화경성촬영소의 전신이다]을 세워 〈금강한〉〈남편은 경비대로〉〈룸펜은 어디에(ルンペン何處)〉를 발표한 도야마 미치루(遠山滿), 오하라 고하루(小原小春)는 차치하고서라도, 조선영화가 실로 처음부터 지금까지 항상 내지영화의 직간접적 영향을 받아왔음을 조금 강조해두고 싶다.

소재 면에서 보더라도, 예를 들면 다이쇼 14년(1925년) 데이코쿠키네마(帝国キネマ) 쓰쿠다 치아키(佃血秋)의 〈새장 속의 새(籠の鳥)〉가 내지에서 영화계 공전의 히트를 하자, 다음해 〈농중조(籠の鳥)〉[쓰무라(律守), 이규설(李圭卨)]가 나왔고 쇼와 4년~5년(1929~1930년)에 〈도회교향악(都会交響楽)〉[미조구치 겐지[溝口健二]]나 〈무엇이 그녀를

7   원문에서는 방점으로 강조 처리

그렇게 만들었는가(誰が彼女をそうさせたか)〉[스즈키 주키치(鈴木重吉)] 등 일련의 좌익적 작품이 나오자, 쇼와 6년~7년(1931~1932년)에 〈화륜〉[김유영]이나 〈지하촌〉[강호] 등 검열에서 기각된 경향영화가 만들어졌다.

〈화륜〉은 공장 노동자와 자본가의 대립을 관념적으로 다룬 작품인데 자본가를 돼지로 캐리커처하는 등 몽타주이론의 초보적 연구가 엿보인다.

〈무정〉은 조선의 신문학계에서 기념비적인 작품이었던 이광수의 소설을 원작으로 하는 영화이다. 조선 신문화 개화기의 여명기에 한자문화 모방에서 눈을 떠 일찍이 민족문화의 이상을 외치고 시대의 희생이 된 한 진사의 옥사 후 그 딸과 약혼자인 아버지의 제자와의 반생에 걸친 기구한 비련이야기(悲戀物語)이다. 그러나 영화는 이런 시대적 배경을 그리는 것이 불가능했기 때문에 아깝게도 실패작이 되었다. 모든 조선영화는 연대적으로 통치가 어느 정도 안정적인 모습을 보인 다이쇼 8~9년(1919~1920년) 이후의 현대 이외에는 시대적 배경을 다룰 수 없다. 이조 말부터 한일합방 전후는 마침 막부 말에서 유신 그리고 메이지라는 대업을 성취하는 기간에 해당하지만, 내지영화에 풍부한 소재를 제공하는 이 시기가 조선영화에서는 공백인 것이다. 이 중 유일하다고 해도 좋은 예외는 나운규가 지사 김옥균을 소재로 만든 〈개화당이문〉이다.

배경을 다룰 수 없다는 곤란은 반드시 검열에 대한 고려만을 말하는 것은 아니다. 현재 〈김옥균전〉이라든가 〈동학당〉 등이 기획 단계에 있는데, 문제는 자본과 제작기구의 제약이다. 대규모의 세트나 의상에 돈을 들일 수가 없는 것이다.

따라서 역사극도 만들 수 없다. 그 대신[이렇게 말하면 너무 안일한 감은 있지만] 유명한 〈춘향전〉을 비롯하여 〈심청전〉〈장화홍련전〉〈운영전〉〈홍길동전〉 등으로 이어지는 고담전설물이 비교적 많이 만들어졌다. 왜 이런 영화들이 환영을 받았는가. 그 이유는 여러 가지 있겠지만, 무엇보다도 대중 자신이 이미 잘 알고 있어서 보고 내용을 잘 알 수 있다는 것도 그 이유일 것이다. 그러나 이들 전설물들은 극단적으로 말하자면 무대의 배경 대신 노천의 바람막이를 응용하거나, 아니면 결국 무대의 배경을 앞에 두고 촬영하기조차 했다. 안석영의 〈심청〉은 이런 이유로 〈심청전〉을 현대로 고친 것이며, 디즈니의 천연색장편으로 만들면 딱 좋으리라 생각되는 원래 전설이 가지고 있었던 아름다운 몽환의 동화는 없어지고, 가난한 장님 아버지를 가진 가련한 효녀의 평범한 이야기가 되었다.

그 후 분기점에 들어섰는데 〈무정〉은 어찌 됐든 문예영화의 대표작이 되었다. 조선영화는 대개 연출자 자신이 각본을 쓴 창작물이 대부분이다. 〈무정〉 외에 소설을 영화화한 것은, 예전처럼 이광수의 자유연애를 다룬 〈개척자〉[이경손]가 있으며 최근에는 신진작가 최금동(崔琴桐) 작 〈애련송〉[김유영], 정비석(鄭飛石) 작 〈성황당〉[방한준] 등이 있다.

그리고 소(小) 뒤마⁸ 작의 〈춘희〉를 마침 닛카쓰와 때를 같이 하여 평양을 배경으로 번안한 동명 〈춘희〉[이경손]가 있으며, 우리 고요산진(紅葉山人)의 〈곤지키 야샤(金色夜叉)〉는 〈장한몽〉[이경손]과 〈수일과 순애〉[이구영]의 제목으로 두 번이나 영화화되었다. 그리고 소설은 아니지만 〈다다노 본지(只野凡児)〉에 비교될 만한 신문만화를 영화로 한 〈멍텅구리(바보)〉[이필우]라는 희극이 있다. 쇼와 3년(1928년)경 『동아일보』에 연재된 노수현⁹의 풍자만화(52쪽)이며, 바보 한량과 꼬마가 헛물을 켜는 내용의 즐겁고 유쾌한 여행 코미디물(弥次喜多)¹⁰로 조선영화가 낳은 유일한 희극이다.

〈수업료〉에 대해서는 아마도 다른 곳에서도 많이 다루어졌겠으니, 여기에서는 국어 사용의 문제에 대해 조금 언급하고자 한다. 국어를 부분적으로 사용한 영화에는 〈수업료〉 외에 〈군용열차〉[서광제] 〈승리의 뜰〉[방한준] 〈지원병〉[안석영] 〈집없는 천사〉[최인규] 등이 있다. 특히 조선지원병훈련소에서 소재를 딴 〈승리의 뜰〉 같은 영화는 전부 국어이다. 이들 작품을 모두 보면, 곧 납득이 가겠지만, 영화에서 국어를 사용할 것인지는 그 소재가 어느 정도 결정한다.

이런 이야기가 있다. 조선에 나카가와 시로(中川柴朗)라는 훌륭한 감독이 츠바키 산시로(椿三四郎)를 포함한 2~3명의 남녀배우를 이끌고 와서 〈방공의 맹서(防共の誓ひ)〉라는 극영화를 만들었다. 내용은 조선의 공산주의자가 시베리아의 동포를 학대하고 있었는데 이번 사변이 발발하자 각성해서 황국신민이 된다는 줄거리인데, 배우는 물론 국어로 말을 했다. 이를 지방에서 상영하고 나중에 보니, 관객은 내지의 공산당이라고 생각하면서 봤다는 웃지 못할 이야기가 있다.

〈나그네(旅路)〉는 밀양강의 호반에 있는 한촌이 배경이다. 성실하게 돈을 모으고 있는

---

8 아버지와 아들의 이름이 같아 아버지 쪽은 뒤마 페르(大뒤마), 아들 쪽은 뒤마 피스(小뒤마)라 불렸다.
9 원문에서는 노수광(盧壽鑛)으로 표기되어 있으나 노수현의 오식.
10 원문에 표기된 야지기타(彌次喜多)는 2명이 하는 즐거운 여행 또는 재미있고 유쾌한 2명의 콤비를 가리킨다. 야지와 기타라는 두 인물이 에도에서 오사카까지 여행하며 겪게 되는 즐겁고 유쾌한 이야기를 엮은, 에도시대 후기의 책 『도카이도 도보여행(東海道中膝栗毛)』에서 유래한 말이다.

한 나룻배 사공은 마을의 이발사 때문에 도끼로 사람을 죽이고 돈을 빼앗는다. 사공의 집에는 돈 벌러 나간 아들의 아름다운 부인[문예봉 분]이 집을 지키고 있었는데, 이발사는 그 며느리를 유혹하려고 한다. 그곳에 갑자기 돌아온 아들은 같은 도끼로 이발사를 죽이고 순사에게 끌려간다. 젊은이는 남겨진 부인에게 말한다―"이번은 조금 긴 '나그네길'이 되겠지. 그래도 여행이니 언젠가는 돌아올 거야."

인생을 나그네에 비유한 이규환의 페시미즘은 〈임자없는 나룻배〉에서부터 〈새로운 출발〉 그리고 최근작 〈창공〉에까지 짙게 나타나고 있다. 이규환의 경우는 그래도 이해가 된다.

그러나 실은 최근의 토키 중에서도 〈처의 모습(妻の面影)〉 〈처녀도〉 〈신개지〉 〈애련송〉 〈수선화〉 〈무정〉 〈국경〉 〈도생록〉 〈사랑에 속고 돈에 울고〉 등 대개의 작품이 슬픈 이별이나 실연을 소재로 하고 있으며, 체념이라고도 할 수 있는 진부한 감상에 젖어 있는 영화들은 아무리 봐도 신체제는 아니다.

방한준의 〈한강〉과 전창근(全昌根)의 〈복지만리〉에도 하고 싶은 말이 있지만 지면이 없다.

쓰고 나서 보니, 조선영화의 이전의 소극적인 면에만 글을 남긴 꼴이 되어 버렸는데, 조선 최초의 문화입법인 조선영화령도 드디어 이 8월 1일부터 시행되니, 전폭적으로 활용이 기대된다. 이즈음에서 조선영화는 먼저 소재부터 재출발해야 할 것이다.(53쪽)

－니시키 모토사다

〈수업료〉 입안자, 〈집없는 천사〉 각색자

조선영화의 전모를 말한다[11]

조선군보도부 다카이 구니히코高井邦彦　　　조선헌병대 사령부 고가와 중위子川中尉
조선총독부 학무국 다나베 마사모토田邊正朝　매일신보학예부장 백철百鐵
신코키네마 교토기획부 히나쓰 에이타로日夏英太郎　조선영화문화연구소 히로카와 소요廣川創用
고려영화제작부장 최인규崔寅奎　　　　　　　조선영화제작부장 이재명李載明
조선영화인협회 기쿠치 모리오菊池盛央　　　경성 메이지자 지배인 이시바시 유타카石橋豊
동맹통신 경성지사 구마가야 마사미熊谷正巳

6월 8일 오후 5시, 경성 반도호텔

••

다카이　인사드리겠습니다. 이번에 『영화평론(映畵評論)』의 의
뢰를 받아 좌담회를 개최하게 되었는데 바쁘신 중에
도 여러분들이 이렇게 와주셔서 대단히 감사합니다.
여러분들은 조선의 영화계에서 최고봉에 계신 분들

●● 사진
탁자를 둘러싸고 오른쪽으로부터 고
가와 중위, 다카이 구니히코, 최인규,
백철, 기쿠치 모리오, 구마가야 마사
미, 앞쪽에서부터 히나쓰 에이타로,
히로카와 소요, 이재명, 다나베 마사
모토, 이시바시 유타카의 제씨

이니, 여러분들이 매일 생각하고 있는 의견이나 희망사항에 대해 이야기해
주시는 것은 조선영화의 장래에 참고가 될 뿐만 아니라, 장래의 발전에도
기여하는 바가 크리라고 생각합니다. 그런데 이렇게 진행을 맡게 되긴 했지
만, 아직 미숙한 점이 많아 제가 할 일이라고는 생각하지 않았지만 여러분
들이 그러길 원하니 제가 진행을 맡도록 하겠습니다. 아무쪼록 여러분들
기탄없는 의견을 말씀해 주시길 바랍니다. 그럼 조선영화계의 과거에 대해
서 여쭤보도록 하겠습니다. 먼저 무성영화시대의 추억에 대해 히로카와 씨
에게 여쭤보고 싶네요.

▲무성영화시대

기쿠치　제일 처음 만들어진 무성영화는 뭐지요?

11　　이 좌담회에서 발언자들의 착오와 관련된 내용은 동일한 자료의 번역이 수록된 『고려영화협회와 영화신체제
1936~1941』(한국영상자료원 엮음, 2007, 한국영상자료원)의 266~280쪽을 참고할 것.

히로카와	극영화로서 일반흥행에 사용된 영화는 동아문화협회의 〈춘향전〉부터였습니다.
기쿠치	그건 누가 만들었나요?
히로카와	하야카와(早川) 씨 작품인데 그 전에 만들어진 건 연쇄극용이거나 극영화라고 할 수 없는 것들이었습니다. 그러나 일반흥행용으로서 상당한 성적을 올렸고, 또한 보통 극영화로 인정받게 된 영화는 하야카와 씨의 〈춘향전〉입니다.
기쿠치	언제 만들어졌나요?
히로카와	다이쇼 12년정도였을 겁니다. 이 영화도 기술 담당은 내지에서 초빙해왔었죠.
히나쓰	하야카와라는 사람은 내지에서 온 연출자인가요?
히로카와	아뇨. 그는 경성에서 극장을 경영하기도 하고, 동아문화협회에도 관련이 있었지요. 동아문화협회는 당시 문화인들이 만든 단체입니다. 영화는 이몽룡에 김동지(金東地), 춘향에는 기생을 써서 만들었는데 그 후에도 극영화는 만들었지만, 이 〈춘향전〉이 영화로서는 형태를 갖춘 것이었지요. 길이도 8권에서 9권 정도로, 상당한 길이였죠. 그때부터 소위 말하는 거리의 프로덕션이 전성기를 맞이했는데, 1년에 10편 내외의 영화가 만들어졌고 한 편의 영화를 만들면 그 프로덕션은 사라졌죠. 당시 영화제작비용은 한 편당 2천 원에서 3천 원이었습니다. 극영화는 아무튼 1천 원 정도 생기면 기획단계에 들어갔고, 모든 걸 제쳐놓고 촬영에 들어갔으며 도중에 자금난에 허덕이면 극장에서 빌렸습니다. 내가 기억하고 있는 바로는 〈풍운아〉라는 작품의 제작비용은 1,760원이었습니다. 여기에는 배우들의 출연료도 포함되어 있습니다. 그로부터 쇼와 2년에 〈아리랑〉을 제작했는데, 이는 3천3백 원, 이것도 엑스트라의 출연료까지 포함해서입니다. 그리고 그 다음에 조선키네마의 전신 나운규 프로덕션에서 만든 제1회 작품 〈잘 있거라〉, 이 작품은 2천3백 원 들었지만 가장 좋은 흥행성적을 거두었습니다. 제작비 회수에서 보면 조선영화계의 과거 성적 중 가장 좋은 성적이지요. 당시는 프린트도 한 벌이었고 두 벌은 만들 수 없었습니다. 상영작은 일단 경성에서 개봉하고 일주일 혹은 9일 동안 상영한 후, 평양 5일 동안, 아니면 대구 3일 동안 개봉한다는 식이었는데, 21일째에 2천3백 원을 전부

회수할 수 있었지요.

이 무성영화전성시대에서 점점 토키로 옮겨오면서 이 프로덕션도 저 프로덕션도 무너지는 시대가 됐습니다.

다나베 　최고 전성기에 프로덕션은 얼마나 있었나요?

히로카와 　숫자로 말하기에는 좀 어렵습니다. 실제로 오늘 어딘가에 생겨났다고 생각하면 저쪽에서 무너지는 식이니 항상 변화가 심했으니 실제 숫자는 일정하지 않았지요. [웃음소리]

히나쓰 　나운규프로덕션은 언제 생겼나요?

히로카와 　다이쇼 13년(1924년)이었을 겁니다.

기쿠치 　어떤 작품이었죠?

히로카와 　〈아리랑〉이었어요.

다카이 　제작비는 얼마 정도였나요?(54쪽)

히로카와 　〈아리랑〉은 3,130원 정도였다고 기억하고 있습니다.

히나쓰 　나운규프로덕션은 조선의 무성영화시대시절부터 활약을 많이 했었네요.

히로카와 　토키시대가 되면서는 별로 활약을 못했어요.

히나쓰 　조선영화의 무성시대는 나운규 시대라고 해도 좋을 만큼 그의 존재는 굉장했던 것 같습니다. 제 어린 마음에도 그렇게 기억하고 있습니다만……

히로카와 　결국 그는 조선영화계의 선구자였지요.

히나쓰 　최초의 토키영화도 그가 만들었나요?

히로카와 　그렇습니다. 최초의 토키영화가 〈춘향전〉이었지요.

다카이 　토키 이후의 작품에 대해 여쭤보고 싶은데요.

▲토키 이후

최인규 　고려영화의 전신인 경성촬영소에서 만든 〈춘향전〉이 최초의 토키영화였어요. 결국 〈춘향전〉에서 시작해서 〈춘향전〉으로 끝났다고도 할 수 있죠.

히로카와 　이렇게 되면 조선영화 최초의 색채영화[12]도 〈춘향전〉이 될 지도 모르겠네요. [웃음소리]

12　Technicolor

기쿠치	사실 웃을 일이 아니라 현실화될 거예요. [웃음소리]
히로카와	아무튼 천하가 다 아는 〈춘향전〉 이야기는 만국공통인 권선징악의 전형이니까요.
최인규	〈춘향전〉은 조선의 주신구라(忠臣蔵)라고 할 만큼 불황 대책으로 이 영화만 한 것이 없어요.
히나쓰	〈아리랑〉 제3부를 어제 변두리 가설극장에서 봤는데요, 작품 그 자체는 정말 심하더군요. 그러나 그 작품 안에는 어떤 꿈이 깃들어 있었어요. 그 소중한 꿈에 감동을 받았습니다.
기쿠치	그 영화에는 재미있는 몽타주기법이 사용되었죠? 이를 도쿄에서 이야기했었는데, 아직 당시 일본영화에서도 몽타주기법이 많이 사용되지 않던 때였어요.
최인규	쇼와 12년이었으니까요.
기쿠치	그 점에서 나운규는 일본영화의 선구자라고도 할 수 있겠지요. [웃음소리]
구마가야	토키 시절이 되고 나서 작품은 어떻게 됐죠? 최근 작품들은 별도로 하고 말이에요.
최인규	〈춘향전〉의 다음 작품이 내지와 공동으로 제작한 〈나그네〉예요.
구마가야	그때 내지에서 상영된 것도 있나요?
최인규	흥행 성적이 좋았던 것도 있지만, 〈아리랑〉이나 〈한강〉은 내지에 있는 반도인들을 위해 내지에서 상영을 한 것인데 관객이 많이 들었어요. 그 당시 오사카에서는 조선영화로 꽤 돈을 벌었다는 사람도 있을 정도니까요. [웃음소리]
히나쓰	〈수업료〉〈집없는 천사〉 전후에 어떤 작품이 있었나요?
이재명	글쎄요. 〈무정〉〈오몽녀〉〈심청〉〈성황당〉〈청춘의 십자로〉〈수선화〉라는 영화가 있지요.
최인규	최근에는 〈창공〉〈처의 모습〉〈반도의 봄〉 등이 만들어졌어요.
히나쓰	현재 조선에는 제작소가 얼마나 있나요?

▲현재의 제작기구

기쿠치	10군데 있어요.
구마가야	제작협회라는 것이 작년 생겼는데, 현재의 10군데가 모여서 만든 것입니다.

이는 신고 형식을 취하고 있는데, 처음으로 제작소를 인정하게 된 거죠. 여기에 가맹한 곳은 고려, 조선영화, 조선문화영화협회, 경성영화제작소, 예흥사, 황국영화, 조선발성, 명보영화, 동양영화, 선만기록영화사 등의 10곳입니다.

다카이　그중 유력한 곳은 조선영화와 문화영화협회겠네요.

히나쓰　현상소[13]는 모두 가지고 있나요?

구마가야　가지고 있어요. 완벽하다고는 할 수 없지만 일단은 가지고 있는 상황입니다.

히나쓰　스튜디오는요? 세트를 만들 수 있는 무대장비 말이에요. 이런 조건을 가지고 있는 곳도 있나요?

기쿠치　조영과 고려는 각자 스튜디오를 가지고 있습니다.(55쪽)

히나쓰　동시녹음은 하고 있나요?

기쿠치　그것도 조영과 고려가 그럭저럭 하고 있는 정도지요.

히나쓰　그리고 조선에서 필름 할당은 어떻지요? 총독부의 도서과에서 할당하고 있는 것 같은데…….

구마가야　규칙으로는 문서과가 취급하게 되어 있지만, 검열관계상 그리고 다른 이유로 실제적으로 사무적인 것은 도서과가 중심이 되어서 하고 있습니다.

히나쓰　할당방법은 어떤가요?

구마가야　필름할당은 영화를 제작하든 안 하든 상관없이 아까 이야기했던 10곳의 제작소에는 할당이 있습니다. 사실 과거 1년 동안 실적이 없는 곳도 할당을 받고 있어요. 이는 제작협회에 가맹한 회원자격으로 할당을 받고 있는 것이지요. 이상한 이야기지만요…….

고가와　물론 비전문가의 생각일지 모르겠지만, 지금 필름은 자원으로 매우 중요하다는 생각에서 말씀드려봅니다. 이 필름할당은 실적에 근거해서 좋은 영화를 만든 제작소에는 더 많이 줘야 하지 않나라고 생각합니다. 그렇게 되면 제작자도 점점 더 좋은 영화를 많이 만들게 되고, 현재처럼 일을 거의 하지 않는데도 필름만 많이 할당을 받는다는 것이 사실이라고 한다면 규제상에도 많은 귀찮은 일이 생기지 않을까 하는 생각이 듭니다. 다행히 그런

13　Laboratory

일들이 없다면 좋겠지만.

히나쓰 　 그런데 영화법은 이쪽에서는 영화령이라는 이름으로 시행되고 있는데 내지의 영화법과는 어떻게 다른가요?

구마가야 　 똑같습니다. 사실을 말하자면 사정이 다르니 다른 부분이 있어야 하지만 거의 내지의 영화법 그대로입니다.

기쿠치 　 영화법 중 조문의 내무대신이 이쪽에서는 조선총독으로 되어 있는 것만 다르지요.

히나쓰 　 영화인협회라는 것이 있는데 협회는 지금 하나뿐인가요?

다카이 　 하나뿐입니다.

구마가야 　 영화인협회는 제작자협회와 같은 것입니다.

기쿠치 　 내지에 영화인협회라는 것이 있었죠? 그걸 모방한 것인데 처음에는 그 협회의 조선지부로 하자는 이야기도 있었습니다. 그 후 영화인연맹이라고 이름을 바꿨는데, 그때도 그 지부로 하자는 이야기가 있었습니다. 결국 통제가 심각해지자 지금 협회를 급하게 만들게 된 것입니다.

히로카와 　 이 단체는 기술자단체인데 150명 정도가 망라되어 있습니다. 제1차 등록은 78명, 2차 등록은 50명 정도였다고 생각합니다. 아직 제3회가 결정되지 않았는데, 이것으로 거의 전부 망라되었다고 생각합니다.

히나쓰 　 조선의 영화배급 문제는 어떻습니까? 예를 들면 고려의 작품은 고려 스스로가 배급하고 있나요? 이 부분에 대해서 좀 자세히 여쭤보고 싶은데요.

다카이 　 조선에는 조선내외영화배급조합이라는 것이 있습니다. 그 조합이 전부 배급하고 있는데, 예를 들면 고려라면 고려에서 제작함과 동시에 배급조합에 필름을 줘야 합니다. 왜냐하면 배급조합을 통해서 검열을 받아야 하는데, 그 조합장이 날인한 것이 아니면 검열은 절대로 통과할 수 없습니다. 그러므로 결국 조합을 통해서 검열을 받고, 조합이 전부 배급한다는 것으로 조합 이외에는 배급업자로는 인정받지 못합니다.

최인규 　 스스로 배급하는 경우도 있는데, 이런 경우는 조금 사정이 달라서……

기쿠치 　 배급력이 없는 제작단체도 있습니다. 그런 경우에는 만들어진 영화를 배급조합에 부탁하게 됩니다. 이렇게 해서 배급을 부탁하게 되는 것이지요.

고가와 　 배급조합에서 어떤 식으로 배급하는지는 모르겠습니다만, 좋은 영화라면 어디에서라도 상영할 수 있는 우선권을 주든지 해서 조선영화를 발전시키고 싶네요.

다카이　폭 좁은 자아를 버리고 보다 좋은 작품을 우대한다는 차원에서 회사에 구애받지 않고 최고의 상설관에서 상영하게 하고 싶어요. 물론 이는 우리들의 이상이지만요……

히나쓰　내지에서도 최근에는 이런 경향인 것 같아요. 업자들끼리 타협하는 경우도 있지만, 국가적인 좋은 작품에는 일부러 제작회사의 라벨을 붙이지 않거나, 어느 영화사의 어떤 계통의 변두리극장에서도 이런 영화들을 환영한다는 방향으로 흘러가고 있어요. 조선영화의 흥행성적은 어떤가요?

▲흥행 상태에 대해서

구마가야　현재 상태요? 조선영화는 활기가 없어요. 조선영화는 편수가 적어서 거의 상영되지 않고 있는데다가 내지에도 거의 수출되지 않았고, 결국 조선 내에 한정되어 버려서 움츠러든 상태입니다.

히로카와　제작비용은 내지 비용과는 많이 달라요. 그건 조직이 다르기 때문이겠지요. 문제로 삼아야 할 순수제작비, 그건 경상비를 계상하느냐 아니냐에 따라 제작비용의 규모가 달라지니까 일괄적으로 말할 수는 없지만, 보통 현재 작품들은 3천 원에서 4천 원 이내의 제작비용으로 보면 문제는 없을 거라고 봅니다. 이에 대한 총수입은 2만 원에서 6만 원 정도지요. 최고 6만 원 최저 2만 원이라고 할 수 있습니다. 이는 총수입을 계산한 것입니다.

다나베　이재명 씨는 어때요?

이재명　제작비는 일정하지 않지만 훨씬 전에 제작한 영화는 적자였어요. 최근에 제작한 것은 겨우 조금 흑자가 난 정도입니다. 〈수선화〉로 겨우 조금 흑자가 났다고 할 수 있죠.

기쿠치　현재 조선영화의 시장은 조선 내부만이니까요.

히나쓰　이시바시 씨 쪽은 종로에서 쇼치쿠(松竹)의 오후나(大船)영화를 상영하고 있는데, 이 오후나 영화가 말이에요, 반도인들 쪽에서도 잘 받아들여지고 있나요?

이시바시　그 점에서 많이 논의도 있었는데, 처음에 우리들이 그렇게 하자고 말하고 나서 5년이 지났습니다. 그 당시에는 대체로 종로하고 이 혼마치 쪽 비례를 보면 9대 1정도로, 이쪽에서 오후나영화를 상영하면 내지인이 9할이고 반도인이 1할이었어요. 그때는 아직 반도영화계는 서양영화의 세례를 많이 받고 있을 때여서, 양화는 그 범위를 점점 확장했었죠. 이 상태를 어떻게든 해결해야겠다고 생각해서, 모든 수단을 다 강구했지요. 상품을 사면 초대권이나 입장권을 주거나 하면서 많은 희생을 치렀고, 겨우 관객층을 확보할 수 있었죠. 지금은 어떤 영화라도 무난하죠.(56쪽) 예를 들면 오후나영화 한 편인 경우에도 50%정도의 비율이니 많이 개척했다고 생각해요. 종로 거리를 보면 여름에 반도인들이 유카타¹⁴만을 입고 다니는 것을 볼 수 있어요. 이는 영화에서 받은 영향이라고 생각해요. 지금 이렇게 보면 확실히 영화의 영향이라는 것이 절대적이라는 것을 절실히 느껴요. 이럴 정도이니 우리들 영화관 경영자들도 그 영향에 대해 많이 생각해봐야 하는 게 아닌가 해요. 누가 유카타를 입고 걸으라고 하지도 않았는데, 유카타를 입고 다닌다, 이 한 가지만 봐도 영화라는 것이 위대한 감화력을 가지고 있다고 하는 것을 한층 더 깊게 느낄 수 있을 겁니다. 대륙극장에서 오후나영화를 상영해도 90% 이상은 반도인이니, 오늘날 경성 부내에서는 내선 양쪽의 기분의 차이는 없다고 봅니다. 지금 양화에 대해서는 오랫동안 양화의 세례를 받아온 만큼 양화에 대한 매력이 큰 것은 사실이지만, 오늘날은 지금 말씀드린 것처럼 내선 양쪽의 차이는 없어요. 당국도 이런 점을 보고 영화관의 단속이라든가 검열이라든가, 각 청에서 조사를 한다거나 하기보다도 현장에 와서 영화관 속으로 들어가 밝은 기분으로 영화를 보면 매우 좋을 거라고 생각해요. 그렇지 않으면 좋은 지도도 할 수 없지요. 또 좋은 일도 생길 리가 없어요. 이런 점에서 윗사람들이 자주 영화관을 들여다보셨으면 좋겠어요.

다나베   저도 제3자로서 항상 종로 쪽의 작은 영화관들뿐만 아니라, 혼마치 쪽의 메이지자의 관객 중에도 반도인들이 늘어나고 있는 것에는 실로 놀라고 있습니다. 그중에서도 특히 조선의 부인들이 많아요. 조선의 부인들은 예전에는 집 밖에 거의 나오지 않았는데, 최근에 부인들이 특히 영화를 보고 있다는 점이 재미있어요. 최근 반도인들은 내선일체의 구호도 있긴 하지만

---

14   여름에 입는 일본식 기모노의 한 종류.

사변 이후 진정한 황국국민이 되기 위해 노력하고 있다는 점이 실로 맘에 와 닿았습니다. 그런 점 중 일부가 지원병이나 창씨개명으로 나타났다고 생각해요. 반도인의 소학생들이 일상적으로 교내에서는 물론 그 가정에서도 항상 국어[내지어]를 상용하고 그걸로 생활을 영위하고 있는 현재, 그 부형들이 내지인의 생활에 익숙해지기 위해서는 영화의 힘이 정말 크겠지요. 다시 말하자면 오후나영화에서 소시민들의 생활양식 또는 언어 등에 무심코 매력을 느낌과 동시에, 그것을 자신의 것으로 하고 싶다는 마음에서 아까 이야기했던 유카타처럼 되는 게 아닐까요?

백철   영화가 대중에게 주는 영향은 다른 예술 부문과는 다릅니다. 영화의 관중은 매우 광범위한 대중 층을 포함하고 있으니 그만큼 영향도 크다고 할 수 있죠. 또한 그만큼 그 영향의 성격을 중요하게 생각해야 한다고 봅니다. 그 점에서 생각해 보면, 현재 각 상설관에서 상영하고 있는 영화가 대중에게 주는 영향은 좋은 것만이라고는 할 수 없어요. 이시바시 씨가 이야기했던 쇼치쿠영화가 반도 쪽 관중에게 준 영향을 보더라도, 내 개인적 감상을 말하자면 쇼치쿠영화, 특히 현대물은 약점을 꽤 많이 가지고 있다고 봅니다. 예를 들면 도회지의 젊은 남녀의 소시민적이고 향락적인 면이 그려진 영화들이 대부분인데요. 그렇다고 해서 오늘날의 영화가 별로 좋지 않으니 시국물(時局物)이어야 한다고 말하는 건 아닙니다. 그러나 영화가 국민생활의 건전한 면을 주제로 삼아야 할 필요는 있다고 생각합니다. 가령 메이지자라면 메이지자에 반도 측 관중이 부쩍 늘어난 것은 물론 쇼치쿠영화의 영향도 있겠지만, 그보다는 최근 반도에서 시국이 두드러지게 심각해졌다고 봐야 하는 게 아닐까요? 오늘날 언어라든가 복장이라든가 하는 문제는 내선 양쪽에 차별을 둘 만큼 반도인들이 시국에 냉담하지 않다, 그리고 훨씬 앞서가고 있다고 생각합니다. 요컨대 영화의 영향이라는 점에서도 결국 반도의 이 대중들을 염두에 두고 만든 좋은 작품들이 계속 상영되어야 한다고 생각합니다. 그래서 당국도 조금 더 조선영화의 필요성에 대해 깊은 인식을 가졌으면 좋겠고, 직접적으로 조선영화를 담당하고 있는 여러 영화인들도 더 노력했으면 좋겠어요.

고가와   게다가 문화적인 영화들을 잘 안 보고 싶어 하는 것 같아요. 그래서는 안 된다고 생각해요. 대낮부터 연애물이라고 기뻐하며 달려들어서는 안 되지

	요. 업자들도 적어도 문화적인 의도가 있는 영화를 더 많이 보도록 만들어야지요.
최인규	그런 의미에서 조선영화도 많이 생각해야 합니다. 그리고 조선에 대해서는 내지 사람들은 잘 모르는 것 같아요. 조선도 잘 모르면서 만주에 가기도 하는데, 조선을 안다면 크게 달라질 겁니다. 그렇기 때문에 조선영화를 조선에서뿐만 아니라 내지 쪽에도 더 많이 보여야 할 필요가 있어요. 같은 대륙으로 연결된 조선도 잘 모르는 채 대륙에 가는 사람이 많아서요. 그러고 나서는 이쪽 사람들에게 조선은 어떤 곳인가 하고 물어보지요. 순서가 거꾸로예요.
다카이	조선에서 만들어진 군사물은 어떤가요? 〈군용열차〉는 스파이물인데요…….
고가와	저는 못 봤어요. 이야기는 들었지만요.
기쿠치	밤 12시경까지 촬영하고 있었는데 마침 그때까지 헌병대에 있었던 나가타(永田) 씨가 헌병이 사용하는 실제 물건을 전부 빌려주는 등 많이 원조해주셨어요. 이렇게 해서 밤중 2시나 3시경까지 지도해주셨지요. 그 〈군용열차〉 이후의 국책영화라면 〈지원병〉이겠지요.
최인규	어떤 의미에서 보면 〈지원병〉이죠.
기쿠치	〈군용열차〉를 기획했을 때, 본부에서는 경성에 스파이가 있다는 것은 아무리 허구라고 해도 영화에서 취급하는 것은 좋지 않으니 만들어서는 안 된다고 했지요. 그래서 잠시 중지되었어요. 그런데 나가타 씨에게 상담을 하니, 이 기획은 꼭 해야 할 필요가 있는데 스파이가 경성 부내를 크게 활개치며 돌아다닌다는 것은 곤란하지만 마지막에 격멸시키는 것은 좋다고 하여, 기획이 점점 진행된 것입니다. 방첩영화를 만들라고 말하는 지금하고 비교해 보면 정말 꿈같은 이야기지요.
히나쓰	그 다음부터 기획된 조선영화에는 어떤 것이 있나요?

▲신작 기획에 대해서

기쿠치	만들고 싶은 것은 많이 있지만, 그것들이 잘 실행되지 않아서요.
기쿠치	〈풍년가〉를 고려에서 기획하고 있죠? 이 영화는 6년 전부터 방한준 군이 소중하게 생각해온 기획으로, 그 자신이 맘에 들어 하던 농민들의 생활을 그린 농촌물을 제재로 한 것이지요.(57쪽)

백철	그런 영화에는 그가 적임자지요.
다나베	자연을 그리는 것이 그의 특기니까요.
최인규	고려에서는 시미즈 히로시 씨를 초청하여 〈빛이여 영원히〉라는 영화를 만들려는 기획도 있어요. 이 영화는 『모던일본(モダン日本)』의 현상모집 시나리오에 당선한 작품입니다. 이 외에도 니시키 씨의 시나리오로 방한준 군이 〈대가족〉, 〈복지만리〉의 전창근 군이 〈북난곡(北蘭曲)〉이라는 것을, 그리고 제가 〈유정〉과 〈황무지〉를 예정하고 있지만 언제 실현이 될지…….
다카이	이재명 씨는 어떤 기획을 하고 있나요?
이재명	여죄수를 다룬 영화를 가까운 시일에 한 편 찍을 겁니다. 그리고 야기 야스타로 씨의 〈화전민〉도 준비하고 있습니다만…….
히나쓰	다른 회사는 어떤가요?
기쿠치	그다지 주목할 만한 기획은 없습니다.
다카이	최근에 조선의 제작회사들은 합동으로 제작하려는 움직임이 많은 것 같아요.
히나쓰	그 합동문제는 어느 정도까지 진척되었나요?

▲합동문제

구마가야	실현이 가능한지 아닌지는 지금 확실히 말할 수 없지만, 원칙적으로 합동하는 것은 좋지 않은가라는 정도가 논의되고 있고, 앞으로 어떤 작품이 만들어질지는 아직 모릅니다. 그러나 서로 타협하고 있는 단계입니다.
히나쓰	그건 앞에서 이야기했던 10곳의 제작사들인가요?
구마가야	그렇습니다. 그것을 하나로 하자는 것이지요.
기쿠치	합동문제 때문에 올해 영화계는 매우 많이 동요하고 있어요. 영화도 신체제 초년도여서 새로운 단계에 들어섰으니 작년보다도 오히려 제작태도는 약해져 있습니다. 우선 제가 직접 영화사의 이야기를 들어봐도, 또 영화인들과 그 외 관계자들에게 물어봐도 합동 건 때문에 침착하게 일을 할 수 없다고 합니다. 기술적으로는 여러 가지 합동 문제와 관련이 되니 그쪽만이라도 확실히 하면 좋을 터인데, 그렇지 않아서요. 합동은 모든 걸 당국의 힘으로 진행하는 것인지, 또 어떤 방법으로 어떤 방향으로 가는 것인지가 명시되어 있지 않아요. 누가 책임을 질 것인가 전혀 모르니 실제로는 꿈

을 꾸는 것 같은 이야기지요. 제가 느끼기로는 본부에서 합동에 대해 누가 어떻게 힘을 쏟으려고 하는지, 또는 어떤 원조를 할 예정인지, 또는 위로부터 통제를 해서 누르려고 하는 것인지 확실히 모르겠습니다. 이는 힘이든 원조든 어느 쪽이든지 명확하다면 좋겠지만 명확하지가 않습니다. 이에 대해 책임을 질 사람이 관청 관계자 중에는 물론 없겠지만, 원조할 것인가 또는 합동시키는 것은 이쪽의 방침이니 강한 힘으로 합동시킬 것인지조차 아직 몰라요. 합동 문제는 떠버린 상태이니 지금 일을 하려는 회사는 적지요. 통제되는 쪽이 되면 엉망이 되니 일을 하는 것은 바보다라고 제작자의 수뇌부들은 공공연히 맘대로 하고 싶은 말을 하고 있어요. 이런 말을 하면 안 된다고 생각하지만요…….

백철 결국 최근에 지도자 측에서 조금 더 확실한 방침하에 적극적으로 움직이는 것이 좋을 거라고 생각합니다. 오늘날의 합동문제는 확실하고 강력한 중심이 없으면 실현은 어렵지요.

다카이 이재명 씨의 조영은 어떻게 생각하고 있나요?

이재명 여러 정세로 일하기 어려운 입장에 있는 건 사실이지만, 그렇다고 해서 제작을 안 하는 건 아닙니다. 아까도 말씀드렸지만 제작은 제작으로 진행시키고 있습니다. 그보다도 실제 문제에서 우리들은 헤매고 있는 중입니다. 결국 어떤 것을 다뤄야 하는가라는 문제로 고민을 많이 하고 있습니다. 최근 시국하에서 국책적인 것은 어떤 것을 말하는지, 우리들은 잘 몰라서 고민하고 있어요. 실질 관계자로서 큰 문제지요. 그래서 여러 방면으로 연구를 하여, 국책이라는 것은 과연 어떤 식으로 우리들이 파악해야 하는가에 대해서 많은 연구를 해서, 겨우 최근에 방향을 잡고 제작을 시작하도록 준비하고 있습니다. 현재 조선영화계의 정세는 혼돈스러운 상태이고 어떤 방면으로 어떤 식으로 발전하면 좋은지 잘 모르겠어요. 저도 최근에 도쿄에 가서 여러 가지를 공부하고 싶어요.

구마가야 영화전문가들은 일을 하려고 해도 빵의 장인들처럼 간단히는 안 되죠. 결국 위에 있는 사람들이 명확하게 제시해주지 않으면 일을 할 수가 없어요. 이런 의미에서 오늘날 조선영화는 위기라고 생각합니다. 조선의 편을 드는 것은 아니지만, 내지의 어쩔 수 없는 영화들보다 오히려 조선영화가 더 낫다고 생각할 수 있는 예술적인 발전과 진보를 해왔으니, 앞으로도 더 발전할 수 있는 좋은 시기이면서도 합동문제와 그 외의 것들을 보면 아무래도 지금은 위기가 아닌가라는 생각이 듭니다.

이재명   합동문제는 강제적으로 시행한다고는 하지 않았지만, 일단 합동한다는 것 자체는 좋다고 모두들 말하고 있어요. 그 합동문제에서 제일 걸리는 건 시설을 구비하고 있는지 아닌지라는 평가의 문제, 또 하나의 문제는 합동한 후에 제작에 관련하는 조직의 문제입니다. 총독부가 새로 강력한 조직을 별도로 만드는 것은 아닌가, 그렇게 해서 자신들을 정리해 버리는 것은 아닌지라는 불안감도 있어요.

▲조선영화의 의의

구마가야   결국 이런 것이죠. 너희들은 영화가 필요한가 아닌가, 반도의 영화가 어떻게 될 것인가, 이건 저쪽 문제지요. 조선의 정치가들이 영화가 필요한가, 신문과 영화는 어느 쪽이 중요한가 또는 필요한가. 이런 태도에 대해 잘 모르겠어요. 합동한 쪽이 낫다고 한다면 그쪽으로 원조하던지, 강력한 힘으로 누르든지 해야 합니다. 이런 점들에 대해서는 책임자에게 물어봐야 할 필요가 있어요.

기쿠치   그런데 그 책임자가 누구인지를 모르겠어요. 아무튼 조선영화가 필요한가 아닌가 하는 것이 문제예요.

히로카와   영화령의 운용 여하의 문제이지요.

기쿠치   그건 단속상에서 오는 문제라고 생각합니다.

히로카와   내지의 정보국 영화과나 내무성, 문부성에는 어디나 전문가들이 있어서 그 부서들이 중심에 있지만, 조선에는 영화전문가는 한 명도 없어요. 오늘날 (58쪽)까지의 우리들의 고생을 인정하기는커녕 영화령이 내렸으니 정리를 하자는. 이래서는 곤란하지요.

구마가야   영화령 운용은 벌칙의 면이 많지요.

히로카와   조선총독부에서는 영화령이 시행되고 나서 제1회 추천영화로서 〈말〉을 거론했죠. 〈말〉을 거론한 것이 나쁜 것은 아니지만 조선영화를 조금 더 생각해줬으면 합니다. 그런데 조선군에서는 〈집없는 천사〉를 추천해줬지요.

기쿠치   지금은 조선영화가 필요 없다는 지점까지 와 있어요. 만약 필요하다는 견해라면 이 합동문제도 순조롭게 진행될 거예요.

히나쓰	조선영화가 필요한가 아닌가, 지금 그런 것을 말할 때가 아니지요. 영화가 국민문화재인 것은 삼척동자도 알고 있어요. 실제로 위대한 외교관의 세치의 혀보다 한 편의 영화가 주는 효과가 훨씬 큰 경우가 많죠.
백철	그래요. 지도자들도 조선영화는 반도 민중에게 시국을 깊이 인식시키기 위해서라도 크게 계몽적으로 생각하면 좋을 터인데…… .
이시바시	이 문제는 극단적으로 말하자면 제가 들은 이야기와 관보에 실린 이야기가 많이 달라요. 그렇지만 지금에 와서 필요한가 아닌가 하는 논의의 여지는 없죠. 이는 그 무엇과도 바꿀 수 없이 필요한 것입니다. 3년 전입니다만, 어떤 회사가 주최하고 군이 후원하여 변경지역에서 오래된 영화를 상영한 적이 있어요. 그것을 본 민중들은 영화가 말을 한다는 것에 많이 즐거워했지요. 그런 것을 보면 필요성은 충분히 있어요. 이는 지금 필요한가 아닌가 하는 논의를 명확하게 하기보다도 필요성이 있다는 건 당연한 사실이니 이를 명확하게 보여주는 것이 장래의 방침이 아닐까 생각합니다. 예를 들면 만약 생활비가 50원이라고 한다면 이를 1백 원으로 만들고 싶다는 게 인지상정이죠. 만약 영화를 볼 경우 영화 속 생활이 자신의 생활보다 좀 더 낫다면 더 즐겁게 즐길 수가 있을 겁니다. 현재의 자신보다 더 나은 곳을 눈으로 보는 일은 즐거움과 밝음을 느끼게 해줄 겁니다. 비행기를 사용하고 탱크를 사용한다고 해서 국책에 따르는 것은 아니지요. 나는 〈복지만리〉라는 영화를 봤는데, 이 영화는 커다란 세트에서 찍은 것도 아니에요. 후시녹음인데 훌륭한 작품으로 완성되었어요. 이 영화를 만들 때와는 달리 오늘날은 더 복잡해졌지만 밝고 즐거운 방면, 적어도 2천4백만 명의 약 6할이나 7할 정도 또는 8할 정도인 1천5백만 명에 가까운 사람들이 현재의 일본영화나 이해하기 어려운 양화를 봐도 즐기지 못하는 상황이죠. 이런 사람들이 즐길 수 있는 영화를 만드는 것. 이런 일에는 모두 양손을 들고 찬성할 것이라고 생각합니다. 그래서 지금과 같은 어두운 방면은 어느 정도 새롭게 더 밝고 즐거운 영화로 만들 필요가 있다고 생각해요.
기쿠치	그 점이 조선영화의 폐해지요.

▲조선영화의 제작방향

다카이	시골 의사가 약을 먹은 적도 없는 시골 사람들에게 약을 주면 정말 잘 들

는다고 하지만, 마찬가지로 영화도 100가지 이야기를 하는 것보다 한 편의 영화가 더 효과가 있을 겁니다. 이런 점에서 봐도 영화가 얼마나 필요한지 생각해보고 당국도 이 점에 주목해야 해요.

이시바시 　1년 동안 기술에 온 힘을 쏟아 모든 근대적 설비를 들여 한 편이나 두 편 제작한다고 하는 소위 말하는 예술영화라는 것은 도회에서는 좋을지 모르겠습니다. 예를 들면 경성의 사람들은 이미 여러 가지 영화의 세례를 받았으니 좋겠지만, 그런 사람들은 20만 명 정도에 지나지 않으니 다른 대부분의 사람들은 그 이하지요. 이 사람들은 전차비를 내고 입장료인 50전이나 30전을 낼 수 있는 사람들이 아니지요. 그 사람들은 이런 예술영화를 봐도 잘 몰라요. 그리고 시골에 대한 영화는 도회인들이 보면 좋지만 시골 사람들이 그런 걸 봐도 자신의 생활을 구경거리로 만드는 듯한 느낌이 들어서 재미가 없죠. 더 밝은 내용으로 누구라도 즐길 수 있는 작품을 많이 만드는 것이 낫지요. 조선영화로서는 이런 방면을 개척하는 영화, 매우 밝은 장면을 강조하는 영화를 만드는 편이 채산 면으로 봐도, 당국이 보더라도 좋을 거예요. 이런 의미에서 보면 20만이나 30만을 투자해서 기술과 그 외에 혼신을 다해 1년에 한 편이나 두 편을 만드는 것보다 싸구려영화가 아니라 어느 정도 수준이 있고 평이한, 누가 봐도 알 수 있는 영화, 밝은 내용의 누구라도 즐길 수 있는 영화를 몇 편이나 만들게 하는 것. 누군가에게 고용되더라도, 이 일을 하라고 하면서 2백 원을 받기보다 급료는 싸지더라도 일을 맡기는 쪽이 마음이 편하겠죠. 자신의 힘을 힘껏 발휘하기보다도 자신의 힘에 여유를 남기는 쪽이 더 좋은 영화를 만들 수 있지 않을까요? 100개의 기술을 가진 사람이 50개의 기술을 사용한 영화를 만들거나 70~80개의 기술을 사용한 영화를 만든다고 생각하면 됩니다. 여기에 좋은 점이 있는 게 아닐까요?

구마가야 　결국 당국에 실제 현장을 보여주고 나서야 잘 해결할 수 있는 게 아닐까요? 변명이나 논의를 늘어놓기 전에요.

기쿠치 　자신이 볼 영화가 아니라 보여줄 영화를 찍어야 하는 것이지요.

최인규 　많이 만들면 그렇게 되겠지만, 아직 편수가 적으니 결국 그렇게 못 만드는 것이죠.

기쿠치 　시도 동요도 낭송하는 방법이 있어요. 영화도 마찬가지예요.

히나쓰 앞의 이야기로 돌아가서 조선영화의 필요성에 관해서인데, 저는 우선 이런 점을 생각해야 한다고 봅니다. 저는 16년간 내지에서 생활하고 있습니다. 이번에 처음으로 조선에 돌아왔는데, 내지에서는 조선의 실정을 전혀 모르고 있어요. 아까 어떤 분이 이야기해주셨지만, 어떤 특수계급의 사람들은 잘 알고 있지만, 일반 대중은 잘 몰라요. 반도인이라고 하면 자신들의 눈앞에 있는 많은 노동자를 생각하기 때문에, 조선영화에 대해서도 내지에서는 근본적으로 생각하는 게 다릅니다. 이는 도와상사(東和商事)에서 들은 이야기인데, 예의 〈집없는 천사〉는 훌륭한 영화였고 정말 좋았다고 생각하지만, 내지에서는 이 영화가 상영되지 못했어요. 하즈미(筈見) 씨에게 어떻게든 내지에서 상영할 수 있게 힘써달라고 부탁드렸는데, 정말 많이 동분서주하며 힘썼지만 내지의 일반인들은 이런 영화는 보고 싶어 하지 않는다는 말을 들었어요. 하즈미 씨는 저 영화를 상설관에서 상영할 게 아니라 히비야(日比谷)의 공회당이라든가 그런 곳을 몇 군데 빌려서 조선영화의 밤 같은 걸 하려는 계획을 가지고 있었지요. 이런 이야기를 도와상사에서 들었어요. 그리고(59쪽) 조선영화의 근본문제는 별도로 치더라도 내지에 진출하는 것 자체가 당면문제라는 생각이 들어요. 이를 위해서는 아까 이시바시 씨가 말씀하신 것처럼 영화의 내용을 밝게 하는 것이 필요하겠지요. 〈수업료〉나 〈집없는 천사〉나 그 점에서 보면 밝은 내용이 부족하죠. 게다가 조선영화라는 이유로 내지에서는 보기 전부터 추레하다는 느낌을 일반대중은 가지고 있어요. 이런 선입관이 있다는 점을 이쪽에서는 잘 생각해주셨으면 합니다. 조선을 한 번이라도 여행한 적이 있다면 조선을 어느 정도 알고 있겠지만 대부분의 일반대중은 전혀 모르고 있어요. 그러니 조선 풍물의 아름다움, 인정 많음, 이런 점들을 깊게 그려내야 해요. 이런 의미에서도 조선영화는 내선일체에 살을 붙이기 위해서 절대적으로 필요하지요. 조선에 있는 문화계 사람들은 더욱더 내지에 조선에 대해 선전하지 않으면 안 돼요. 요번에도 연맹에서 가와기시(川岸) 총장 각하와 이야기를 나누었는데 이쪽의 『오사카 아사히(大阪朝日新聞)』『오사카 마이니치(大阪毎日新聞)』가 조선의 기사를 조선판에 게재해서 조선에 배부하고 있는데, 신문도 영리사업이니 어쩔 수 없긴 하지만, 우리들 입장에서 보면 조선에 대한 기사는 이쪽에 있는 『경성일보』나 『매일신보』 그 외 유수의 큰 신문들이 있으니 거기에 맡기고 『오사카아사히』와 『오사카마이니치』는 본사에 어느 정도 기사를 보내 게재했으면 좋겠어요. 조선의 움직임은 내지에 있으면 정말 모르거든요. 이런 점을 어떻게든 해결해야 해요. 가와기시 각하도 제 의견과 같은 생각이셨어요. 이런 의미에서 조선영화는 열기를 더해 가고 있는 반도의 애국열, 황민화의 모습, 이런 면들도 더 많이 보여줬으면 해요.

▲조선영화의 한계

백철 반도의 현실적 모습을 내지에 소개한다는 점도, 반도 내의 민중을 계몽해나갈 필요가 있다는 점과 맞물려 조선영화를 존재하게 하는 큰 조건이라고 생각합니다. 그러나 이것이 단지 시장의 문제만이라면 좀 더 신중하게 생각해야 합니다. 다시 말하자면 어떤 의미에서는 지금까지 조선영화 제작자들은 너무나도 내지의 시장을 목표로 삼은 나머지, 오히려 작품상에 화를 미쳤다고 하는 면이 없지는 않았지요. 조선영화는 먼저 반도의 특수성과 반도의 사정을 충분히 반영한 것, 반도 내의 민중들에게 친숙함을 느끼고 그들을 시국 방향으로 이끌어갈 수 있는 것을 전적으로 염두에 두고 만들어야 해요. 이런 식으로 만들다가 정말 훌륭한 작품이 있으면 내지에도 만주에도 보낼 수 있겠지요.

기쿠치 조선영화가 내지에 익숙해져 있지 않은 것이 큰 문제예요. 예를 들면 외국영화를 보면서도 아름답다고 할 수는 있지만, 사정이 다르니까 마음속에서부터 즐기지는 못하지요. 역시 자기 나라에서 만든 영화여야 마음속에서부터 즐길 수가 있어요. 조선영화는 조선인들에게 보여주는 것을 목표로 삼고 싶어 해요. 조선영화는 조선인들에게 보여주기 위한 조선의 오락이며, 조선인들에 의한 조선의 예술이어야 한다고 생각해요. 우선 여기서부터 출발해야 한다고 생각합니다. 미국영화가 아무리 재미있다고 해도 외국 것보다 일본영화 쪽이 마음에 와 닿는 게 있죠. 이는 풍속이나 생활, 그리고 다른 것들과의 관계에서 오는 것이고, 이쪽이 마음으로부터 즐길 수있게 되지요. 조선영화도 아마 그런 면을 가지고 있지 않을까요? 이렇게 해서 대중을 이끌 수 있는 영화를 만드는 것. 대중은 오락이라는 것을 많이 원하고 있습니다. 그러나 대중이 요구하는 오락에 그대로 부응하는 것은 안 됩니다. 그것을 끌어 올리는 것, 대중의 수준을 높인다고 하는 생각으로 나가야 한다고 생각합니다.

최인규 　우리들이 명랑하고 밝은 영화를 많이 만들려고 해도 한편으로는 이 소재의 제한에 구애되어 손을 댈 수 없는 경우도 있으니, 이런 점을 아무쪼록 완화해주셨으면 좋겠어요. 지금과 같은 어둡고 힘든 법령이 아니라 좀 더 영화에 적합한 것을 말이에요. 명랑한 영화를 만들고 싶어요. 그렇게 되면 자연스럽게 밝은 영화도 만들 수 있을 거라고 생각해요.

기쿠치 　조선에서는 반도인의 영화를 만든다는 것을 잊어버리고 있어요. 이는 신중하게 생각해야 한다고 생각합니다.

구마가야 　지방색이 좋은 작품을 잊어버리고 있지요.

히나쓰 　조선영화의 한계를 좁게 생각해서는 안 돼요. 제작 제1선에서 일하는 사람들이 좀 더 넓은 마음으로 일을 해주지 않으면 곤란해요. 조선영화는 즉 일본영화니까요. 조선영화가 조선 내에서만을 목표로 일을 하는 것이 우선 첫 번째 의의이긴 하지만, 넓은 시야를 가져야 한다고 생각합니다. 대동아공영권의 일환으로서 반도의 중요성은 실로 중요한 포인트라고 생각해요. 내지에는 물론이고 만주와 지나, 그리고 국제영화콩쿠르에도 내보낼 수 있는 조선영화를 우리는 생각하고 싶어요. 실제로 저는 생각하고 있어요. 그리고 노력할 생각입니다. 여러분들도 좀 더 분발해주셨으면 합니다.

다나베 　조선영화의 장래에 대해서 저도 한 가지 우려를 이야기하고 싶습니다. 저는 여러분들이 다 알고 계시듯이 말단관리인데, 조선은 내지와 달리 관리를 높게 평가해줘서 이 관직으로 어떤 일도 어느 정도 해결되는 경우가 많습니다. 요번에도 나가타 슈지로(永田秀次郎) 씨가 라디오방송에서 말씀하셨듯이 "관리는 민중의 좋은 지도자이며, 항상 협력자이지 않으면, 앞으로의 신체제는 수행할 수 없다"고 했는데 조선영화는 다행히도 발전하고 향상되는 도중에 있으니, 구성은 충분하지 않더라도 베스트 텐을 노려서 한번 분발하면 되지 않을까요? 또한 산간벽지의 사람들도 이해할 수 있는 반도영화가 지금 절대적으로 필요합니다. 다시 말하자면 계몽영화죠. 이런 영화들도 많이 만들어야 한다고 생각해요. 저는 농촌사람들을 상대로 하는 지방행정의 제1선에서 잠시 동안 생활했습니다만, 신문은커녕 라디오, 영화는 꿈같은 이야기였지요. 그런 사람들에게 시국을 인식시키려면 영화가 무엇보다 효과가 있을 거라고 생각해요. 여러분들이 만드는 건전한 반도영

화가 그런 곳에서 도움이 된다면 얼마나 기쁜 일일까요? 도호(東寶)를 예로 드는 것은 좀 이상하지만, 에노켄(エノケン)[15]이나 롯파(ロッパ)[16], 긴고로(金語樓)[17]의 영화를 만들기도 하고 〈말〉을 만들어서 세상을 놀라게도 하는 것, 이런 농촌의 밝은 이야기가 조선영화에도 필요하다고 생각해요. 이제 와서 독일의 영화정책을 예로 들 필요까지도 없지만, 지금까지 여러분들이 여러 각도로 이야기해주신 것처럼 조선에서 만들어진 우수한 조선영화가 필요하다는 것은 더 이상 거론할 필요도 없어요. 저도 영화검열에 관계하고 있지만, 여러분들이 용기와 자신을 가지고 조선영화를 쑥쑥 자라게 해주실 것을 희망하는 바입니다.

다카이   오랜 시간 동안 여러 가지로 감사했습니다. 이즈음에서 좌담회를 끝내겠습니다.

1941년 8월(1-8호) 134쪽

편집후기

전월 호의 조선영화에 관한 특집은 평판이 매우 좋았다. 불우한 입장에 처한 조선영화를 인식하는 것에 도움이 되었으면 해서 시도해본 특집이었는데 독자들의 손에 한 번 들어가니, 편집자의 의도 이상으로 많은 반향을 불러 일으켰다. 편집자로서의 행복을 느낀다.

조선군사령부 보도부 작품 〈그대와 나〉가 7월 1일부터 크랭크인했다고 한다. 다사카

---

15   에노모토 겐이치(榎本健一)의 애칭이다. 1922년 아사쿠사의 오페라전성시대에 코러스부원으로 연예활동을 시작했고, 1932년 쇼치쿠와 계약을 맺은 후에는 쇼치쿠의 희극왕으로 군림했다. 토키시대가 되자 '시네오페레타'라는 장르를 개척하기도 했는데, 다른 희극인들과 달리 노래에 능한 것이 그의 강점이었다.

16   후루카와 롯파(古川綠波)의 애칭이다. 에노켄과 더불어 일본의 쇼와시대를 대표하는 희극인으로 불린다. 고등학생 시절에 『키네마순보(キネマ旬報)』의 편집동인이기도 했고, 1924년에는 와세다대학교에 입학했으나 영화잡지 『영화시대(映画時代)』의 편집부원이 되기 위해 대학교를 중퇴했다. 이후 성대묘사를 강점으로 살리면서 각종 희극무대와 영화무대에 출연했고, 당시 희극인으로 최대의 인기를 누렸던 에노켄의 라이벌이 되었다.

17   야나기야 긴고로(柳家金語楼)의 애칭이다. 6살 때 라쿠고(落語) 가로 데뷔, 1938년에 요시모토흥업에 들어간 이후 도호 희극영화의 대표스타가 되었다.

도모다카(田坂具隆) 씨가 조선으로 가서 연출지도를 담당하고 있다. 조선군 보도부는 이 영화에 많은 힘을 쏟고 있다. 내지의 영화인으로 이 작품에 관계할 이들도 대부분 결정된 것 같다. 내선일체의 정신을 테마로 하는 이 작품은 내선영화인의 교류에 의해 여기에서 명실공히 결실을 맺게 되었다.

중요한 것은 작품의 완성도이다. 아무리 훌륭한 테마를 다룬다고 해도, 또는 가령 군 보도부의 작품이라 할지라도 완성된 작품이 엉망이면 공든 탑이 무너져 버리는 꼴이다.

이 점 제작관계자 일동의 자중을 바람과 동시에 이 훌륭한 기획을 충분히 살릴 만한 작품이 되기를 마음으로부터 기대해 마지않는다.

1941년 9월(1–9호) 63쪽

광고면

본지 애독차 초대 대시사회
〈집없는 천사〉
장소 – 히비야 공회당
9월 21일 오후 6시

1. 우파문화영화
   동물 생태집[전부 미개봉] 일본영화사 배급·도와상사 제공
   바다표범의 눈[1권]
   잠자리[1권]
   북해의 철새[1권]
2. 강연[조선영화에 대해서]
3. 집없는 천사
   최인규 감독·문예봉·김일해 주연
   도와상사 제공·고려영화 작품
   주최 도와상사 영화부, 『영화평론』 편집부

본지 애독자들에게 고함!

『영화평론』 편집부는 조선영화의 동향에 주목하여 앞서 조선영화 특집호를 발행했는데, 이번에 반도가 낳은 걸작 〈집없는 천사〉의 문부성 추천을 기회로, 그 개봉에 앞서 본지 애독자들을 위해 위와 같은 프로그램으로 시사회를 개최한다. 일본영화에 새로운 기운을 불어넣으려고 하는 조선영화를 위해 열렬한 지지를 바라는 바이다.

◆입장 규정-올해 나온 『영화평론』 8월호 및 9월호를 지참하여 회장으로 온 분. 한 권당 한 명.

◆만원일 경우는 입장을 거절할 수도 있습니다.

[뒷면]
〈집없는 천사〉
쇼치쿠 방화계 일제 공개
도쿄 9월 25일
간사이 10월 제2주

경성의 어둠 속에 꿈틀거리는 집 없는 소년들의 무리를 그렸으며 진지한 감동은 일본영화의 하락세와 수면 상태를 깰 것이다! 〈미가에리의 탑〉〈소년의 거리〉〈인생안내〉〈집없는 소년들〉과 동일한 주제로 다가온 젊은 영화인들의 힘찬 정열을 보라!

문예봉·김신재
김일해·진훈
향린원 소년들 총출연

니시키 모토사다 각본
최인규 감독

1941년 9월(1-9호)

조선군 보도부 작품 〈그대와 나〉의 촬영 진행되다

내지인이 반도에 대해 갖는 관심은 너무나도 희박한 게 아닐까. 이번에 사변이 일어나

자마자 반도의 애국열은 팽배하게 끓어올랐는데, 한 번 반도에 발을 디디어본 내지인들은 옷깃을 어루만지며 자세를 바로잡는 경건한 정경을 자주 만나게 된다. 이는 내지인들이 상상도 할 수 없는 황국신민으로서의 훌륭한 태도이다. 이런 반도인의 긴박한 애국적 열정을 내지의 모든 사람들이 이해하고 있지는 않다는 것은 실로 유감이라고 하겠다.

〈그대와 나〉는 쇼와 13년 2월에 발령되었고 동년 4월부터 시행된 지원병제도에서 소재를 가지고 왔고 내선일체의 정신을 강조한 영화인데, 이 지원병을 뒤에서 지원하고 피와 살을 붙인 것은 다름이 아니라 이와 같은 반도의 애국정신일 것이다.

이런 종류의 작품은 좀 더 일찍 만들어져야 했으며, 오히려 제작이 늦은 느낌이 든다. 각본은 이지마 다다시(飯島正), 히나쓰 에이타로의 집필에 의한 것이며, 본지 7월호에 이미 소개가 되었으니 많은 이들이 읽었으리라고 생각한다. 그러나 그 각본은 제1고이고 촬영이 시작되고 나서 대부분 개정되었다. 이 작품을 완벽하게 만들기 위해서는 조선 측의 전면적인 지지가 있어야 했다. 다행히도 이 작품이 조선군사령부 보도부 작품, 육군성 보도부 후원으로 되었고, 조선군사령부 외에 조선총독부의 획기적인 협력을 얻게 된 것은 실로 경축할 만한 일이며 또한 한층 더 의의 있는 작품으로 만들고 있다.

연출은 다사카 도모다카의 지도하에 반도 출신 히나쓰 에이타로가 담당했다. 촬영은 원래 쇼치쿠 시모가모(下加茂)에 있었던 모리오 테쓰로(森尾鉄郎), 녹음은 쓰치바시 다케오(土橋武夫), 출연배우는 반도 측에서는 나가타 겐지로(永田絃次朗), 심영(沈影)[연극인, 영화 〈복지만리〉에 출연], 김신재[〈집없는 천사〉에 출연], 내지 측에서는 오비나타 덴(大日方伝), 고스기 이사무(小杉勇), 미야케 구니코(三宅邦子), 쓰보우치 요시코(坪内美子), 구라지마 하나코(倉島華子)[신인] 등이 출연하고 있다. 이외에 특기할 만한 것은 제작 전 부분에 걸쳐 조선고려영화, 조선영화 소속 등의 반도영화인들이 마음을 합쳐 협력하고 있다는 점이다.

이런 현상은 지금까지 없었던 것이며, 반도의 각 영화인들이 대승적 견지에서 이 작품의 제작에 협력하고 있는 정경은 매우 아름다운 일이다. 이 작품은 그 내용에서 내선일체의 정신을 노래하면서, 그 제작에서는 내선영화인들의 교류를 몸소 실천하고 있는 것이다. 지금까지 내지인들에게 익숙하지 못했던 조선영화계도 이 하나의 작품이 공개되면 일반인들의 관심을 더욱더 심화시킬 것이다. 이렇게 생각하면 이 작품은 많은 시사를 내포하고 있다.

촬영은 7월 하순, 지원병 훈련소의 촬영으로부터 시작되었다. 전 스태프들이 진지하게 임하고는 있지만, 중앙에서 멀리 떨어져 있기 때문에 생기는 촬영기구류의 불비, 또

부대이기 때문에 일어나는 불행한 일들, 여러 가지 일들이 있을 것이다. 그러나 원하건대 작은 일들에 구애받지 않고, 전원이 협력 일치하여 난관을 돌파하고 이 작품의 진면목을 발휘하길 기대한다.

●●

●● 사진 설명
1)지원병 훈련소 수료식에 자리한 미나미(南) 총독, 이타가키(板垣) 군사령관 2)훈련소 교관으로 분한 오비나타 덴 3)지원병의 분열행진을 찍다 4)분열행진을 열병하는 미나미 총독 5)수료식 예행연습 스냅사진, 중앙 제일 앞 열에 나가타와 그 외 배우들이 있다 6)연기 중의 김, 구라지마, 나가타, 심을 스냅사진으로 찍다 7)지원병 훈련소 정문에서 8) 오른쪽으로부터 히나쓰, 다사카, 모리오 촬영기사 촬영 누마노 켄(沼野謙)·오쿠로 도요시(大黑東洋士)

1941년 9월(1-9호) 74~77쪽

조선영화행(1) 〈그대와 나〉를 둘러싸고

1

7월 24일, 정오 경성에 도착하다.

조선영화를 한 번이라도 본 사람들은 그 대나무 발을 거꾸로 치기라도 한 듯이, 바람에 흔들리는 포플러 나무의 가로수길이 인상에 남아 있으리라고 생각한다. 조선을 처음 본 내 눈에는 군데군데 붉은 지면을 드러낸 산의 모습, 흙무덤처럼 생긴 가난한 조선의 가옥, 하얀 색으로 가득 찬 조선옷도 기이하게 보였지만, 제일 강하게 망막에 남은 것은 가는 곳마다 서 있는 포플러 나무의 모습이었다. 그 모습은 자아(自我)이기도 하고, 고고한 모습이기도 했다. 이 풍경을 계속 응시하다 보니 찡하게 눈가가 뜨거워졌던 것을 아직도 기억한다. 유구하다면 유구한 나 혼자의 모습이 이렇구나 싶어서 자아의 모습을 느끼게 되는 것이다. 이 나무는 조선의 상징일지도 모르겠다. 이 나무의 숙명은 반도민족의 숙명일지도 모르겠다.

경성에 도착한 즉시 인사를 하기 위해 용산의 조선군사령부 보도부를 방문했다. 이번에 경성에 온 것은 조선군 보도부의 작품으로 제작되고 있는 〈그대와 나〉의 촬영 정황을 시찰하기 위한 것이기 때문이다. 또 시간이 허락하는 한 조선영화계의 현황을 접할 기회를 가지고 싶다는 희망이 있었음은 두말할 나위도 없다.

〈그대와 나〉의 제작기획은 조선군 보도부와 히나쓰 군 사이에 꽤 예전부터 협상이 진행되어 온 듯한데, 내가 처음 이 기획을 알게 된 것은 본지 7월호에서 조선영화에 관한 특집을 하기 위해 조선 측의 집필자에게 원고를 의뢰했을 때였다. 그때 히나쓰 군과 보도부의 다카이 구니히코 씨로부터 조선에서도 곳곳에서 이런 영화가 제작되고 있는데 귀 잡지의 이번 특집에도 다루어 달라는 이야기가 나왔다. 여기에서 말한 이런 영화가 〈그대와 나〉였다. 나는 이 작품의 제작의도에 마음으로부터 공감을 했고, 또한 다카이 씨, 히나쓰 군, 그 외에 이 영화제작에 관여한 사람들의 매우 높은 열기가 마음에 와 닿았으며, 이런 열정으로 만들어진 작품에 대해서는 영화저널리스트로서 당연히 협력해야 하겠다고 생각하여, 이 작품의 시나리오를 게재하기도 했고, 이번에 내가 경성에 오게 된 것이다.

2

각본은 이지마 다다시, 히나쓰 에이타로 두 사람의 집필에 의한 것인데, 확실히 말하자면 그다지 완성도가 높다고는 할 수 없다. 이 글이 약간 공사 구별에 혼돈을 가져오고 있긴 하지만, 그럼 왜 처음부터 그런 각본이라고 알면서도 귀중한 여름을 허비하는가라고 질문을 하는 이도 있을지 모르겠다. 그렇게 말하는 자들이 있다고 하더라도 나는 그런 사람들을 문제로 삼지 않겠다. 조선영화계의 현상을 생각해보자. 그들이 얼마나 빈약한 환경에 처해 있으며, 그러면서도 얼마나 눈물을 머금고 노력을 해왔던가. 나는 이번에 처음으로 조선에 갔는데, 그곳의 영화인들과 이야기를 나누고, 또한 창고를 개조했다는 겨우 60여 평의 건평밖에 없는 남대문에 있는 고려영화의 스튜디오를 보고 나서 할 말을 잃고, 담담하게 느낌을 전했다. 이런 악조건하에서 만들어진 영화가 내지에서 어떤 대우를 받고 있는가. 조선영화의 명예를 걸었다고 해도 과언이 아닌 〈수업료〉나 〈집없는 천사〉 등의 작품은 전혀 빛을 보지 못하고 있지 않은가. 우치다 기사오 씨는 본지 7월호에서 이하에서 말하는 내용을 갈파하고 있다. 조선영화도 또한 일본영화이다. 그렇게 이야기하면서도(74쪽) 내지의 영화인들은 조선영화에 대해 너무나도 냉담하지 않은가라고. 한마디 한 구절이 전부 동감이다.

그리고 현재 영화 상황에 대해 생각해보자. 고도의 국방국가체제를 부르짖으며, 강도의 임전태세가 정비되고 있는 이 가을에, 영화의 본질에 대해서 검토하는 일이 중요하다는 것은 말하지 않아도 당연한 것이다. 그러나 영화는 지금 정책적 견지에서도 큰 중요성을 더해가고 있다. 영화는 힘이 있는가, 아닌가. 나는 이렇게 생각한다. 세상의 사정이 이렇게 되고, 모든 구체제가 붕괴해가고 있는 오늘날, 영화도 또한 세계의 정세에 맞춘 체제를 정비해야 한다고. 영화의 본질을 연마함과 동시에 지금까지 고려될 기회가 적었던 영화의 선전력을 재검토하고, 영화의 정책적 의지를 표시할 수 있는 방법을 생각하는 것은 현재 영화에 주어진 중대한 책무가 아닐까.

〈그대와 나〉는 순수한 조선영화라고 할 수는 없지만, 내선영화인의 교류에 의해서 제작된 이 작품이 일반에게 공개되면, 지금까지 조선영화계에 관심이 없었던 내지의 영화감상자들이라고 할지라도 이 작품을 통해서 반도영화계에 대해 새로운 관심을 가지게 될 것이다.

그리고 이 작품이 다루고 있는 제재에 대해서이다. 반도의 애국심의 발로라고도 할 수 있는 지원병제도에서 소재를 가지고 왔고 내선일체의 정신을 역설하고 있는데, 이 작품은 조선에 대한 인식을 새롭게 하는데 조금이지만 도움이 될 것이다.

〈그대와 나〉는, 앞에서 이야기한 두 가지 문제를 다루면서, 그런 문제들을 이 작품의 제작의도로 삼고 있다. 물론 〈그대와 나〉 뿐만 아니라 개별 작품에는 각각 의의가 있지만 내가 아직 어떻게 될지도 모르는 이 작품을 예로 들어 이렇게 이야기하는 것은, 항간에서 작품[이는 〈그대와 나〉만의 문제는 아니다]의 제작의도 등은 마치 기각해버리고, 무조건 "저 영화는 재미없어"라든가 "저건 좋은 영화가 될 수 없어" 등으로 간단하게 정리하고 끝내버리는 지각없는 이들이 있기 때문이다. 〈그대와 나〉의 경우, 나로서도 이 작품이 반드시 성공하리라고는 생각하지 않는다. 그러나 작품의 제작의도는 높게 평가하고 있고, 어떻게든 모처럼의 제작의도를 충분히 살릴 수 있는 작품이 되었으면 하는 바람만은 항상 지니고 싶다.

이야기가 다른 쪽으로 빠져 버렸는데, 내가 이 작품을 다루는 것은 이와 같은 마음에서이다.

3

보도부에 인사를 마치고 나서, 그날 저녁에 경성의 성동(城東)역에서부터 가솔린차를 타고 30분 정도 가서 묵동(墨洞)이라는 작은 역 근처에 있는 지원병 훈련소를 방문했다. 촬영대는 10일 전부터 동 훈련소에서 지원병들과 같이 생활하면서 촬영을 하고 있었다. 나도 이 촬영대에 합류해서 2~3일 동안 훈련소생활을 보내게 됐다. 제작스태프를 보면

기획 – 히나쓰 에이타로
각본 – 이지미 디다시, 히나쓰 에이타로
연출지도 – 다사카 도모다카
연출 – 히나쓰 에이타로
촬영 – 모리오 데쓰로[전 쇼치쿠 교토 촬영소]
녹음 – 쓰치바시 다케오

조명 – 무라타 고키치(村田幸吉)[쇼치쿠 교토 촬영소]

음악 – 사토 초스케(佐藤長助)

연주 – 중앙교향악단

연출 조수는 고려영화의 다케무라 겐지(武村健治), 마키야마 시게루(牧山茂), 촬영 조수는 모리오 씨의 조수인 쓰카하라 고지(塚原浩二), 쇼치쿠 오후나 문화영화부의 다카야마 야시치로(高山彌七郎), 고려영화의 심재여(沈在輿),[18] 이수근(李秀根), 김대웅(金大雄), 조명조수는 고려영화의 아마노 스스무(天野進) 등이다.

출연배우는 반도 측은 킹레코드 가수의 나가타 겐지로, 극단 고협의 통솔자이며 영화 〈복지만리〉 등에 나왔던 심영, 이외에 문예봉, 김신재, 최운봉, 김영두, 이금룡, 다케모토 히데(武本秀), 서월영, 야마모토 다다오(山本忠雄), 내지 측에서는 고스기 이사무, 오비나타 덴, 미야케 구니코, 구라지마 하나코, 특별출연에 조선악극단, 한성준무용단, 이외에 가와즈 세이사부로(河津清三郎), 리샹란(李香蘭)이 출연을 예정하고 있다고 들었다.

말 그대로 혼성부대이며, 내선영화인들의 교류가 이만큼 두드러진 영화는 없었다. 여기에 이 작품의 의의가 있다. 이와 동시에 혼성부대이기 때문에 일을 하다 보면 일 관련 연락이 통일되지 않거나 사람들이 하나로 모이지 않는 어려움 등도 있다.(75쪽)

이런 기우를 하는 것은 나 뿐만은 아니다. 연출지도의 입장에서 경성에 왔다가, 나보다 먼저 16일에 내지로 돌아간 다사카 도모다카 씨가 촬영대 전원에게 남기고 간 서간 중에도 이와 비슷한 기우가 있음을 알 수 있다. 이 서간은 간결함 속에 다사카시의 사람됨과 따뜻한 마음씨 등이 잘 나타나 있다고 생각되니 여기에 전문을 소개하도록 하겠다.

시간이 없어 만나 뵙지 못하고 돌아갑니다. 건강에는 충분히 유의하시어, 일도 잘되었으면 합니다.

이번 일은 성공이냐 아니냐를 떠나서 조선영화계에 하나의 진로를 개척하게 되는 것만은 확실합니다. 이 길을 올바르게 나가서, 소기의 성과를 올릴 수 있을지 없을지, 그리고 조선영화의 발전에 기여할 수 있을지 없을지는 먼저 제군들의 정열에 달려 있

---

18   심재흥(沈在興)의 오식일 가능성이 있다.

습니다. 제작과정에서 불평불만도 있겠지요. 아침저녁으로 유쾌하지 못한 일들도 일어날 수 있습니다. 그러나 큰 목적을 위해 그런 일들에 얽매이지 말고 노력하기를 바라는 바입니다.

7월 16일

다사카 도모다카

촬영대 일행 여러분들에게

위 글 중의 '이 일은 성공이냐 아니냐를 떠나서 조선영화계에 하나의 진로를 개척하게 되는 것만은 확실합니다'라고 했는데 매우 적절하게 이해를 한 문장이며, 또 이 작품의 제작의도를 단적으로 표현한 말이라고도 할 수 있다. 이 문장을 앞에 두고 이상한 편견을 가진 이들은 자신의 재량을 한 번 뒤돌아보고 수치심을 가져야 할 것이다.

4

이 작품은 반도 출신의 히나쓰 에이타로 군이 반도인들의 애국심을 현저하게 표현한 하나의 예로, 지원병제도를 다루면서 반도인은 이렇게도 시국을 자각하고 있고, 내선인은 조선해협을 넘어서 서로의 마음을 적극적으로 이해하며, 이 시국에서 내선일체의 열매를 맺어야 한다는 이상하에 기획한 것이다.

처음에 히나쓰 군은 자신의 소속회사인 신코교토(京都)촬영소에 이 기획을 제출했는데, 간부들이 인정해주지 않아 실망한 그는 미나미 조선총독과 당시 조선군사령관 나카무라 고타로(中村孝太郎) 대장에게 쓴 소개장을 주머니에 넣고, 큰 결의를 품은 채 반도로 건너온 것이다. 육군병지원자훈련소가 총독부 관할이기 때문에 먼저 미나미 총독을 면회하고 이번 작품의 의도를 설명하고 어느 정도 후원을 받으려고 했지만, 불행히도 총독과의 면회는 허락되지 않았다. 의기소침한 그는 그대로 내지로 돌아가려고 했지만 모처럼 군사령관에게 쓴 소개장이 있으니 군사령관에게 회견을 신청한 결과 군사령관과의 면회가 허락되었고, 예상 외로 나카무라 군사령관[전 사령관]은 히나쓰 군의 기획의 의의를 전폭적으로 인정하여, 다른 곳에서 기획을 받아주지 않는다면 군 보도부의 작품으로 만들어도 좋다고 말해 상황이 호전되었고, 조선군 보도부가 이야기를 해준 덕분에 육군성 보도부도 후원을 하게 되어 드디어 제작이 실현되었다. 이는 이 작품의 제작의의와 히나쓰 군의 열정 덕분이다. 배경도 지위도 없는 한 젊은 영화인의 열정이 군을 움직이고, 영화계에서도 별로 유례가 없는 쾌거를 올리게 된 것이다.

5

여기서 육군병지원자훈련소에 대해 간단한 설명을 할 필요가 있다고 생각하기 때문에, 조선총독부편찬 『조선사정(朝鮮事情)』[쇼와 16년도 판] 중의 동 훈련소에 대한 설명을 인용하여 설명을 대신하겠다.

본 제도[지원병제도를 말함]는 쇼와 13년 2월 발령되어 동년 4월부터 시행된 육군특별지원병령에 의한 것인데, 현재 조선의 풍속, 습관, 생활수준으로는 즉시 병으로 채용할 수 없는 사정이니, 본 부는 관립 육군병지원자훈련소를 신설하여 본 소를 수료한 자에게 병으로 채용될 수 있는 자격을 주기로 했다. 동 소의 훈련기간은 종래에는 6개월로 해마다 6월에 입소한 자를 전기생, 12월에 입소한 자를 후기생으로 부르며, 전기 수료생은 현역보병으로 후기 수료생은 제1보충으로 입영 또는 소집을 한다는 것이었는데 쇼와 15년도부터 훈련기간을 단축하여 매해 4월, 8월, 12월의 3기에 입소를 하게 되었다.

입소생은 쇼와 13년도에 4백 명, 쇼와 14년도에는 6백 명, 쇼와 15년도에는 3천 명을 모집했다. 응모자는 항상 많았고, 쇼와 15년도에는 8만1천4백여 명에 달하기도 했다. 본 소는 엄격한 규율 하에 학력이나 기술보다도 오히려 정신도장으로서 반도청년 지원자들을 육성하고 있다. 쇼와 13년 전기를 수료하고 현역병이 된 최초의 지원병들 중 약 반수는 북지나에서 종군하고 있고, 일반병들과 어깨를 나란히 하여 아무런 손색이 없는 무훈을 세우고 있으며, 그중에 이미 두 호국영령을 냈다. 그리고 15명의 부상자가 나와 귀중한 피를 바치는 등 충성스러운 황국신민다운 모습을 보이고 있다.

〈그대와 나〉의 각본 중에서도 기노시타 에이스케(木下英助)라는 지원병이 지금 현지에서 몇만 명의 장정이 출정하고 있는데, 올해 태어난 아기들은 그만큼 줄어든다는 것이니 이후 전쟁이 길어지면 길어질수록 출생률이 감소하게 된다, 20~30년 앞을 보고 생각하면 걱정인데 이에 대한 보충을 반도인들이 해야 한다, 우리 지원병이 훌륭하게 임무를 수행할 수 있다면 지금 팽배해 있는 애국정신이 반드시 가까운 장래에 반도에도 징병령을 가져오게 될 것임을 믿어 의심치 않는다는 의미의 말을 한다. 이는 내지인들도 신중하게 고려해야 할 문제라고 생각한다. 영화가 이런 문제들을 이야기하고(76쪽), 우리들의 인식을 높이는 데 기여한다면 이 작품이 제작된 의의도 이미 갖추어져 있다고 할 수 있겠다.

6

이 작품이 제작되면서 조선에서는 반도 일류의 저널리스트, 반도영화계의 제1선급의 영화인들에 의해 〈그대와 나〉 제작위원회가 결성되었다고 들었다. 이 하나만 봐도 반도 측이 이 작품에 대해 얼마나 큰 기대를 걸고 있으며, 또한 신중한 태도를 가지고 있는 지 그 일부를 추측해 볼 수 있다.

군의 적극적인 후원은 물론이지만 나는 훈련소 생활을 2~3일 보내보고 나서 훈련소 의 직원 이하 전 생도들이 얼마나 열심히 이 작품의 제작에 협력하고 있는가 자세히 알 게 되었다. 엑스트라여도 이렇게 무리하게 일하지는 않을 것이라고 생각할 정도로 촬영 대의 손발이 되어 1천 명의 생도들이 염천(炎天)하에도, 빗속에서도 굴하지 않고 명령 하나하나에 움직이는 것이다. 농담이긴 하지만 생도들이 "영화가 우리를 죽인다"라고 할 정도로 그들은 충실한 연기자였다. 그러나 이런 일들도 1천 명의 생도들이 이 작품의 의도를 잘 파악하고 있었기 때문일 것이다. 훈련소 강당에서 행해지는 수료식의 예행연 습 중 '우미 유카바(海ゆかば)'[19]를 전원이 합창했는데, 그때 교관이 "큰 소리로 불러. 이 영화를 통해서 내지는 물론 만주에도 대만에도 너희들 목소리가 갈 것이다!"라고 진지 한 목소리로 격려했는데, 이 목소리와 이 힘 있는 합창은 지금도 내 귓가에 남아 있다.

훈련소의 촬영은 쇼와 16년도(1941년) 제1기생의 수료식이 거행된 7월 27일로 끝났고, 경성 남대문의 고려영화스튜디오에 있는 세트촬영으로 옮겨갔다.

이 동안 뼈저리게 느낀 것은 촬영대의 큰 활약에도 불구하고 촬영용 기구의 불비는 어떻게 할 수 없는 문제였는데, 이 때문에 정체된 적이 한두 번이 아니었다. 조명용 라이 트는 고려영화, 조선영화, 총독부 영화부의 것을 빌려서 사용했는데, 문제는 카메라와 녹음기였다. 쓰치바시 다케오 씨가 녹음기를 가지고 오기로 했는데, 운송관계상 지연되 어, 쓰치바시 씨 일행이 경성으로 오는 25일까지 카메라는 고려영화, 녹음기는 조선영 화의 것을 사용했다. 둘 다 불완전한 것이었고, 이 때문에 모리오 씨도 매우 고생했다.

조선의 영화제작계는 지금까지 대립의식이 강해 두 회사, 또는 세 회사가 함께 일을 한다는 것은 도저히 바랄 수 없는 일이라고 들었는데, 〈그대와 나〉의 경우에는 제작스

---

19 '우미 유카바'는 가요와 군가의 두 종류가 있는데 일반적으로 알려진 곡은 군가이다. 한국어로 직역하면 '바다에 가면'이지만, 군국주의적 뉘앙스를 살리기 위해 일본어 발음으로 표기했다. 참고로 가사는 다음과 같다. '바다에 가면 물에 잠긴 시체가 되고(海行かば水漬く屍) / 산에 가면 풀로 나는 시체가 되어(山行かば草生す屍) / 대군 옆 에서 죽자(大君の辺にこそ死なめ) / 뒤를 돌아보는 일은 하지 않겠다(かへり見はせじ).'

태프를 비롯하여 각 회사의 기계까지 가지고 와서 협력하는 그 모습은 아름다운 정경임과 동시에 조선영화계를 위해서도 실로 기뻐해야 할 경향이라고 할 수 있겠다.

몇 번이나 말했듯이 〈그대와 나〉의 제작의도는 높게 평가해도 된다. 그러나 모처럼의 훌륭한 제작의도도 완성된 작품이 성공하지 못하고 끝나버리면 9개의 공적이 하나의 과실로 사라져버리는 결과를 낳게 될 것이다. 이래서는 촬영대의 노력도 수포로 돌아가 버리게 된다. 이 작품은 통일성이 있는 영화회사의 작품과는 달리, 제작과정에서 앞으로도 생각지 못했던 장애에 부딪히게 될 것이다. 가능하다면 이런 난관도 돌파할 정도의 각오를 가지고 좋은 작품이 되도록 전원이 마음을 합쳐 노력했으면 한다.

경성에서는 반도의 영화인들과도 만났고, 반도영화도 몇 편 봤다. 조선영화에 대해 느낀 점도 많았다. 이런 점들에 대해서는 다음 호에 양보하도록 하겠다. ••

●● 사진 설명
전부 〈그대와 나〉의 촬영스냅사진. 74쪽은 남대문스튜디오에 있는 오비나타 덴, 75쪽 오른쪽부터 모리오 촬영기사와 히나쓰 감독

–오쿠로 도요시大黒東洋士

1941년 10월(1–10호) 77쪽

보고

전월 호에서 보고한 대로 본지 애독자 초대 〈집없는 천사〉 특별시사회는 9월 20일 오후 6시부터 도쿄(東京)의 히비야 공회당에서 개최되었는데, 애독자 여러분의 열렬한 지원을 얻어 예상 이상의 성황을 거둘 수 있었다. 여러분에게 진심으로 감사를 드린다. 그리고 당일 날 밤은 반도영화계의 대표적 수작 〈집없는 천사〉 외에 미개봉 독일우파 문화영화 3편을 상영해 관객들의 절찬을 받았다. 이외에 〈집없는 천사〉의 모델이 된 경성 향린원의 창설자이며, 원래 주인 방수원(方洙源) 씨가 이 모임을 위해 일부러 상경하여 인사를 해주었다. 여기에 비단으로 포장된 꽃다발을 주는 이도 있었다. ••

●● 사진 설명
단상에서 오른쪽부터 〈집없는 천사〉 제작자 이창용, 방수원, 감독 최인규, 고스기 이사무, 하즈미 쓰네오(筈見恒夫)의 5명, 아래는 회장 스냅사진

1941년 11월(1-11호)

〈그대와 나〉 광고

세기의 거작 드디어 완성!

〈그대와 나〉
쇼치쿠계(松竹系) 근일 공개

내선일체 총력영화
조선군 보도부 제작
육군성 보도부, 조선총독부 후원

각본 – 이지마 다다시, 히나쓰 에이타로
지도 – 다사카 도모다카
연출 – 히나쓰 에이타로
촬영 – 모리오 데쓰로

고스기 이사무·마루야마 사다오
오비나타 덴·가와즈 세이사부로
나가타 겐지로·리샹란
미야케 구니코·아사기리 교코
문예봉·김소영
심영 공연

미나미 조선총독, 이타가키 조선군사령관 영화 속에 등장!
내선영화인의 진지한 협력하에 반도에 넘치는 애국열과 직성을 그린
군제작의 국민영화!
일본영화계에서 이전에 이렇게 큰 스케일과 의도를 가진 작품이 있었던가!
이야말로 일본영화의 새로운 방향을 지시하는 감격적인 거작이다!

1943년 5월(3-5호) 23~24쪽   [작품 월평]

〈망루의 결사대〉
:이마이 다다시(今井正) 연출·도호 작품

조선총독부의 후원을 입고 현지 촬영에 힘을 기울여 얼어붙은 북선의 풍경을 넣어, 국경경비대의 남모르는 노고와 활약을 그린 이 영화는 그 중심을 잘 잡은 제작진의 노력에도 불구하고, 조금 더 분발했으면 하는 부분에서 안이한 활극취미의 작품 수준을 벗어나지 못한 것이 유감이다.

지금은 이미 수풍(水豊)댐 건설 등에 의해서 일본의 생산전쟁에 긴요한 위치를 차지하는 이 지역도 예전에는 치안이 미치지 않는 미개의 토지였고, 만주에서 쫓겨난 비적들이 함부로 날뛰며 무고한 백성들을 괴롭히고 있었다. 그러던 중에 헌신적인 국경경찰관들이 정의를 위해 온갖 고난을 극복하면서 계속 치안을 지켜왔다는, 이를테면 여명기 일본의 알려지지 않은 모습을 그려서, 정의를 위한 모든 것을 행하려고 하는 이상적 나라 일본이 지금까지 걸어온 길을 반성함과 동시에 새로운 일본이 가야 할 길의 이념을 일반인들에게 널리 호소하려고 하는 의도와 주제는 이런 제재를 다루는 영화에서는 우선 무엇보다도 필요한 것인데, 그런 의미에서 단지 활극취미라고만 하면서 이 영화를 비난하는 것은 잘못일 것이다. 그러나 이 정도의 큰 주제와 의도에 대한 자각이 과연 이 영화의 구성이나 연출상에 명확하게 나타나 있는가. 다시 말하자면 그만큼 훌륭하고 위대하며 고매한 마음이 그대로 영화를 만든 마음에 반영되어 마침내는 보는 사람들의 마음을 그렇게까지 만들 수 있었는가라는 점에 대해서 의문을 제기하지 않을 수 없다. 오히려 거꾸로 이 영화의 소재가 소위 말하는 활극적인 구성을 취함으로써 뜻밖에도 정의로운 일본의 모습이 떠올랐다고 할 수 있지는 않은지, 그리고 이것이 영화를 본 후 부족함을 느끼거나 유감스러움을 느끼게 되는 원인을 명확하게 제시하고 있다고 나는 생각한다.

시마즈(島津) 시나리오 교실이 지금까지 배출한 유일한 각본가라고 할 수 있는 야마가타 유사쿠(山形雄策)는 주제만 좋으면 상당한 구성력을 보이는 수완을 가진 각본가이며, 야기 류이치로(八木隆一郎)가 뜻있는 시나리오를 구성하는 데 재능이 있다는 것도 이미 〈남해의 꽃다발(南海の花束)〉로 입증되었다. 이 두 사람이 어떤 형태로 협력을 했는지는 몰라도 거기서 나오는 각본에 꽤 기대를 걸었다는 것은 알 만한 사람은 다 알 것이다. 그리고 게다가 〈누마즈병학교(沼津兵学校)〉〈우리들이 교관(われらが教官)〉과 같은 순조로운 출발로 시작하여, 중간에 잠깐 상업적인 영화도 만들기는 했지만, 〈각하(閣下)〉〈결혼의 생태(結婚の生態)〉 같은 일본영화로서는 비교적 풍속미가 적은 소재를 다루면서 일단 영화를 완성하고 쓸모 있는 영화를 만들어내 온 이마이 다다시의 연출이 있다면, 이 영화에 어느 정도 기대를 거는 사람도 적지 않았을 것이라고 생각한다. 물론 기대는 했지만 북선을 무대로 한 활극이라는 것 이상의 영화가 만들어지지 않으리라는 것도 확실했다. 그러나 어찌 됐든 그런 기대를 하기 전에 이 영화에는 어떻게 묘사되었는가.

북선 국경에 가까운 남산리(南山里)의 주재소에는 다카즈(高津)경부보를 상관으로 삼는 몇 명의 순사가 있다. 그들의 임무는 부근 일대의 치안을 유지하는 것이며, 특히 강이 동결하는 겨울에 국경을 넘어오는 비적들로부터 마을을 지키는 것이었다. 끊임없는 긴장을 필요로 하는 이 일에 새로 들어온 젊은 순사들은 돌아가고 싶어 하기도 한다. 멀리 고향을 떠나 온 벽지에서의 생활은 전장과 같은 기분이다. 게다가 언제 정말로 총을 가지고 싸울 때가 올 지 모른다. 가끔 귀중한 생명이 희생된다. 그리고 마침내 모든 것을 걸고 싸울 때가 온다. 비적들이 대거 습격해 왔고 거기에 응전하지만 고전하는 수비대, 거기에서는 무뢰한이나 비적들과 한패였던 구제할 수 없었던 이들까지 일본인의 마음을 지니고 싸운다. 그러나 고전 끝에 아군들은 꺾여간다. 마침내 거의 토벌되다시피 하면서 모든 것을 적의 손에 넘기려고 할 때(23쪽) 아군의 응원대가 온다. 그리고 다시 평화의 날이 오고 그들은 또 망루의 결사대로서 끊임없는 긴장과 노력으로 마을을 지켜야 한다.

이렇게 써보니 활극스러운 냄새가 많이 나는 것 같지만, 실제는 그 속에 여러 가지 인물이나 소재가 섞여 이야기를 자아내고 있어 그렇게 느낄 정도는 아니다. 오히려 박력이 있다고 느끼는 이도 있을지도 모르겠다. 그 점에서 구성이나 연출이 바보 취급 당할 만큼 엉성한 틈을 보이면서 안이한 것은 아니었다. 그러나 그 기복 있는, 따라서 별로 재미없는 부분도 없이 끝나는 영화의 흐름의 바닥을 열어보면 어떨까. 화면 안쪽에는 무엇이 있을까. 한마디로 말하자면 대체 그들은 무엇이 좋아서 남모르는 고생을 하는가에 대한 원인이, 가장 관념적인 정의라는 단어 이외에 이 영화에는 없다. 그들의 행동이 정의로운 일본의 표현인 것은 누구나 알고 있을 것이다. 그러나 이런 것이 과연 이 영화처럼 남모르는 고생과 인내를 일부러 해야 할 만큼인가. 여기에는 의심할 여지도 없이 그 고생의 결과 기뻐할 만한 결실이 나타나 있어야 한다. 다시 말하자면 마을의 평화로운 모습이 그것이다. 이 가장 중요한 것을 왜 이 영화는 잊어버리고 있는가. 이 영화를 보고 결국은 활극에 지나지 않는다고 단정해 버리는 사람들이 있는 것도 결국은 이 가장 중요한 일면을 그리지 못했기 때문이다.

그만큼의 노력을 거듭했고 정의로운 일본의 입장을 구현했으며, 죽음을 무릅쓰면서까지 싸우는 그들 경비대의 생활이 당연히 결과적으로는 밝고 평화로운 기쁨의 마을을 만들기 위해서였음에도 불구하고 그 중요한 사회의 모습이 그려지지 않은 채 끝나버리니, 결국 가상의 적과 고전하는 것 같은 우스꽝스러움이 생겨버리는 것이 아닐까. 그리고 또한 이는 적을 적극적으로 그리지 않는다는 방법 때문에 영화를 보는 사람들은 싸움이 일어나는 필연성을 거의 이해하지 못한 채 영화가 끝나버리는 것이다. 만약 비적의 행동이 조금 더 그려졌다면, 경비대의 활동이 더 박진감 있고 그들이 지향하는 정의의 모습이 보다 더 구체적으로 나타나, 적은 언제 어디서 올지 모른다는 말도 단순히 핑계에 불과한 설명이 아니라 정말 그렇게 느껴지게 될 것이다.

이 영화의 최대 결점은 이런 제재를 다룬 경우 당연히 필요한 어느 정도의 사회성이 결여되어 있다는 것이다. 마을로부터 고립된 주재소를 그렸기 때문에 경찰관의 노고가 가공적으로 보인다. 가령 민가에 다가가려고 하면 실로 암담한 일들이 일어난다. 마을에서 고립된 주재소를 그렸기 때문에 모든 고난이 어두운 그림자를 드리우고 만다. 이 영화에서는 이런 어두운 모습을 피하려고 노력한 것 같은데, 경관들이 밤에 여는 연회나 그들의 대화 등에 그 의도는 잘 나타나 있지만, 이런 노력들이 여전히 주재소의 내부만을 무대로 한 설정인 이상 일본의 커다란 기쁨은 그려낼 수 없는 것이다.

극 중심인물인 다카다 미노루(高田稔)의 졸속한 연기가 주위와 비교했을 때 눈에 띄는 것도 이 영화의 실패이겠지만, 이는 큰 문제가 아니다. 오히려 그런 세세한 점은 착실한 연출이 적극적으로 결점을 커버하려고 했고 어느 정도 성공했다고 할 수 있다. 야외촬영이나 스튜디오의 세트도 중심을 잘 잡기도 했고, 시간의 흐름을 연상케 하는 효과도 잘 나타나 있는 편이다. 그 조선의 겨울에 모든 것이 얼어붙은 광막한 들의 추위를 표현하는 것에도 성공했다. 게다가 시시각각 변화하는 모습을 늘어지지 않게 분위기로 표현한 부분에서는 연출자와 그 협력자의 노력을 높게 사야 할 만하다고 생각한다.

그러나 솔직하게 말하자면 그것만으로 훌륭한 영화가 보증되는 것은 아니다. 사실상 이 영화가 이런 기술을 충분히 가지고 있으면서도, 이야기가 전개되는 활극적 흥미의 바닥을 들여다보면 너무나도 관념적인 정의에 대한 찬가와의 사이에 커다란 구멍이 뚫려 있는 것을 보지 않을 수 없다.

그런데 이 정도로 이 영화가 실패라면 다른 영화와 비교해서 최하위에 들어가야 하는가 하면 그렇지 않다. 〈유령 크게 화내다(幽靈大いに怒る)〉〈지켜주는 그림자(護る影)〉〈헤이로쿠 꿈 이야기(兵六夢物語)〉 같은 전혀 의미가 없는 영화와 비교하자면 훨씬 위에 위치

하는 영화이며 그 사이에는 명확한 구별이 지어진다. 무엇보다도 〈망루의 결사대〉는 추악한 영화라고 부를 수 없다. 왜냐하면 이 영화는 명확한 제작의도를 가지고 있으며, 적어도 예술가로서의 제작의욕을 불태우며 만든 것임에는 틀림없기 때문이다. 그러나 그렇다고 해서 상술의 화신이 이유를 짜내어 제작의도를 만들어내는 따위의 영화가 아니라는 것만으로 좋은 점수를 주거나, 1년이나 걸려 만든 영화의 제작태도가 진지하다고 해서 결점을 결점으로 지적하는 것을 될 수 있으면 피하려는 듯한 태도가 지금 현재 일본에서 영화를 보고 무언가 말을 하는 사람들의 마음가짐으로써 대체 용서받을 수 있는 태도인가.

시대나 문화는 결코 그렇게 손쉬운 것이 아니라는 생각을 나는 통감하고 있다.

그런데 그렇다면 이 영화는 어떻게 하면 더 좋은 영화가 될 것인가. 이 영화에는 조금 부족한 점이 있지만 전체적으로는 힘의 균형이 있다. 그 섬세한 결점을 보충하려고 한 점에서 이 영화를 각별히 어떻게 할 수 있는 것도 아니다. 이 영화를 한층 더 의의 있는 것으로 하기 위해서는 여기에서는 관념적으로밖에 그리지 않았던 정의 같은 주제를 '뜻있는 예술'로 구현하는 것이 필요할 것이다. 비슷한 보기를 들자면 셀 수 있을 정도의 인원수밖에 없는 마을주민들이 주재소가 있음으로써 느낄 수 있는 즐거운 생활을 그리는 것, 그리고 대립하는 비적을 애매모호한 저쪽에서부터 현실의 모습으로 끌어내는 것이 필요할 것이다. 그러나 이런 요구는 영화를 대표하는 단 한 사람의 제작자에게 제출할 만한 것이 아니라 협력하는 모든 관련자들에게 제출해야 하며, 주제에 대한 올바른 이해와 그 예술화에 대한 공통의 의지로부터 영화는 출발해야 할 것이다.

어찌 됐든 이 영화는 사람의 마음을 끄는데 충분한 무대와 소재를 가지고 있으며 구성이 잘되어 있고, 중점을 잘 잡아낸 제작진의 노력에 의해 일단은 재미를 순화시킬 만큼의 예술화가 안 되어, 오로지 활극적 흥미를 파는 영화로 끝나버려 '뜻있는 예술'이 되지 못했다는 의미에서 정말 유감스러운 실패작이었다.

－노보리가와 나오사登川尚佐

1943년 5월(3-5호) 30~32쪽

북방 국경에 망루를 세우다

영하 40도라는 혹한의 북방 변두리에 망루를 세우다.
영화 〈망루의 결사대〉 북방 변두리에는 지금까지 없었던
현지 세트를 건설하기 위해 자연의 맹위에 맞서는 혹독한 싸움이 있었다.

눈 덮인 백두산에 그 원천을 가지며 동쪽으로는 두만강, 서쪽으로는 압록강이 굽이굽이 수백 리를 흐르며 조선과 만주의 국경선을 만들고 있다. 그 유역의 기후는 혹서와 엄동설한, 겨울에는 영하 40도를 넘는 일도 드물지 않다. 여기는 문화 혜택과도 격리된 지역이다. 국경 경비를 위해 넓은 국경선에 드문드문 배치된 주재소는 망루를 가진 요새와 이를 둘러싼 철조망, 그리고 가시나무울타리로 무장되어 있다. 그 대부분은 전등도 없고 교통도 불편한 벽지이다. 다이쇼 첫해부터 쇼와 12년경에 이르기까지는 마적들의 무리와 공산비적, 밀수업자들이 함부로 날뛰어 강어귀를 지키는 국경 경찰관들의 고생은 초인적인 것이었다. 그리고 몇 번인가는 귀중한 피가 흘러 국경의 풀을 붉게 물들이기도 했다. 곤란한 임무를 묵묵히 수행해온 경찰관들의 인고와 노력에 의해 치안은 확보되었고 유지되어 왔지만, 오늘날 다시 대동아전쟁하에서 스파이나 사상모략적 비적들이 생겨났고, 그 한편으로 부락민들의 문화행정의 수행을 위해 변방을 지키는 사람들은 눈에 띄지 않는 곳에서 묵묵히 황군 장병들과 다름없는 멸사봉공의 정신으로 위험한 일을 계속하고 있다. 이 북방을 지키는 사람들을 우리들은 잊어서는 안 될 것이다.

부산, 경성, 평양. 평양에서 지선으로 갈아탄 후 약 10시간, 기차가 북으로 가면서 이중 유리의 창문에는 눈꽃이 새하얗게 동결되어 간다. 〈망루의 결사대〉의 촬영팀 일행이 혹한의 만포진(滿浦鎭)에 도착한 것은 작년 1월 말이었다. 20여 일 동안 신의주 방면에서 압록강 연안의 야외 촬영지를 물색하면서, 현지 시찰과 자료를 수집하기 위해 돌아다녔는데, 이 벽지에 와서 겨우 촬영에 적합한 장소를 발견하기에 이르렀다.

만포의 마을에서 약 1리 정도 상류, 압록강 연안을 따라 겨우 십수 채의 민가가 산재하는 차가평(車哥坪)이라는 작은 부락이 있다. 만포의 금강산이라고 불리는 기이한 봉우리가 그 뒤로 이어져 있으며, 산중턱에 펼쳐진 완만한 경사면은 하얀색 일색의 설원이다. 연안의 만주 쪽으로 연이어진 남쪽에 면한 산들의 표면은 은백색으로 빛나고 있

었으며, 계곡의 잡목들은 얼룩말무늬 모양을 그리고 있었다. 연안의 커다란 버드나무 그늘에 있는 만주인 부락은 갈색 집들이 늘어서 있어, 하얀색과 대비되어 아름다운 그림을 만들고 있었다. 이 주변은 국경이라는 이름에 어울리는 풍경. 이번 영화에 걸맞은 지형인 곳이다.

●● 그림
제설작업이 시작되었다. 요새에 사용되는 돌이 달구지로 운반되었다.

　••

이 웅대한 눈의 대자연을 무대로 하면서 주재소의 세트를 만들어야 한다. 촬영소에서 이렇게 먼 벽지에 야외세트를 세우는 것은 일본영화에서는 드문 일이라고 생각된다. 그렇다고 해도 이 엄동설한의 땅에서 과연 세트를 재주 좋게 세울 수 있을지. 도쿄를 출발할 때부터 그 곤란을 예상했고 각오는 하고 왔지만, 실제로 현지에 와서 갖가지 조사와 준비를 하는 사이에 걱정은 쌓여만 갔다. 세트 건축을 도와준 현지의 건축업자의 이야기를 들어보면 겨울철 엄동설한 속에서 건축을 하는 예는 거의 없다고 한다. 공사는 불가능에 가깝다는 것이다. 지면은 약 지하 1미터까지 얼어 있어, 구멍을 하나 파는 것도 쉽지 않았다. 벽토와 시멘트류를 사용하려고 해도 물기가 즉시 얼어 버려 사용할 수 없게 되었다. 목수와 석공 그 외 노동자들(30쪽)도 날씨가 맑은 날 낮이어도 영하 30도를 웃도는 야외에서 일하는 것은 능률이 떨어진다고 하니, 세트를 건설하는 조건으로서 나쁜 상황뿐이다.

그러나 이 영화가 눈의 장면이 많은 촬영과 해빙 후의 봄을 촬영하고 나서 완성할 예정으로 시작된 지금에 와서 세트를 못 세우니 촬영을 중지한다는 것은, 건축이 절대적으로 불가능하다면 어쩔 수 없지만 가능하다고 예상된다면 진행할 수밖에 없다. 해빙과 눈이 녹는 4월 중순까지 겨울철 촬영을 끝내려면, 촬영일수를 20일이라고 봐도 세트는 늦어도 3월 초에는 완성할 필요가 있다. 신중하게 검토를 한 결과 세울 수 있다는 예상이 나왔으므로 세트를 세우기로 결정. 봄 촬영까지 세트를 유지시켜야 하는 이상 기초공사도 확실하게 해야 한다. 눈이 녹을 즈음에 지면이 부드러워져 건축물이 무너질 위험이 많이 있었기 때문이다.

추위는 혹독하지만 하늘은 파랗게 개어 있었고, 매일 맑은 날씨가 이어졌다. 눈에 보이지 않는 자연의 맹위에 맞선 씨움이 시작된 것이다.

세트디자인이 완성되다. 부지 2천 평의 제설이 시작되었다. 눈은 내지의 도호쿠(東北) 지역처럼 2미터 이상 쌓이는 일은 없고, 쌓여도 50센티미터에서 1미터 정도. 많은 제설 인부가 동원되었다. 세트 계획은 2미터에서 4미터 높이의 요새를 사방에 만들고, 연안을 향해 10미터 높이를 가진 망루를 돌로 만드는 것이다. 건축물은 주재사무소와 이에 속하는 주요 숙소(宿舍), 경찰관 숙소 2동, 헛간, 마구간, 우물 등이다.

가까운 산중턱에서 채석을 하기 위한 폭파소리가 울린다. 얼어붙은 강 위로 마을에서 목재와 그 외 건축 재료가 운반되어 왔다. 운반에는 소나 말이 끄는 달구지가 사용된다. 제설을 마친 토지에 기초를 위한 구멍을 파는데 지하 1미터까지 얼어붙은 지면은 곡괭이도 안 들어간다. 이 장소에 밤새워 쌀겨를 태우니 다음날 겨우 삽을 넣을 정도가 되었다. 무엇보다도 망루의 돌 쌓기는 가장 어려운 공사였다. 지하 1미터의 얼어붙은 곳까지 파 들어가 확실하게 토대를 만들고 그 위에 돌을 쌓아 올리는 작업인데, 흙이나 시멘트류는 수분이 얼어붙었기 때문에 사용할 수 없어 네모난 돌을 맞추면서 쌓아 올리는 방법을 썼다. 기술이 좋은 만주인 석공들이 건너편 연안에서부터 모여들었다. 건축도 목수의 손에 의해서 시작되었지만, 뼈까지 어는 이 혹한에 매서운 바람을 맞아가면서 하는 공사는 이만저만 고통스러운 일이 아닐 수 없었다. 모피로 만든 방한복을 뚫고 몸속으로 들어오는 추위는 동상을 일으킬 위험도 있었다.

여담이지만 생리학에서 보면 추위에 노출되었을 때 그 추위를 견디기 위해서는 많은 에너지가 필요하게 되며 지방분과 당분이 필요하게 되는데, 이것이 보충되지 않으면 그만큼 체력을 소모하게 된다고 한다. 양껏 먹을 수 있었던 맛있는 불고기와 단맛의 단팥죽이 일이 끝난 지금도 가끔 사치스러운 추억으로 남아 같이 고생한 동료들에게 이야깃거리의 한 부분을 제공하고 있는데, 이런 맛있는 음식이 없었다면 도저히 몸이 견디지 못했을 것이다. 영하 30도에서 40도의 온도는 체험한 사람만이 알 수 있는 싸늘함과 추위일 것이다.

●● 그림
촬영은 비행기 위에서도 이루어졌다. 하얀 은색으로 빛나는 설원 속에 검게 세워진 망루세트가 확실하게 보인다.

●●
우리들의 숙소였던 만포의 여관은 내지식 건물에 온돌설비가 있었다. 밤에 잘 때에는 따뜻해서 기분이 좋았지만 다음날 아침에는 머리맡의 컵 속 물이 바닥까지 얼어 있었는데, 이는 방 그 자체의 방한시설이 불충분하기 때문이었다. 복도의 벽에는 한쪽에 서리가 끼고, 욕실 천정에는 온기가 가득 찬 가운데 고드름이 드리우는 형태. 건너편 연안의 만주인들의 주거는 빈곤해도 방한설비는 충분히 갖추어져 있는 것과 비교해 보면, 내지인들은 이런 벽지에서도 여전히 종이로 만든 칸막이문과 창호지문으로 생활하고 있는데, 그 내지식 건축에 살면서 고향을 생각하며 마음을 달랜다고 생각하기에는 무언가 부족한 점이 있다고 느꼈다. 싸늘함과 추위는 절대적인 것이며 경험이나 정신력과 훈련만으로 극복할 수 있다고 생각하는 것은 잘못된 것이다. 완벽한 과학적 방한설비가 필요하다고 생각하게 만드는 경험이었다.

숙소에서 현장까지의 아침과 저녁은 말이 끄는 달구지 아니면 걸어서 가야 했다. 얼어붙은 강 위는 이 국경지대에서 겨울철에 가장 좋은 길이 된다. 여울은 얼지 않으므로, 이쪽은 오리들의 놀이터가 되고 경찰관들의 수렵장이 되기도 했다. 하얀 색과 갈색의 자연풍경에 유일하게 아름다운 색채를 덧붙인 것은 얼음을 깨서 세탁을 하는 여인들의 노란색이나 파란색, 빨간색의 조선복식이다. 강 연안의 얼어붙은 나뭇가지 사이로 하얀색과 검은색이 선명한 줄무늬를 가진 새들이 기분 나쁜 소리를 내면서 날아오르기도 했다. 이런 모든 풍물들이 친숙해졌다.

2월도 드디어 끝나갈 무렵. 가옥의 상량식이 거행되었다. 요새 벽의 돌 쌓기도 완료되었다. 벽에 뜨거운 물로 반죽한 흙을 바르는데 바르는 즉시 얼어붙었다. 마당에 심을 커다란 몇 그루의 버드나무가 많은 인부들의 어깨에 실려 눈 위로 운반되어 왔다. 이것을 세울 때에는 구멍에 뿌리를 심고 눈으로 굳힌 후 물을 뿌리면 단단하게 얼어붙어 쓰러지지 않는다. 우물가의 느낌을 살리기 위해 물을 뿌리니 금방 얼음 층이 두껍게 흩어졌다. 처마 밑 고드름은 촬영소에서 사용하는 유리관으로 만든 것을 준비해 왔지만 필요는 없었다. 종이를 꼬아 만든 줄을 처마 끝에 달고 이를 심으로 삼아 물을 뿌리면 물이 흐르면서 얼어붙어 부풀어 오르면서 훌륭한 그리고 진짜 고드름이 생긴다. 물을 사용하는 것은 모두 금방 얼어붙었다.(31쪽) 촬영소 스튜디오 안에서 세트의 얼음이나 물을 만드는 데 솜이나 유리로 고민을 한 것이 우스워질 정도였다. 세트를 장식할 도구류도 갖추어졌다. 지금은 망루의 돌 쌓기가 하루라도 빨리 완성되는 것을 기다릴 뿐이다. 스태프들은 이미 출발했고 본대의 배우들도 2월 말에는 도쿄를 출발한다는 보고를 받았다. 하늘은 어디까지나 파랗고 맑은 날씨가 계속되었다. 눈은 내리지 않았지만 쌓인 눈은 아직 녹을 것 같지 않다. 자연이 우리들의 분투에 흥미를 가지고 미소를 보내준 것처럼 생각되었다.

3월이 되었다. 기온이 급상승했다. 따뜻함이 피부에 와 닿을 정도가 되었다. 그러나 온도계는 영하 15~16도의 선을 오르락내리락 하고 있었다. 20도를 내려가는 일은 거의 없었다.

3월 5일. 경성에서 잠깐 휴식을 취한 촬영 본 팀이 만포를 향해 출발하는 날이다. 눈에 보이지 않는 자연의 맹위는 이미 그 본성을 드러냈다. 완성에 가까운 망루가 어찌된 일인지 기울어지기 시작한 것이다. 위험하다고 느낀 석공들은 재빨리 피했지만, 눈으로 보기에도 그 기울기는 커져만 갔다. 갑자기 큰 소리를 내며 무너지기 시작했다. 건너편 연안의 산에 울려 퍼지는 그 소리를 들으면서 사람들은 망연자실하게 서 있을 뿐이었다.

●● 그림
만주 측 강 연안에 서서 얼어붙은 압
록강에서 좀 떨어진 곳에서 세트를
보다. 망루 높이 일장기가 찬바람에
펄럭이고 있다.

..

이윽고 주변이 원래 조용함으로 되돌아왔다. 살펴보니 설원 위를 몇 줄기나 되는 물줄기가 흐르고 있었다. 여기저기에서 맨땅이 보인다. 눈이 녹기 시작한 것이다. 지하의 동토층도 녹았는지 물줄기가 지면으로 솟았다. 비탈 면에 세운 세트 주변을 흐르는 물의 양은 늘어만 갔고, 산중턱의 눈도 녹고 있는 것 같다. 하얀색 일색이었던 세계가 급변하여 그 모습이 변화해 갔다. 공포에 사로잡혔던 사람들도 지금은 흐름을 막기 위해 분주하게 돌아다녀야 했다. 산에 면한 요새와 참호가 물줄기를 지탱하고는 있지만 이대로라면 요새도 무너져버릴 것이다. 진창 속에서 물을 막는 사람들의 귓가에 또 다른 악마의 웃음소리와도 같은 소리가 울려 퍼졌다. 요새 벽의 일부가 무너지는 소리였다.

촬영대가 도착했다. 기온은 한층 더 상승해서 완연한 봄 날씨였다. 추울 거라고 하던 배우들도 의외라는 표정이었다. 망루는 서둘러 재건해야 했지만 10일로는 무리였다. 이미 햇빛이 드는 곳의 눈은 지저분해졌고 추악한 지면이 천연두자국처럼 드러나 있었다. 눈이 없으면 촬영은 불가능했다. 이렇게 따뜻하면 압록강도 금방 해빙될 것이다. 눈이 오기를 바랄 수도 없다. 협의한 결과 회사의 지령을 기다려 철수하기로 결정했다.

기후적 조건을 무시한 것은 아니었다. 공사에도 가능한 일은 전부 다 했다. 그러나 환절기가 그 해에 따라서 한 달 정도 차이를 보이는 것은 드문 일이라는 것에 주의할 필요가 있었다. 전혀 잘 알지 못하는 곳에서 온 우리들은 예년 상태를 보면 4월까지 눈도 얼음도 괜찮았다는 현지인들의 말을 믿을 수밖에 없었다. 30년 만에 오는 이른 따뜻한 기운이라고 위로해주는 마을사람들의 말도 지금은 원망스러울 뿐이었다. 지하가 언 것은 땅속의 수분이 얼어서 부풀어 오른 것으로, 지하에 발생하는 서리기둥의 힘이 토지를 융기시킨 것이었다. 그 위에 세운 건축물이 기온이 오르면서 지면이 녹으면 파괴될 위험이 있다는 것은 알고 있었다. 따라서 동결된 곳까지 파서 확실한 지반에 기초를 세우고 돌을 쌓기 시작한 것이니, 보통 상태로 따뜻한 날씨가 되면서 서서히 지면이 녹기 시작했다면 결코 무너지지 않았을 것이다. 급격히 기온이 상승했기 때문에 한꺼번에 지하의 얼어붙었던 수분덩어리가 녹아 경사가 완만한 비탈에 세웠던 기초가 망루의 돌의 중량에 못 이겨 무너지기 시작한 것으로 보인다.

8월이 되었다. 가을에 다시 촬영을 개시하기로 해서 세트를 수리하기 위해 여름의 만포진에 갔다. 혹서였다. 천천히 흐르는 압록강 줄기에는 바람에 돛을 부풀린 배들이 있었고, 뗏목들이 줄지어 흘러간다. 강 연안의 버드나무에는 초록 잎이 무성하여 시원한 그늘을 만들고 있다. 한 면이 설원이었던 토지에 수수잎이 물결친다. 자연의 변화무쌍한 모습은 뭐라고 할 도리가 없다. 반팔 소매에 반바지의 가벼운 복장으로 현장에 나갔다. 여름 풀로 뒤덮인 세트. 여기저기 흩어져 있는 돌들, 겨울에 격렬하게 고군분투했던 생각이 다시 떠오른다. 여름철의 건축은 어렵지 않다. 수리에 들어갔다. 9월에 수리가 완성되었다. 가을 장면의 촬영이 10월부터 시작되었다. 11월은 촬영소로 돌아가 세트 촬영. 모든 것은 순조롭게 진행되었다.

12월. 현지에서 압록강이 결빙되었고 눈이 쌓였다는 소식이 왔다. 혹한에 도전할 준비를 신중하게 갖추고 만포진으로 세 번째 출발. 새하얀 설원에 세워진 망루는 의연한 모습으로 우리들을 맞아 주었다. 망루에 올라가 푸른 하늘을 향해 일장기를 게양하는 나는 눈에 눈물이 고이는 것을 느꼈다.

—마쓰야마 다카시松山崇[도호미술부]

〈젊은 모습〉의 촬영기술로부터
: 조선영화의 새로운 발족에 부쳐

지난 4월 하순 나는 기회가 있어 일본 북알프스의 노리쿠라(乘鞍), 하쿠바산로쿠(白馬山麓), 쓰가이케(栂池)의 설원에서 촬영하고 있는 〈젊은 모습〉의 촬영대를 방문했다. 여기에서 도요타 시로(豊田四郎), 미우라 미쓰오(三浦光雄) 두 사람을 중심으로 하여 다수의 젊은 반도영화인들이 섞인 한 팀이 조선영화의 새로운 발족으로서 의미가 깊은 이 작품을 위해서 일치 협력해서 진심으로 촬영을 진행해나가는, 말 그대로 진지하게 고군분투하는 현장을 견학하고 올 수 있었다.

산 밑에서는 이미 늦은 봄을 맞이한 계절, 장려하게 은백색으로 뒤덮인 봉우리들이 품은 이 설원도 이미 혹한기는 지났고 눈부신 봄빛이 가득 쏟아지고 있었는데, 발밑에 쌓인 눈은 아직 무릎까지 온다. 그래도 바람이 불지 않는 산간에서는 맑게 갠 공기를 통해서 햇볕의 따뜻함이 피부로 스며드는 것을 느낄 수 있다. 그러나 산꼭대기에서 불어오는 강한 바람과 그 차가움은 방한복을 입고 있어도 몸을 에이는 것처럼 아프다. 저녁부터 아침까지는 난로에 장작을 계속 때우면서 불을 피워도 틈새바람에 잠을 설치게 되고 생각지도 않게 몸을 떨기도 했다.

그러나 촬영대는 이른 아침 5시에는 전원이 일어났고, 날이 밝은 지 얼마 안 되는 야외에 정렬하여 원기왕성하게 체조를 한 후 궁성을 요배하고 군인들에게 전수받은 칙어를 복창한다. 그리고 황군 장성들의 무운장구를 기원하며 고향이나 부모님에게 예를 올리고 서로 조례를 하는 것이 매일 이어졌으며, 아침식사 후에는 그날의 일정에 따라 재빨리 촬영 준비가 시작된다. 설산이라고 해서 촬영에 필요한 부분을 생략하는 것은 용서되지 않는다. 그러기는커녕 예를 들면 카메라의 방한용품 등 일반 촬영보다 무게가 더 가중된다. 감독부와 촬영부 전원이 소수의 인부들과 함께 그것을 짊어지거나 또는 들어 지정된 지점까지 운반한다. 그곳에서 숙소를 따로 하는 현지의 청년학교 생도들이나 젊은 반도의 연기자들과 만나서 촬영이 시작되는 것이다.

봄이 오는 문턱에서 눈사태의 위험이 있는 것조차 잊고 도요타와 미우라의 2명은 최적의 촬영지점을 찾아 나선다. 전 스태프, 전 출연자들도 과감하게 각각의 자리를 맡는다. 새로운 눈이 필요하면 맨손으로라도 나무 밑을 파서 운반해 온다.

이 쓰가이케에 오기 전에 핫포오네(八方尾根) 방면의 촬영에서는 눈보라 신을 위해 정말 대단했던 진짜 눈보라 속에서 위험천만하게 몇 명인가의 조난자를 내기 일보 직전까지 갈 정도로 진지한 촬영을 강행했다고 들었다.

전원의 이 용감한 의욕과 열정. 강인한 수고와 노력. 규율과 단련으로 점철된 일과 생활신조와 태도.

나는 마음으로부터 머리를 수그리고 감격함과 동시에 이 작품의 성과에 큰 기대를 갖지 않을 수 없었다. 그리고 또한 일찍이 조선영화에 이만큼 혼신을 쏟아 부은 작품이 있었던가라고 생각하니 조선영화도 드디어 이제부터다라는 큰 희망을 품게 되었다.

우리들은 지금까지 몇 편인가 조선의 대표적 작품이라고 할 수 있는 영화를 접해 왔다. 그리고 그때마다 거기에 스며든 진실한 열의와 노력의 흔적에는 존경을 보이면서도, 작품의 수준이 낮아 받아들이기는 힘들었다. 이는 완전하지 못한 조직, 갖추어지지 못한 기구, 부족한 재력, 불충분한 시설, 저조한 두뇌기술 등이 원인임은 오랫동안 작품을 보면서도 알 수 있었고, 당사자들의 목소리로도 들려 왔으며 외부에서 본 견문의 형태로도 많이 들어온 이야기이다.

그렇기 때문에 내지의 체제개혁에 이어서 이루어진 반도의 새로운 영화기구의 출현에 기대하는 바는 크다.

강고한 조직으로서 조선영화제작주식회사가 새로 탄생했다. 이미 닛카쓰 다마카와(多

摩川)촬영소에서 많은 명작과 우수작을 낳은 당시의 명 제작부장인 나카다 하루야스(中田晴康) 씨의 지도와, 오랫동안 반도 내에서 가시밭길을 걸어온 사람들이나 내지의 각 촬영소에서 형설지공을 쌓아온 사람들을 규합한 조선영화인들의 힘의 결집 등. 이후에 오는 제반 정비를 기대하면서 기다리게 되는 것은 조선영화로서 또는 지대한 사명을 수행할 것을 요청받은 일본영화의 강력한 한 부분으로서의 건설이며 성장인데, 구체적으로는 필히 훌륭한 작품의 출현임에 틀림없다.

그 발족에 즈음하여 선택된 것은 의의가 중대한 조선의 징역제도 실시에서 소재를 찾아 각본은 야타 나오유키(八田尙之), 연출에 도요타 시로(豊田四郞), 촬영에 미우라 미쓰오(三浦光雄)를 모아 내선의 우수한 연기자를 배치하여 제작하고 있는 이 〈젊은 모습〉이니, 조선영화에서 지금까지 없었던 이 영화의 의의에, 그리고 이 강력한 스태프와 배우들에 대해 누구라도 눈과 귀를 기울이지 않을 수 없다.(22쪽)

특히 필자처럼 영화의 기술 면에 관심을 가지고 있는 사람이 기탄없이 말하자면 종래의 조선영화가 기술 면에서 많이 미력하다는 점을 생각하고, 또한 일본영화에서 오늘날만큼 강력한 기술이 중요한 적은 없었던 사실을 같이 생각해 보면 이 점만으로도 특별한 주목과 기대를 갖지 않을 수 없다.

대동아전쟁의 전과에 이은 일본영화의 신장과 발전에 따라 그 충실한 기술면의 강화는 점점 더 중요하게 될 것이다. 일본영화가 새로운 지역에 또는 적국의 영화를 대신하여 국가의 문화적 또는 교화적 사명을 이루기 위해서 우선 이 점이 필요하다는 것은 두말할 나위도 없지만, 더 나아가 일본영화가 대동아에서 영화문화의 주역으로 지도적 지위를 유지하기 위해서도 이 점이 최초의 기본적 그리고 결정적 요인이 된다. 조선영화가 일본영화이며 그 일환인 이상 물론 이런 자질이 결여되어서는 안 될 것이다.

한편 일본영화는 이미 만주에도 기술을 이전했고, 지나에도 손을 뻗고 있으며 더 나아가 남방지역의 영화를 키우고 있다. 영화 기술도 그 선두에 서서 착실하게 노력을 기울여 공적을 올리고 있는데, 같은 일본영화인 조선영화에는 최고 수준의 내지의 기술이 주입되고 이식되어도 좋을 터이다. 아니, 반드시 그렇게 되어야 할 것이다. 이는 내일의 조선영화를 확고하게 만드는 가장 현명한 지름길이기 때문이다.

그 점에서 조선영화의 재출발을 기하는 〈젊은 모습〉에 가장 훌륭한 촬영자의 한 사람인 미우라 미쓰오를 넣은 점은 연출에 도요타 시로를 부른 점과 더불어 조선영화로서 실로 다복한 일이라고 할 수 있다.

미우라 미쓰오가 제1급의 촬영기술자라는 사실은 여기에 구체적으로 실례를 들어 입증할 여유도 없고 또 일부러 그렇게 할 필요도 없을 것이다. 단지 한마디 덧붙이자면 그는 촬영의 기술 처리에서 거의 완벽한 재능과 수완을 가졌을 뿐만 아니라, 그 뛰어난 기술을 어떤 작품에서 어떻게 시행할 것인가 하는 점에서도 가장 진지하고 가장 양심적인 기술자의 한 사람이다.

오늘날에는 기술촬영의 본분에 대해 시각적인 화면구성의 사진기술 처리만으로 끝내려는 이는 없다. 가장 완벽한 기술 처리로 영화의 의의에 도움을 주려는 것이야말로 최종 사명이라고 할 수 있을 것이다.

한 보기를 들자면 일본촬영자협회가 각 연도의 가장 우수한 촬영기술을 선발하여 수상하는 행사에서 작년도는 극영화부문 〈속편 부계도(續·婦系図)〉의 미우라 미쓰오의 촬영이 사진적 기술처리로서는 최고 순위로 뽑혔음에도 불구하고, 수상은 보류되었다. 이것은 재작년에도 마찬가지로 그가 〈가와나카시마 합전(川中島合戰)〉으로 수상했다는 안이한 이유는 결코 아니다. 이 작품에서는 그 우수한 기술이 실로 도움이 될 만한 곳에서 힘을 발휘하였다고 말하기는 어렵다는 것이 근본적인 이유였다. 현재 촬영기술의 역할은 이렇게 생각되고 있고, 촬영기술자들의 사명에는 이와 같은 정신이 견지되어야 한다.

이 인용은 미우라 미쓰오의 기술이 얼마나 탁월한가를 아울러 보여주고 있는데 이와 함께 그가 〈속편 부계도〉로 상을 받지 못했던 것을 떳떳하게 여기고 있다는 사실도 첨부해야 하겠다.

그런 그가 지금은 조선영화의 새로운 발족을 위해 아직 모든 게 정비되지도 않았고, 그의 기술을 발휘하기에도 충분한 발판과 조건이 구비되어 있지 않았으리라는 것도 알고 있으면서도 흔쾌히 기술에 계속 힘쓰고 있는 것이다. 이는 영화의 의의를 위해 몸을 바치는 진정한 기술자로서의 그의 모습이라고도 할 수 있다.

내가 조선영화제작주식회사와 본 잡지가 편의를 봐주어 다행히도 가까스로 쓰가이케의 촬영지를 찾아간 것도, 기술면을 중심으로 하는 이 영화의 의의에 대한 관심 외에 이와 같은 미우라 미쓰오의 현장에서의 모습을 접하고 그에게서 여러 가지 배우고 싶다고 생각했기 때문이다.

나는 미우라 미쓰오가 촬영자로서 어떻게 이 영화에 참가하고 어떻게 그의 기술을 시행하여 도움을 줄 것인가라는 모든 문제를 여러 가지 각도에서 알고 싶다고 생각했다. 그리고 여러 항목으로 나누어 솔직한 질문을 제출했는데, 촬영 중의 가장 바쁜 시기였음에도 불구하고 그도 또한 솔직하게 그리고 자세하게 답해주었다. 이하는 그 일문일답식의 서술이다.

나는 먼저 첫 번째로 조선영화로서 의의가 깊은 이 작품의 제작에 참가하는 촬영기술자로서의 그의 태도와 각오를 물었다.

촬영자의 입장에서 보면 지금까지의 조선영화는 협소한 시장에서 오는 경영상의 문제를 내포한 자본력에 지배되는 졸속주의에 가담하고 있었고, 정비되지 않은 기구 탓인지는 모르겠으나 기술적으로는 일반적으로 매우 유치하고 조악하다는 인상이 강했는데, 이번에 실제로 들리는 바에 의하면 지금도 그런 경향은 심해지고 있다고 합니다. 그러나 저는 본 작품의 촬영 담당과 함께 과거의 관례에 입각한 제작상의 악조건[화면에는 나오지 않지만](23쪽)을 근본부터 뒤집어, 오늘날의 영화기술은 적어도 이렇게까지 신중한 준비와 창작계획으로 진행하지 않으면 안 된다는 것을 몸소 보여주는 일이 내지에서 파견된 촬영자로서, 그리고 조선영화의 흥성을 바라는 진심에서 주어진 사명의 일부라고 자부하고 있습니다. 더 나아가서 이와 함께 반도의 젊은이들에게 폭발적인 감격을 준 빛나는 징병제 실시의 포고로 황민화를 한층 더 선양하고, 군민이 일치하여 사랑과 용기를 엮어 내선이 하나 되는 숭고한 정신을 테마로 그린 본 작품의 중대한 의의와 사명에 협력하는 영광에 큰 기쁨을 느끼면서, 오히려 제작상의 조건의 불리함과 곤란과 싸우겠다는 비장한 결의를 하고 있습니다. 이 기념할 만한 영화가 기술적으로도 앞에서 이야기한 것 같은 나쁜 인상을 불식하고 조선영화에 대한 세상의 평가가 발전하는데 조금이라도 기여할 수 있다면 이처럼 기쁜 일은 없을 것입니다.

그는 이 영화가 가진 의의에 대해 전력을 다함과 동시에 그 자신이 이 영화에 참여하는 그 자체에도 스스로 큰 책임과 사명을 부여하고 있으며, 조선영화의 진정한 흥성을 위해서는 이 사명과 책임을 다하지 않으면 안 된다는 결연한 의지와 각오를 겸허한 말 속에 나타내고 있는 것이다.

나는 다음으로 연출자 도요타 시로에 대한 협력에 대해서 질문했다. 도요타 씨가 훌륭한 연출자인 것은 새삼스럽게 말할 필요도 없지만, 내가 도요타 씨를 존경하는 가장 큰 이유 중의 하나는 그가 영화에서 촬영기술의 중요성을 잘 알고 있고 촬영자의 창조력이 발휘될 때 그 자신의 연출이 강해지며, 양쪽의 관계를 진정으로 일체화시켜야 작품의 가치에 빛이 난다고 하는 것을 항상 실천해온 점이다. 그것은 도요타 시로 씨가 과거에 좋은 촬영자 오구라 가네미(小倉金彌)와의 절대적이고 긴밀한 협력으로 많은 명작을 남겨온 사실과 그 작품 중에도 잘 나타나 있는 바이다. 그 점에서는 도요타 씨 측에서도 잠시 침묵한 후에 다시 영화를 찍기로 하고 전혀 다른 촬영자와 맺어졌을 때에는 종래와 다른 각오가 있었을지도 모르겠는데 그런 도요타 씨에게 협력하는 미우라 씨 측에게도 많은 마음의 준비가 있었을 것이다. 이를테면 이럴 경우의 협력방법, 이에 대한 촬영자로서의 각오 등을 알고 싶다고 생각한 것이다.

연출자 도요타 시로 씨와는 예전부터 알고 지내던 사이이면서도 실제로 일을 같이 하게 된 것은 이번이 처음입니다. 오늘날까지 명성을 누린 도요타 씨의 작품은 이미 알려져 있듯이 그 대부분을 오구라 가네미 씨가 담당해 왔으며, 둘의 긴밀한 결합이 얼마나 우수했는가는 모든 작품을 통해서 이미 정평이 나 있습니다. 이번에는 우연히도 오구라 씨가 군 보도반원으로 남방에 가서 그 부재중을 틈타서 담당하게 된 저로서는, 한 작품에 혼신을 기울이는 진지한 영화작가 도요타 씨에게 어느 정도의 협력을 해야 하는지 많은 기우를 품게 됩니다. 그러나 단순히 연출자와 촬영자의 관계로 구체적인 보기를 말씀 드리자면, 연출의도와 촬영의 모든 조건의 긴밀한 연계에 대해서는 충분한 사전협의 위에 그 효과에 대한 진중한 연구를 하고 계신 것 같고, 더욱이 촬영기술 면에 대해서는 필요 이상의 간섭을 피하고 오히려 촬영자 자신의 창작수단에 따르겠다고 하는 등 창조적 자유를 주는 일 등을 들 수 있겠지요. 따라서 도요타 씨의 연출의도를 충분히 파악하지 않으면 진정한 협력자라고는 할 수 없습니다. 그만큼 일에 임하는 열성이 한층 더 강해 저희들에게는 가장 일하기 좋은 그리고 보람이 있는 연출가라고 할 수 있습니다.

내 질문이 철저하지 않았기 때문이기도 하겠지만, 그는 이 이상 자신에 대해 말해주지는 않았다. 그러나 이 짧은 말 속에서도 나는 촬영기술을 이해하고 촬영자를 이해하는 연출자를 위해서는 기술자도 같은 이해와 신뢰를 가지고 대하는 노력의 과정을 통해 반드시 그 대가가 따라오는 것만도 아닌 미우라 씨의 치열한 의욕이 약동하고 있음을 느낄 수 있었다. 그리고 도요타와 오구라 씨의 협력과는 또 다른 별개의 높은 성과를 기대할 수 있겠다고 생각했다. 그리고 이번 협력은 이후 다시 도요타와 오구라의 결합이 부활할 경우나 미우라 씨의 기술 면에서도 어떤 플러스적 요인이 되기도 할 것이며, 이 점만으로도 이 조선영화에 대한 내지 영화인들의 노력은 다시 내지 영화 속에 반영되어 마침내는 일본영화의 전진에 기여할 것이라고 생각해도 좋을 것이다.

이어서 나는 반도기술자들과 함께 일을 하는 미우라 씨의 감상을 물어보았다. 이 글의 첫 부분에도 기술했듯이, 고생이 많은 설산 촬영 중 젊은 반도의 기술자들이 시종일관 진지하게 또 명랑하게 기뻐하면서 이 영화를 위해 일하고 있는 것은 적지 않게 내 마음을 울렸다. 물론 그것은 그들의 향토영화의 흥망을 걸었다고 할 만한 이 작품의 의의를 생각해서이기도 하겠지만, 한편으로는 뛰어난 기술자로서 또한 좋은 선배, 지도자로서의 미우라 미쓰오 씨에 대한 전폭적 존경에 의한 것이 아닌가 싶었다.

오늘날 일본의 기술자들이 전 동아의 기술자들에 대해서 항상 최고의 지도자라는 책임을 가져야 한다는 것은 반복할 필요도 없지만 이 영화에서 미우라 미쓰오야말로 그들 반도의 기술자들 입장에서 보면 바로 그 책임을 질 지도자이다. 나는 그를 가장 숙달된 지도자로 봄과 동시에 가장 훌륭한 지도자로 기대하고 있는데, 그가 그런 점들에 대해 생각하고 있는 포부나 신념을 꼭 듣고 싶었다.

젊은 반도의 기술자들에 대한 제 감상으로서 그들을 운운하는 일은 우리들 기술자의 경우, 특히 개개의 자질에 관계되어 있으며 또한 이런 일은 내선을 막론하는 미묘한 문제이며 간단하게 논하는 것은 피해야 할 일입니다. 게다가 이것을 조선영화 전체의 문제까지 넓혀 생각하기에는 제 자신이 교류해 온 날이 짧기 때문에 답하기가 궁해지지만, 그래도 저와 교류하는 사람들에 대해서만 말씀드리자면, 모두 좋은 점수를 줄 수 있겠고 앞으로 희망을 가질 수도 있다고 봅니다. 제가 그들을 지도하면서 오늘날 이미 세세한 민족적 차이 등이 있을 리는 없으며 언제 어떤 경우에라도 그들이 그런 심정을 조금이라도 품지 않도록 항상 따뜻한 마음으로 접하고 있는데, 이것이 반도의 기술자들에게 적극성을 부여하고 기술 연구와 소질 향상을 촉진하는 가장 중요한 요소의 하나라고 확신하는 바입니다. 그러나 기술의 발전은 개인의 힘만으로는 아무래도 이루기 힘들며, 기계적 방면의 정비와 조직 없이는 도저히 이룰 수 없습니다. 이 기회를 빌려 조선영화계 전체를 보면서 느낀 직감을 말씀드리자면, 요컨대 오늘날까지 영화제작의 기본(24쪽)이라고 할 만한 기구와 인재에 모자란 부분이 아주 많았으며, 이것을 개혁할 만한 유력한 지도자도 없는 채 잘못된 방향의 제작과정을 그대로 답습해 현재에 이르렀는데 현재 조금씩 개선되고 있다고는 하지만, 주도면밀한 계획과 조직을 가지지 못한 결함은 아직 바뀌지 않아 앞으로의 발전에 의혹을 갖지 않을 수 없습니다. 오늘날의 개선 속도에 더 적극적이고 근본적인 개혁이 이루어지지 않는 한 현재

제도나 조직 속에서 충분히 혼자 자립할 수 있는 조선영화의 훌륭한 영화기술의 탄생은 불안한 게 아닌가하고 마음속에서 기우하고 있는 바입니다.

생각해 보면 내지의 촬영기술이 일본 전체의 촬영기술로서 급속하게 발전해 온 것은 전체 촬영기술자가 강고한 단결 조직을 가지게 된 이후이다. 미우라 씨의 말은 그것을 지적하고 있는 것인지, 아니면 더 나아가 큰 문제를 지적하고 있는 것인지, 내 질문이 철저하지 못한 부분도 있어 이번에는 이 점에 대한 상세한 답을 듣지 못한 점은 매우 유감이다. 그러나 씨의 말에서 느껴지는 열띤 호흡은 조선영화기술에 대한 올바른 직관으로부터 나오는 것이며, 또한 오로지 그 건전한 성장만을 희망하는 열정에서 토로된 것이며 조선영화에 대한 귀중한 시사와 충언의 가치가 없는 것은 아니다. 몸소 기술의 모범을 보이려는 그에게서 이런 의젓한 말을 들을 수 있는 것만으로도 〈젊은 모습〉을 계기로 지금 조선의 기술은 분기해야 할 때이다.

한편 나는 이 작품에서 조선영화로서 조선의 풍속을 나타내고 조선색을 어떻게 파악하고 있는지, 그리고 이 영화와 설산 촬영과의 관련성에 대해서 미우라 씨의 기술적 의도를 알아 보았다.

조선색을 어떻게 파악하고 있는지에 대해서는 지세적으로도 풍속적으로도 지금까지 다소 이(異)풍경의 고색에 빠져 퇴폐적 인상을 주는 것이 많았는데, 본 작품에서는 민족이 보유하고 있는 전통의 오래된 모습과 새로운 문화의 흥성을 반영하면서 풍토색에서도 이런 내용과 병행하여 앞으로 전진하는 오늘날의 밝은 조선을 그리려고 하고 있습니다. 그러나 계절적으로 이미 시기를 놓쳐 버렸기 때문에 시야에 제한이 많아 선택과 묘사에 고민이 많습니다.
또한 조선색이라는 점에서 설산의 배경도 당연히 기복이 많은 조선의 산용(山容)을 채택해야 했지만, 계절적 문제로 조선의 어디에도 설산은 없고 그 결과 궁여지책으로 내지에 이런 곳을 찾아 될 수 있는 한 비슷한 지형을 많이 넣으려고 부심하고 있는 바입니다.

나는 이상 외에도 이 영화에 대해서 의도적으로 사용된 기술적 효과나 그 효과를 위한 노력 등 세부사항에 이르기까지 될 수 있는 한 많이 알고 싶었다. 그러나 미우라 씨 등도 산악지역에서 한 번 도쿄로 돌아간 후 다시 바로 조선 각지에서의 촬영을 위해 떠

났기 때문에 간담할 기회도 없어 이 글이 다소 단편적으로 보일지도 모르겠다. 지면상
의 문제도 있어서 〈젊은 모습〉의 의의에 촬영기술이 관련된 부분을 중심으로 한 이상
의 글로써, 작품의 성과 및 조선영화의 새로운 발족을 기대하는 이 원고를 마치고 싶다.
글 중간에 여러 경칭을 생략한 점은 양해바란다.

●●

●● 사진은 〈젊은 모습〉의 한 장면

－시마자키 기요히코島崎清彦

1943년 10월(3-10호)

〈젊은 모습〉 광고

조선총독부 조선군사령부 후원

돌연히 상공에서부터 직선을 그리며 2대, 3대!
아 비행기의 구원이다!
떨릴 정도의 감격이 전파가 된 조난당한 150명
환희의 절규! 드디어 완성!

일본영화의 총력이 응집한 곳, 역사의 장대함 오늘날의 주제를 다루면서
장대한 아름다움과 웅대한 한 편을 이룬다!

각본－야타 나오유키
연출－도요타 시로
촬영－미우라 미쓰오
마루야마 사다오(丸山定夫)
쓰키가타 류노스케(月形龍之助)
다카야마 도쿠에몬(高山德右衛門)
기요카와 소지(淸川莊司)
나카무라 아키라(中村彰)
나가타 야스시(永田靖)
사부리 신(佐分利信)

모리 가쿠코(森赫子)

히가시야마 치에코(東山千榮子)

황철(黃澈)

문예봉 김령(金玲)

쇼치쿠·도호·다이에이·조영 협력

조선영화제작주식회사 작품

1943년 11월(3-11호) 38~41쪽

영화와 조선대중

조선을 생각하고 영화를 생각할 때 나는 불현듯 뭐라고 말할 수 없는 적막감에 사로잡힌다.

조선에 처음으로 활동사진이 들어온 것은 메이지 36년(1903년)이지만, 본격적으로 흥행을 하기 시작한 것은 다이쇼 시대[20]에 들어오면서부터였다. 기이하게도 조선의 영화사업은 우리들 현 세대의 청년들과 같이 성장해 왔다. 조선의 젊은이들은 대체로 마쓰노스케[21]를 보면서 자랐고 유니버셜의 장편물로 영화가 어떤 것인지를 알았다. 우리들이 소년기에서 현재에 이르기까지 매주 영화관에서 본 영화는 내외국 합해서 많게는 수천 편에 이를 것이다. 영화가 지니고 있는 대중에 대한 침투력에 대해 지금 새삼스럽게 놀라는 것은 아니지만, 그렇다면 이 굉장한 편수의 영화들이 조선의 젊은이들에게 과연 어느 정도의 영향을 주었는가. 우리들에게 있어서 영화는 이미 빼놓을 수 없는 것이 되었는데 아무리 필수불가결하다고 해도 이는 담배처럼 단순한 기호 또는 흥미에 지나지 않는 게 아닐까. 나는 내 자신을 뒤돌아보고 뭐라고 할 수 없는 공허함을 느낀다. 도회지의 젊은이들은 석양과 함께 울리는 악사의 악기소리와 변사의 명대사에 끌려 매일 밤같이 상설관에 빨려 들어간다. 보는 것은 언제나 변함없는 간판영화인 마쓰(松ちやん)[22]

---

20   1911년 이후
21   오노에 마쓰노스케(尾上松之助)를 가리킨다. 일본 최초의 영화스타였으며 감독으로도 유명하다.

의 둔갑술영화이며, 세네트[23]의 희극이다. 마쓰의 인기가 쇠퇴하면서 대신 나타난 것은 역시 지금까지 별로 볼 기회도 들은 적도 없었던 산발한 머리 모양의 반쓰마(阪妻)[24]였다. 우리들과는 아무런 관련도 없는 빨간 머리의 파란 눈을 가진 서양의 귀축들(洋鬼子), 채플린, 로이드, 더글라스[25]는 항상 꿈 많은 젊은이들의 동경의 대상이었다.

질주하는 열차 지붕 위에서의 대격투, 비밀지도, 또는 황금을 둘러싼 선과 악을 떠난 대난투, 이런 극적인 움직임과 싸구려 정의감은 청소년들의 피를 끓게 하기에 충분한 것이었고, 미지의 외국 풍물과 습관과 풍속은 그들의 호기심을 유혹하기에 충분했다. 작은 체구의 릴리안 기쉬[26]는 그 동양적 풍모로 청소년들의 동정을 이끌었을지는 모르겠지만 그 슬픈 로맨스는 결코 그들의 마음의 양식이 되지는 못했다. 항상 그때뿐인 구경거리에 지나지 않았던 것이다.

40여 년이라는 긴 기간을 두고 개봉된 엄청난 양의 내외영화들은 그 어느 하나도 조선의 민중들을 가르치려고 하지 않았다. 조선 사람들도 무엇 하나 그런 영화들로부터 배우는 것을 기대하지 않았다. 달타냥이 어느 나라 사람이고 언제적 이야기인가 그런 귀찮은 일은 알 필요도 없었다. 언제나 변함없는 더글라스의 쾌활한 모습을 보면 되는 것이다. 그렇기 때문에 같은 프랑스영화여도 〈철가면〉보다는 검극이 많은 〈삼총사〉나 〈쾌걸 조로〉가 몇 배나 더 인기가 있었다. 단지 주어진 영화에 대해 어느 정도의 입장료를 내고 그 대가로 3~4시간의 무료함을 때우면 되는 것이었다. 영화에 대한 대중들의 이런 소극적인 태도에서 나는 약간 역설적이기는 하지만 조선 대중들이 영화를 애호하면서도 영화에 대해서 아주 냉담하다고 하는 결론을 내릴 수도 있다. 그러나 영화 특히 미국영화는 우리들의 생활에는 아무런 관련도 없는 사치스러운 상품에 지나지 않았으며, 그렇기 때문에 조선은 오랫동안 영화적으로는 전적인 식민지였고 소비시장에 지나지 않았다. 그리고 이 시장적 성격은 불행히도 오늘날에도 여전히 남아 있다.

다이쇼 10년에 처음으로 자주적인 극영화가 제작되었고 오늘날에 이르기까지 130~140편의 조선영화를 만들었으나 이런 극소수의 노력으로는 대중의 잘못된 기호를 바로

---

22   오노에 마쓰노스케의 애칭이다. 오노에는 6살에 가부키극의 배우로 데뷔했으나, 1909년 요코다상회(橫田商会)의 『바둑판의 다다노부(碁盤忠信)』에 출연하면서 영화배우로 전업했다. 이후 일본영화 최초의 스타가 되었다.

23   Mack Sennett

24   반도 쓰마사부로(阪東妻三郎)를 가리킨다. 오노에 마쓰노스케에 이은 일본영화 최고의 검극스타이다.

25   Douglas Fairbanks

26   Lillian Gish

잡는 것도 조선영화에 치명적인 소비시장적 성격을 파괴하는 것도 불가능했다. 앞에서도 말했듯이 영화흥행지역으로서의 조선은 자신들의 영화를 가지기 이전에 이미 20년의 긴 세월이 있었고, 조선의 대중은 오랫동안 외국영화[특히 미국영화]와 내지영화만을 봐 왔다. 그리고 이들 영화가 우리들에게 준 단 하나의 가르침은 영화는 끝없이 재미를 주고 움직인다는 이유만으로 환등기보다 가치가 있으며, 무대가 변화무쌍하고 아직 미지의 토지가 비춰지는 것만으로 연극보다도 진귀한 상품이라는 영화에 대한 틀린 신념뿐이다.

생긴 지 얼마 안 된 게다가 20년이나 늦어서 겨우 나타난 조선영화가 어떻게 외국영화가 지닌 매력을 갖출 것인가. 조선영화는 지금까지 우리들이 봐 온 영화들보다 몇 배나 더 빈약하며 움직임도 둔한 영화들이었다. 그렇지만 조선영화라는 이유만으로 일시적인 매력이나 애정은 있었다. 스크린 상에서 반드시 코가 높은 빨간 머리가, 머리를 흔들며 산발이 된 사무라이가 속임수를 쓰는 살인극만 기대했던 대중들이 처음으로 조선인의 모습을 봤을 때, 또 그들에게 낯익은 구비전설의 인물들, 예를 들면 춘향, 심청, 장화, 홍련의 형상을 봤을 때의 놀라움과 호기심은 보통을 넘는 것이었다. 이런 놀라움은—토키영화로 넘어가 조선어 발성을 들었을 때 다시 한 번 반복되었지만—조선에서도 '영화'라는 것을 만들 수 있다는 사실에 대한 놀라움에 지나지 않았다. 익숙해지면 곧 소멸해버릴 정도의 놀라움이었던 것이다.

이런 압도적인 미국영화의 세력 밑에서 조선영화가 어떻게 정상적으로 발전을 할 수 있겠는가. 조선영화는 대중들의 그릇된 기호를 바로잡기는커녕 오히려 항상 유행하는 내지영화, 외국영화의 형식을 무비판적으로 모방하는 데까지 타락하고 말았던 것이다. 게다가 이 모방은 장래의 자기발전을 위한(38쪽) 일시적인 굴욕이 아니라 당시 평판이 좋은 작품을 흉내 냄으로써 대중들의 감상심리에 영합하고 이것으로 하루라도 길게 자신들을 존속시키려는 비굴한 정신에서 오는 것이었다.

조선영화는 우선 이식과 모방에서 시작되었다고 해도 과언이 아닐 것이다. 다이쇼 11년(1922년)에 만들어진 〈춘향전〉 그 다음해의 〈장화홍련전〉과 〈운영전〉 등은 모두 구비전설의 이식이었는데, 메이지 말기에서 다이쇼 초기에 걸쳐 내지의 영화들이 가부키를 베끼고, 당시 가장 인기가 있었던 신파극을 그대로 베끼었던 것처럼 조선에서도 전통적인 극이나 소설을 관중의 예비지식과 맞물려 공감할 수 있도록 그대로 영화로 옮겨 놓았던 것이다. 영화로서의 독자성 따위 물론 있을 리가 없다.

이런 현상은 조선영화에만 나타나는 것은 아니었다. 영화사를 헤쳐 보면 누구라도 영화예술이 그 성장과정에서 다른 예술에 의존하고 모방해 왔다는 것을 알게 된다. 내지에서도 한때는 가부키나 신파극의 단순한 이식이었으며 프랑스의 필름다르 운동[27]도 그 좋은 의도에도 불구하고 무대극의 재현에 지나지 않았다. 모방에 의존하는 것은 어느 나라를 막론하고 한 번은 경험해야만 하는 역병인 것이다. 그러나 외국이나 내지영화들은 이 굴욕적인 경지에서 금방 벗어났고 각각의 독자적 경지를 개척했다.

　　조선영화에도 그 정도의 기력이 있을까.

　　스스로의 싹을 배양해 나가기 위해서는 조선이라는 지반은 영화시장으로서 너무나도 황폐하다. 오랫동안 쌓여온 외국영화의 세력을 부수고 자신들의 경지를 개척하는 것은 조선의 젊은 영화인들이 바랄 수도 없는 매우 어려운 길인 것이다.

　　〈나의 죄(己が罪)〉나 〈곤지키야샤(金色夜叉)〉가 내지의 문단에서 인기를 얻자 곧 극으로 만들어지고 영화로 만들어져[최근까지 그랬지만] 내지의 영화계를 풍미하는 그 구경거리적 근성은 그대로 아무런 비판도 반성도 없이 조선에 전래되었다. 그 〈나의 죄(己が罪)〉는 〈쌍옥루(雙玉淚)〉의 전후편이 되어 많은 필름을 낭비하게 했고, 〈곤지키야샤(金色夜叉)〉는 〈장한몽(長恨夢)〉이 되었는데, 〈새장 속의 새(籠の鳥)〉의 흥행이 압도적으로 인기를 얻자 조선의 영화인들도 같은 이름으로 영화를 만들어 단물을 나누어 먹으려고 했다. 황당무계한 내지의 살인극을 그대로 검극으로 영화화한 〈산채왕(山塞王)〉이 대중들을 끌려고 했고, 〈봉황의 면류관(鳳凰の冠)〉은 아사오카 노부오(浅岡信夫)를 흉내 낸 활극물의 복사본이라는 것은 부정할 수 없을 것이다.

　　내지의 영화는 대중의 기호에 맞추기 위해 많은 외국의 번안물, 신파극을 많이 만들어 왔는데, 조선의 영화는 불행히도 흉내 내어서는 안 되는 내지의 영화 형식까지 그대로 답습해 내지의 흥행 성적이 어떻게 나오는지에 좌지우지되고 말았다.

　　영화에 대한 주장도 이상도 없는 이런 제작상태가 어떻게 대중들의 애착을 얻을 수 있겠는가. 모조품은 아무리 그것이 뛰어나다고 해도 역시 진품에는 뒤진다. 대중들은 자신들의 영화에 대해서 아무런 놀라움도 호기심도 보이지 않게 되었다. 그들은 변함없이 반쓰마의 검극에 열중하고 미국 서부극이나 대규모의 스펙터클에 압도되어 있다. 단지 그런 영화들이 조선영화보다 훨씬 재미있다는 이유로.

27　　Film d'art

초창기 조선영화에서 이런 모방성은 나운규[그는 수년 전 모든 영화인들이 애도하는 가운데 작고했다] 시대까지도 계속되었다.

나운규는 쇼와 원년에 〈아리랑〉을 발표했다. 쇼와 원년은 조선영화의 원년이기도 했을까. 〈아리랑〉은 영화작가로서의 나운규 개인에는 물론 조선영화에게도 획기적인 작품이었다. 지금까지 색 바랜 모조품만 보아 온 대중들은 이 작품으로 처음으로 피가 통하는 진품, 그들이 가장 친숙한 세계를 발견한 것이다.

도회지 대학에서 철학을 전공한 주인공이 미치게 되어 고향으로 돌아왔다. 고향에는 한창 나이인 여동생 한 명. 오빠 한 명과 누이 한 명의 한적한 생활이었다. 거기에 예전 학우가 주인공이 미쳤다는 것을 모르는 채 찾아온다. 영화는 여기에서부터 시작된다. 학우는 주인공의 비참한 상태를 모른 채 할 수 없어 그곳에 눌러 앉게 되고, 주인공의 누이와 연애를 하게 된다. 마을 지주의 방탕한 아들이 주인공의 누이에게 흑심을 품게 되고 무언가를 구실을 삼아 두 연인의 사이를 방해한다. 드디어 풍년제로 마을이 떠들썩한 틈을 타 지주의 방탕아는 주인공의 누이를 덮치려고 하지만 발광한 주인공이 눈치를 챘고, 주인공은 그를 죽여 버리고 만다. 마을에서는 큰 소동이 벌어지고 주인공이 정신을 차렸을 때에는 이미 때는 늦었으니 그는 이미 사람을 죽인 죄인인 것이다. 그는 누이와 친구의 장래를 축복하면서 순사들에게 이끌려 아리랑 고개를 넘어간다.

줄거리를 봐도 대체로 예상할 수 있듯이 우연성이 많은 영화이지만 순사들에게 이끌려 아리랑고개를 넘은 이 영화의 주인공은 그 등 뒤로 향토에 대한 끝없는 애수를 남겼다.

약 20년 동안 자신들의 생활과는 아무런 관련도 없는 외국영화로 무료함을 때우던 조선의 대중들은 처음으로 자신의 생활감정에 밀착된 영화를 접하게 된 것이다. 오랫동안 잊고 있던 향토에 대한 애착이 소박하면서도 떠들썩한 마을잔치의 분위기로 생생하게 살아나는 것이다.

나운규의 〈아리랑〉에 대한 대중의 열광적인 인기는 지금까지 조선영화에 대해 극히 냉담했던 유식계급의 관심을 얻게 했고, 조선영화도 겨우 일어서게 되었으며, 자신의 길을 발견했다는 느낌도 있었다. 그러나 나운규가 아무리 천재라고 해도 당시의 조선영화를 재출발시키고 독자적 경지를 개척하며 조선영화의 길을 세울 정도의 역량이 있는 작가는 아니었다. 뿐만 아니라 조선영화의 당시의 객관적 지위는 결코 조선의 젊은 영화인들이 조선영화 수립에 매진할 만큼의 여유를 주지 않았다[이 점에 대해서는 나중에 한 번 더 설명하겠다].

그 출발에서 이렇게도 화려했던 나운규는 영화작가로서의 자기완성을 향해 노력하기는커녕 한 번 얻은 인기를 확보하기 위해서 가장 안이한 길을 선택했다. 다름 아닌 외국영화의 모방이었다. 조선의 지식인들의 기대와는 반대로 쇼와 원년은 결국 조선영화의 단지 1년에 지나지 않았던 것이다.

〈아리랑〉 후에 발표한 일련의 작품들[〈풍운아〉 〈잘 있거라〉 〈사랑을 찾아서〉 등]로 대표되는 그는 이미 일개 싸구려 활동사진의 배우[앞에서 천재적이라는 단어를 썼는데 그는 원작과 감독과 배우를 대부분 혼자서 담당했다]에 지나지 않았다. 더글라스처럼 호탕하게 웃고, 탈마지[27]처럼 뛰어다니며, 채플린처럼 허무한 웃음을 과장하는 배우에 지나지 않았던 것이다.

북만주인지 시베리아인지에서 흘러들어온 남자. 그는 꽃밭처럼 아름다워야 할 고향에서 많은 모순을 접하게 된다. 그는 이제 〈아리랑〉처럼(39쪽) 향토에 대한 절실한 향수를 그리려고도 하지 않으며, 그렇다고 해서 현실의 모순을 깊이 파고들지도 않는다. 이 영화의 대단원에 가까운 대격투—무지한 대중의 본능을 만족시키기 위한 그 서양풍의 격투—를 위한 하나의 입장, 인도적인 입장, 혹은 민족주의적 입장을 늘 준비하고 있을 뿐이다.

그의 작품의 기조라고도 할 수 있는 약한 자들에 대한 동정은 대중의 영웅주의를 선동하고, 방랑성은 일정한 견식이 없는 대중들의 인생에 대한 생각과 공명할지도 모르겠다. 그러나 그 이상의 무언가를 대중들에게 준 것 같다. 그가 〈아리랑〉 이후 결국 조선의 향토와 생활을 버리자마자 대중은 그의 작품에서 민감하게도 구경거리적 흥미—외국영화에 대한 것과 별 차이 없는—만 기대하게 되었다. 나운규는 점점 조선영화작가라는 독자적 지위에서 대중의 싸구려 기호에 영합하려는 우매한 활극배우로 전락해 갔다. 그리고 이 타락은 나운규의 개인적 타락임과 동시에 크게는 조선영화의 타락이기도 했던 것이다.

나운규의 영화가 조선의 대중들에게 아무것도 가르치지 않았던 것처럼 당시 쇼와 초

27   Richard Talmadge

기의 새로운 사회사조의 영향을 받아, 아니 좀 더 확실히 말하자면 내지의 제작에 자극을 받아 만들어진 일련의 경향영화들도 대중과는 관련 없는 영화들이었다. 일부 문인들과 영화인들이 손을 잡고 '조선영화예술협회'를 만들고 그들의 새로운 사상의 프로파간다로서 가장 신예(新銳)한 무기인 영화를 다루었지만, 너무나도 목적의식이 강해 설교로 끝나는 이들 작품이 어떻게 대중의 관심을 잡겠는가. 공리성을 대의명분으로 내세운 애송이 중의 설교는 들은 후에도 개운하지 못한 법이다.

이들 영화는 이데올로기 선전만을 위한 성급함으로 대중의 현실적인 생활을 파고들지는 못했다. 그렇기 때문에 대중은 조선인이 영화에 등장해서 활약하고는 있지만 자신들과는 멀리 떨어진 세계의 일이라고만 생각했다. 마치 검극영화나 미국영화가 그렇듯이. 이런 현상은 후에 나타난 국책영화에 대해서도 마찬가지로 나타난다.

대중들이 조선의 초기신파영화를 냉담하게 받아들이고, 저만큼 인기를 얻었던 나운규의 영화에도 질렸고, 경향영화나 좋은 의도로 만들어진 국책영화들이 아무런 가르침 없이 무관심 속에 묵살된다는 사실을 우리는 심각하게 생각해야만 한다. 조선의 대중들은 그만큼 자신들의 영화에 대해 애착이 없는 것일까. 아니, 사실은 정말 그 반대이다. 조선영화가 개봉될 때마다 나타나는 압도적인 흥행 성적이 자신들의 영화에 대한 끝없는 애착을 말해준다.

잘못은 오히려 영화 쪽에 있다. 40년이라는 긴 세월 동안 대중들에게 소극적인 감상태도와 기호를 심어놓았고 아무것도 가르쳐주지 않았던 외국제 상업영화와, 조선인들의 생활과는 동떨어진 자신들만의 생활감정에 빠져 있던 내지의 영화에 말이다. 그리고 독자적 생활과 윤리를 나타내려고 하는 대신에 어리석게도 선진국의 영화를 모방하려고 했던 조선영화 자신에게도.

결국 조선의 영화는 자신들의 작품을 하나로 묶어 단순한 구경거리로 만들어 버렸다. 진정한 의미의 오락이란 결코 가공적 위안이나 신기함이나 시간을 때우는 것을 의미하지는 않는다. 생활에 가장 밀접한 것이야말로 진정한 오락이라고 할 수 있다. 오늘날까지 조선에서 개봉된 외국영화나 내지 영화는, 다시 말하자면 아무리 그것이 예술적으로 뛰어나다고 해도 일부 유식층을 제외하고는 대중들이 보기에는 그들의 생활과는 너무나도 유리되어 있고, 그들의 현실과는 아무런 관련도 없었기 때문에 단순한 만화경적 존재에 지나지 않았던 것이다. 그리고 조선영화도 같은 이유로 항상 무엇인가를 얻으려고 하는 대중의 마음으로부터의 기대를 배신했고, 신기함도 절묘함도 없는 졸렬한 만화경이었던 것이다.

우리는 이상에서 조선의 영화가 겉으로 보기에는 대중들과 꽤 밀접하게 연결되어 있는 것처럼 보이면서도 내면에서는 거의 어떤 교섭도 없이 수평적으로 나란히 걸어왔다는 것을 알았다. 이제 조선영화제작단체가 얼마나 외부와 교섭이 없었는지를 알아보도록 하자.

　최근에 변두리 영화관에서 〈섬(嶋)〉, 〈건설 기지(建設の基地)〉라는 두 문화영화를 보고 최근 일본의 문화영화[또는 기록영화]의 두드러진 발전에 놀랐다. 무엇보다도 이 두 작품 자체가 뛰어나게 훌륭했던 것은 아니지만, 보는 사이에 제작자들의 열정이 절절히 와 닿아 작품 자체에서 오는 것과는 다른 감동을 받았다.

　조선의 영화인들에게 이런 열정이 없는 건 아니다. 아니, 열정이란 점에서 보자면 세계 어느 영화인들에게도 지지 않을 것이다. 그런데 어떤 이유로 한 편의 걸작도 나오지 않는 것일까. 조선영화에서 부족한 것은 대체 무엇일까.

　일본에서 문화영화에 대해 논의되기 시작한 것은 그다지 오래되지 않았다. 지나사변 발발 이후로 보면 큰 무리는 없을 것이다. 처음에는 조수들이 연습하는 무대에 지나지 않았던 문화영화가 몇 년 지나지 않아 이렇게 발전한 것은 왜일까. 정부에 의한 문화영화의 옹호라든가 사변 이후 뉴스영화를 통해서 문화영화에 대한 일반적 관심이 높아졌다든가 여러 가지 외부적 요인을 생각할 수 있겠지만, 제일 근본적으로는 문화영화작가들이 서로 시행했던 활발한 그리고 끝없는 연구활동을 들 수 있을 것이다. 그들은 빈약한 한 대의 카메라를 둘러싸고 눈에 띄지 않는 연구와 토론을 계속해 온 것이다. 이론과 실천으로 옮겨 실행한 실천에서는 보다 올바른 이론과 방법을 이끌어냈다. 그리고 자신들에게 모자란 부분은 외부로부터 탐욕적으로 흡수했다.

　20여년 동안 그늘의 길을 걸어온 조선영화는 미국처럼 막강한 자본의 원조가 있었던 것도 아니며, 프랑스처럼 선진기술의 친절한 협조가 있었던 것도 아니다. 그리고 어쩌다가 제작을 할 기회를 만나게 되면 2번이고 3번이고 같은 실수를 반복해 왔다. 불행히도 그들의 실수를 지적해줄 비평가들도 없었다. 신문과 잡지는 이목구비가 수려한 스타 이외에는 기꺼이 지면을 할애해주지 않았다. 조선의 상식으로 보자면 최근, 아니 현재까지 조차도 영화인들은 아무 쓸모도 없는 불한당이며, 영화 사업은 불량배들에게 유흥비를 기부하는 것과 같았다.

　조선영화는 이렇게 문화인들로부터도 기업가들로부터도 경원시 되어 홀로 편협한 길을 걸어 왔다. 그렇기 때문에 조선영화의 기획은 제작자금을 융통해 온 사람[이 경우 대부분 감독들이지만]이 소재를 선택하고 기획을 하게 된다. 따라서 만들어진 작품 그 자체도 아주 개인적 취미가 반영된 것이 많았다. 지금까지의 조선영화(40쪽)를 뒤돌아보면 물론 약간 예외는 있지만 영화에서 다루어진 소재의 부정적 요소와 외국영화의 모방성은 덮을 수 없는 사실이다. 이런 작가들의 좁은 시야가 가지는 예술적 취약성은 크게 말하자면 한때 조선영화가 가진 하나의 한계라고도 말할 수 있다. 물론 그중에는 〈임자없는 나룻배〉〈집없는 천사〉 등 예술적으로도 사상적으로도 훌륭한 작품도 있었다. 그러나 이런 조그만 노력으로는 조선영화 전체의 저속함을 구할 수 없다. 유랑 광대처럼 기업화되지 않은 조선영화는 주입자금의 신속한 회수, 즉 흥행 성적만을 노린 작품을 만들어야 했고 가끔 제작된 소위 말하는 양심적인 영화들은 작가의 노골적인 개인의 취미로 점철되어 오히려 조선영화 일반에 대한 오해를 초래했다.

조선영화의 무기획성 및 작가의 개인적 취미성은 조선영화가 홀로 외부의 멸시 속에 남지 말고 스스로 밖으로 그 영역을 넓혀가게 되면 자연히 소멸할 것이다. 그리고 객관적인 정세도 점차 조선영화가 지금까지의 고식적인 경지에 머무르지 못할 정도로 긴박해졌다.

조선영화를 쇄신할 손은 영화와 그다지 직접적인 관련이 없는 방향에서 뻗어 왔다.

작년에 총독부의 주선으로 2백만 원의 대(大)회사가 설립되어 지금까지 의붓자식으로 취급 받아 멸시 속에 남겨졌던 조선영화도 겨우 1인분이 되었다. 오랜 문화적 유산과 전통을 가진 다른 예술부문과 어깨를 견주며 결전하의 국민의 문화재로서 화려하게 등장했다. 이 발전과 비약은 물론 조선영화 스스로가 점점 예술적으로 향상하고 성숙해 온 것에 의한[이런 기운은 최남주(崔南周) 씨 등의 진보적 인사들에 의해 이미 쇼와 10년경 정도부터 서서히 양성되어 왔다] 것이지만, 거기에 조선영화의 지위를 결정적으로 만든 것은 정책이었다. 조선영화에도 결전하에서 이에 어울리는 강도의 정치성을 요구하게 된 것이다.

영화가 지니는 정치성은 대중에 대한 침투력과 함께 강력한 것인데, 이 힘은 작품 그 자체가 가장 예술적일 때에 비로소 충분히 발휘할 수 있는 것이다. 예술적이라는 말이 돌려 하는 말 같다면 생활적이라고 해도 좋다. 이는 누구나 알고 있는 상식이지만 나는 결코 예술지상의 입장에서 말하는 것은 아니다. 모두 알고 있는 이 사실을 하나의 식으로만 간과할 수 없는 절실한 이유가 있다. 이것을 조선영화제작의 특수성이라고나 할까. 지금 한 번 더 되돌아보자.

강력한 정치성을 지닌 경향영화가 다행히도 조선에서 어떻게 실패를 했는지는 앞에서 이야기했다. 내지의 많은 국책영화도 그 좋은 의도에도 불구하고 역시 앞과 같은 전철을 밟을 위험이 있다.

　내지의 국책영화가 전체와 개체, 개인과 협동체의 운명 속에 로맨스를 도출해내려고 하는 양심적인 기획임에도 불구하고 대부분의 작품들이 조선의 대중에게 친숙함을 불러일으키지 못하는 이유는 어디에 있을까. 다시 말하자면 이들 작품의 주인공이 왜 황당무계한 검극영화나 신파영화의 주인공들만큼도 일반대중을 끌어들이고 있지 못한가라는 문제이다. 그 원인은 무엇보다도 개인[주인공]과 전체[국가]의 상관관계가 한때의 멜로드라마처럼 극적으로 고조되지 않았다는 것, 다시 말하자면 각각 전체의 운명을 그리려고 하는 좋은 의도에도 불구하고 이를 현란하고 선정적인 로맨스로 꽃피우지는 못했다는 데에 있다. 즉, 주인공의 심리적 추이도 갈등도 그리고 마지막에 도달하는 해결점도 극 속 사건 그 자체의 추이와 함께 명확한 목적의식에 너무나도 많이 할애해 버리고 말았다.

　개인과 개인의 갈등 속에서만 로맨스가 있다는 것을 배웠고, 또한 개인과 개인의 사건에만 많은 흥미를 이끌어낼 수 있는 대중들, 아니 그보다도 오랫동안 영화를 만화경적인 재미로만 애호해 온 조선의 관중심리는 이런 각각의 전체의 문제에 관한 일반적 추구나 관념적 해결은 이성적으로는 그것을 긍정하면서도 여전히 일종의 이방인들과 같은 서먹서먹함을 느낄 수밖에 없었다.

　조선영화제작의 의의는 실로 이 공백을 채우는 일에 있다. 적절한 시국성과 적절한 오락성으로 영화를 만들어, 예산과 결산을 맞추고 앞뒤를 맞추는 안이한 태도는 이제 용서하지 말아야 한다. 아무런 허식도 과장도 무기도 없이 적나라한 모습으로 카메라는 현실 속에 뛰어들어 가야 한다. 이렇게 해서 파악된 진실한 생활만이 영화에 대해 딱딱하게 굳은 대중의 혼을 흔들어 깨울 수 있다. 여기에 이르러 비로소 영화를 가장 애호하면서도 영화에 대해 냉담하게 지내온 대중의 역설적인 감상심리가 깨지게 될 것이며, 영화 속에 전개되는 세계가 단순한 구경거리의 세계가 아니라 그들이 가장 친근하게 느끼는 현실적인 힘으로 대중들에게 호소하게 될 것이다.

　오랫동안 가시밭길을 걸어온 조선영화가 국가의 요청에 진실로 따르는 유일한 길은, 즉 재출발할 기점은 실로 여기에 있을 것이다.

　문화적 계발보다도 아니 거기에 도달하기 위해서라도 우선 조선영화가 지금까지 잊고 있었던 조선의 생활을 새롭게 발견하고 조선의 현실을 파악하는 곳에서부터 출발해야 하는 것이다.[끝]

－오영진吳泳鎭

1944년 1월(4-1호) 30~31쪽   [작품비평]

〈젊은 모습〉에 대해

내지인들에게는 황도로 변모해가는 조선의 모습을 보여주고, 조선인에게는 황도정신을 파악하게 한다는 〈젊은 모습〉의 제작기획에서 보면, 이 영화는 성공적이다. 이 영화와 비슷한 의도로 완성된 〈그대와 나〉와 비교해도 별 무리가 없을 터인데, 이는 〈그대와 나〉가 제작될 당시의 조선의 황도화(皇道化) 상황보다 오늘날의 조선의 황도화가 어느 정도 진척되어 있기 때문이라고 생각된다. 조선의 황도화는 이 대동아전쟁하에서 긴급히 그리고 올바른 모습으로 완성되어야 하는 막대한 과제이다.

조선의 황도화가 지나 사변과 동시에 진행되기 시작해, 대동아전쟁의 진전에 따라 드디어 그 결실을 맺게 되었다고 해서, 전쟁 수행 때문에 조선의 황도화가 진전되었다고 한다면 그런 주객전도도 없을 것이다.

조선의 황도화는 상고조선의 본연의 모습으로 돌아가는 것이며, 혈연적으로 하나였던 내선이 본래의 상황으로 돌아가는 것이므로 전쟁과는 관계없이 수행되어야 하는 성질의 것이며, 사실상 그래왔다. 그러나 이 전쟁이 시작되면서, 황도화를 촉진할 수 있는 힘을 얻었기 때문에, 이 기회에 황도화를 완성시키겠다고 하고 있을 것뿐이다. 지원병제가 징병제 실시로까지 진전되었고, 해군특별지원병제, 학도특별지원병제 등 무엇 하나도 조선의 황도화의 커다란 결실이 아닌 것이 없다.

그럼에도 불구하고 내지에서 조선에 대한 인식은 아직도 〈아리랑〉 정도인데 이것이 조선의 황도화를 위해서는 얼마나 방해가 되고 있는지 그 인식이 부족한 이들은 눈치채지 못하고 있다.

〈젊은 모습〉이 이를 통쾌하게 그리고 있고, 이를 올바르게 바로잡기 위해 제작되었다는 진의를 이 단문의 독자들은 꼭 이해해주었으면 한다.

그럼 〈젊은 모습〉의 영화로서의 가치를 보자. 앞에서 설명한 대로 처음의 제작기획의 목표는 충분히 달성했다.

〈그대와 나〉도 같은 기획이었지만 조선 정서(情調)도 넣고 풍광도 소개하며 이상도 구현하고 싶다는 식으로 늘어놓은 결과가 저 실패를 초래했다[조선에 대한 인식을 고쳤다는 점에서는 〈그대와 나〉도 결코 전체적으로 실패했다고는 할 수 없지만]. 〈젊은 모습〉은 징병제 실시에 따르는 조선의 젊은이들의 모습을 그린다는 것에 주안을 둔 것으로 무리 없는 구성을 보이고 있다.

게다가 극 전반에서 국어를 사용하고 있기 때문에, 중학생을 제재로 다룬 것은 현명했으며, 단 한 부분만 조선어를 사용하는 장면이 있었는데, 조선의 황도화—단순한 내지화가 아니라, 언어나 풍속이 내지화 하는 것을 필요조건으로 하는—가 충분하지 못한 면을 전혀 무시할 수 없는 상황에서 더 적절한 소재였다. 그리고 조선에 대해서는 아리랑적 엑조티시즘을 강요하는 내지 관람자들의 인식부족을 정상적인 것으로 이끌기 위해서도 적절했다.

원래 엑조티시즘은 예술의 방해물이라고 생각하는데, 하물며 황도화 하고 있는 조선에 대해서 그 엑조티시즘을 강요하는 것은 조선의 황도화를 방해하는 것에도 정도가 있다. 그러나 지방색이라는 것과 엑조티시즘은 구별해야 하는데 〈젊은 모습〉에 표현된 지방색이 반드시 올바른 것이었다고는 할 수 없다.

나는 이 지방색의 표현에 결여되어 있는 부분이, 이 영화로부터 정열이나 감흥을 받지 못하는 하나의 원인이라고 생각한다. 즉, 이 영화에는 내러티브성(物語性)이 희박하다. 기타무라(北村) 소좌를 주인공으로 하는 내러티브(物語)는 있는 것 같은데, 마쓰다(松田) 선생님과 그가 짊어지고 있는 조선이라는 부분이 너무 강하게 와 닿기 때문에 이 내러티브도 깨지고 만다. 이는 물론 폐하의 적자인 조선의 젊은이들의 모습이나 성장하는 모습[이것이야말로 내일의 조선의 모습이며 완성된 황민화의 모습이다]을 그린다는 주테마는 있다고 해도 여기에 좀 더 강한 내러티브를 부여하면 이 영화는 좀 더 성공했을 것이다. 그러나 영화는 단순히 소개의 영역을 벗어나지 못하고 있고 선전력도 모자란 것이 유감이다.

예를 들면 저 아름다운 눈 속 행군 장면도 영화 〈젊은 모습〉과는 따로 떨어져서 독립된 스키영화의 느낌을 주는 것은 내러티브성이 결여되어 있기 때문이다. 또한 이 장면에서 마쓰다 선생님[황철]이나 생도가 연기에 중심을 두었다면 저 압박감은 더 활기찼을 것이다.

황철의 연기는 눈 속 조난의 장면뿐만 아니라 전체적으로 미숙했다. 원래 조선의 연극 배우는 가부키의 형태와 특히 번역극 연기의 영향을 이어받아 움직임이 과장된다. 황철은 이를 자유분방하게 표현하지 못해 연기가 경직되어 버렸는데, 이는 연출가한테 제약을 받았기 때문일 것이다. 그러나 이런 조선적 연기는 일본적 연기와 비교해보면 꽤 동적인데, 이를 일본적 연기로 이끄는 것은 내지인 연출가의 일이다. 일본적 연기는 동적이라기보다 정적이며 외면적이 아니라 정신적이다. 황철은 이전의 조선에서의 무대연기의 과장됨에서 벗어나기 위해 비상한 노력을 했으며, 이 때문에 미숙함은 있었지만 일본적 연기를 체득하기 위한 진전은 있었을 것이다.

일본적 연기에 철저한 이는 마루야마 사다오[기타무라 소좌]였다. 그의 영화는 다른 작품도 두세 편 봤는데, 신극 출신의 배우들뿐만 아니라 순수영화배우들 중에서도 어떤 의미에서는 비일본적 연기를 하고 있는 가운데 가장 빛난다. 일본의 영화[뿐만 아니라 모든 예술]가 일본적이 아니라 서구적인 것은 용서할 수 없다. 특히 조선의 황도화를 그리는 이 영화에서는 마루야마 사다오의 연기가 있기 때문에 황도정신을 확실하게 표현할 수 있었다고 할 수 있겠다. 문예봉의 미숙함은 황철의 경우와 다른 의미에서 순수하게 조선적이다. 순수하게 조선적이란 것은 상고조선에 순수한 조선정신이 있으며 그것이 즉 일본정신으로 이어진다는 것을 생각하면 일본적 연기에 가깝다고 할 수 있는데, 문예봉은 이 영화에는 별로 출연하지 않아서, 이는 김령[요시무라 에이코(吉村英子)]의 경우에 해당된다. 오히려 이 [도요타 감독이 새로 발견한] 여배우는 조선의 배우 중에서는 가장 일본적이다. 이외에 쓰기가타 류노스케(月形龍之介)[후쿠시마(副島)대좌]와(30쪽) 히가시야마 치에코(東山千榮子)[기타무라의 아내], 이마무라 요시오(今村嘉男)[유길남(柳吉男)]가 인상에 남는다.

결론을 말하자면, 이 영화는 주제만 너무 노출되어 있어 그 내용이 부족했다. 그러나 내지시장에 진출하고, 국어영화를 제작하기 위해 몇 가지 제약을 배제하면서 영화 본연의 예술성을 높이는 영화를 제작해야 하는 조선영화의 당사자들의 고뇌는 당분간 계속될 것으로 보인다.

-장혁주

해제

일본의 영화저널리즘과 그 특징

양인실

한국영화사의 탈경계적 고찰

:1930년대 경성 영화흥행계 분석을 중심으로

정종화

일본의 영화저널리즘과 그 특징

양인실(오사카시립대학교 닥터연구원)

1. 들어가며

일본의 영화저널리즘은 이마무라(今村三四夫)에 의하면 "신문광고의 문안이나 포스터의 문안에서 시작하여 영화기계의 설명을 주로 하는 서적, 잡지, 통신의 순으로 발전해왔다"고 한다.[1] 그러나 일본에 영화가 들어온 건 1897년이었지만, 영화 관련 책자가 등장한 것은 그보다 10여 년이 지난 1909년이었다. 일본 최초의 영화잡지를 무엇으로 볼 것인가에 대해서는 아직까지 의견이 나뉘고 있지만, 대부분의 학자들이 초창기 영화를 제작하고 배급하는 회사들이었던 요시자와상점(吉澤商店)의『활동사진계(活動写真界)』[2]나, M. 파테의『활동사진(活動写真)』, 요코다상회(横田商会)의『활동사진 타임즈(活動写真タイムス)』중 하나를 그 시초로 보고 있다. 물론 이즈음에 나온 잡지들이 오늘날 말하는 영화저널리즘처럼 일정한 기준에 입각해서 영화에 대해 비평을 하고 분석한 기사를 게재하기보다는 기업 잡지로서의 성격이 강했지만 적어도 영화와 관련된 전문지가 등장했다는 점에서 이를 영화저널리즘의 효시로 볼 수 있을 것이다.

이외에도 초창기 잡지 중에서 특기할 만한 잡지는 가에리야마 노리마사(帰山教正)[3]가 중심이 되어 발행했던『필름 레코드(フィルム—レコード)』(4호 이후『キネマ—レコード』로 개제)이다. 1913년부터 발행된 이 잡지는 "상영관별로 작품을 소개한 점이 특이"[4]했는데, 일본영화보다 서양영화에 더 중점을 둔 잡지였다. 가에리야마는『활동사진계』의 주 투

---

1   이마무라 미요오(今村三四夫),『일본영화문헌사(日本映画文献史)』, 1967, 가가미우라서방(鏡浦書房), 233쪽.

2   혼치 하루히코(本地陽彦), 「이치카와 사이와『국제영화신문』이 묻고 있는 것(市川彩と『国際映画新聞』が問いかけたもの)」, 도쿄국립근대미술관필름센터 감수(東京国立近代美術館フィルムセンター 監修),『국제영화신문 별권(国際映画新聞 別卷)』, 2008, 유마니서방(ゆまに書房), 42쪽.

3   가에리야마 노리마사는 영화예술의 특징에 주목한 '순수영화극운동'을 제창하고 실천하였으며, 미국영화의 구조를 본받아 여배우를 채용하고, 영화에 맞는 신의 연결과 신 단위의 시나리오가 필요하다는 것을 주장하는 등 일본영화의 근대화를 주장했다.

4   혼치, 앞의 글, 42쪽.

고자였으나 기존의 영화잡지에 이의를 제기하고 영화연구 동인지를 창간하게 되었다.

그런데 이 영화잡지들은 1913년에는 3종류에 불과했지만, 점점 그 숫자가 불어나 1927년에는 48종류의 잡지가 발행되었다. 발행처나 편집인들도 다양해져서 동인지적 성격을 지닌 잡지, 영화팬들을 위한 잡지, 각 영화관이 발행하는 프로그램적 성격을 지닌 잡지, 영화연구를 위한 잡지 등으로 세분화되었다. 그 수를 합계로 보면 이 기간 동안 발행된 영화잡지들은 200가지가 넘는다. 영화잡지의 내용도 기자들이나 영화팬들이 영화를 직접 보고 메모를 한 줄거리를 주 내용으로 하고 있고, 이들이 영화관을 돌아다니며 조사한 내용을 게재하는 등 초창기 잡지보다 그 내용과 정보가 광범위해졌다. 그러던 중 1919년 『키네마순보(キネマ旬報)』가 발행되는데, 처음에는 도쿄구라마에공업고등학교(東京蔵前工業高等学校)학생이었던 다나카 사부로(田中三郎)와 다무라 사치히코(田村幸彦), 마스토 게이시로(増戸敬止郎), 히우라 다케오(日浦武雄)가 한 달에 3번씩 서양영화를 소개하는 4페이지 정도의 소식지였다.[5] 이후 점점 페이지 수를 늘리게 되고, 1923년의 관동대지진 이후 영화가 대중오락의 중심이 되면서 이 잡지도 명실공히 일본의 영화잡지를 대표하는 존재가 되었다.

이처럼 영화가 대중오락으로 발전하자, 『오사카아사히신문(大阪朝日新聞)』과 『오사카마이니치신문(大阪毎日新聞)』은 영화란에서도 경쟁을 하여 각각 『영화와 연예(映画と演芸)』(1922)[6] 『연극과 키네마(芝居とキネマ)』(1922)[7]라는 잡지를 펴내기도 했다.[8] 1925년에는 키네마순보의 자본으로 『영화왕래(映画往来)』와 『영화시대(映画時代)』가 간행되었다. 이 두 잡지는 키네마순보와 집필진이 겹치면서 이후 일본영화계의 평론가들은 키네마순보파와 비키네마순보파로 나뉘게 되었고, 『키네마순보』의 투고란에 투고를 자주 하는 이들도 새로운 평론가층을 형성하게 되었다.[9]

한편 영화업계가 발전하면서 그 독자층을 좀 더 세분화하여 특정한 계층을 겨냥한 영화잡지들이 나오게 되었다. 쇼치쿠(松竹)의 가마타(蒲田)촬영소가 발행한 『가마타(蒲田)』

5   마키노 마모루(牧野守), 「영화서지의 탄생과 연감에 이르기까지의 영화저널리즘의 동향(映画書誌の創生と年鑑に到る映画ジャーナリズムの動向)」, 이와모토 겐지(岩本憲児)·마키노 마모루(牧野守) 감수(監修), 『영화연감 쇼와편 별권1(映画年鑑 昭和編 別巻1)』, 1994, 일본도서센터(日本図書センター), 59~77쪽.
6   1938년에 『영화아사히(映画朝日)』로 개제했다.
7   영화 관련 기사는 전체 기사의 35%였고, 나머지는 무대 관련 기사였다.
8   마키노, 앞의 글, 66~67쪽 및 이마무라, 앞의 책 168쪽.
9   이마무라, 앞의 책, 168쪽.

(1922)[10], 센다이제2고등학교 학생들이 발간했던 동인지『영화평론(映画評論)』(1922), 이치카와 사이(市川彩)가 중심이 된 국제영화통신사의『국제영화신문(国際映画新聞)』(1927), 프롤레타리아영화운동을 지향하는 프로키노의 준기관지적 성격을 지닌『신흥영화(新興映画)』(1929)[11], 다나카 준이치로(田中純一郎)가 국제영화통신사를 그만두고 창간한 영화주간지『키네마주보(キネマ週報)』(1929) 등이 그 중 특기할 만한 잡지들이다.

이렇듯 많은 잡지들을 이 글에서 일일이 설명하지는 못하겠지만, 주로 이번 자료집에 게재한 조선영화 관련 기사들이 실렸던 잡지들을 중심으로 그 성격과 그 잡지의 중심 편집진에 대해 알아보도록 하겠다.

2. 각 영화잡지들의 성격과 그 특징

키네마주보와 다나카 준이치로

우선 가장 최근까지 복간 작업이 진행되었던『키네마주보』에 대해 알아보자.『키네마주보』는 영화잡지가 15일에 한 번(예를 들면『키네마순보』), 또는 한 달에 한 번 나오던 시절에 일주일에 한 번 잡지를 발행하여 반향을 일으켰다. 복간판의 감수를 맡은 필름센터에서는 이 잡지에 대해 아래와 같이 설명했다.

> 키네마주보사(キネマ週報社)가 간행했던『키네마주보』는 전전의 일본영화계에서 독자적인 지위에 있던 업계잡지이다. 이 잡지는 1930년(쇼와 5년),『국제영화신문』을 간행하던 국제영화신문사의 사원 다나카 준이치로(田中純一郎)가 그 유지들과 함께 사장인 이치카와 사이에게 반발, 퇴사하여 독립한 후『규슈영화신문(国際映画新聞)』의 가타기리 쓰지야(片桐槌弥)와 함께 간행했다. 전전의 영화저널리즘계에서『국제신문』과 함께 정보 수집의 밀도가 높으며, 토키를 경험하면서 첫 황금기를 맞이하고 있던 일본 영화업계의 내부사정을 가장 잘 알 수 있는 유효한 문헌의 하나이며, 나중에 영화사가로 활동하며 대작『일본영화발달사(日本映画発達史)』를 발표한 다나카의 초기 작업으로서도 주목된다.[12]

---

10   1935년에『올 쇼치쿠(オール松竹)』로 개제.
11   1930년에『프롤레타리아영화(プロレタリア映画)』로 개제.

『키네마주보』는 일주일에 한 번씩 간행하면서 영화산업계 소식을 주로 전달했다. 이 점에서 감독이나 작품 중심의 기사를 간행했던 다른 영화잡지들과 상호보완적 관계에 있었다. 이 주보의 중심인물이었던 다나카 준이치로는 도요대학교(東洋大学) 학생 시절 (1924년)에 쇼치쿠의 후원으로 『영화시대(映画時代)』라는 잡지를 창간했으나 1년 후에는 『문예춘추(文芸春秋)』에 이를 넘겼다.[13] 이 잡지의 중심인물로는 다나카 이외에도 모리 이와오(森岩雄, 편집고문), 가에리야마 노리마사(편집 고문) 등이 있었다.

이후 다나카는 국제영화통신사에 입사하지만 "월급의 승급이 늦은데다가 근무평정을 핑계로 보너스를 주는 방법도 불공평하며 타당하지 않아 부당착취"[14]라고 호소하는 동료 6명과 함께 1929년에 사퇴했으며, 그 다음해인 1930년 2월에 『키네마주보』를 창간했다. 그러나 중심인물인 다나카는 1935년에 신코키네마(新興キネマ) 기획부로 입사했고, 1939년 전시출판통제의 움직임이 나올 무렵에 자체적으로 폐간되었다.

『국제영화신문』과 이치카와 사이

그런데 다나카가 일했던 국제영화통신사는 『국제영화신문』을 간행했던 곳이다. 주간은 이치카와 사이였다. 이치카와는 미에켄(三重県)의 사범학교 출신으로, 와세다대학교를 중퇴하고 국제활영주식회사(国際活映株式会社)의 영업부원으로 영화관을 돌아보면서 "사리사욕만 추구하며 영화 및 영화의 개선, 향상에는 아무런 이상도 갖지 않는 업계 관련 사람들의 모습에 절망적인 환멸"[15]을 느끼던 중 국제활영주식회사가 도산하자 저널리스트로 변신한 인물이다. 이후 이치카와는 문부성추천영화협회를 조직하여 전국의 각급학교를 순회하기도 했고, 신문사와 연계하여 영사 기술 강습회나 영화 해설자 강습회를 개최하기도 했으며, 『도쿄일일신문(東京日日新聞)』과 『오사카아

12 　「복각판의 간행에 대해(復刻版の刊行について)」, 『키네마주보(キネマ週報)』 제1권, 도쿄국립근대미술관필름센터 편(東京国立近代美術館フィルムセンター 編), 2008. 9.

13 　『영화시대』는 5호의 광고가 『아사히신문』과 『문예춘추』에 실렸고, 그 1년 후에 『문예춘추』에 매각되었다. 『문예춘추』는 당시 영화잡지를 발행하기 위해 기쿠치 칸(菊地寛)에게 자문을 구했는데, 기쿠치 칸이 『영화시대』라는 잡지의 이름을 마음에 들어 해서 『문예춘추』가 이를 매수했다고 한다(다나카 준이치로(田中純一郎), 『일본영화사발굴(日本映画史発掘)』, 후유키샤(冬樹社), 1980). 이를 매수한 이후 『영화시대』는 많은 인물을 배출해냈다. 대표적인 이는 후루카와 롯파, 오쿠로 도요시(大黒東洋士) 등인데 나중에는 롯파가 독자적으로 발행하기도 했다.

14 　다나카, 앞의 책, 170쪽.

15 　다나카, 앞의 책, 167쪽.

사히신문』에 '영화란'을 만들도록 권고하기도 했다. 이외에도 1924년에는『국제영화통신(国際映画通信)』을, 1925년에는『일본영화사업총람 다이쇼 15년판(日本映画事業総覧 大正15年版)』을, 1927년에는『국제영화신문』을 간행했고, 7권에 달하는『영화사업연감』을 간행하기도 했다. 『국제영화통신(国際映画通信)』은 신문사와 상설영화관을 주 독자층으로 삼았다. 이치카와는 이 통신의 발행에서 "야행 완행열차를 숙소로 삼으며 역에서 파는 도시락으로 끼니를 때우고, 가끔 영화관 주의 집을 숙소로 하며 취재를 한"[16] 전설적인 인물이 되었다. 『국제영화통신』은 격일간 발행[17]되었으며, 주 내용은 신작 소개와 각 지역의 흥행현황 등이었다.

그리고 1927년에는 "영화사업의 합리화, 투자 유도, 기업 연구 등의 제 문제"를 제시하고 "영화흥행계의 나침반이 되어 상설관의 고문 잡지로서 그 본분을 발휘"[18]하는『국제영화신문』을 발행하기 시작했다. 『국제영화신문』은『국제영화통신』이 격일 또는 매일 발행되었던 신문의 성격이었던 것에 비해 한 달에 한 번 또는 한 달에 두 번 발행되는 잡지의 성격을 지녔다. 발행처는 창간호부터 1930년 1월호(35호)까지는 국제영화신문사로 되어 있으나, 같은 해 2월호(36호)부터는 국제영화통신사로 바뀌었다. 창간 당시에는 이전의『국제영화통신』을 발행했던 신문사와『국제영화신문』을 발행하던 통신사가 같은 계열이었으나, 1930년 이후 국제영화통신사로 합쳐진 것이다.

그런데 이『국제영화신문』은 영화경제전문잡지를 표방하고 있었다. 일본의 대표적 영화잡지로 알려진『키네마순보』가 영화 그 작품 자체에 중점을 두고 비평을 하는 잡지였던 것과는 대조적이었다. 『키네마순보』가 영화에 관련된 기사가 중심이었던 것과는 달리『국제영화신문』은 영화관 중심의 기사를 주로 게재하면서 지방에 있는 상설영화관을 대상으로 삼아 세력을 넓혔으며, 이 두 잡지는 1930년대 중반까지 일본 영화잡지의 양대 산맥을 이루었다[19]. 이런『국제영화신문』의 성격은 기존의 대형영화제작사들에게 반감을 사게 되는데, 그 이유는 이 신문이 주로 영화상설관의 입장에서 영화배급과 흥행의 문제를 지적하고 영화 유통구조의 합리화를 꾀하려고 했었기 때문이다.

---

16   이마무라, 앞의 책, 238쪽.
17   현존하는 자료가 없어 구체적인 일자는 알 수 없으나, 1925년 무렵부터는 매일 발행되었다. 다나카, 앞의 글, 169~170쪽.
18   「편집후기」, 『국제영화신문』 1927년 9월호(3호), 24쪽.
19   마키노, 앞의 글, 72~75쪽.

이러한 입장 차이는 쇼치쿠와 도호(東宝)의 대립에서 첨예하게 나타났다. 여기서 잠깐 도호의 역사를 잠시 살펴보자. 우선 1931년에 설립된 토키시스템을 개발하는 사진과학연구소(Photo Chemical Laboratory, PCL)[20]가 JO스튜디오[21]와 제휴하여 만들어진 영화제작소가 영화의 원활한 배급을 위해 배급소를 찾고 있었다. 한편 한큐전철(阪急電鉄)의 고바야시 이치조(小林一三)는 1933년에 완성되었으면서도 경영난에 허덕이던 니혼극장(日本劇場)을 매입하여, 도쿄다카라즈카극장(東京宝塚劇場)으로 개칭해 1934년 1월에 개장했다. 그리고 그 다음 달에는 히비야영화극장(日比谷映画劇場)을 개장했다. PCL은 자신들이 제작한 영화를 배급하기 위해 당시 화제가 되고 있던 도쿄다카라즈카극장에 제휴를 제안했다. 이로써 1935년 3월에는 도호블록(東宝ブロック)이 탄생했고 1936년 6월에는 도호영화배급주식회사가 설립되었다. 도호블록은 당시 많은 부채를 안고 있었던 닛카쓰(日活)와 제작제휴를 하여 더 많은 영화를 제작함으로써 영화의 공급을 원활하게 하려고 했지만, 쇼치쿠가 닛카쓰의 주식을 획득함으로써 이 계획은 수포로 돌아갔다. 이외에도 도호블록은 당시 일본영화계에서 후발주자였지만, 한큐전철이라는 자금원과 신용도를 바탕으로 저렴한 입장료를 설정하기도 했으며, 당시 희극배우였던 에노켄이나 롯파, 긴고로 등을 영화에 출연시켜 다른 회사와는 다른 형식의 영화를 만들기 시작했고, 양악과 서양춤 등 기존의 영화관들이 하지 않았던 무대를 꾸며 젊은 관객들을 끌어들이기 시작했다. 이에 위기를 느낀 닛카쓰, 쇼치쿠, 신코, 다이토(大都)는 전국의 영화관들을 대상으로 도호영화를 상영하지 못하도록 하는 배척운동을 시작했다. 도호영화를 상영하는 영화관에는 더 이상 자회사의 영화를 배급하지 않겠다는 것이었다.

이런 상황에서 도호블록은 1937년 7월 중일전쟁이 발발하자 같은 해 8월 26일에 도호영화주식회사를 설립하고 같은 해 11월에는 사진과학연구소, PCL영화제작소, JO스튜디오, 도호영화배급주식회사를 모두 흡수합병하여 제작과 배급이 일원화된 도호라는 회사가 되었다.

한편 이 도호와 4개사의 대립 사태에 대해 『국제영화신문』의 이치카와는 "동란을 일으키는 일본영화배급계의 전모 및 비판/쇼치쿠블록을 중심으로 하는 4개 회사 측, 도호에 도전하다/영화흥행프로그램 편성의 자주권을 보호하라/일방적 통고로 상거래 습

---

20   PCL은 처음에는 녹음작업만 했지만, 1933년에 영화제작을 시작하면서 PCL영화제작소도 만들게 되었다.
21   JO스튜디오는 1933년에 교토에 설립된 영화제작소이다.

관과 계약을 유린하는 것은 부당하니 항의한다"는 글을 동 지 194호[22]와 195호[23]에 게재했다. 이는 이치카와가 특별히 도호의 편을 들었다기보다 영화상설관주들과 우호적 관계를 유지하면서 영화배급과 유통의 합리화의 문제를 지적해 온 입장에서 나머지 4개 회사의 태도가 영화배급에는 아무런 도움이 되지 않는다는 입장에서 이 사태를 파악했을 것으로 생각된다. 그러나 이런 이치카와의 입장은 나머지 4개 회사의 반감을 샀으며, 대일본활동사진협회[24]로부터 더 이상 4개 회사가 동 지에 광고를 제공하지 않겠으며 동 지 관련자는 4개 회사에 출입할 수 없다는 통고문을 받게 된다.

그런데 이 대립은 식민지조선에서는 조선총독부까지 주시하는 큰 사건이 되었다.

조선의 실정을 보면 4사의 출장소에서 본사의 명령을 실행하려고 해도 지방영화관은 이틀에 한 번 프로그램을 바꾸기 때문에 4사가 공급하는 영화의 양은 문제가 될 정도로 많이 부족하다. 그래서 도호영화와 서양영화의 도움을 얻어야만 장사가 되므로 (도호를 배격하는) 4사에 전면적으로 협력하기는 곤란하다고 한다. 게다가 조선에서는 올해부터 영화통제를 실시해 전 프로그램의 2분의 1은 무조건 방화를 상영하게 되었는데, 4사가 강제로 상영을 하게 하지 않는다는 것은 총독부령을 위반하는 것이 되므로, 총독부에서도 이 문제를 주시하고 있다.[25]

일본의 영화배급계에서 쇼치쿠는 신흥세력 도호의 기세를 막기 위해 도호 배제 정책을 사용하려고 했지만, 현실상 영화통제가 실시되는 조선에서 이를 지키기는 힘든 일이었다.[26] 4사의 협정단체인 대일본활동사진협회는 조선의 영화통제령을 크게 환영한 단체이기도 했는데, 이 영화통제령으로 인해 도호를 배격하기가 힘들어지는 의도하지 않은 결과를 낳은 것이다. 즉, 일본영화의 상영수가 모자라는 상황에서 도호의 영화를 상

---

22   1937년 3월 하순호, 2~4쪽.
23   1937년 4월 상순호, 1~5쪽.
24   영화제작자들 사이에 단체가 있어야 한다는 의견 하에 각 제작사들 대표와 통신사의 대표가 모여 만든 단체
      이다. 이 단체에는 『도쿄연예통신(東京演芸通信)』의 구와노 도카(桑野桃華), 닛카쓰의 네기시 간이치(根岸寛
      一), 쇼치쿠의 기도 시로(城戸四郎), 이치카와 사이, 『대일본활동사진신문』의 오하시 겐조(大橋玄鳥), 『활동신
      문』의 오카무라 시바미네(岡村柴峯)가 참가했다. 구와노는 후에 조선에서 영화령이 실시될 때 조선총독부에
      진정하기도 했다.
25   「조선의 도호 배격은 실정무시라는 비난」, 『국제영화신문』, 1937년 4월 상순호(195호).
26   「조선 내에서 문제−총독부도 불만의 태도」, 『국제영화신문』, 1937년 7월 하순호(202호).

영하지 않으려면 서양영화를 상영해야 하고, 영화통제령을 따르려면 도호의 영화를 상영해야 하는 딜레마에 빠진 것이다.

한편 이치카와는 영화법이 시행되기 전부터 영화에 대한 국가통제의 필요성을 주장했었는데, 『국제영화신문』(100호)은 그의 주장을 뒷받침하는 많은 이들의 영화국책에 대한 기사를 게재했다.[27] 예를 들면, 이치카와의 주장인 「영화국책과 고토농상」(1쪽) 「전개 되는 영화국책수립촉진의 목소리」(2~3쪽) 「영화국책운동의 전선에 서서」(12쪽), 육군소장 사쿠라이 다다요시(桜井忠温)의 「전제로서 영화특무기관을 설치하라―관민합동의 영화국책수립 준비기관으로서」(4~5쪽), 이시마키 요시오(石巻良夫)의 「영화국책을 어떻게 볼 것인가」(9~11쪽) 등의 기사들은 이 신문이 영화국책에 대해 얼마나 적극적인 태도를 보였는지를 시사해준다. 특히 그가 쓴 기사 「영화국책운동의 전선에 서서」는 이 신문의 태도를 분명하게 보여주고 있는데, 그 일부를 인용해보도록 하겠다.

> 항상 반복되고 있는, 오래됐으면서도 새로운 문제―영화국책과 그 수립운동은 나를 중심으로 한 국제영화통신사 동인사우들과 유지 십수 명의 관심이었다. 영화를 영화인의 영화로 보지도 않으면서, 사회대중을 대상으로 영화를 어떻게 유효하게 이용할 수 있겠는가라는 문제가 10년 전―즉 우리 동인들이 영화계와 관계를 맺던 당시부터 생각해 온 문제였다. (중략) 영화는 이 10년 동안에 장족의 보급을 이루었고 모든 사회층에 침투했으며, 관공서와 사적 및 각종 문화기관과 중추기관으로부터 환영받고 있으며, 교화와 지도의 필수 도구로 이용되고 있지만 과연 그 겉으로 보이는 것만큼 대중교화의 결실을 맺으면서 영화보국의 효과를 거두었는지는 의심스럽다. (중략) 그러나 하늘은 아직 영화계를 버리지 않았다. 때마침 일본은 거국적으로 만주사변, 상해사변, 국제연맹총회탈퇴, 열하사변 등 계속해서 일어나는 국가비상시에 즈음하여 이 비상시 일본의 국민적 시련을 경종하는 자료로서 영화가 처음으로 국책의 시야에 올라섰다.(12쪽)

이렇듯 영화국책에 대한 적극적인 태도는 이후 『국제영화신문』 지상에 끊임없이 등장하는 기사들이었다. 그러나 영화법 시행이 공포되자 이치카와는 부분적이나마 이에 비

27 　　『국제영화신문』, 1933년 4월 하순호.

판을 가했다. 그는 이 영화법이 "보안경찰 본위의 취체에만 급급하고 산업으로서의 경제 제한에는 전혀 손을 댈 수 없는 내용"(164쪽)이라고 비판하면서 "영화배급기구의 통일, 영화의 등록제도, 트레이드 쇼의 확립, 독일 슈피오와 같은 영화산업조합의 연합기관통제, 금융제도, 코드 제작, 바터 시스템[28]에 의한 수출입제, 미국 NRA가 채용한 배급조정위원회나 흥행자의 면허제를 확립"(164쪽)해야 한다고 주장했다.[29] 그러나 이치카와의 이런 주장은 수용되지 않았고, 1939년 10월에 일본의 영화법은 시행되었다.

영화평론과 센다이제2고등학교

잡지 『영화평론』은 1925년부터 1975년까지 50년 동안 간행된 영화잡지였다. 이 잡지는 센다이(仙台)에 있는 구제 제2고등학교(旧制第二高校, 현재의 도호쿠대학교[東北大学]) 출신의 영화팬들이 발간하던 동인지로 출발했다. 창립 동인 중 한 사람인 오타 구니오(太田国夫)는 "어둠 속에 길옆에 있는 잔설이 보이는 센다이 1번지의 길을 사사키 노리오(佐々木能理男) 씨와 함께 걸으면서 영화에 대해 이야기를 나누"었고, 그날 밤에 영화동인지를 창간하기로 결정했다고 한다.[30] 이후 사사키의 하숙집을 편집실로 하고 준비호를 포함해 총 4권(호수로는 2호)까지 내고 폐간되었다.

그 다음해인 1926년에 도쿄로 옮긴 사사키와 오타, 그리고 데라사키 고사이(寺崎廣載), 제2고등학교 출신의 도쿄대학교 학생들이 모여 편집부를 도쿄 이케부쿠로(池袋)로 옮기고 영화평론사라는 출판사의 이름으로 복간시켰다. 복간본 1호는 LA에 살고 있던 나가타 도시오(永田俊雄)가 준비한 가미야마 소진(上山草人)[31] 특집호(1926년 4월호)였다. 가미야마 소진은 당시 할리우드영화계의 스타였으나, 학생들의 동인지에 불과했던 『영화평론』이 그에 대한 특집호를 꾸밀 수 있었던 배경에는 가미야마가 센다이 출신이었다는 점과 이 잡지의 동인 중 한 명인 데라사키 고사이의 아버지가 유명한 화가인 데라사키 고교(寺崎廣業)였는데, 가미야마가 데라사키 고교의 제자였던 점도 작용했을

---

28   Barter System. 화폐를 매개로 하지 않는 물물교환방식의 무역형태.
29   「『영화법』의 근본적 수정을 요망─경제문화적 제 조건을 구비하여 흥행본위로 되어야 함을 주장한다─」, 『국제영화신문』, 1939년 2월 하순호(204호), 162~164쪽.
30   사토 다다오(佐藤忠男)・기시가와 마코토(岸川真), 『『영화평론』의 시대(「映画評論」の時代)』, 2003, 카탈로그하우스(カタログハウス).
31   가미야마 소진은 신파배우로 출발했으나 1912년에는 근대극협회를 설립하면서 일본연극의 근대화에 앞장섰다. 그러나 자금난과 스캔들로 1919년에 미국으로 건너갔는데, 당시 할리우드영화에서 동양인 역할(찰리 챈이나 몽골의 왕자 역할 등)을 하면서 스타가 되었다. 1929년에 귀국하여 쇼치쿠에 입사했다.

것으로 추측된다.

이들 동인들은 이후 동 지를 중심으로 활동하면서도 여러 잡지를 펴내면서 일본영화 잡지계의 중심인물이 된다. 사사키 노리오는 1932년에 『영화예술연구(映画芸術研究)』(영화예술연구사 발행, 계간지), 데라사키 고사이는 1937년부터 발행된 『계간 영화연구(季刊映画研究)』(영화평론사 발행)의 편집을 담당했는데, 주로 영화이론의 번역과 평론을 실었으며 『영화평론』의 동인들이 이 잡지에도 참가했다. 이외에도 나중에 일본영화계의 대표적 비평가가 된 사와무라 쓰토무(沢村勉)나 쓰지 히사가즈(辻久一)도 1930년대 도쿄대학교 재학 시절 『영화평론』의 단골 필자였다. 영화평론사가 발행한 잡지들은 작가주의적 성향이 강했고, 영화이론의 소개에도 적극적이었으며 프리츠 랑과 같은 외국감독과 일본의 이토 다이스케(伊藤大輔) 등에 대한 특집 기사를 실기도 해 다른 잡지들보다 비교적 장문의 기사를 많이 게재했다.

신흥영화 및 프롤레타리아영화

『신흥영화(新興映画)』는 1929년에 창간된 일본프롤레타리아영화동맹의 준기관지였다. 1929년 9월에 창간되었는데, 1930년 6월호부터는 『프롤레타리아영화(プロレタリア映画)』로 개제되면서 동 동맹의 기관지가 되었다.

이 잡지의 중심인물은 프로키노(일본프롤레타리아영화동맹)의 초대 중앙집행위원장이었던 곤 도코(今東光), 무라야마 도모요시(村山知義), 이와사키 아키라(岩崎昶)였다. 곤 도코는 프로키노의 초대 중앙집행위원장 이전에 반도 쓰마사부로(阪東妻三郎)프로덕션의 영화 〈이방인 아가씨와 무사(異人娘と武士)〉의 원작소설을 쓰기도 했고, 전국영화종업원동맹의 위원장을 맡기도 했다. 그가 프로키노의 초대 중앙집행위원장을 맡은 건 1929년 말까지였다. 곤 도코는 1930년 10월에 출가했고, 이후에는 영화인보다 소설가로서 더 많이 활약하게 된다.

또한 이와사키 아키라는 영화비평가 중에서는 유일하게 전시체제에서 특별고등경찰에 검거된 인물이었다. 그의 영화이론은 루쉰에 의해 중국어로 번역되기도 했으며, 그가 영화를 보는 관점은 "관습, 선전, 전쟁, 애국주의, 종교, 부르주아지, 소시민"[32] 등의 단어로 집약된다.

---

32   이와모토 겐지(岩本憲児), 「일본의 영화비평과 연구―사적 개관(日本における映画の批評と研究―史的概観)」, 『영화학연구(映画学研究)』, 1988, 와세다대학교영화학연구회(早稲田大学映画学研究会), 5쪽.

그런데 이 잡지 이전에도 프롤레타리아영화운동을 표방한 잡지가 많이 있었다. 예를 들면, 학생들의 동인지적 성격을 지닌『영조(映潮)』(영조사, 1922)는 후에『신흥영화』의 주 필진이 되는 나카지마 마코토(中島信), 삿사 겐주(佐々元十), 기시 마쓰오(岸松雄)등이 활약했다. 동 지는 학생들의 동인지로 출발했으나 필자들의 성향이 기술파와 경향파로 나뉘었고, 경향파의 필자들이『신흥영화』에서도 활약하게 된 것이다. 그리고『영화의 영화(映画の映画)』(영화의 영화사, 1927)는 아지 슈이치로(阿宇周一郎)[33]가 편집한 영화잡지인데, 원래 영화동인모임 '채플린회'의 기관지로 "채플린영화에 경도된 이들이 예술지상적 부르주아적 상품영화적인 것들에서 벗어나 그 예술로서의 해부와 비판을 시도하는 주장"[34]을 전개하기 위해 발간되었다. 이 잡지는 1928년에『영화해방(映画解放)』(영화해방사)로 개제되었다. 후에『영화해방』의 동인들은 "프롤레타리아영화운동을 기획하고 일본프롤레타리아영화연맹을 설립하여 영화 해방지를 그대로 일본프롤레타리아 영화연맹의 기관지로까지 승격시키"[35]려고 했다. 그리고 그 한편에서는 1927년에는 기무라 세이시로(木村清四郎)를 편집인으로 하는『영화공장(映画工場)』이 발행되었다. 동 지는 "시나리오 또한 무기다"를 주창하면서 최종 목적은 "프롤레타리아 영화의 제작에 있"음을 창간호의 권두언에서 밝히고 있다.[36]

그리고 이 두 잡지를 중심으로 한 두 동인그룹이 1928년 6월에 하나가 되어 일본프롤레타리아영화연맹을 만들었다.『영화공장』과『영화해방』도 하나가 되어『프롤레타리아영화(プロレタリア映画)』를 발행하기 시작했는데, 편집은 아지 슈이치로가 맡았다. 이 잡지의 발행 주체였던 일본프롤레타리아영화연맹은 1928년 9월에 해산했고, 이 중 일부는 나프(NAPF, 일본무산자예술단체협의회)에 참가하게 되었다.

나프란 일본프롤레타리아작가동맹, 일본프롤레타리아극장동맹, 일본프롤레타리아미술가동맹, 일본프롤레타리아음악가동맹, 일본프롤레타리아영화동맹(이하 영화동맹)등의 전문단체들이 만든 연락협의기관이었다. 협의회는 각 단체에서 선출된 협의원들로 운영되었으며, 영화동맹은 이사카 쓰기오(井阪次男), 나카지마 마코토, 삿사 겐주의

---

33 기시 마쓰오의 본명이다. 아지 슈이치로는 이외에도 와다야마 시게루(和田山滋)라는 필명으로『키네마순보(キネマ旬報)』에「일본영화비평(日本映画批評)」을 연재했다.

34 이마무라, 앞의 책, 192쪽.

35 나미키 신사쿠(並木晋作)·프로키노를 기록하는 모임(プロキノを記録する会) 편(編),『일본프롤레타리아영화연맹(프로키노)전사(日本プロレタリア映画同盟(プロキノ)全史)』, 1986, 합동출판(合同出版), 41쪽.

36 나미키, 앞의 책, 41쪽.

3명을 협의원으로 보냈다.

그리고 1929년에는 잡지를 창간하자는 움직임이 있어, 9월호를 창간호로 하는 『신흥영화』를 창간하게 된 것이다. 영화동맹의 준기관지의 역할을 하는 잡지였으며, 책임편집자는 곤 도코, 무라야마 도모요시, 이와사키 아키라였다. 그 창간호의 편집후기에는 "영화계에 일이 많았던 가을, 토키 문제, 이로 인한 악사의 해고, 해설자의 불안, 영화자본의 집중, 비평 및 비평가의 문제, 프롤레타리아영화운동, 더 나아가 근본적으로는 신××××(제국주의)전쟁의 도래와 함께 그 부르주아적 의향에 참가하는 영화기업의 정체—문제는 계속해서 끊이지 않을 것이다. 본 지는 이런 사정들을 국제적 연관하에 게재할 것이다"[37]라고 하며 잡지 창간의 목적에 대해 서술하고 있다.

『신흥영화』의 특징으로 나미키 신사쿠는 첫째, 이 잡지의 「국제영화」란이 발행되었던 수많은 영화잡지들 중에서도 외국의 영화 사정이나 평론의 소개에서 단연 특징 있는 기사들을 많이 게재했다고 평가했다. 그 예로 소비에트영화, 독일영화, 미국영화뿐만 아니라 식민지 사정에도 눈을 돌린 점이 특징이라고 하면서, 본 자료집에도 게재된 1930년 3월호의 「조선의 프롤레타리아운동」「조선영화의 제 경향에 대해서」「찬영회를 ××하기까지—조선영화인의 폭력결사사건의 진상」 등의 세 기사를 들었다. 그리고 두 번째 특징은 「영화의 줄거리」란으로 일본에서 소개되지 않은 외국영화나 막 소개되기 시작한 영화들을 소개한 점, 세 번째 특징으로는 「직장통신란」을 들었다. 여기에서는 특히 교토의 촬영소에서 일하는 노동자들의 투고가 많았다고 한다. 네 번째 특징은 「창작시나리오란」을 들었다.

이런 특징을 지닌 『신흥영화』는 당시 유행했던 이른바 경향영화에 대해서 매우 호의적이었다. 경향영화란 좌익적 경향을 지닌 영화를 말하는데, 1930년을 전후한 몇 년 동안 일본에서 유행한 작품군이다. 여러 장르의 경향영화가 만들어졌는데, 유명한 작품으로는 사회비판을 숨기기 위해 시대극이라는 장르를 빌린 이토 다이스케의 〈하인(下郎)〉(1927), 기누가사 데이노스케(衣笠貞之助)의 〈여명 이전(黎明以前)〉(1931), 쓰지 기치로(辻吉郎)의 〈우산검법(笠張劍法)〉, 현대극으로는 스즈키 주키치(鈴木重吉)의 〈무엇이 그녀를 그렇게 만들었는가(何が彼女をそうさせたか)〉(1930), 우치다 도무(内田吐夢)의 〈살아 있는 인형(生ける人形)〉(1929)과 〈땀(汗)〉(1930), 미조구치 겐지(溝口健二)의 〈도회교향악(都

---

37   『신흥영화』, 1929년 9월호(1권 1호), 104쪽.

会交響楽)〉(1929) 등이다.

경향영화에 대한 호의적인 태도는 동 잡지 내부에서도 여러 가지로 의견이 나뉘었고, 영화동맹 내부에서도 이 잡지를 간행하고 발행하는데 큰 부담을 느끼고 있었다. 게다가 이 잡지의 기획과 간행이 궤도에 오르기까지 영화동맹의 영화 제작과 상영 활동은 정체기에 빠져 있었다.[38]

이런 상황에 대해 나카노 시게하루(中野重治)는 "영화활동은 음악활동과 더불어 우리 프롤레타리아예술 중에서 가장 활발하지 못하다. 각종 구체적 플랜은 '돈이 없기 때문에 활동이 생각대로 안 된다'는 결론을 끌어내고 있다. 그러나 프롤레타리아예술활동에 대해서 돈이 없다는 것은 문제가 되지 않는다. (중략) 영화를 만들어라. 그리고 그것을 영사해라! 모든 것은 실행이다. 어떤 이상적이고 이루어지길 바라는 문제에 대해서 생각하고만 있으면 그 이상은 실현될 수 없다"[39]고 하며 일침을 가했다.

그리고 1930년 3월에 개최된 프로키노(여기에서 처음으로 '프로키노'라는 단어가 사용되었다) 제2차대회에서는 "영화가 무기이기 위해서는 그 본래의 역할인 상영활동이 충분히 이루어져야 한다. 영사되지 않는 영화는 탄환이 없는 단총이다. 제작 관련 일의 일상적 활동, 상영 관련 일의 일상적 활동, 그 전국적 조직─제작과 상영 경험에서 나오는 비판적 섭취. 이렇게 해서 우리들은 이런 의미에서 프로키노조직의 확대강화! 프롤레타리아영화의 일상적 제작과 상영조직의 확립! 이런 슬로건을 전적으로 살릴 수 있을 것이다"[40]라는 취지의 활동방침이 정해졌다.

또한 지금까지 발행했던 『신흥영화』는 1930년 6월호, 즉 2권 6호까지 발간하고, 8월부터는 기관지 『프롤레타리아영화』(8월호, 신예사(新鋭社)가 발행, 중간부터 일본프롤레타리아동맹출판부 발행)를 발간했다. 이 『프롤레타리아영화』의 창간호는 『신흥영화』를 개제했다는 점을 강조하듯이 그 권수도 2권 7호로 되어 있다. 그러나 『프롤레타리아영화』도 1931년 3월호로 종간되었다. 1931년 10월에는 다시 기관지 『영화클럽(映画クラブ)』(프로키노사)이 간행되었고, 1932년 5월에는 메이데이를 특집 기사로 하는 삿사 겐주 편집의 『프로키노(プロキノ)』(프로키노사)가 있었으나 같은 해 10월에 종간되었다. 1933년 5월에 메이데이를 기념하여 다시 기관지 『프롤레타리아영화』가 창간되었다. 이 잡지의 2호

---

38   나미키, 앞의 책, 71쪽.
39   나미키, 앞의 책, 75쪽.
40   나미키, 앞의 책, 77쪽.

는 같은 해 9월에 발간되었다. 그리고 1934년 2월에는『프로키노』가 복간되었으나 이후 프로키노 관련의 기관지는 모두 폐간되었다. 1934년 이후 프로키노 자체가 해체 위기에 놓인 것이다.

3. 영화잡지들과 전시체제

1930년대 중반까지 일본의 영화잡지들은 영화의 황금기와 더불어 호황을 누리고 있었는데, 전시체제가 되면서 상황이 급변하기 시작했다. 1941년 1월에 정기간행물통제령이 발령되고 시행되자 잡지들은 강제적으로 폐간되고 통합되기 시작했다. 이 통제령에서 기존의 모든 잡지들이 통폐합된 것은 아니었다. 그 대부분은 통제령이 내리기 전에 자주적으로 폐간되었고, 이 제1차 통폐합 시에는 13개 회사가 합의하여 통폐합에 참여하게 되었다.

그리고 이 제1차 통합에 의해 영화출판사(映画出版社)와 영화일본사(映画日本社)라는 두 출판사가 거의 모든 영화잡지를 간행하게 되었다. 영화출판사는『영화순보(映画旬報)』,[41]『영화기술(映画技術)』,[42]『신영화(新映画)』,[43] 영화일본사는『영화의 친구(映画之友)』,[44]『영화평론(映画評論)』,[45]『계간 영화연구(季刊映画研究)』,[46]『문화영화(文化映画)』[47] 등을 발간했다. 이외에도 대일본영화협회가 간행했던『일본영화(日本映画)』, 영화사업회사가 창간했던『영화(映画)』[48] 등이 있었다. 이와는 별도로 영화 관련 연감을 간행하기 위해 일본영화잡지협회가 설립되었는데, 중심인물은 다나카 사부로(田中三郎), 우치다 기미오(内田岐三雄), 스즈키 주사부로(鈴木重三郎), 이이다 고코미(飯田心美), 이지마 다다시(飯島正), 이마무라 다이헤이(今村太平) 등이었다. 그리고 이들은『키네마순보』의 중심인물들이기도 했다. 그러나 일본영화잡지협회는『쇼와 17년 영화연감(昭

---

41   『키네마순보(キネマ旬報)』의 키네마가 적성용어라고 하여 키네마를 영화로 바꾸었다.

42   『영화와 기술(映画と技術)』과『영사기술(映写技術)』의 두 잡지를 통합한 것이다.

43   『신영화(新映画)』와『스타(スター)』를 통합한 것이다.

44   『영화의 친구(映画之友)』와『키네마(キネマ)』를 통합한 것이다.

45   『영화평론(映画評論)』를 중심으로『영화계(映画界)』『영화와 음악(映画と音楽)』『시나리오연구(シナリオ研究)』를 통합한 것이다.

46   영화평론지를 전부 통합한 잡지이다.

47   삿사 겐주가 편집하고 발행했던 문화영화의 소개지인『문화영화(文化映画)』와 이나무라 기이치(稲村喜一)가 편집하고 발행했던『문화영화연구(文化映画研究)』를 통합한 잡지이다.

48   영화선전연락회(映画宣伝連合会)가 편집을 담당했는데, 제작회사나 일반 출판사들이 발행하던 회사전문지를 통합하여 만든 잡지이다.

和17年映画年鑑)』과『쇼와 18년 영화연감(昭和18年映画年鑑)』을 간행한 후인 1943년 제2차 잡지통합으로 해산되었다. 그리고 나머지 잡지들도 제2차 통합에서『신영화』『영화평론』『일본영화』의 세 잡지로 축소되었으며, 1944년에는『일본영화』하나만 남게 되었는데, 전쟁의 폐색이 짙어진 1945년 봄에는 이마저도 완전히 폐간되어 버렸다.『일본영화』는 당시의 문학가와 예술 관련 인사들, 예를 들면 기쿠치 칸(菊池寛)이나 무라야마 도모요시(村山知義)가 중심이던 문예춘추사(文芸春秋社)가 편집을 맡고, 거의 국책기관이나 다름없었던 대일본영화협회가 발간했던 잡지이며, 반관반민적 성격을 지니고 있어 끝까지 폐간되지 않았다. 그런데 제1차 통합 시에는 영화잡지들이 통폐합은 됐지만, "영화는 탄환이다라는 캐치프레이즈"가 있어, "당시로서는 윤택한 상황"[49]이었다. 그러나 전세가 점점 일본에 불리하게 돌아가면서 제2차 통합과 제3차 통합이 이루어졌고, 종이의 질과 잡지의 내용은 열악해져서 지면과 크기도 계속 줄어들었다.

그런데 여기에서 주의해야 할 점은 1941년 이전과 통폐합 이후에도 같은 이름을 지닌 잡지, 예를 들면『영화평론』같은 잡지들은 통폐합 이후 그 성격이나 내용에서 차이가 많아 같은 이름의 다른 잡지로 봐야 한다는 것이다. 1941년의 제1차 통합에 의해 영화일본사가 새로 발행한『영화평론』은 1943년 11월까지 발행되었다. 이전에는 작가주의적 경향을 지닌 기사를 많이 게재하고 외국영화들을 소개하면서 감독과 배우를 특집 기사로 꾸며 장문의 기사 위주로 잡지를 만들었다고 한다면, 1941년부터 간행된 잡지의 내용은 국가의 영화정책에 적극적으로 동참한 기사를 많이 게재하게 되었다. 영화의 국가통제와 문화영화, 그리고 대동아영화라는 단어가 많이 등장하게 된 것도 이 시기 동 지의 특징일 것이다.

한편 일본에서 최초로 영화법과 국가에 의한 영화통제의 필요성을 주장했던 이치카와 사이의『국제영화신문』은 통합의 대상에는 올랐으나 다른 영화잡지들과는 다른 양상을 보였다.『국제영화신문』은 그 내용이나 지면에서는 잡지와 차이가 없었으나 1941년의 정기간행물 제1차 통제령에서 잡지가 아닌 다른 신문들과 통합을 해야 하는 입장에 놓였다. 수없이 존재했던 통신들과 신문들은 1940년 말이 되면 자주적으로 폐간되어 통제령을 위한 회합 시에 남아 있던 신문은 오하시의『대일본활동사진신문(大日本活動写真新聞)』, 이치카와 사이의『국제영화신문』, 마루야마 고(丸山耕)의『일본영예통신(日

---

49   사토, 앞의 책 참조.

本映芸通信)』, 다치가야 세이이치(立ケ谷精一)의 『영화연예사업상보(映画演芸商報)』, 야기 오사무(八木脩)의 『일본영화통신(日本映画通信)』, 스즈키 유리코(鈴木百合子)의 『일간 키네마(日刊キネマ)』 등의 6개사였다.

이 중에서 『일간 키네마』는 회합 전에 스스로 폐간했고 나머지는 회합에 참가하기로 했는데, 당국은 이 중에서 한 회사만 허가를 내주기로 했고 회합에 다섯 회사 중에 한 회사라도 불참한 경우에는 모든 신문을 폐간하겠다[50]는 방침을 전달했다. 1940년 10월에 이루어진 이 회합에서 마루야마는 다른 신문들을 살 의지는 있지만 자신의 신문사를 팔 의지는 없다고 하여 참석한 이들을 놀라게 했고, 결국 그 자리에서 모든 신문사는 폐간하기로 결정되었다. 이렇게 해서 일본 유일의 영화경제지를 표방했던 『국제영화신문』은 이 신문을 가장 필요로 해야 할 전시기에 폐간되었다. 어느 매체보다 국가 차원에서 영화를 통제해야 할 필요성에 대해 이른 시기에 주장했고, 만주영화와 조선영화에 대해서도 적극적인 관심(물론 경제적 이유에서였지만)을 보였던 『국제영화신문』은 아이러니컬하게도 자신들이 주장했던 영화통제에 의해 폐간되어 버린 것이다.

4. 나가면서

이상으로 간략하게나마 이번 자료집에 소개하는 잡지들을 중심으로 일본의 영화저널리즘의 특징을 살펴보았다. 일본의 영화저널리즘은 영화팬들의 동인지적 성격을 지닌 잡지에서 점점 전문화되어 가면서, 영화 그 자체뿐만 아니라 영화관이나 영화설비와 촬영소, 감독이나 배우들, 그리고 영화이론의 소개 및 이데올로기의 소개 등 다양한 소재의 기사를 게재한 잡지를 간행했다.

지금까지 일본에서 이런 오래된 잡지들을 보려면 일본근대문학관이나 와세다대학교 쓰보우치연극박물관(早稲田大学坪内博士記念演劇博物館), 도쿄근대미술관필름센터(이하 필름센터)정도에 가야 하는데 그나마도 분산되어 소장되어 있는 경우도 많다. 아마 한국에서 손쉽게 찾아볼 수 있는 것은 『키네마순보』와 『영화평론』 정도일 것이다.

그런데 최근에 이런 영화잡지들을 복간하려는 움직임이 필름센터를 중심으로 일어나고 있다. 몇 가지 예를 들어보면, 2002년부터 2004년에 걸쳐 복간된 『일본영화(日本映画)』『영화순보(映画旬報)』, 2005년부터 2008년 사이에 복간된 『국제영화신문』, 2008년

---

50   이마무라, 앞의 책, 242쪽.

9월부터 복간되기 시작해 2010년 5월에 복간을 끝낸『키네마주보』(모두 필름센터 감수, 유마니서방[ゆまに書房]에서 출판), 그리고 이들 잡지와 성격은 조금 다르지만 2006년에는 전시체제로 원고가 갖추어졌으면서도 출판되지 못했던『영화연감 쇼와 18, 19, 20(映画年鑑 昭和 18, 19, 20)』이 필름센터 감수로 일본도서센터(日本図書センター)에서 출판되었다. 이런 복각판의 간행으로 인해 자료에 대한 접근이 쉬워졌고, 이로써 앞으로 영화사나 식민지문화사에 대한 연구들이 더욱더 다양해지리라고 생각한다.

【참고자료】 각 잡지들의 서지사항

잡지명	발행기간	발행처	복각 여부	원본 수집장소	비고
신흥영화	1929. 9~ 1930. 6	신흥영화사	전기복각판간행회 복각(1981)	와세다대학교 연극박물관	이외에도 간사이대학교 도서관이 전권 소장 중
프롤레타리아 영화	1930. 8~ 1931. 3	프로키노출판부	상동	일본근대문학관	
키네마주보	1930. 3~ 1939. 1	키네마주보사	도쿄국립근대미술관 필름센터 감수 (2008~2010)	와세다대학교 연극박물관	
국제영화신문	1927. 7~ 1940. 11	1호~35호 (1930. 1)은 국제영화신문사	도쿄국립근대미술관 필름센터 감수 (2005)	와세다대학교 연극박물관 및 도쿄국립근대미술관 필름센터	
		36호-종간호 국제영화통신사	도쿄국립근대미술관 필름센터 감수 (2005~2008)	와세다대학교 연극박물관 및 도쿄국립근대미술관 필름센터	
영화평론	1925. 9~ 1940	1925. 9- 동인지, 1926. 4- 영화평론사	복각 안 됨	도시샤대학교 인문과학연구소 등	소장처가 산재적이나, 도시샤대학교 인문과학 연구소는 비교적 갖추어져 있음.
	1941. 1~ 1944	영화일본사	복각 안 됨		

한국영화사의 탈경계적 고찰
: 1930년대 경성 영화흥행계 분석을 중심으로

정종화(한국영상자료원 영화사연구소 연구원)

1930년대 중후반의 조선영화계를 기술할 때, 그간의 한국영화사는 대체로 다음과 같은 서사로 구성되어 왔다. 물론 이영일의 『한국영화전사』로 대표되는 1세대 연구자의 작업을 반복하거나 변주했다는 것이 더 정확한 표현일 것이다. 1935년 조선 최초의 발성영화 〈춘향전〉과 함께 조선영화계도 발성영화시기로 진입한다. 발성영화라는 새로운 제작시스템의 안착은 때마침 일본의 영화사에서 수련하고 돌아온 젊은 영화인들이 있었기에 가능했다. 발성영화의 도입은 필연적으로 제작비의 상승을 초래했고, 해묵은 논의인 영화기업의 필요성이 다시 부각되었다. 마침 조선영화주식회사와 고려영화협회라는 양대 영화사가 등장해 영화인들의 기대를 충족시켰다. 1938년 전후 조선영화가 내지(內地)로 수출되었고, 내지영화사와의 합작도 이루어져 조선영화계는 활기와 의욕이 넘쳤다. 하지만 1940년 1월 일제의 영화통제책인 조선영화령의 공포로 모든 것은 물거품으로 돌아가고, 일제강점말기의 암흑기로 들어간다.

이는 1935년 10편을 시작으로 1936년 9편, 1937년 5편, 1938년 4편, 1939년 10편[1], 단지 38편 정도의 극영화를 만든 조선영화인들의 제작활동을 중심에 놓고 영화사를 서술하기 위해 경계 지어진 것이다. 즉, 그 경계의 너머에는 한국영화사라는 매끈한 내셔널시네마의 역사를 구성하기 위해 의식적·무의식적으로 배제하고 누락하고 괄호 친 부분들이 필연적으로 존재하게 된다. 그렇다면 다음과 같은 질문들을 던져봐야 하지 않을까. 조선영화인들이 발성영화 제작을 마음먹었다면, 경성의 극장가에는 언제부터 발성영화시스템이 정착됐던 것일까. 식민지조선의 영화관에는 조선영화 이외에 어떤 영화들이 관객과 만나고 있었을까. 내지영화사는 별안간 무엇을 계기로 조선영화계를 주목했던 것일까. 동시에 조선영화인들은 30년대 전반의 침체에 비해 무슨 이유로 영화

---

1   영화진흥공사 편, 『한국영화편람(초창기~1976년)』, 영화진흥공사, 1977, 46쪽 기준.

제작에 의욕을 보였던 것일까. 도대체 식민지 조선의 스크린에는 어떤 긴장관계가 형성되고 있었던 것일까.

그간 식민지기 조선영화산업의 고찰은 반쪽짜리 서술에 그쳤다. 1년에 10편을 넘지 않는 제작편수의 조선영화제작계가 영화산업의 전부인 것처럼 서술되었고, 조선의 영화산업이 독자적으로 작동하는 것처럼 혹은 일방적으로 탄압받은 것처럼 서술되었다. 핵심은 조선영화와 일본영화는, 아니 당시의 표현을 빌리면 '반도영화'와 '내지영화'는 어떻게 관계 맺고 있었는가에 대한 고찰의 문제일 것이다. '내지영화시장과의 연동'이라는 측면에서 보면 영화업계를 핵심 독자층으로 소구한 '영화산업지' 『국제영화신문(國際映畵新聞)』은 한국영화사 서술의 패러다임을 근본적으로 고민하게 만드는 흥미로운 사료임에 틀림없다. 이 글은 『국제영화신문』에 등장하는 정책입안자에서 흥행업자까지 여러 영화 관련자들의 목소리를 복원해, 1930년대 중후반의 조선영화시장, 특히 경성의 영화흥행계를 재구성해 보는 것을 목표로 한다. 그 중심은 '국산영화 상영규정'의 시행과 이에 따른 경성 영화흥행계의 지형 변화가 될 것이다.

영화국책의 가동

식민지조선의 영화국책이 본격적으로 논의되고 가동되기 시작한 것은 1933년 후반의 일이다. 이는 전적으로 조선영화인을 제외한 외부의 힘에 의해서였다. 일본 내지업자와 당국의 간담회에서, 그리고 내지 영화사들의 수뇌부 모임에서도 조선의 영화국책은 논의의 수위를 차지했다. 『국제영화신문』 1933년 10월 하순호 기사에 의하면, '대일본활동사진협회'와 '국산활동사진협회'는 조선에서의 국책 실천을 위해 "조선의 영화상설관에는 국산영화, 즉 내지 및 조선영화를 반드시 한 편 이상 상영할 것", "내선융화에 관한 교화영화의 제작에 대해 총독부의 후원과 지지를 받을 것"을 제창했고, 1933년 10월 2일 '대일본활동사진협회'에서 내무성 경보국의 마스다(增田) 검열사무관을 방문했다.[2] 또한 쇼치쿠(松竹), 닛카쓰(日活), 신코(新興) 세 회사의 수뇌부가 모이는 동서연합회에서도 조선의 영화국책이 논의의 수위를 차지했다.[3] 일본의 영화업자들이 직접 나선 것에서

---

2 『국제영화신문』 1933년 10월 하순(112호), 『도쿄영화신문』 14호, 2쪽(이하 『국제영화신문』은 호수만 기록함). 한편 1937년 7월 하순(202호) 89쪽 기사에 의하면, 1933년 10월 1일 대일본활동사진협회는 구와노(桑野) 이사를 조선총독부에 파견해 국산영화를 조장하기 위한 "방화 강제 통제령"을 진정했다.

3 1933년 11월 하순(114호), 『도쿄영화신문』 16호, 3쪽.

짐작할 수 있듯이, 가장 핵심적인 키워드는 '국산영화 장려', 즉 조선인 관객들이 내지영화가 아닌 미국영화와 일부 유럽영화를 선호하고 소비하는 상황에 대한 문제제기였다. 식민지 정책의 핵심인 '내선융화'적 견지에서, 특히 '영화보국', 즉 제국과 접속하는 영화의 기능적인 면으로 따져도 전혀 도움이 되지 않는다는 것이다.

『국제영화신문』 1933년 11월 상순호에 의하면, 일본 내지의 '대일본활동사진협회', '국산활동사진협회'의 두 단체가 조선총독에게 진정한 것을 발단으로[4] 조선의 영화국책이 가동된다. 규정의 입안은 "조선에서는 내지와 반대로 국산이 3할밖에 차지하지 않고 있다는 점은 생각해봐야 할 문제"라고 운을 뗀 조선총독부 경무국 도서과장 시미즈(淸水)가 맡았다. 같은 달 경무국장 이케다(池田)의 사무실에서 시미즈 등 세 과장의 회의 끝에 확정된 13개 조항이 심의에 들어갔고, 11월 30일 '활동사진영화흥행령'이라는 13개 조항으로 구성된 법령을 배포했다.[5] 이는 바로 1934년 8월 7일 공포된 조선총독부령 제82호 '활동사진영화취체규칙'의 원안이었다. 주목할 부분은 업자들의 요구대로 조선의 모든 영화관은 1934년 3월부터 반드시 국산영화를 1편 이상 상영해야 한다는 내용을 포함한 것이다.[6]

주지하다시피 9월 1일부터 시행된 '활동사진영화취체규칙'은 1926년 7월 5일 공포된 조선총독부령 제59호 '활동사진필름검열규칙'을 근간으로 구성된 것이다. 1926년의 '활동사진필름검열규칙'이 '검열'이란 단어를 포함한 것에서 알 수 있듯이 영화텍스트에 대한 통제를 표준화하고 중앙집중적 관리를 도모한 것이었다면, 1934년의 '활동사진영화취체규칙'은 '취체' 즉 '영화(cinema)'에 대한 전방위적인 통제를 규정했음을 의미한다.[7] 특히 상영영화의 제한과 강제, 즉 배급시장을 인위적으로 구획할 근거가 마련되었다. 즉, 5조에서 도지사의 권한으로 흥행의 제요소를 제한하는 것이 가능했고, 7조에서는 5조의 제한에 관계없이 조선총독이 필요하다고 인정할 시에는 필요한 영화의 영사를 명할 수 있다는 내용이 포함되었다.[8] 이후 조선영화산업의 판도를 바꿀 구체적인 내용의 '국

---

4   1933년 11월 상순(113호), 『도쿄영화신문』 15호, 2쪽.

5   1933년 12월 상순(115호), 『도쿄영화신문』 17호, 4쪽.

6   1933년 11월 하순(114호), 『도쿄영화신문』 16호, 3쪽.

7   이에 대한 자세한 논의는 박혜영의 다음 글을 참고할 것. 「해제: 1926년 '활동사진필름검열규칙'~1934년 '활동사진영화취체규칙'을 중심으로」, 한국영상자료원 엮음, 『한국영화연구자료총서: 식민지 시대의 영화검열(1910~1934)』, 2009, 한국영상자료원, 113~123쪽.

8   1934년 8월 하순(132호), 26~27쪽.

산영화 상영규정'은 각 도지사에 전달된 시행세칙에 담겨져 있었다. 이제 조선의 영화관은 외화관과 방화관(邦畵館)의 구분 없이, 한 상영관에서는 한 달 단위로 국산영화와 외국영화를 혼합해 상영해야 했다. 시행세칙의 7조에 구체적인 비율이 명시되어 있는데, 국산영화를 1935년 말까지 상영영화 총 미터수의 4분의 1 이상, 1936년은 3분의 1 이상, 1937년 이후 2분의 1 이상 상영하도록 규정했다.[9] 즉, 조선의 각 영화상설관은 단계적으로 외국영화의 상영을 줄여, 1937년부터 매달 반 이상은 조선영화 또는 일본영화를 상영해야 했다. 하지만 총미터수 기준이었기 때문에, 실질적으로는 1936년부터 1회 흥행프로그램에 국산영화 1편과 외국영화 1편의 비율이 되었다.[10]

'국산영화 상영규정'의 시행과 경성 흥행계의 지형 변화

1930년대 중후반 일본 내지에서 발간된 영화잡지들이 조선영화계를 파악하려는 욕망을 내비친 것도 식민지 조선의 영화국책과 무관하지 않아 보인다. 당시 지면들은 새삼스레 조선영화와 영화계를 소개하고, 조선영화를 규정하는 동시에 존재가치를 따지고, 그러기 위해 지난 조선영화사를 되돌아보는 기사와 좌담회가 특집으로 숨 가쁘게 구성되었다. 흥미로운 점은, 1930년부터 경성영화계현황에 대해 본격적으로 분석한 『국제영화신문』 역시 시행 3기를 맞은 1937년부터는 조선영화시장에 집중했던 것을 벗어나 조선영화 제작 상황이나 영화 자체에 대해 관심을 보인 것이다. 1934년 1월 하순호부터 시작된 『국제영화신문』 경성통신원 야마구치 도라오(山口寅雄)의 경성흥행가 분석 기사 역시 1937년 3월 상순호에서 멈추며, 이후 1939년 2월 상순호와 3월 하순호에 짧은 기사가 등장한 이후 더 이상 보이지 않게 된다. 반면 1938년 10월 상순호의 조선총독부 도서과 필름검열관 이케다 구니오(池田國雄)가 쓴 「조선의 영화검열의 특수성」, 1939년 8월 하순호의 당시 고려영화사 사장 이창용이 기고한 「조선영화의 장래—그 사활은 바로 지금부터…에 있다」, 경성에서 영화감상가로 활동한 미즈이 레이코(水井れい子)가 쓴 「기로에 선 조선영화(岐路に立つ朝鮮映画)」 등의 특집성 기사를 위시로 조선영화 제작상황을 다룬 지면이 늘어난다.

내지의 '영화업계지' 『국제영화신문』의 기사를 중심으로 "방화 강제 통제령"이 실제로

---

9   한국영상자료원 엮음, 같은 책, 138~140쪽.
10   1936년 1월 상순(165호), 79쪽.

경성 흥행계에 어떤 영향을 미쳤는지, 국산영화 상영규정 시행 직전인 1934년 8월까지, 시행 1기인 1934년 9월~1935년 12월, 2기인 1936년 1월~12월, 3기인 1937년 1월 이후, 모두 네 시기로 구분해 그 변화 양상을 검토해 보기로 한다. 당국의 인위적인 기획이 현실에 적용되고 어긋나는 과정, 조선영화흥행계의 헤게모니의 향방, 경성의 주요 영화 상설관과 일본 내지 배급사와의 긴밀한 관계 등 흥미로운 내용들이 드러날 것이다. 단, 앞서 설명한 것처럼 3기는 경성흥행계의 분석기사가 급감해 1939년 이후의 상황을 파악하기 힘든 한계가 있다.

1) 시행 전 : 1930년~1934년 8월

〈1934년 8월까지 경성 주요 영화상설관 수급 상황〉[11]

시기 극장	1930년 11월 기사	1934년 3~4월 기사	1934년 7~8월 기사	비고
기라쿠칸	닛카쓰 직영	닛카쓰 직영	닛카쓰 직영	마지마 우메키치 경영
다이쇼칸	쇼치쿠 계열	쇼치쿠 계열	쇼치쿠 2번관	후쿠자키 하마노스케 경영
도아구락부	도아 직영	다카라즈카, 다이토	쇼치쿠 보합	도쿠나가 활동사진상회의 도쿠나가 구마이치로 경영, 7월 13일부터 쇼치쿠자로 개관
주오칸	마키노, 데이코쿠키노 계열	신코 특약(보합)	신코 특약	오다 유키치 경영
게이류칸		다카라즈카, 다이토 2번관		도쿠나가 활동사진상회 보합관
나니와칸		양화		내지인 측 서양영화 상영전문관
우미관		양화 전문		
단성사		무대극 집중		
조선극장		무대극 집중		나다야 히사키치가 1930년 7월 개관
제일극장		양화 전문		

---

11   이 글에 나오는 4개의 〈표〉는 모두 『국제영화신문』의 기사를 중심으로 작성된 것이다. '계열', '특약' 같은 표현은 원문 기사를 그대로 표기한 것으로, 대체로 보합관을 의미하는 것으로 추정된다.

'국산영화 상영규정'이 시행되기 직전인 1934년 8월까지의 경성 극장가에서 가장 주목할 점은 도아구락부(東亞俱樂部)의 약진이다. 도아구락부는 도쿠나가 활동사진상회(德永活動写真商会)의 주인인 도쿠나가 구마이치로(德永熊一郎)가 1928년 4월 20일, 고가네칸(黃金館)[12]을 사들여 이름을 바꾸고 개관한 극장이다. 동시에 도아키네마(東亞キネマ) 선만 배급권을 확보한 그는 다카라즈카키네마(宝塚キネマ) 조선지사장이기도 했다.[13]

도쿠나가(德永) 프로덕션을 운영하며 국책교육영화[14] 등 영화제작을 겸하던 도쿠나가는 도아구락부를 개관하며 공격적인 경영을 펼쳐 "경성흥행계의 샛별"로 떠오른다. 항상 3일에 한 번 프로그램을 교체해 1년에 120편의 프로그램을 편성했고, 요금도 10전 또는 20전 균일로 책정해 타 영화관들을 긴장하게 만들었다.[15] 경성 극장가의 내지인 측 영화관 중에서 토키영화 상영 역시 워너의 선만 배급권을 획득한 도쿠나가가 1932년 5월 가장 먼저 착수했다.[16] 조선영화흥행계에서 본격적인 토키의 시대가 1934년부터 시작되었음을 감안하면 상당히 이른 것이다.[17] 또 방화 상영 강제령이 현실화되기 직전인 1933년 12월 경성흥행협회가 진용을 새로 구축하게 되는데 "조선 전체를 통틀어 보스"라고 불린 조선영화경성촬영소장 와케지마 슈지로(分島周次朗)가 물러나면서, 바로 도쿠나가 구마이치로가 회장에 취임하게 된다.[18]

1934년 업계 최고의 관심사는 쇼치쿠 영화의 향방이었다. 국산영화 상영규정 시행을 앞둔 경성흥행계에 쇼치쿠키네마(松竹キネマ) 영화의 상영쟁탈전이 벌어진 것이다. 쇼치쿠 계열관인 다이쇼칸(大正館)[19]이 연말을 기한으로 흥행장 허가가 최소될 예정이었고, 쇼치쿠와의 계약기한도 3월까지였다. 한편 쇼치쿠 측은 다이쇼칸이 흥행에서 닛카쓰 직영관인 기라쿠칸(喜楽館)에 늘 밀리자 다른 흥행자에게 눈을 돌리고 있었다. 쇼치쿠 영화극장의 신축 계획은 동시에 착수되고 있었다. 다이쇼칸 경영자인 후쿠자키 하마노

---

12   1913년 경성부 고가네마치(黃金町) 4정목(丁目)에 개관.
13   1933년 5월 상순(101호), 도쿄영화신문 3호, 4쪽.
14   1929년 7월(29호), 61쪽.
15   1934년 1월 하순(118호), 23쪽.
16   『키네마순보』, 1932년 7월 21일(440호), 96쪽.
17   조선총독부의 토키용 검열소가 설치된 것이 1934년 12월이었고, 그때 이듬해 1월 상영을 위한 검열 신청 작품이 모두 토키영화였다. 1933년 12월 상순(115호), 『도쿄영화신문』 17호, 4쪽.
18   1933년 12월 상순(115호), 『도쿄영화신문』 17호, 4쪽.
19   1912년 앵정정(櫻井町) 1정목에 개관한 최초의 내지인 전용극장.

스케(福崎濱之助)뿐만 아니라 아사히자(朝日座)의 오이시 사다시치(大石貞七)도 쇼치쿠와 암묵의 계약을 맺어 신축 준비 중이었다.[20] 하지만 쇼치쿠영화의 상영권은 도쿠나가에게 돌아간다. 그의 도아구락부는 7월 13일부터 경성 쇼치쿠자(松竹座)로 개관, 이에 다이쇼칸은 후쿠자키, 도쿠나가 2명의 공동운영에 의해 10월 31일까지 쇼치쿠영화 2번관으로서 연명하게 되었다.[21]

1930년대 전반 내지인 측 상설관의 지형도를 그려보면 다음과 같다. 3대 방화관은 기라쿠칸, 다이쇼칸, 주오칸(中央館)이었다. 마지마 우메키치(間島梅吉)가 관주였던 기라쿠칸은 1920년대 중반 닛카쓰 계열관으로 운영된다.[22] 1928년 12월부터 닛카쓰가 직접 극장을 매입해 운영했다.[23] 다이쇼칸은 쇼치쿠 계열관으로 운영되다 2번관으로 추락했고, 오다 유키치(小田勇吉)의 주오칸은 마키노(マキノ), 데이코쿠키노(帝国キノ) 계열관에서 1933년 말부터 신코키네마(新興キネマ) 특약관으로 상영했다. 보합제로 수급했는데 이는 배급사와 극장이 미리 정해진 비율로 수익을 나누는 것을 말한다. 다이쇼칸은 쇼치쿠 특약 이후 주로 방화를 상영한 반면[24] 그 외 영화관은 서양영화를 각 사 특약으로 수급했다.

도쿠나가의 도아구락부는 다카라즈카(宝塚), 다이토(大都)의 영화와 외화를 섞어 편성했다. 게이류칸(京龍館)은 도쿠나가활동사진협회(德永活動写真協会)의 보합관이었는데, 도아구락부와 같은 프로그램을 3일 늦게 상영했다. 나니와칸(浪花館)은 공간이 협소한 단점이 있었지만, 내지인 전용 서양양화전문관으로 인기를 끌었다. 나니와칸이 생기고 나서 조선인 측 영화관에 내지인 관객이 줄었다는 기사[25]는 조선인 측 영화관이 그만큼 서양영화 상영으로 특화되었음을 반증한다. 1934년 3월 기준으로 내지인 측 상설관을 성적순으로 살펴보면, 기라쿠칸(닛카쓰)이 6,595.80원, 다이쇼칸(쇼치쿠) 5,458.20원, 나니와칸(양화) 5,432.50원, 주오칸(신코) 4,927.20원, 도아구락부(다카라즈카, 다이토) 3,835.60원, 게이류칸(다카라즈카, 다이토 제2관) 1,968.70원 순이었다.[26]

한편 조선인 측 영화상설관은 조선극장(朝鮮劇場), 단성사(團成社), 우미관(優美館), 제

---

20   1934년 4월 하순(124호), 20쪽.
21   1934년 7월 하순(130호), 34쪽.
22   『키네마순보』 1925년 7월 21일(200호), 40쪽. 『키네마순보』 1926년 5월 21일(228호), 60쪽.
23   조선매일신문조사부, 『대경성』, 1929(한국지리풍속지총서 42, 경인문화사, 1989), 351쪽.
24   1930년 11월(45호), 41쪽.
25   1934년 4월 하순(124호), 20쪽.
26   1934년 3월 하순(122호), 27쪽.

일극장(第一劇場) 4군데였다. 1932년 7월호 『키네마순보(キネマ旬報)』에 의하면 조선인 측 영화관에는 2~3편 정도의 예외를 제외하면 일본영화는 전혀 상영되지 않았다. 인기의 중심은 조선극장이었는데 1931년 10월부터 토키영화를 상영했고 파라마운트, 독일우파 영화를 같이 상영하여 내지인 측의 관객들까지 흡수할 정도였다. 1932년 2월부터 RCA 발성기를 설치했으니, 서양영화의 개봉은 조선인 측 영화관이 전문적이었음을 알 수 있다. 조선극장에 자극을 받은 우미관도 2월에 RCA발성기를 구입해 메트로, 유나이티드 영화를 개봉했고, 단성사 역시 4월에 국산발성기[27]를 달고 주로 유니버설영화를 상영했다. 나다야 히사키치(港谷久吉)가 1930년 7월 신축 개관한 제일극장[28]은 오래된 서양영화를 10전 균일 흥행으로 상영했다.

흥미롭게도 국산영화 상영규정이 시행되기 직전인 1934년의 조선인 측 영화관은 조선 무대극의 전성시대에 들어섰다. 단성사, 조선극장 두 관 모두 무대극으로 연일 대성황을 이루었고, 우미관과 제일극장이 영화전문관으로 지속됐다.

2) 1기 : 1934년 9월~1935년 12월

〈1934년 9월~1935년 12월 경성 주요 영화상설관 수급 상황〉

극장 \ 시기	1934년 10월 기사	1935년 2월 기사	1935년 6월 기사	비고
기라쿠칸	닛카쓰	닛카쓰 보합	닛카쓰	
다이쇼칸	PCL, 도와상사 등	각 사 특약	다이토	1934년 11월 이후 오카모토 세이지로 경영
쇼치쿠자 (전 도아구락부)	쇼치쿠	쇼치쿠 보합	쇼치쿠	
주오칸	신코	신코 보합	신코	
게이류칸		재상영 흥행		
나니와칸	양화 2편에 JO 토키영화 재상영	각 사 특약, 아사히 발성뉴스		
우미관		각 사 특약		
단성사		각 사 특약		박정현(朴晶鉉) 경영

---

27   이필우의 P. K. R.식 발성장치를 말한다.
28   1930년 7월(41호), 36쪽.

				1934년 12월 4일 김찬영(金讚永)에서 나다야 히사키치로 경영자 변경 1935년 4월 23일 화재로 전소
조선극장	양화 2편에 다이토 현대극 재상영	재상영 흥행		
제일극장		재상영 흥행		

『국제영화신문』 1935년 1월 상순호에 의하면 '활동사진영화취체규칙'이 9월 1일부터 즉각 실시되지는 않았고, 경성부를 관할하는 경기도 보안과에서 비공식적으로 2달 후 실시를 예상해, 사실상 11월 1일부터 영화통제가 실시되었다. 이제 "조선만의 독특하고 강력한 부령"의 실시로 서양영화전문관도 4분의 1 이상 방화를 상영해야만 하는 상황이 되었다.[29]

정책적 타격으로 외화배급업자들의 경쟁은 더 치열해졌다. 1934년 10월부로 유나이티드 아티스트를 제외한 모든 서양영화사들의 지점 또는 출장소, 즉 조선배급소가 설치되었다.[30] 내지의 서양영화배급사의 경우 내지의 3:7 비율과는 정반대인, 7:3으로 외화시장이 우세한 조선에 비중을 둘 수밖에 없었기 때문이다. 양화전문관들은 궁여지책으로 위기를 돌파해갔는데 조선극장, 나니와칸의 경우 서양영화 2편을 중심에 두고 방화를 끼워 넣는 방식을 취했다. 조선극장은 다이토 현대극, 나니와칸에서는 JO토키영화의 재상영판을 매주 상영하면서, 선전은 서양영화 2편 상영을 중심에 두었다.[31]

물론 내지영화사들에게는 그간의 찬밥 신세를 역전시킬 호재였다. 쉽게 얘기하면, 조선총독부의 옹호 덕분에 방화 4개사는 각 계통관에 배급하기만 하면 되는 상황이었다. 닛카쓰가 〈마음의 세월(心の日月)〉에 조선어 타이틀을 붙인 것은 내지영화의 판로 확장을 단적으로 보여주는 예일 것이다.[32]

'다크호스' 도쿠나가의 쇼치쿠자는 개관과 함께 독특한 흥행전법으로 화제를 이었다. 이른바 좋은 프로그램의 경우 통상 1층이 60전, 2층이 80전의 입장료를 받았는데, 쇼

---

29 1935년 1월 상순(141호), 52쪽.
30 같은 기사, 54쪽.
31 같은 기사, 52쪽.
32 1935년 1월 상순(141호), 『도쿄영화신문』 40호, 5쪽.

치쿠자는 좋은 프로그램도 1층 30, 2층 50전으로 밀어붙였다. 닛카쓰나 신코의 개봉관이 아무리 좋은 프로그램을 짜도 50, 70전 이상의 입장료는 받을 수 없도록 만드는 등 그는 항상 화제의 중심이 되었다.[33]

1935년 1월 상순호의 「경성영화계근황」에는 자세한 사연이 소개되어 있지는 않지만 조선관객들의 기호를 엿볼 수 있는 흥미로운 기사 내용이 등장한다. 기라쿠칸이 시대극 〈히라데 미키(平手造酒)〉, 양화 〈세계권투왕(世界拳鬪王)〉을 편성했으나 〈세계권투왕〉이 받아들여지지 않아 예상 외로 관객이 없었다. 반면 같은 영화를 개봉한 조선인 측 우미관은 연일 연속 만석이었다는 것이다. 이구영(李龜永)의 증언에서 활동사진 수입 초기 〈권투시합〉이라는 영화를 장안사(長安社)에서 상영했을 때 2층의 내지인과 1층의 조선인의 민족 간의 싸움으로 번졌다는 에피소드가 겹쳐지는 대목이다.[34]

1935년 경성의 영화상설관은 토키의 시대로 접어든다. 위치상의 이점을 가진 혼마치(本町)의 기라쿠칸이 웨스턴식 발성기를 설치, 쇼치쿠자를 압도했다. 쇼치쿠자는 쇼치쿠 가마타(蒲田)촬영소의 현대극과 시모가모(下加茂)촬영소의 시대극으로 건재했고, 경성 최초의 조조흥행에 반액 입장료 등 공격적인 경영을 이었다. 서양영화전문관인 나니와칸의 경우 양화에 〈아사히 발성뉴스〉를 곁들이는 재치로 양화전문관의 성격을 이어나갔다. 조선인 측 상설관의 경우 새로 낙성한 단성사와 저렴한 입장료로 대중 팬을 끌어들인 우미관이 각 사 특약이었고, 조선극장, 제일극장이 재상영 흥행으로 관객을 동원했다.[35]

"영화통제가 실시된 이후 말 그대로 서양영화를 탄압하는 상태"에서도 서양영화의 활약은 계속되었다. 양화배급사는 파라마운트, 도와상사, 폭스, 콜롬비아, 메트로, RKO, 유나이티드, 유니버설, 치도리흥업(千鳥興業) 등이었는데, 파라마운트의 건재에 도와상사(東和商事)가 약진하는 형국이었다. 예컨대 4~5월 2달 동안 경성 영화관에서 상영한 총 24편의 서양영화 중 파라마운트가 10편을 차지했다. "경성─방화, 양화 각 영화관 모두 호조"라는 기사 제목에서 볼 수 있듯이 정책의 효과는 나타나고 있었고, 이즈음 양화와 방화도 균형을 이루게 되었다.[36]

---

33   1935년 1월 상순(141호), 52쪽.
34   이영일 지음, 『한국영화전사(개정증보판)』, 2004, 도서출판 소도, 49쪽.
35   1935년 2월 상순(143호), 25~26쪽.
36   1935년 6월 하순(152호), 36쪽.

3) 2기 : 1936년

〈1936년 경성 주요 영화상설관 수급 상황〉

극장 \ 시기	1936년 1월 기사	1936년 2월 기사	1936년 6월 기사	1936년 10월 기사	비고
기라쿠칸	닛카쓰	닛카쓰	닛카쓰	닛카쓰	1936년 9월 개축
와카쿠사영화극장 (구 다이쇼칸)	다이토		PCL 등 각 사 특약	양화, PCL	1936년 1월 31일 개관
쇼치쿠자 → 고가네자	PCL, 극동	마키노	마키노, 고쿠토	마키노, 고쿠토 개봉관	도쿠나가 구마이치로가 1936년 10월 경 고가네자 신축
주오칸	신코	신코 계열	신코	다이토 개봉관	
게이류칸	쇼치쿠 2번관				
나니와칸	쇼치쿠	쇼치쿠	쇼치쿠	신코키네마 개봉관	1936년 10월 이시바시에서 니시다 노보루, 소노다 미오 공동경영으로 변경
메이지자				쇼치쿠, 양화	1936년 10월 7일 쇼치쿠 조선개봉장으로 개관, 이시바시 료스케 경영
우미관	양화, 다이토 2번관				
단성사	양화, 닛카쓰 2번관	각 사 특약		양화, 신코	
조선극장	양화, 쇼치쿠 3번관				
제일극장	양화, 신코 2번관				
동양극장	양화, PCL				

『국제영화신문』의 흥행관 분석 기사는 줄곧 내선별로 시장을 나누어 파악하고 있다. 1936년 1월 상순호를 기준으로, 인구 44만 여의 경성부에 영화관은 모두 11곳이었다. 내지인 측 영화상설관은 기라쿠칸(닛카쓰), 나니와칸(쇼치쿠), 주오칸(신코), 쇼치쿠자 (PCL, 극동), 다이쇼칸(다이토), 게이류관(쇼치쿠 2번관)의 6곳, 조선인 측 영화관은 단

성사(양화, 닛카쓰 2번관), 조선극장(양화, 쇼치쿠 3번관), 제일극장(양화, 신코 2번관), 우미관(양화, 다이토 2번관), 동양극장(양화, PCL)의 5곳이다.

1936년 초 경성영화계의 화두는 "대극장주의로의 전향", 즉 대형영화관의 연이은 신축이다. 1935년 12월 10일 영화극장으로도 사용이 가능한 정원 1,800명의 경성 부민관의 개장을 시작으로, 다이쇼칸 경영자인 오카모토 세이지로(岡本淸次郎)가 1936년 1월 31일 혼마치 3정목에 와카쿠사영화극장(若草映画劇場)을 신축, 개관했다. 정원 1,412명의 서양식 건물이었다. 도쿠나가 구마이치로는 1935년 11월 쇼치쿠자 뒤쪽의 광무대 자리와 그 인접지에 새로운 쇼치쿠자의 건설에 착수했다. 1936년 가을[37]에 낙성하면서 고가네자로 이름을 바꿨고, 마키노 개봉관이 되었다. 1,130명 정원의 근대부흥식 건물이었다. 처음에는 쇼치쿠자의 전신인 고가네칸 주인 다무라 미네(田村ミ차)[38]의 신축 반대가 있었으나, 도쿠나가와 장기사용 계약을 맺는 것으로 결론지어진다.[39] 나니와칸의 관주 이시바시 료스케(石橋良介)는 1936년 10월 7일 "선만 통틀어 제1급을 자랑하는" 정원 1,300명 규모의 메이지자를 개관한다.[40]

"영화의 전당"들이 출현하며 극장들의 영화수급에도 변화가 왔다. 메이지자가 쇼치쿠조선개봉관으로 개관하면서, 나니와칸은 니시다 노보루(西田昇)와 소노다 미오(園田實生)의 공동경영으로 약 1년간의 쇼치쿠영화 개봉관 역할을 마치고 신코키네마의 개봉관으로 바뀌었다. 같은 시기 쇼치쿠자는 고가네자로 이름을 바꾸고 마키노, 고쿠토의 개봉관으로 정착했다. 다이쇼칸이 탈바꿈한 와카쿠사영화극장은 설날 프로그램으로 데뷔하며, 다이토영화에서 양화와 PCL영화 중심으로 변경했다.

1936년 1월 상순호 기사는 기존의 조선인 측 상설관 4곳에 이어 동양극장이 합세한 것으로 전하며, 조선영화경성촬영소장 와케지마 슈지로가 처음 손에 넣은 극장으로 기술하고 있다. 그간 동양극장은 홍순언(洪淳彦)이 1935년 11월 1일 개관할 당시 와케지마 슈지로[41]의 투자를 받은 것으로 알려져 있다. 연극 전용극장으로 세워졌지만 전속 극단

---

37   1936년 9월 하순(182호), 『도쿄영화신문』 78호, 3쪽과 1936년 10월 하순(184호) 28쪽 기사에 의하면 9∼10월경으로 추정된다.
38   다무라 미네는 고가네칸의 주인 다무라의 미망인으로 고가네칸과 단성사의 관주였다.
39   1935년 7월 하순(154호), 46쪽.
40   1936년 10월 하순(184호), 28쪽.
41   1936년 9월 하순(182호), 『도쿄영화신문』 78호, 3쪽 기사에 의하면 와케지마는 경성극장 흥행주로 이름을 올린다. 1919년 9월 21일 설립된 경성극장은 1929년 2월 화재로 소실된 후 1930년 3월 경성연예관으로 재개관해 공연과 영화를 함께 흥행했는데, 당시 경성극장이라는 이름도 같이 사용된 것으로 추정된다. 1939년 10월 영화상설관으로 개축, 다시 경성극장이 되어, 신코키네마 개봉관으로 재개관했다.

조직 문제로 개관 초기 프로그램은 영화와 무용, 연극 등이 혼합되어 있었는데, 기사에 등장한 것은 그 맥락으로 추정된다. 동양극장은 이후 기사에 나오지 않는다.

한편 부민관은 단기적인 수익을 노린 흥행공간으로 활용되었다. 하루 사용료는 3백 원이었다. 예컨대 1936년 2월 경성연합청년회 주최로 전매권을 팔아 흥행했는데, 이는 PCL배급소 후지모토 쇼조(藤本省三), 유나이티드대리점 고이와 데츠야(小岩鐵彌), 나니와칸 전 지배인 가사이 이츠오(河済逸男)의 3명이 연합한 상영프로그램이었다. 호화로운 건물임에도 위치상의 단점을 극복하지 못해 흥행 성적이 좋지 않았다.[42]

내지보다 한발 앞서 실시된 "문제의 영화통제"로 1936년부터 3분의 1 이상은 강제로 방화를 상영해야 했다. 총미터수로 따졌기 때문에, 1회 흥행에 서양영화 2편은 상영할 수 없게 되어, 1936년부터 실질적으로 국산영화 1편과 외국영화 1편의 비율이 되었다. 하지만 서양영화팬의 존재는 계속되었다. 1936년 10월 하순호 기사에 의하면 근대건축으로 단장하여 서양영화독점으로 기염을 토하던 단성사와 고급 서양영화 프로그램 편성으로 단성사의 라이벌로 등장한 와카쿠사영화극장의 약진, 메이지자의 진출, 고가네자의 데뷔로 흥행쟁패전의 전개를 정리하고 있다.

4) 3기 : 1937년 1월 이후

〈1937년~1939년 경성 주요 영화상설관 수급 상황〉

극장 \ 시기	1937년 1월 기사	1937년 2월 기사	1937년 3월 기사	1939년 2월 기사	비고
기라쿠칸	닛카쓰		닛카쓰 보합	닛카쓰계 2번관	
와카쿠사영화극장	PCL		PCL, 양화	도호	1939년 5월 신코 전향 후 다시 도호계 복귀
고가네자	마키노	마키노 개봉관	닛카쓰 개봉관		
주오칸					기사 없음
게이류칸			도호계 2번관		

42   1936년 2월 상순(167호), 38쪽.

나니와칸	신코		신코 보합	도호계 2번관	
메이지자	쇼치쿠		쇼치쿠 보합, 양화 혼합	쇼치쿠 개봉	
우미관					기사 없음
단성사	각 사 특약	RKO, FOX 독점	양화, 신코		
제일극장					기사 없음

국산영화 상영규정의 효과는 1937년도 조선총독부의 활동사진 '필름' 검열통계표가 명확하게 보여준다. 1937년 4월 1일에서 1938년 3월 31일까지 1년간 극영화 10,898권 2,482,360미터 중에서 방화는 7,557권 1,669,619미터, 양화는 3,341권 812,741미터로 시행 전의 3:7 비율에서 7:3으로 역전된 것이다.[43]

1937년부터 적용된 1:1 비율의 방화 강제 할당제는, 내지영화의 신속한 수급이 요구되었다. 이제 쇼치쿠, 닛카쓰, 신코 등의 영화는 내지와의 동시 개봉이 필수적이었다. 『국제영화신문』 1937년 3월 상순호에는 식민지 조선의 배급방식을 말해주는 중요한 기사가 등장한다. 유연한 배급이 가능한 양화에 비해 기계화된 방화의 배급시스템을 비판하는 내용인데, 내지의 영화사들이 책상머리에서 일주일 동안의 프로그램을 짜서 기계적으로 영화를 돌리다보니, 한 프로그램으로 5일 이상 버티지 못하는 경성 외 지방 영화관에서는 문제가 발생한다는 지적이다. 이 기사는 조선의 실제 영화배급에 대한 정보를 포함하고 있다. 방화는 도쿄, 게이한신(京阪神)에서 상영된 후 만주에서 누락된 것이 약 12주 내지 15주 이후에 조선으로 들어오게 된다. 그리고 닛카쓰는 '경성 – 평양 – 부산 – 대구', 신코는 '경성 – 부산 – 대구 – 원산 – 평양', 쇼치쿠는 '경성 – 부산 – 평양'의 순으로 프로그램을 돌린다.

1937년의 핵심적인 사건은, 1937년 3월 내지에서 발생한 신생 도호와 쇼치쿠, 닛카쓰, 신코, 다이토 기존 4사의 마찰이 조선의 상설관으로 전이된 것이다. 4사는 조선의 각 사 계열관에서도 도호의 영화를 상영하지 못하게 했는데, 1937년 4월 상순호 기사는 "조선

---

43   1938년 7월 하순(226호), 32쪽. 1935년 2월 하순(144호) 26쪽에 의하면 영화통제법을 실시한 1934년에 이미 영화검열신청비율은 7:3으로 방화가 절대 우세를 보였는데, 줄곧 이런 상황이었는지는 향후 추가적인 연구가 필요하다.

에서의 도호 배격은 실정 무시"라는 상설관들의 비난을 전하고 있다. 프로그램의 2분의 1은 무조건 방화를 상영하게 되었는데, 4사의 영화만으로는 공급되는 방화의 양이 부족했고, 결국 총독부령을 위반하는 결과를 낳을 가능성이 생긴 것이다. 조선총독부는 결국 산업의 논리라는 예상치 못한 문제점에 봉착하게 되었다. 가장 큰 원인은 앞서 설명한 것처럼, 일주일까지 버틸 수 있는 경성영화관에 비해 지방영화관의 경우 2~3일에 한 번 프로그램을 바꿨기 때문이다. 1937년 7월 하순호 기사에 의하면, 이번엔 조선영화배급업조합이 "방화 강제 통제령"이라는 조선에서의 특수한 사정을 들어 4사 협정의 도호 배격이 불가능한 이유를 4사에 건의했는데, 닛카쓰, 쇼치쿠, 신코의 각 출장소주임들은 본사의 명령을 엄중히 지키라고 대꾸했다.[44] 4사 대 도호의 갈등은 내지뿐만 아니라 선만이 연동된 문제였다. 이후 경성극장가에서는 PCL영화를 내지와 동시에 개봉하던 와카쿠사극장이 도호를 옹호하고 나서며[45] 도호의 낙점을 받게 된다.

『국제영화신문』의 조선흥행계 분석 기사는 1939년 2월 하순호를 끝으로 보이지 않는다. 경성흥행계는 쇼치쿠(메이지자), 도호(와카쿠사영화극장), 닛카쓰(고가네자)의 3자 대립상태로 되었고, 2번관 역시 도호계가 나니와칸, 게이류칸을, 닛카쓰계가 기라쿠칸, 쇼치쿠자가 신도미자(新富座), 도카극장(桃花劇場)을 가지고 있어 신코 계열은 개봉, 2번관 모두 완전히 쫓겨나게 된 상황을 전하고 있다. 1937년 3월 1일부터 닛카쓰 조선개봉관이 된 고가네자는 이후 관주가 여러 번 바뀌는데, 1939년 3월 고인문(高仁文)에서 주오칸 관주였던 오다 유키치에게 경영권이 넘어갔고, 1940년 4월 오다 유키치에서 소유자 다무라 미네가 직접 경영하는 것으로, 5월 요시모토 흥업, 6월 요시모토와 도호 공동 경영으로 바뀌었다.

1937년 1월 『영화평론』에 기고한 최일숙의 언급처럼, 조선의 영화정책은 "이데올로기적 문제 이외에 국산영화 장려라는 경제적인 의미"가 컸다.[46] 조금 바꿔 말하면 국산영화 강제상영정책의 표면은 이데올로기적이지만, 내면은 자본의 문제, 즉 내지영화의 사업성 확대와 결부된 문제였다. 다음 단계의 연구 주제를 밝혀두는 것으로 이 글을 마무리하기로 한다. 내지영화사들이 조선의 흥행계에 보인 관심은 조선영화 자체로 확장되었고, 동시에 조선영화의 수입, 조선영화의 제작으로 옮겨갔다. 조선영화인들의 조선

---

44   1937년 7월 하순(202호), 89쪽.
45   1937년 5월 상순(197호), 11쪽.
46   『영화평론』, 1937년 1월(19-1호), 105~106쪽.

영화 제작 움직임이 활발해진 것도 바로 국산영화 상영규정 그리고 이로 비롯된 내지 영화사들의 움직임과 연동된 것이었다. 1939년 8월 하순호 『국제영화신문』에 기고한 이 창용의 지적처럼, "국산영화열을 고양하게 했고", 조선영화인들에게 "조선작품이 조선 이외에서 상영할 수 있는 본격적 궤도"를 상상하게 만든 새로운 현상은 조선영화 그 자 체의 실력과 공적에서 온 것이 아니라 바로 영화국책으로 초래된 수동적인 것이었다.

東亞キネマ
本社移轉

東亞キネマ本社は去る廿日等持院より大阪市東區久太郎町二ノ一三への引越を了し新社屋にて營業を開始した。

松竹キネマ直營館

支配人の大…

松竹キネマにては末を控えて直營支…勤ある可しと傳へ…が、十五日に到り相…雨常務、山本營業部…結果、同社始つて…送を斷行し大いに…振りを示した。

京都宣傳部長は柳武史…所宣傳部は柳武史…が富ることとなつた…

◇　人事　◇

田松竹）の諸氏

満失妻

三七九へ轉居

▲T・D・コクレン氏（…社東洋支にて右太プロへ入社）
▲長尾史錄氏（アシヤ映畫監督）大阪市外小阪町朝日館へ轉居
▲田村幸彦氏（キネマ旬報社）七日
▲小石榮一氏（帝キネ監督）若水絹子と結婚し京都洛西太棄井戸ヶ尻店長、今回フォックス本社詰となつて、去る十日より出勤

◇　消息　◇

◇　其他　◇

■ 국제영화신문(도쿄영화신문)

원본 호수	원문 쪽수	기사 제목	필자	자료집 내 쪽수
1927년 2월(6호)	165쪽	[교육영화란] 영화 이용 단체 소개(5) 만철회사		12쪽
1928년 5월(15호)	155쪽	도아(東亞)의 규수 지사 : 만선으로 발전		12쪽
1929년 4월(26호)	44쪽	[지방통신] 경성 소식 : 총독부의 영화 이용	다카시(たかし) 생(生)	12쪽
1929년 5월(27호)	26쪽	[지방통신] 조선 금강산영화의 완성		12쪽
1929년 6월(28호)	28쪽	[지방통신] 전례 없는 위반사건으로 경성 기라쿠칸(喜樂館) 고발당하다 : 미검열영화 〈파우스트〉 상영		14쪽
	29쪽	[지방통신] 조선박람회의 새로운 제안 : 영화를 이용하는 비행키네마		14쪽
1929년 7월(29호)	61쪽	[교육영화란] 내선융화 교육영화 〈순수한 정신처럼(純精神の如し)〉		14쪽
1930년 5월(39호)	28쪽	[휘보(彙報)] 〈잔다르크〉 : 조선에서 검열 수난		14쪽
1930년 6월(40호)	37쪽	[휘보] 선만활동사진상회(鮮滿活動写真商会)		14쪽
1930년 7월(41호)	34쪽	[휘보] 조선총독부 토키 검열에 나서다		16쪽
	36쪽	경성에 상설관 신축		16쪽
	45쪽	[교육영화란] 철도성의 금강산 촬영 완성하다		16쪽
1930년 11월(45호)	41쪽	경성 영화계 근황	경성 주재 히가시(東) 생(生)	17쪽
1930년 12월(47호)	32쪽	도야마 미치루(遠山滿) 부처(夫妻) 조선에서 깃발을 올리다		18쪽
1931년 1월(48호)	33~35쪽	조선영화의 사적 고찰(1) : 최초의 수입 당시부터 최근 제작에 이르기까지	경성 주재 훈(薰)	18쪽
	85쪽	영화흥행가와 본지의 시비 : 특별히 보내온 국제영화신문 비평 촌언집		22쪽
1931년 2월(49호)	7~8쪽	조선영화의 사적 고찰(2)	경성 주재 훈	22쪽
1931년 9월 하순(62호)	81쪽	국제영화신문을 통해 지방관 경영자의 교신 : 고오리야마(群山) 후지칸(富士館)으로부터 신의주 세카이칸(世界館)에		26쪽
1933년 5월 상순(101호), 도쿄영화신문 쇼와 8년 5월 1일(3호)	4쪽	[지방잡신] 다카라즈카(宝塚) 〈일장기 밑에서(日章旗の下に)〉 조선에서 상영불가		29쪽
1933년 10월 하순(112호), 도쿄영화신문 쇼와 8년 10월 20일(14호)	2쪽	조선에도 국책		29쪽
1933년 11월 상순(113호), 도쿄영화신문 쇼와 8년 11월 5일(15호)	2쪽	조선의 영화통제 가까운 시일 내에 구체화		30쪽
1933년 11월 하순(114호)	18쪽	[조사자료] 조선의 영화흥행장과 그 관객의 내선인 구별		30쪽
1933년 11월 하순(114호), 도쿄영화신문 쇼와 8년 11월 20일(16호)	1쪽	세 회사 주요 수뇌부 : 동서연합회		32쪽

원본 호수	원문 쪽수	기사 제목	필자	자료집 내 쪽수
1933년 11월 하순(114호), 도쿄영화신문 쇼와 8년 11월 20일(16호)	3쪽	조선의 영화통제 내년 3월경 실시		32쪽
1933년 12월 상순(115호), 도쿄영화신문 쇼와 8년 12월 5일(17호)	4쪽	조선에도 드디어 토키시대 : 신춘물 검열 신청 전부 전발성		33쪽
		조선에도 영사기사 인가제		33쪽
		경성흥행협회 신진용을 둘러싸고		33쪽
		조선영화 통제안 완성하다		34쪽
1934년 1월 상순(117호), 도쿄영화신문 쇼와 9년 1월 5일(18호)	2쪽	조선총독부 검열소 낙성 : 우가키(宇垣) 총독 견학		34쪽
1934년 1월 하순(118호)	23쪽	부산 : 내용으로 접전	다나카 도미오(田中富夫)	34쪽
		경성 : 각 관 모두 일반에게 호황	야마구치 도라오(山口寅雄)	35쪽
1934년 1월 하순(118호), 도쿄영화신문 쇼와 9년 1월 20일(19호)	3쪽	부산에 학교영화교육연구회 설치		37쪽
1934년 3월 상순(121호), 도쿄영화신문 쇼와 9년 3월 5일(22호)	2쪽	조선 사정 소개에 적극적으로 영화를 이용 : 뉴스, 만화, 총독부가 배부		37쪽
1934년 3월 하순(122호)	27쪽	경성 : 좋은 날씨의 경성영화계	야마구치 도라오	38쪽
1934년 4월 하순(124호)	20~21쪽	경성 : 시종일관 호조였던 3월	야마구치 도라오	41쪽
1934년 6월 상순(127호)	20~21쪽	경성에서 〈무적의 타잔〉 상영권 다툼!		44쪽
1934년 6월 하순(128호)	22쪽	[지방통신] 경성 : 닛카쓰 사장의 경성 방문으로 활기		45쪽
	24쪽	[지방잡신] 조선 영일좌(迎日座) 소실		46쪽
1934년 7월 하순(130호)	34쪽	[지방통신] 경성 : 쇼치쿠 상영권 문제 해결	야마구치 도라오	47쪽
1934년 8월 상순(131호)	16~17쪽	쇼와 9년 상반기 전국 지방별 최고 흥행성적 영화는 무엇인가(2) : 본사 각지 통신부	경성 야마구치 도라오	48쪽
1934년 8월 하순(132호)	26~27쪽	조선의 영화통제령 드디어 실현 : 활동사진영화취체규칙 9월 1일부터 실시		50쪽
1935년 1월 상순(141호)	52~54쪽	[지방통신] 경성 : 경성 영화계 근황	야마구치 도라오	53쪽
1935년 1월 상순(141호), 도쿄영화신문 쇼와 10년 1월 5일(40호)	5쪽	닛카쓰 〈마음의 세월(心の日月)〉에 조선어 타이틀 완성		58쪽
1935년 2월 상순(143호)	24~25쪽	부산 : 타잔 성공하다	도미오(富夫) 생(生)	59쪽
		경성 : 특별상여금이 여기저기 날다	야마구치 도라오	62쪽
1935년 2월 하순(144호)	1~5쪽	만선영화계특급 300시간 : 새로운 동양영화의 출현을 위해	이치카와 사이(市川彩)	64쪽
	26~27쪽	[지방통신] 경성 : 경성영화계	야마구치 도라오	74쪽
1935년 4월 상순(147호)	31쪽	경성 : 경성영화계	야마구치 도라오	80쪽

원본 호수	원문 쪽수	기사 제목	필자	자료집 내 쪽수
1935년 6월 상순(151호)	43쪽	경성 : 드디어 영화교육 실시	야마구치 도라오	81쪽
1935년 6월 하순(152호)	36쪽	경성 : 방화, 양화 각 영화관 모두 호조	야마구치 도라오	82쪽
1935년 7월 하순(154호)	46쪽	[지방통신] 경성 : 지방관의 신축 빈번	야마구치 도라오	86쪽
1935년 9월 상순(157호)		도와상사의 특보란!		87쪽
1936년 1월 상순(165호)	78쪽	부산 : 새로운 흥행정책의 대두	T. T. 생(生)	88쪽
	79~80쪽	경성 : 비상시 영화계	마쓰모토 데루하나 (松本輝華)	90쪽
1936년 2월 상순(167호)	37~38쪽	부산 : 비약하기 시작한 업계	T. 생(生)	91쪽
	38쪽	경성 : 각 관 모두 작년 이상	야마구치 도라오	93쪽
1936년 2월 하순(168호)	32쪽	경성 : 발랄한 흥행계	야마구치 도라오	95쪽
1936년 3월 하순(170호)	2~9쪽	만주 지나 조선영화계 다시 둘러보기 : 내 눈에 비친 방화의 신식민지의 인상	주간 이치카와 사이	96쪽
	32~33쪽	조선의 필름검열	조선총독부 필름검열 주임 오카다 준이치(岡田順一)	109쪽
1936년 5월 하순(174호), 도쿄영화신문 쇼와 11년 6월 20일(73호)	1쪽	조선 평양의 각 유력관이 영화상설관조합 결성		113쪽
1936년 6월 하순(176호), 도쿄영화신문 쇼와 11년 6월 20일(73호)	2~3쪽	신의주에서 학생 관람 금지		113쪽
1936년 6월 하순(176호)	44쪽	경성 : 양화계열 우세	야마구치 도라오	114쪽
1936년 7월 하순(178호) 도쿄영화신문 쇼와 11년 7월 20일(74호)	1쪽	오사카 부내의 조선영화 상영 금지 문제		116쪽
1936년 9월 하순(182호), 도쿄영화신문 쇼와 11년 9월 20일(78호)	3쪽	경성흥행협회 확대 강화		116쪽
1936년 10월 하순(184호)	28쪽	[각지 흥행가 통신] 경성 : 호화스러운 메이지자 출현, 본격적인 승패전 전개	야마구치 도라오	117쪽
1937년 1월 상순(189호), 도쿄영화신문 쇼와 20년 1월 5일(48호)	3쪽	조선 대전극장은 5월 10일 개관으로 결정		119쪽
1937년 1월 하순(190호)	38쪽	신영화를 저렴한 요금으로 : 서비스의 개선	경성 야마구치 도라오	119쪽
1937년 2월 상순(191호)	4~5쪽	만·선·영화·잡감(滿·鮮·映画·雜感) : 일본영화의 대륙정책은 언제 확립될 것인가	이치카와 사이	121쪽
	6쪽	만선영화의 두 번째 보고	가타야마 도모노리 (片山友德)	125쪽
	34쪽	경성 : 작년도 흥행조사, 영화는 단연 톱		127쪽
1937년 2월 상순(191호), 도쿄영화신문 쇼와 12년 2월 5일(86호)	3~4쪽	조선내외영화배급 : 올해 새 중역 결정		128쪽
		조선총독부 취체법 개정 : 4월 1일부터 실시		129쪽
		단성사, RKO·FOX를 독점		129쪽

원본 호수	원문 쪽수	기사 제목	필자	자료집 내 쪽수
1937년 3월 상순(193호)	18~19쪽	내지업자는 조선영화계를 재인식하라, 특히 배급시스템의 기계화를 지적하다	부산 쇼와칸주 사쿠라바 후지오	129쪽
	41~42쪽	필승을 기대하는 비책 : 고가네자, 닛카쓰의 조선 전역 개봉관이 되다	야마구치 도라오	132쪽
1937년 3월 하순(194호), 도쿄영화신문 쇼와 12년 3월 20일(89호)	3쪽	이왕 전하 니시카와(西川) 발성 시찰		134쪽
1937년 4월 상순(195호)	12쪽	조선의 도호 배격은 실정 무시라는 비난		134쪽
		조선 함흥부 함흥극장으로부터의 내전(來電)		134쪽
1937년 4월 하순(196호)	11쪽	4사 협정은 형법 제223조 위반	조선 함흥부 기라쿠칸 기획부	135쪽
	27쪽	교육영화 점점 활발해지다 : 문부성 외곽단체, 영교중앙회의 탄생		135쪽
1937년 5월 상순(197호)	11쪽	선만은 닛카쓰 계열 몰락의 조짐 : 쇼치쿠 견고하고 도호가 진출		137쪽
1937년 6월 상순(199호)	30~31쪽	영화관의 선전의 실제 : 조선어 토키 〈타비지(旅路)〉의 상영에 조선어를 사용한 특이한 선전	우메무라 쓰요시(梅村侃司)	137쪽
1937년 6월 하순(200호), 도쿄영화신문 쇼와 12년 6월 20일(95호)	2쪽	〈오야케 아카하치(オヤケアカハチ)〉 조선에서 상영금지		140쪽
	21쪽	먼저 필요한 편수를 보내라	조선 기라쿠칸주	140쪽
1937년 6월 하순(200호)	33쪽	한케이신(京阪神) 주요 영화관 정세	이마이(今井) 생(生)	140쪽
	37쪽	【조선】		141쪽
1937년 7월 하순(202호)	89쪽	조선 내에서 문제 : 총독부도 불만의 태도		141쪽
1937년 11월 상순(209호)	40~41쪽	경성 기신양행(紀新洋行)의 활약 : '효'를 높게 주창하는 조선어판 〈심청〉 완성		142쪽
1937년 11월 상순(209호), 도쿄영화신문 쇼와 12년 11월 5일(103호)	2쪽	조선 전역에 시국영화 : 뉴스영화의 상영을 장려		142쪽
1937년 11월 하순(210호), 도쿄영화신문 쇼와 12년 11월 20일(104호)	3쪽	도호 조선에 후지모토(藤本) 씨 부임		142쪽
1938년 2월 하순(216호), 도쿄영화신문 쇼와 13년 2월 20일(109호)	4쪽	내선이 손을 잡은 〈군용열차〉 준비를 위해 다니구치 씨 경성에		143쪽
1938년 4월 상순(219호)		〈한강〉 광고		143쪽
1938년 4월 하순(220호)		〈군용열차〉 광고		144쪽
1938년 5월 하순(222호)	14~15쪽	문화영화 : 조선의 영화 이용 상황	조선총독부 촉탁 쓰모리 이사오(津村勇)	144쪽
1938년 6월 상순(223호)		〈군용열차〉 광고		146쪽
1938년 6월 상순(223호), 도쿄영화신문 쇼와 13년 6월 5일(116호)	3쪽	"조선영화" 약진 : 〈군용열차〉 등 속속 발표, 반도의 문예부흥시대		147쪽

원본 호수	원문 쪽수	기사 제목	필자	자료집 내 쪽수
1938년 6월 하순(224호)		〈군용열차〉 광고		148쪽
1938년 7월 하순(226호, 일본영화의 대륙발전호)	32쪽	조선총독부 영화검열 통계표		148쪽
		〈군용열차〉 광고		149쪽
1938년 7월 하순(226호, 일본영화의 대륙발전호), 도쿄영화신문 쇼와 13년 7월 20일(118호)	2쪽	쇼치쿠도 조선영화계와 제휴하나 : 조선의 감독 10명이 모여 일본영화감독협회에 가입		150쪽
1938년 10월 상순(231호)	2~3쪽	조선의 영화검열의 특수성	조선총독부 도서과 필름검열계 이케다 구니오 (池田國雄)	150쪽
	32쪽	편집후기	소후케(草深)	154쪽
1939년 1월 하순(238호), 도쿄영화신문 쇼와 14년 1월 20일(129호)	1쪽	미국영화 8사, 조선에서도 높은 보합률 : 조선총독부, 경쟁 방지를 위한 간담회		154쪽
1939년 2월 상순(239호), 도쿄영화신문 쇼와 14년 2월 5일(130호)	2쪽	"조선내외영화배급조합 결성되다" : 재조선내외영화배급업자를 모아 하나로 만들 강력한 단체		155쪽
1939년 2월 상순(239호)	34쪽	경성 : 신춘 일찍부터 호조를 보여	야마구치 도라오	155쪽
1939년 2월 하순(240호)	31~32쪽	경성 : 신코개봉관의 행방	Y. S 생(生)	156쪽
1939년 3월 하순(242호)	33쪽	도쿄 주요영화 개봉 흥행 정세		157쪽
	34~35쪽	[각지 흥행가 통신] 경성 : 양화 제한 약정	야마구치 도라오	157쪽
1939년 5월 상순(245호)	24~25쪽	[각지 흥행가 통신] 경성 : 마찰하는 영화계		158쪽
1939년 5월 하순(246호), 도쿄영화신문 쇼와 14년 5월 20일(146호)	5쪽	대극장 5월 무대에 〈반도의 무희〉 첫 공연		160쪽
1939년 5월 하순(246호)	32쪽	경성 : 새로운 유력회사 탄생		160쪽
1939년 6월 상순(247호)	4~5쪽	[수필(隨筆)] 대륙의 화제 ★만선에서는 쇼를 바라고 있다★	이나바 미노루(稲葉實)	160쪽
		호출박스 폐지 : 도쿄처럼		163쪽
1939년 8월 상순(251호)		〈국경〉 광고		163쪽
		〈한강〉 광고		164쪽
1939년 8월 하순(252호)	2~4쪽	조선영화의 장래 : 그 사활은 바로 지금부터…에 있다	경성 고려영화사 이창용(李創用)	164쪽
	4~5쪽	기로에 선 조선영화	미즈이 레이코(水井れい子)	169쪽
		〈국경〉 광고		172쪽
	32쪽	[편집자석]		172쪽
1940년 2월 하순(264호)	30쪽	경성 : 조선영화인협회 발회		173쪽
1940년 4월 상순(267호)	38쪽	경성 : 고가네자 분쟁 해결		173쪽

원본 호수	원문 쪽수	기사 제목	필자	자료집 내 쪽수
1940년 4월 상순(267호), 도쿄영화신문 쇼와 15년 5월 5일(267호)	2쪽	대륙으로 가는 전진기지 조선영화계 들썩이다		173쪽
1940년 5월 상순(269호)	45쪽	경성 : 경성의 화제		174쪽
1940년 6월 상순(271호)	39쪽	〈수업료〉 광고		174쪽
		경성 : 2부 흥행제의 파란		175쪽
		부산 : 〈타잔〉 마찰을 빚다		176쪽
1940년 6월 하순(272호)		광고		176쪽
1940년 7월 하순(274호), 도쿄영화신문 쇼와 5년 7월 20일(274호)	3쪽	조선의 영화령 시행세칙 : 드디어 7월에 발령하다		177쪽
1940년 7월 하순(274호)	64쪽	원산 : 봉공일 활용		177쪽
1940년 8월 하순(276호)	31쪽	조선 : 뉴스배급 해결	야마구치 히사시(山口久)	178쪽
		〈수업료〉 광고		178쪽
		〈수업료〉 홍보기사		179쪽
1940년 9월 상순(277호)		〈수업료〉 광고		184쪽
1940년 9월 하순(278호)	36쪽	경성 : 양화 상영금지는 당분간 유보	S. K. 생(生)	184쪽
1940년 10월 상순(279호)		〈복지만리〉 광고		185쪽
		〈집없는 천사〉 광고		185쪽
1940년 10월 하순(280호)	34~35쪽	경성 : 효과 높이는 방공훈련	가나모리 유조(金森祐三)	186쪽
1940년 11월 하순(282호), 도쿄영화신문 쇼와 15년 11월 20일(282호)	3쪽	내지자본 조선·대만에 진출		187쪽
1940년 11월 하순(282호)	70쪽	경성 : 와카쿠사극장 분규 해결	Y. H. 생(生)	187쪽

■ 신흥영화 / 프롤레타리아영화

원본 호수	원문 쪽수	기사 제목	필자	자료집 내 쪽수
1930년 1월(2-1호)	131~134쪽	조선영화에 대해서	고오리야마 히로부미(郡山弘史)	190쪽
1930년 3월(2-3호)	66~77쪽	신흥영화 좌담회		193쪽
	112~114쪽	조선의 프롤레타리아영화운동	우에다 이사오(上田勇)	202쪽
	115~124쪽	조선영화의 제 경향에 대해	임화(林和)	204쪽
	124~127쪽	보고	김형용(金形容)	211쪽
1930년 8월(창간호)	70~71쪽	조선	서울키노통신	213쪽

■ 키네마주보

원본 호수	원문 쪽수	기사 제목	필자	자료집 내 쪽수
1930년 3월 28일(7호)	10쪽	진해참사의 원인 판명		216쪽
1930년 4월 11일(9호)	15쪽	〈잔다르크〉 조선에서 검열 수난		217쪽
1930년 4월 25일(11호)	17쪽	조선 경성 교외에 거대한 스튜디오		217쪽

■ 영화평론(영화평론사)

원본 호수	원문 쪽수	기사 제목	필자	자료집 내 쪽수
1937년 1월(19-1호)	95~102쪽	조선영화의 현상 : 오늘날 및 내일의 문제	나웅(羅雄)	220쪽
	103~107쪽	조선영화기업의 현 상태	최일숙(崔逸淑)	229쪽
1940년 8월(22-8호)	123쪽	지원병	시미즈 아키라(清水晶)	235쪽

■ 영화평론(영화일본사)

원본 호수	원문 쪽수	기사 제목	필자	자료집 내 쪽수
1941년 3월(1-3호)	86~87쪽	집없는 천사	이이다 고코미(飯田心美)	238쪽
		〈집없는 천사〉 광고		241쪽
1941년 4월(1-4호)	47쪽	[탐조등] 반도영화를 위해		241쪽
1941년 7월(1-7호)	44쪽	특집-조선영화의 현 상황		244쪽
	44~47쪽	반도영화에 대해서	우치다 기미오(内田岐三雄)	244쪽
	47~49쪽	조선영화잡감 : 〈수업료〉〈집없는 천사〉의 다음에 오는 것	구로다 쇼조(黒田省三)	249쪽
	49~51쪽	내선 두 영화계의 교류에 대해	히나쓰 에이타로 (日夏英太郎)	254쪽
	51~53쪽	조선영화의 소재에 대해서	니시키 모토사다(西亀元貞)	258쪽
	54~60쪽	[좌담회] 조선영화의 전모를 말한다		263쪽
1941년 8월(1-8호)	134쪽	편집후기		281쪽
1941년 9월(1-9호)	63쪽	광고면		282쪽
		조선군 보도부 작품 〈그대와 나〉의 촬영 진행되다		283쪽
	74~77쪽	조선영화행(1) 〈그대와 나〉를 둘러싸고	오쿠로 도요시(大黒東洋士)	285쪽
1941년 10월(1-10호)	77쪽	보고		292쪽

■ 영화평론(영화일본사)

원본 호수	원문 쪽수	기사 제목	필자	자료집 내 쪽수
1941년 11월(1–11호)		〈그대와 나〉 광고		293쪽
1943년 5월(3–5호)	23〜24쪽	[작품 월평] 〈망루의 결사대(望楼の決死隊)〉 −이마이 다다시(今井正) 연출·도호 작품	노보리가와 나오사 (登川尚佐)	294쪽
	30〜32쪽	북방 국경에 망루를 세우다	마쓰야마 다카시(松山崇)	298쪽
1943년 6월(3–6호)	22〜25쪽	〈젊은 모습〉의 촬영기술로부터 : 조선영화의 새로운 발족에 부쳐	시마자키 기요히코(島崎 清彦)	303쪽
1943년 10월(3–10호)		〈젊은 모습〉 광고		311쪽
1943년 11월(3–11호)	38〜41쪽	영화와 조선대중	오영진(吳泳鎮)	312쪽
1944년 1월(4–1호)	30〜31쪽	[작품비평] 〈젊은 모습〉에 대해	장혁주(張赫宙)	322쪽

일제강점기 영화자료총서 04

일본어 잡지로 본 조선영화 1

초판 인쇄	2010년 12월 15일
초판 발행	2010년 12월 20일

기획	한국영상자료원
펴낸이	이병훈

펴낸곳	한국영상자료원(KOFA)
주소	서울시 마포구 상암 DMC단지 1602
출판등록	2007년 8월 3일 제313-2007-000160호
대표전화	02-3153-2001
팩스	02-3153-2080
이메일	kofa@koreafilm.or.kr
홈페이지	www.koreafilm.or.kr

편집 및 디자인	현실문화연구(02-393-1125)
총판 및 유통	현실문화연구

2010 ⓒ 한국영상자료원

값 25,000원
ISBN 978-89-93056-29-7 04680
　　　978-89-93056-09-9 04680(세트)